国家出版基金项目
NATIONAL PUBLICATION FOUNDATION

# 中国精神

佘双好 等 著

教育部哲学社会科学研究重大课题攻关项目『习近平总书记关于宣传思想工作重要论述研究』阶段性成果，项目编号：19JZD002

武汉大学出版社
WUHAN UNIVERSITY PRESS

**图书在版编目(CIP)数据**

中国精神 / 佘双好等著 . -- 武汉 : 武汉大学出版社, 2024. 8.
国家出版基金项目. -- ISBN 978-7-307-23332-4

Ⅰ. G634.303

中国国家版本馆 CIP 数据核字第 2024BS6215 号

责任编辑:詹　蜜　　　责任校对:李孟潇　　　版式设计:马　佳

出版发行:**武汉大学出版社**　　(430072　武昌　珞珈山)

　　　　　(电子邮箱:cbs22@whu.edu.cn　网址:www.wdp.com.cn)

印刷:湖北金港彩印有限公司

开本:720×1000　　1/16　　印张:23.25　　字数:408 千字　　插页:5

版次:2024 年 8 月第 1 版　　2024 年 8 月第 1 次印刷

ISBN 978-7-307-23332-4　　　定价:180.00 元

## 作者简介

　　佘双好，武汉大学马克思主义学院教授、博士生导师。现任武汉大学当代中国研究中心主任，马克思主义理论与中国实践湖北省协同创新中心副主任，兼任全国高校马克思主义理论学科研究会副会长。主讲"思想道德与法治"等课程，主持国家社会科学基金重大课题和教育部哲学社会科学重大课题攻关项目等10多项，在《马克思主义研究》等学术期刊发表论文200多篇，多项成果获教育部哲学社会科学优秀成果奖励和国家教学成果奖励。系中央马工程主要成员，教育部新时代马工程教材主编，高校思政课教学指导委员会委员。入选中宣部文化名家暨"四个一批"人才，"万人计划"国家教学名师等，获国务院政府特殊津贴。

# 目　录

# 第一章　中国精神之概述

　　中华文化是世界上唯一没有间断的文化，在数千年的文化和文明发展进程中，中华文化以强大的生命力，顽强而又坚韧地生存下来，创造了人类文明发展史的一个又一个辉煌。中华文化和文明的思想精华汇聚成强大的中华民族精神，一直是中华民族得以不断繁衍生存、生生不息的不竭动力，是中华民族数千年文明历程中多次历经劫难而浴火重生、发扬光大的内在精神力量。2013 年在第十二届全国人民代表大会上当选国家主席后，习近平首次提出"中国精神"这个概念，并把它看成凝心聚力的兴国之魂、强国之魂。之后，习近平在多个场合对中国梦、中国精神、中华民族精神、中国革命精神、时代精神、中华优秀传统文化、社会主义核心价值观、中国共产党人精神谱系等进行集中系统阐述。2018 年在第十三届全国人民代表大会上，习近平又进一步阐述中国精神，对中国人民的伟大创造精神、伟大奋斗精神、伟大团结精神、伟大梦想精神进行高度礼赞。2021 年在庆祝中国共产党成立 100 周年大会上的讲话中，习近平提出伟大建党精神这一概念，把它看成中国共产党的精神之源。如何深入理解中国精神的科学内涵，中国精神的历史发展，中国精神的基本特征，中国精神的内在结构，认识中国精神、中华民族精神、时代精神、中国共产党人精神、社会主义核心价值观等之间的关系，为全面建设社会主义现代化国家新征程提供精神支撑、为实现中华民族伟大复兴提供精神动力、为中国发展和人类文明进步提供中国智慧，这是新时代赋予我们的新课题。让我们一起从中国精神的源头开始，从"中国精神"的基本概念入手，纵论中国精神之经纬，来追寻、来领悟在"中国精神"概念中蕴含的丰富深刻内涵。

## 一、中国精神的概念

要理解"中国精神"，需要把中国精神放在"中国"，从中华民族 5000 多年的文明史，中国人民近现代以来 170 多年的斗争史，中国共产党 100 多年的奋斗史，中华人民共和国 70 多年建设史，改革开放 40 多年的发展史等大历史的视角；从世界社会主义 500 年发展进程，中国特色社会主义实践的世界意义视角，来理解"中国精神"的深刻内涵。为此必须把握几个关键概念。

### （一）中国

"中国"的原意是"中央之城"，即周天子所居京师（首都），与"四方"对称，如《诗经·民劳》"民亦劳止，汔可小康，惠此中国，以绥四方"中"中国"即"京城"，而"四方"指周边统辖的范围。后不断衍生为地理中心、政治中心、文化中心和中心国家的概念，这是由于中华古代先民心目中的世界是"天圆地方"，而中国则是世界的"中心"，中国即处于世界中心、中央的国家。古代这种以地理方位为参照构建的国家观念并不具有现代民族国家的意识，正如有学者指出，先秦时代的"中国"，其文化的意味最强，民族的意思较少，而全无国家的意义。① 其实，这种把自己国家看成世界的"中心"，以"中国"代表自己国家的观念也不只在中国存在，在世界上其他一些国家和人民心目中，也存在着这样的观念，比如古代印度人以为恒河中游一带居于大地中央，将其称为"中国"。② "中国"衍生成国名，是伴随近代化的进程，特别是近代欧洲民族国家的形成，并以其为单位建立近代意义上的国际秩序，在与近代欧洲国家建立条约关系时正式出现。虽然远在东亚的清政府对西方民族国家发展所知甚少，但却从客观上与全然不同于周边藩属的西方民族国家打交道，因而需要以一正式国名与之相对，"中国"便为首选。这种国际关系最先发生在清与俄之间，双方于 1689 年签订的《尼布楚条

---

① 忻剑飞：《世界的中国观》，学林出版社 1991 年版，第 2 页。
② 冯天瑜：《中国文化生成史》（上册），武汉大学出版社 2013 年版，第 52-53 页。

约》中，把清政府使臣职衔称为："中国大皇帝钦差分界大臣领侍卫大臣议政大臣"与后文的"斡罗斯(即俄罗斯)御前大臣"相对应。康熙朝敕修《平定罗刹方略界碑文》，言及边界，有"将流入黑龙江之额尔古纳河为界：河之南岸属于中国，河之北岸属于鄂罗斯"等语，"中国"是与"鄂罗斯"(俄罗斯)对应的国名。① 后来，在中国与西方列强交往的过程中，"中国"越来越多地作为与外国对等的国名使用。1911 年辛亥革命以后，"中国"先后作为"中华民国"的简称出现，被国际社会广泛肯定。1949 年中华人民共和国成立以后，"中国"也成为中华人民共和国简称，为国际社会所接受。至此，中国这一概念已经从京城、中央之邦，演化为国名概念，从现代意义的民族国家概念上使用，中国也就成为中华民族活跃于世界舞台的国家名称。

## (二) 精神

"精神"是一个十分复杂和有多重含义的概念，马克思、恩格斯在《德意志意识形态》中说："'精神'从一开始就很倒霉，受到物质的'纠缠'，物质在这里表现为振动着的空气层、声音，简言之，即语言。"②《辞海》中对"精神"的解释包括五个方面："①与'物质'相对。唯物主义常将其当作'意识'的同义概念。指人的内心世界现象。包括思维、意志、情感等有意识的方面，也包括其他心理活动和无意识的方面。②犹神志、心神。宋玉《神女赋》：'精神恍惚，若有所喜。'③犹精力、活力。如：振作精神；精神振奋。李郢《上裴晋公》诗：'龙马精神海鹤姿。'④神采；韵味。方岳《雪梅》诗：'有梅无雪不精神。'⑤内容实质。如：传达会议的精神；领会文件的精神。"③

"精神"这一概念从哲学意义上说，内涵也十分复杂丰富，金炳华等编的《哲学大辞典》对"精神"的定义划分为以下几层含义：一是从精神的内涵来看，它是与"物质"相对应的概念，是"人类的一切精神现象，包括思维、意志、情感等有意识的方面，也包括人的一般心理活动等无意识的方面。人类社会生活中的思

① 冯天瑜：《中国文化生成史》(上册)，武汉大学出版社 2013 年版，第 55-56 页。
② 《马克思恩格斯选集》第 1 卷，人民出版社 2012 年版，第 161 页。
③ 《辞海》(缩印本)(第六版)，上海辞书出版社 2010 年版，第 958 页。

想、观念、理论、学说、情绪、决心、干劲、政策、方针、计划、办法等都是精神性的东西"。

二是从精神的本质和作用来看，"精神的产生和发展受社会物质资料生产活动的制约，同人们的相互交往和语言的产生、发展紧密联系。每一个社会都有和它相适应的社会意识即精神。社会的精神现象一经产生就具有相对独立性，并反作用于社会存在，对社会的发展起着巨大的能动作用和反作用，促进或阻碍社会发展。社会的变革和观念的变革紧密相关，精神的变革对于社会的变革常常起着先导的作用"。

三是从精神与物质关系来看，"人的一切行为和活动都是在精神的支配下进行的。需要用科学、革命的精神来武装头脑，指导实践，抵制和战胜一切腐朽的精神。物质变精神、精神变物质是日常生活中经常发生的现象，两者在实践基础上转化和统一"。①

从上述分析来看，精神是一个含义广泛的概念，既可以从广义角度理解，把精神看成与"物质"相对应的人类一切精神现象，即与意识相等同，是社会存在的一种反映。同时也可以从狭义角度来理解精神，把精神看成在意识中有积极作用的成分，也就是在意识中相对具有积极内涵的思想因素。本书所讨论的精神主要是从狭义角度来理解，也就是在意识中具有"精""气"等积极因素的思想成分，是一种把思想转化为物质，对社会发生推动作用的因素。但是，在现实生活中，由于狭义的精神概念与广义的精神概念是密不可分的，比如在日常生活中，看起来是狭义的精神起着支撑作用，但其背后潜藏着更广泛的广义精神的支撑。比如从每个个体角度来看，他自己的思想、观念、理想、计划和方案，看起来好像是个人思想观念的结果，是一种个体精神性的支撑，但在个体精神结构中，广泛地受到其所处的经济地位和社会地位的影响，这些方面内容以个体所不能自我察觉的方式影响着个体的精神结构。因此，对精神这个概念的理解不能采取简单的办法，而应从多元角度进行理解。

（三）中国精神

从中国精神这一概念的构成来看，中国精神由"中国"和"精神"两个词构成，

---

① 金炳华等编：《哲学大辞典》（修订本），上海辞书出版社2001年版，第674页。

如果我们把中国作为一个大的舞台，那么中华民族或中国人就是这个舞台上的演员，而演员在这个舞台上所表演的剧目就构成中国文化和中华文明，而在中国文化和中华文明成果中一以贯之，并不断翻新、绵延不绝的思想内核和内在积极因素就构成中国精神的主脉。

中国精神并不等同于中国文化，文化是指人类在认识世界和改造世界中所创造出的一切成果，包括物质文化、制度文化、精神文化等多个维度，也包含着积极成分和消极因素，而中国精神更偏重于精神文化层面，讨论中华民族或中国人在认识世界和改造世界过程中所创造的精神成果，并且从文化的性质来看，更偏重于总结中华民族和中国人在认识世界和改造世界过程中所形成的积极成果，是中华文化中的精华，是对中华民族起着积极支撑作用的精神力量。

中国精神也不等同于国民性或国民精神，国民性或国民精神是一个国家与其他国家对比的过程中所体现出来的特性。梁启超先生在《新民之议》一文中指出："凡一国之能立于世界，必有其国民独具之特质，上自道德法律，下至风俗习惯、文学美术，皆有一种独立之精神，祖父传之，子孙继之，然后群乃结，国乃成。"[1]梁启超先生所讲的国民精神，即一个国家区别于其他国家，一个国家能够在世界各国家民族之林立起来的重要支撑，它是构成一个国家内在精神结构的重要组成部分，但并不是国家精神的全部。国民性是从相对比较客观的角度对一个国家的国民精神内在特征的总结和凝练，虽然在凝练的过程中，也存在着凝练者个人的主观偏见，但从总体上来看，它反映的是一种事实状况和对比特征。而在中国精神中既包含中国国民与世界上其他国家和民族对比的比较性特征，也包含中国国民与世界其他各个国家国民的一些共同特征。比如勤劳勇敢、自强不息是中华民族在长期历史发展过程中形成的优秀品质，是中国精神的内在组成部分，但是，这种精神品质在世界上其他很多民族和国家的国民精神中都能够找到。同时，中国精神不仅是对中国国民精神的一种客观凝练，而且蕴含着一种主动的塑造过程，一种动态的对中国精神的建构过程。

中国精神并不是一种个人意识和观念，它是整个国家、民族的集体观念，是整个国家、民族集体记忆和思想内核的集中展现。这种集体精神既可以作为一个

---

① 《梁启超全集》第 3 卷，北京出版社 1999 年版，第 657 页。

整体存在，在以国家为单位的世界民族国家的对比中展示出来，即梁启超先生所指出的每一个国家区别于其他国家的独立精神，如美国精神、俄罗斯精神、法国精神等，但同时也渗透在每一个成员思想观念之中。从从属关系来看，国家精神通过每一个个体的精神面貌来展现，从这个意义上来说，有什么样的国民，就构成什么样的国家精神。

中国精神是指中国作为一个国家所体现的精神，它是中国社会客观存在的一种反映，是中国社会历史和现实发展的凝结，既是当代中国人精神面貌的一种反映，也是中华民族历史发展的结果，更是蕴含着未来中国人精神发展的塑造，在当代中国，中国精神具有十分明确的时代内涵。

## 二、中国精神的内涵

虽然中国精神一直存在于中华民族改造自然和社会的历史长河之中，在不断与外界世界交往、交流、交锋之中升华，但是，中国精神作为一个当代特定概念出现，却是在党的十八大以后。

### (一)中国精神的提出

正如"中国"作为一个国名的出现和产生，是伴随着近代以来与世界各国交往的过程中逐渐形成的国家概念一样，中国精神作为一个国家和民族的集体意识，也是近现代以后，在与西方列强不断对立冲突的过程中逐渐萌生的。在"中国"作为一个国家出现之前，中国精神的合理思想内核就已根植于中华民族延绵几千年的历史和文化之中，成为中华文化发展的一种内在精神基因和集体意识。如果说中华民族的这种集体意识在几千年的演进过程中，虽然历经多次文化转型，但主要在中华民族内部各民族之间发生。那么，近代以后，这种民族精神逐渐演变成在与西方列强进行斗争过程中从整体的角度对中华民族精神的一种自觉反思。在西方近代列强打破中华民族自给自足的生活状态以后，面对着西方文明和文化的咄咄逼人的攻势，中国先进知识分子开始逐渐萌生了自己的民族主义观念和国家意识，开始了中国精神的历史构建。

早期对中国精神的关注，是以揭示中国国民性或民族性为特点，特别是以总结中国人的劣根性为主要特征，一些知识分子把中国国民性与西方国民性进行对比，提出中国国民精神或国民性的问题。如严复《论世变之亟》中指出："中国最重三纲，而西人首明平等；中国亲亲，而西人尚贤；中国以孝治天下，而西人以公治天下；中国尊主，而西人隆民；中国贵一道而同风，而西人喜党居而州处；中国多忌讳，而西人众讥评。其于财用也，中国重节流，而西人重开源；中国追淳朴，而西人求欢虞。其接物也，中国美谦屈，而西人务发舒；中国尚节文，而西人乐简易。其于为学也，中国夸多识，而西人尊新知。其于祸灾也，中国委天数，而西人恃人力。"①梁启超在《新民说》中指出，中国"偏于私德，而公德殆阙如"，而泰西"新伦理所重者，则一私人对于一团体之事也"②，同时认为中国人缺乏权利思想，而西方人坚持权利思想为第一义。陈独秀对中西国民性也做了对比，他认为：（1）西洋民族以战争为本位，东洋民族以安息为本位。……西洋民族性，恶侮辱，宁斗死；东洋民族性，恶斗死，宁忍辱。（2）西洋民族以个人为本位，东洋民族以家族为本位。……宗法制度之恶果，盖有四焉：一曰损坏个人独立自尊之人格；一曰窒碍个人意思之自由；一曰剥夺个人法律上平等之权利（如尊长卑幼同罪异罚之类）；一曰养成依赖性，戕贼个人之生产力。（3）西洋民族以法治为本位，以实力为本位；东洋民族以感情为本位，以虚文为本位。③ 李大钊在《东西文明根本之异点》一文中，指出中西方的差异为"一为自然的，一为人为的；一为安息的，一为战争的；一为消极的，一为积极的；一为依赖的，一为独立的；一为苟安的，一为突进的；一为因袭的，一为创造的；一为保守的，一为进步的；一为直觉的，一为空想的……"④

学贯中西、特立独行的辜鸿铭以对中华文化的拳拳爱心，向西方人描述了另外一种中国人的精神状态，他在《中国人的精神》这本书里，把中国人和美国人、英国人、德国人、法国人进行了比较，认为美国人博大、纯朴，但不深沉；英国人深沉、纯朴，却不博大；德国人博大、深沉，而不纯朴；法国人没有德国人天然的深沉，不如美国人心胸博大和英国人心地纯朴，却拥有这三个民族所缺乏的

① 郑师渠：《中华民族精神研究》，北京师范大学出版社 2009 年版，第 251 页。
② 梁启超：《新民说》，商务印书馆 2016 年版，第 19-20 页。
③ 《陈独秀文章选编》（上册），三联书店 1984 年版，第 97-99 页。
④ 《李大钊文集》第 2 卷，人民出版社 1999 年版，第 202 页。

灵魂；只有中国人全面具备了这四种优秀品质。他说："真正的中国人也许是粗糙的，但粗糙中却没有粗劣。真正的中国人也许是丑陋的，但丑陋中没有丑恶。真正的中国人也许是愚蠢的，但愚蠢中没有荒谬。真正的中国人也许是狡猾的，但狡猾中没有狠毒。我实际上想说的是，真正的中国人即使在身体、心灵和性格上有缺点，也不会让你厌恶。""一个外国人在日本居住的时间越长，就越讨厌日本人，而在中国居住的时间越长，就越喜欢中国人。"最后，他归纳道："中国人的精神，我想告诉你们，是一种精神的状态，一种灵魂的性情，你们不像学会速记或者世界语一样学会它，简而言之，它是一种心态，或者用诗人的语言说，是一种平静而受到庇佑的心态。""平静而受到庇佑的心态能够让我们认清事物的生命：那就是充满想象力的理智，那就是中国人的精神。"①辜鸿铭认为，在中国人的精神中具有西方文明所无法找到的可贵的重视精神、灵魂孩童般的纯洁而又成熟的品质。

以毛泽东为代表的中国共产党人，在争取国家富强、民族振兴、人民幸福的奋斗历程中，在继承和发扬中华民族伟大民族精神的同时，把马克思主义与中国革命实践和中华文化相结合，切合时代主题和中国革命、建设实践要求，赋予中华民族精神以新的内容，实现了民族精神的更新与升华，重新塑造了中华民族精神。关于毛泽东对中华民族精神的继承和发展，有人以"革命精神"进行归纳，有人甚至直接使用"毛泽东精神"这个概念。尽管毛泽东本人十分重视精神作用，他通过列举解放战争时期战士宁可挨饿，也不去拿老百姓苹果的例子，说过："人是要有一点精神的，无产阶级的革命精神就是由这里头出来的。"②培育出井冈山精神、长征精神、延安精神、西柏坡精神、"抗美援朝"精神、铁人精神、大庆精神、大寨精神、红旗渠精神等，但毛泽东并没有直接使用过"中国精神"这个概念。

改革开放以后，以邓小平为代表的中国共产党人在推进改革开放和社会主义建设的过程中，对中国精神进行了阐发。邓小平说："中国人民有自己的民族自尊心和自豪感，以热爱祖国、贡献全部力量建设社会主义祖国为最大光荣，以损

---

① 辜鸿铭：《中国人的精神》，上海三联书店 2010 年版，第 2-3、45-46 页。
② 《毛泽东文集》第 7 卷，人民出版社 1999 年版，第 162 页。

害社会主义祖国利益、尊严和荣誉为最大耻辱。"①"光靠物质条件，我们的革命和建设都不可能胜利。过去我们党无论怎样弱小，无论遇到什么困难，一直有强大的战斗力，因为我们有马克思主义和共产主义的信念。有了共同的理想，也就有了铁的纪律。"②把共产主义远大理想、中国特色社会主义信念等看成是中国革命、建设和改革的精神力量，是中国精神的核心。

以江泽民为代表的中国共产党人十分重视精神对社会存在的作用，江泽民认为："中华民族有着自己的伟大民族精神。这个民族精神，积千年之精华，博大精深，根深蒂固，是中华民族生命机体中不可分割的重要成分。"③2002年11月，在党的十六大报告中，他对中华民族精神的内涵进行了界定："在五千多年的发展中，中华民族形成了以爱国主义为核心的团结统一、爱好和平、勤劳勇敢、自强不息的伟大民族精神。"④以胡锦涛为代表的中国共产党人把民族精神与时代精神相结合，构成社会主义核心价值体系的"主干"，2006年10月发表的《中共中央关于构建社会主义和谐社会若干重大问题的决定》中，明确提出："马克思主义指导思想，中国特色社会主义共同理想，以爱国主义为核心的民族精神和以改革创新为核心的时代精神，社会主义荣辱观，构成社会主义核心价值体系的基本内容。"⑤此后，以爱国主义为核心的民族精神和以改革创新为核心的时代精神成为建设社会主义先进文化的重要内容。党的十八大报告又进一步指出："大力弘扬民族精神和时代精神，深入开展爱国主义、集体主义、社会主义教育，丰富人民精神世界，增强人民精神力量。倡导富强、民主、文明、和谐，倡导自由、平等、公正、法治，倡导爱国、敬业、诚信、友善，积极培育和践行社会主义核心价值观。"⑥把民族精神和时代精神的弘扬培育同开展爱国主义、集体主义、社会主义教育，同培育和践行社会主义核心价值观联系起来，成为丰富人民精神世界，增强人民精神力量的重要内容。"中国精神"概念呼之欲出。

---

① 《邓小平文选》第3卷，人民出版社1993年版，第3页。
② 《邓小平文选》第3卷，人民出版社1993年版，第144页。
③ 《江泽民文选》第2卷，人民出版社2006年版，第231页。
④ 《江泽民文选》第3卷，人民出版社2006年版，第559页。
⑤ 《十六大以来重要文献选编》（下），中央文献出版社2011年版，第661页。
⑥ 《十八大以来重要文献选编》（上），中央文献出版社2014年版，第25页。

2013 年 3 月 17 日，在第十二届全国人民代表大会第一次会议的讲话中，习近平明确把"中国精神"与"中华民族伟大复兴的中国梦"联系起来，提出了"中国精神"这个概念，他指出："经过几千年的沧桑岁月，把我国 56 个民族、13 亿多人紧紧凝聚在一起的，是我们共同经历的非凡奋斗，是我们共同创造的美好家园，是我们共同培育的民族精神，而贯穿其中的、最重要的是我们共同坚守的理想信念。"他深刻阐述了中国精神的内涵："实现中国梦必须弘扬中国精神。这就是以爱国主义为核心的民族精神，以改革创新为核心的时代精神。这种精神是凝心聚力的兴国之魂、强国之魂。""爱国主义始终是把中华民族坚强团结在一起的精神力量，改革创新始终是鞭策我们在改革开放中与时俱进的精神力量。全国各族人民一定要弘扬伟大的民族精神和时代精神，不断增强团结一心的精神纽带、自强不息的精神动力，永远朝气蓬勃迈向未来。"[1]

2018 年 3 月 20 日，在第十三届全国人民代表大会第一次会议的讲话中，习近平又一次集中论述中国精神，他指出："中国人民的特质、禀赋不仅铸就了绵延几千年发展至今的中华文明，而且深刻影响着当代中国发展进步，深刻影响着当代中国人的精神世界。中国人民在长期奋斗中培育、继承、发展起来的伟大民族精神，为中国发展和人类文明进步提供了强大精神动力。"[2]接着，他用"中国人民是具有伟大创造精神的人民""中国人民是具有伟大奋斗精神的人民""中国人民是具有伟大团结精神的人民""中国人民是具有伟大梦想精神的人民"的气势磅礴的论述，对中华民族精神进行了新的凝练，是中国精神的新概括。

2021 年 2 月 20 日，在党史学习教育动员大会上的讲话中，习近平指出："一百年来，在应对各种困难挑战中，我们党锤炼了不畏强敌、不惧风险、敢于斗争、勇于胜利的风骨和品质。这是我们党最鲜明的特质和特点。在一百年的非凡奋斗历程中，一代又一代中国共产党人顽强拼搏、不懈奋斗，涌现了一大批视死如归的革命烈士、一大批顽强奋斗的英雄人物、一大批忘我奉献的先进模范，形成了井冈山精神、长征精神、遵义会议精神、延安精神、西柏坡精神、红岩精

---

① 《十八大以来重要文献选编》（上），中央文献出版社 2014 年版，第 234-235 页。
② 习近平：《在第十三届全国人民代表大会第一次会议上的讲话》，人民出版社 2018 年版，第 2 页。

神、抗美援朝精神、'两弹一星'精神、特区精神、抗洪精神、抗震救灾精神、抗疫精神等伟大精神，构筑起了中国共产党人的精神谱系。"①他提出中国共产党人的精神谱系的概念。

2021年7月1日，在庆祝中国共产党成立100周年大会上的讲话中，习近平总书记进一步指出："一百年前，中国共产党的先驱们创建了中国共产党，形成了坚持真理、坚守理想，践行初心、担当使命，不怕牺牲、英勇斗争，对党忠诚、不负人民的伟大建党精神，这是中国共产党的精神之源。"②他把伟大建党精神作为中国共产党的精神之源。

除此以外，习近平还在多个重要场合对中国精神的内涵进行不断注解和阐发，比如对中华优秀传统文化中的民族精神进行阐发，在主持中央政治局第十三次集体学习的讲话中指出："博大精深的中华优秀传统文化是我们在世界文化激荡中站稳脚跟的根基。中华文化源远流长，积淀着中华民族最深层次的精神追求，代表着中华民族独特的精神标识，为中华民族生生不息、发展壮大提供了丰厚滋养。"③比如对中国革命精神中的中国精神内涵进行阐发，在纪念红军长征胜利80周年的讲话中指出："伟大长征精神，是中国共产党人及其领导的人民军队革命风范的生动反映，是中华民族自强不息的民族品格的集中展示，是以爱国主义为核心的民族精神的最高体现。"④比如对中国精神与社会主义核心价值体系和社会主义核心价值观的内在关系的阐发，在主持中央政治局第十八次集体学习时的讲话中，他指出："实现中华民族伟大复兴的中国梦，必须要有中国精神，而中国精神必须在坚持社会主义核心价值体系的前提下，积极深入中华民族历久弥新的精神世界，把长期以来我们民族形成的积极向上向善的思想文化充分继承和弘扬起来，使之为培育和践行社会主义核心价值观服务，为建设社会主义先进文化服务，为党和国家事业发展服务。"⑤在党的十九大报告中，习近平又进一步指

---

① 习近平：《在党史学习教育动员大会上的讲话》，人民出版社2021年版，第19页。

② 习近平：《在庆祝中国共产党成立100周年大会上的讲话》，人民出版社2021年版，第8页。

③ 《习近平谈治国理政》第1卷，外文出版社2018年版，第164页。

④ 《十八大以来重要文献选编》（下），中央文献出版社2018年版，第395页。

⑤ 习近平：《在主持中共中央政治局第十八次集体学习时讲话》，《人民日报》2014年10月13日。

出："社会主义核心价值观是当代中国精神的集中体现，凝结着全体人民共同的价值追求。"①比如中国精神与时代精神的内在关系的阐发，在庆祝改革开放40周年大会的讲话中，习近平指出："改革开放铸就的伟大改革开放精神，极大丰富了民族精神内涵，成为当代中国人民最鲜明的精神标识！"②讲话把民族精神与时代精神进行新的连接，赋予民族精神时代内涵，同时把时代精神根植于民族精神开阔背景下，使得中国精神在当代中国具有了明确的特定内容。

从中国精神概念的提出来看，虽然历史上一些学者使用过中国精神之类的概念，中国共产党历代领导集体也十分重视中华民族精神、时代精神的作用，但把中国精神作为一个特定的概念，是党的十八大以后以习近平同志为核心的党中央明确提出的，习近平提出中国精神这个概念，是把它和中国梦、中国道路、中国力量、中国智慧、中国方案等系列"中国概念"联系在一起，把中国精神与中华优秀传统文化、社会主义核心价值体系、中国共产党人精神等一系列概念联系起来进行使用，赋予了中国精神以新的时代内涵。

（二）中国精神的时代内涵

关于中国精神的时代内涵，由于习近平在第十二届全国人民代表大会第一次会议的讲话中，已经明确提出中国精神就是"以爱国主义为核心的民族精神，以改革创新为核心的时代精神。"因此，学界广泛认同中国精神的内涵就是"以爱国主义为核心的民族精神，以改革创新为核心的时代精神"，这是中华民族五千多年来形成的以爱国主义为核心的民族精神和改革开放以来形成的以改革创新为核心的时代精神的汇集。

国家社会科学基金重大课题"实施中国特色社会主义理论体系普及计划途径、载体和方法研究"课题组专门举办"中国精神宣传普及路径"学术研讨会，对中国精神内涵进行了专题讨论，据会议综述，有以下一些观点③：有学者认为，应从

①　习近平：《决胜全面建成小康社会 夺取新时代中国特色社会主义伟大胜利》，人民出版社2017年版，第42页。

②　习近平：《在庆祝改革开放40周年大会上的讲话》，人民出版社2018年版，第13页。

③　张瑜：《"中国精神宣传普及路径研究"学术研讨会综述》，载《学校党建与思想教育》2014年第10期。

广义和狭义两个角度来理解中国精神。广义的中国精神是与中国当前社会存在相适应的精神状态，它既与中国历史发展存在承接关系，同时也是当代中国社会所有精神生活和精神状态的一种总体描述。其中既包括社会意识形态的精神内容，也包含社会心理层面的国民心态；既包含体现中华民族精神和时代精神的优秀思想资源，同时也包含与积极向上和昂扬的民族精神不相适应的消极心理和人格倾向等，是中国当前精神状态的总汇。而狭义的中国精神即指在当代中国必须弘扬的民族精神和时代精神，是实现中华民族伟大复兴"中国梦"的精神支撑，是凝心聚力的兴国之魂、强国之魂。还有学者认为，中国精神内涵十分丰富，第一，它体现的是一种时代要求，一种社会需求，一种政治诉求，是为了实现中国梦中国人必须具备的思想品质；第二，中国精神也体现了当代中国人的一种自信（道路自信、理论自信等）、自豪和自觉；第三，中国精神是一种情感认同，一种基于对中华民族精神，对中华传统文化，对中国悠久历史，对社会主义核心价值观等的认同和构建。也有学者尝试着进行这样的概括："中国精神"是"中国道路""中国力量"的精神品质和精神支撑，是中华民族优秀传统与时代精神的有机结合，体现社会主义核心价值体系和核心价值观的内在要求，代表当代中国各民族的精神追求和精神风貌，是中国人民建设中国特色社会主义、实现中华民族伟大复兴"中国梦"的精神源泉和价值支撑。另有学者提出，中国精神是以中华民族几千年来熔铸的民族精神为基础，在中国近现代伴随着中国革命、建设、改革过程中所形成的具有强大凝聚力和精神感召力的思想观念。还有学者认为，中国精神中应突出中国革命精神、马克思主义指导、中国特色社会主义共同理想信念等内容。中国革命精神已随时代的发展深深融入中华民族的血液之中，马克思主义与中国实践的结合使中国走上了实现"中国梦"的正确道路，可以说正是中国革命精神塑造了新的中国人，使中国人民从此在精神上站起来了；正是以马克思主义、社会主义先进文化为指导的，以中国共产党为核心的民族中流砥柱塑造了新的中华民族精神。因此，中国精神离不开马克思主义、共产主义、社会主义核心价值观等内容，这是中国精神的灵魂和旗帜。

上述各学者们对"中国精神"内涵的理解均存在着合理性，但要完整理解中国精神的内涵，应摆脱一般概念的纠缠，从习近平总书记关于中国精神的系列论述中，深刻认识中国精神的内涵和实质。

一是从中国精神的具体内涵来看，在第十二届全国人民代表大会第一次会议的讲话中，习近平做了明确界定，就是以爱国主义为核心的民族精神和以改革创新为核心的时代精神，这是中国精神的基本内容。但在以往的理解中，我们更多地从历史性角度对中国精神进行理解，把民族精神与时代精神从生成发展的历史过程进行理解，这显然有一定的片面性。民族精神虽然历经五千多年的历史演变，但它并不是过去的东西，我们现在理解的民族精神，注入了时代精神的成分，因此，在第十三届全国人民代表大会第一次会议上，习近平对中华民族精神的新提炼，既深刻阐述中华民族在几千年历史长河中形成的独特的禀赋和特质，也对时代需要的精神状态和精神品质进行呼唤。伟大创造精神、伟大奋斗精神、伟大团结精神、伟大梦想精神既是中华民族精神的生动写照，也是时代精神的深切呼唤。在庆祝改革开放 40 周年大会上，习近平提出："改革开放铸就的伟大改革开放精神，极大丰富了民族精神内涵，成为当代中国人民最鲜明的精神标识！"并提出："中华民族具有伟大梦想精神，中华民族充满变革和开放精神。""以数千年大历史观之，变革和开放总体上是中国的历史常态。"[1]把民族精神和时代精神的共时性用中国精神进行了整合，也正是在中华民族千百年来形成的民族精神的蕴含下，当代中国精神才以不同于其他民族的样态展示出新的时代精神，中国精神是民族精神和时代精神的高度整合。因此，应从历时性与共时性相结合的角度深刻理解中国精神的具体内涵。

二是从中国精神的功能来看，习近平两次集中论述"中国精神"这个概念，都是在全国人民代表大会这样庄重的场合，是向全体中国人民作出的庄严承诺，也是对中国人民精神状态的一种提振和激励，"人无精神则不立，国无精神则不强。精神是一个民族赖以长久生存的灵魂，唯有精神上达到一定的高度，一个民族才能在历史洪流中屹立不倒、挺立潮头"。[2] 在第十二届全国人民代表大会第一次会议讲话中，习近平以昂扬向上的民族精神深刻注解中国精神的内涵："经过几千年的沧桑岁月，把我国 56 个民族、13 亿多人紧紧凝聚在一起的，是我们

---

① 习近平：《在庆祝改革开放 40 周年大会上的讲话》，人民出版社 2018 年版，第 13、35、36 页。

② 《习近平谈治国理政》第 2 卷，外文出版社 2017 年版，第 47-48 页。

共同经历的非凡奋斗，是我们共同创造的美好家园，是我们共同培育的民族精神，而贯穿其中的、最重要的是我们共同坚守的理想信念。"①在第十三届全国人民代表大会讲话中，习近平列举的中华民族精神的四个"伟大精神"，都具有昂扬向上、催人奋进的时代内涵，从这个意义上看，习近平关于中国精神论述具有唤醒深藏于每个人内心的精神基因、构筑支撑中国社会发展的精神力量、提振实现新时代新使命的精神状态的价值和功能，不能简单地从物质与精神的辩证关系的角度来理解中国精神，更不能把中国精神看成社会存在的一种心理反应，而应从精神动力、精神支持和积极精神状态等角度来理解中国精神的价值。

三是从中国精神的实质来看，中国精神是中国道路和中国力量的精神支撑，是中国特色社会主义发展的精神要求，中国精神在本质上是中国特色社会主义实践在精神上的反映和要求。因此，中国精神的实质是在马克思主义指导下的中国特色社会主义先进文化，这种先进文化"源自中华民族五千多年文明历史所孕育的中华优秀传统文化，熔铸于党领导人民在革命、建设、改革中创造的革命文化和社会主义先进文化，植根于中国特色社会主义伟大实践。"坚持"以马克思主义为指导，坚守中华文化立场，立足当代中国现实，结合当今时代条件，发展面向现代化、面向世界、面向未来，民族的科学的大众的社会主义文化，推动社会主义物质文明和精神文明协调发展。"②因此，在中共中央政治局第十八次集体学习的讲话中，习近平明确指出："实现中华民族伟大复兴的中国梦，必须要有中国精神，而中国精神必须在坚持社会主义核心价值体系的前提下，积极深入中华民族历久弥新的精神世界，把长期以来我们民族形成的积极向上向善的思想文化充分继承和弘扬起来，使之为培育和践行社会主义核心价值观服务，为建设社会主义先进文化服务，为党和国家事业发展服务。"③这就将中国精神的构建放在当代中国语境下，放在中国特色社会主义先进文化建设语境下进行论述，充分阐述了中国精神的实质。

① 《十八大以来重要文献选编》(上)，中央文献出版社2014年版，第234页。
② 习近平：《决胜全面建成小康社会　夺取新时代中国特色社会主义伟大胜利》，人民出版社2017年版，第41页。
③ 习近平：《论党的宣传思想工作》，中央文献出版社2020年版，第89页。

因此，对"中国精神"内涵的理解，应充分认识到这一概念的多元性、特殊性和复杂性，需要从多视域整合的角度，来准确把握中国梦的内涵和实质。为此我们采取一种融合的方法，采用"守一望多"的策略来理解中国精神这一概念。所谓"守一"就是在把习近平对"中国精神"的界定作为"中国精神"的核心概念，即"中国精神"的核心内容是以爱国主义为核心的民族精神，以改革创新为核心的时代精神，这是中国精神的核心性内涵。所谓"望多"是指"中国精神"并不是一种静态状态，它是当代中国共产党人在继承弘扬以爱国主义为核心的中华民族精神和以改革创新为核心的时代精神基础上，不断切合时代要求，在不断推进中国特色社会主义伟大事业中所进行的积淀与升华，因此，应把"中国精神"放在更为开阔的人类思想发展的背景中来考察。既要考察"中国精神"的中国元素、历史特征、中国特色社会主义性质特征和改革开放的时代特色，也要关注"中国精神"的国际特征和世界意义，不断延展"中国精神"的多元内涵。

### 1. 中国精神的核心性内涵

中国精神具有核心的内涵，即以爱国主义为核心的民族精神和以改革创新为核心的时代精神，这既是习近平在第十二届全国人大一次会议讲话中作的明确界定，也是理解中国精神的根本点。以爱国主义为核心的民族精神和以改革创新为核心的时代精神是理解中国精神的两个支柱，习近平正是在两个基点的基础上对中国精神的内涵进行不断注解和阐述。在第十三届全国人民代表大会第一次会议上，习近平对中华民族精神中的时代精神的新提炼主要表现在以下几个方面：一是洋溢着中华民族爱国主义的光荣传统，习近平在论述中充分展示了对中华民族、中华文明、中华民族精神的自信和骄傲，是当代爱国主义的生动篇章。二是继承了中国共产党关于民族精神的积极成果，中国共产党历代领导集体对中华民族精神进行过提炼，习近平关于中华民族精神的新提炼，充分继承中国共产党关于中华民族精神论述中的思想成果，中华民族勤劳勇敢、敬业奉献中的"创造精神"，顽强拼搏、自强不息中的"奋斗精神"，团结统一、爱好和平中的"团结精神"，以及追求理想、矢志不渝的"梦想精神"，习近平关于中华民族精神新提炼既与中国共产党对民族精神的提炼一脉相承，又实现了新的升华。三是调整了中华民族精神提炼的角度。习近平在新提炼中，从中华民族精神主体的角度，对中华民族精神进行提炼。突出中华民族是一个什么样的民族，中国人民是一种什么样的人民，中华人民共和国是一个什么样的国度，把民族精神提炼的角度放在中国人民所体现的精神内涵角度，论述中的落脚点是中国人民，中国人民是具有伟大创造精神、伟大奋斗精神、伟大团结精神和伟大梦想精神的人民，这样既体现了中华民族精神丰富内涵，具有开放性，同时也充分展现了在中华民族精神支撑下当代中国人应有的精神状态。四是具有更为积极的精神内涵，与以往对中华民族精神的提炼相比，习近平关于民族精神的提炼更具有积极进取的元素。创造、奋斗、团结、梦想精神体现出一种积极进取的精神状态，彰显了昂扬向上的精神成分。五是贯通了民族精神和时代精神内容，伟大创造精神、伟大奋斗精神、伟大团结精神、伟大梦想精神既深刻阐述中华民族在几千年历史长河中形成的独特的禀赋和特质，也是对当代需要的精神状态和精神品质的一种呼唤；既是中华民族精神的生动写照，也是时代精神的深切呼唤。这种内在的整合性在庆祝改革开放 40 周年大会上的讲话中体现得更加充分，在讲话中，习近平把改革开放所形成的改革开放精神作为当代中国精神的标识，同时他又深刻挖掘中华民族精神的改革开放精神元素，中国人民具有伟大梦想精神，中华民族充满变革和开放精神。"正是这种'天行健，君子以自强不息''地势坤，君子以厚德载物'的变革和开放精神，使中华文明成为人类历史上唯一一个绵延 5000 多年至今未曾中断的灿烂文明。以数千年大历史观之，变革和开放总体上是中国的历史常态。中华民族以改革开放的姿态继续走向未来，有着深远的历史渊源、深厚的文化根基。"①

从上述论述来看，习近平总书记对民族精神的阐述和时代精神的阐述越来越具有整合性。民族精神和时代精神实际上是一体的，正是在中华民族精神的丰厚积淀下，当代中国才以时代精神的面貌展现在世界各民族文化之林，成为世界丰富多样精神因素中最为绚丽的精神花朵。虽然以爱国主义为核心的民族精神和以改革创新为核心的时代精神是从历时性来对中国精神内涵进行概括和提升，但实质上民族精神和时代精神具有贯通性和内在统一性，是一个历时性与共时性相统一的概念，正是中华民族具有如此的民族精神，才以如此的时代精神体现当代中国精神的内涵，因此，应从历时性与共时性相结合的角度深刻理解中国精神的具

---

① 习近平：《在庆祝改革开放 40 周年大会上的讲话》，人民出版社 2018 年版，第 36 页。

体内涵，从统一性和内在一致性角度认识中国精神的核心内核。"守一"是指守住这个中心。

## 2. 中国精神的延展性内涵

中国精神是中华民族精神文化生长出的绚丽花朵，是民族精神和时代精神的精华，这是中国精神的内核和核心要件，但是中国精神的精华并不能脱离于其他精神而存在，中国精神作为积极生长的精神因素，是中国特色社会主义文化积淀的精神精华，从习近平总书记关于中国精神的论述来看，中国精神的概念是一个不断生成的概念，中国精神具有深厚背景和深刻的现实基础，它内在地包含以下精神文化成分和因素：

一是中华优秀传统文化的精华。每一种文化都有自己的根基，中国特色社会主义文化的根基是中华民族在五千多年的文明历史中所孕育的中华优秀传统文化，这是中国特色社会主义文化的精神基因，也是滋养中国特色社会主义文化的沃土，是中国特色社会主义文化的特色和优势。"中华文明绵延数千年，有其独特的价值体系。中华优秀传统文化已经成为中华民族的基因，植根在中国人内心，潜移默化影响着中国人的思想方式和行为方式。"①党的十八大以后，习近平从积极角度唤醒中华优秀传统文化基因，对中华优秀传统文化中蕴含的中国精神进行了不断拓展，"我们生而为中国人，最根本的是我们有中国人的独特精神世界，有百姓日用而不觉的价值观。"②"要系统梳理传统文化资源，让收藏在禁宫里的文物、陈列在广阔大地上的遗产、书写在古籍里的文字都活起来。"③重点做好中华优秀传统文化创造性转化和创新性发展，把传统文化中积极向上、向善的因素整理出来，实现创造性转化和创新性发展，使之成为中国精神的思想资源，等等。习近平在多个场合对中国传统文化中体现的中国精神进行提炼。2017年中共中央办公厅和国务院办公厅印发《关于实施中华优秀传统文化传承发展工程的意见》将中华优秀传统文化概括为核心思想理念、中华传统美德和中华人文精

---

① 《习近平谈治国理政》第 1 卷，外文出版社 2018 年版，第 170 页。
② 《习近平谈治国理政》第 1 卷，外文出版社 2018 年版，第 171 页。
③ 《习近平谈治国理政》第 1 卷，外文出版社 2018 年版，第 161 页。

神，这些体现了中国精神深厚的文化基础。中国精神贯穿在中华优秀传统文化血脉之中，是中国精神的精神沃土和文化滋润。

二是中国共产党在革命、建设和改革中形成的积极精神成果。这是中国精神的本质内涵，中国精神的实质是在马克思主义指导下的中国特色社会主义先进文化，是中国特色社会主义先进文化的精华。首先它熔炉于党领导人民在革命、建设、改革中形成的革命文化和社会主义先进文化，这是从中国特色社会主义文化形成的历史角度来总结，中国特色社会主义文化是在中国共产党领导中国人民革命、建设、改革实践中不断形成和积淀起来的精神成果。其次，中国精神的主干内容，即革命文化和社会主义先进文化，它包括中国共产党在继承和弘扬中华优秀传统文化和中国近现代以来形成的反帝反封建的革命文化的基础上，为推翻帝国主义、封建主义和官僚资本主义所形成的具有社会主义性质的革命文化，以及在社会主义建设和改革的过程中形成的、体现中国特色社会主义新时代特征的社会主义先进文化。再次，它的内在要求是以马克思主义为指导的先进文化，无论是党领导人民革命过程中形成的革命文化，还是在社会主义建设、改革中形成的社会主义先进文化，都是在马克思主义指导下的无产阶级的先进文化，民族的科学的大众的社会主义文化，代表着人类社会文化发展的方向。坚持以马克思主义为指导，是当代中国哲学社会科学区别于其他哲学社会科学的根本标志，也是中国特色社会主义文化区别于其他性质文化的根本标志。这是我们理解中国精神的性质维度。因此，中国精神的实质是中国特色社会主义先进文化建设中倡导的思想观念和精神品质，包括坚持马克思主义为指导，坚持中国特色社会主义共同理想，积极培育和践行社会主义核心价值观、加强思想道德建设、繁荣社会主义文化中的精神追求和精神因素，等等。中国共产党在带领人民革命、建设和改革实践过程中，形成和铸就伟大的中国共产党人精神谱系，它是中国精神具有鲜明特色和时代特征的引领性精神内容。从这个意义上说，中国精神体现了中国特色社会主义文化的精华，应把中国精神置于中国特色社会主义文化的开阔视野，放在中国共产党人对中国精神的重塑和再生，来认识理解中国精神的多维内涵。

三是中国特色社会主义伟大实践精神成果的升华。中国精神是中国特色社会主义伟大实践的生动反映，也是支撑中国特色社会主义实践的精神因素，这是从中国精神的根源角度规定的。中国精神作为一种观念和精神层面的东西，归根结底是中国特色社会主义伟大实践的反映，又反作用于中国特色社会主义伟大实践。中华民族是具有伟大创造和奋斗精神的民族，在几千年历史长河中，中国人民不仅创造和发展出优秀灿烂的文化与文明，开发和建设了祖国辽阔壮丽的大好河山，建设起美好的家园，而且铸就和锻造了伟大的民族精神与时代精神，形成和构筑了伟大的梦想精神。党的十八大以后，习近平在推进中国特色社会主义伟大实践的进程中，不断对中国精神进行提炼和升华，比如在文艺座谈会讲话中，把中国精神作为社会主义文艺的灵魂；在全国高校思想政治工作会议和党的十九大报告中，又进一步把社会主义核心价值观看成当代中国精神的集中体现，凝结着全体人民共同的价值追求；在劳模座谈会上，把劳模精神看成中国精神的生动体现；在会见"神舟十号"载人飞行任务航天员和参研参试人员代表讲话中，认为载人航天精神充分展示了伟大的中国道路、中国精神、中国力量；在庆祝改革开放40周年大会上的讲话中，把改革开放精神看成为当代中国精神的标识，等等。习近平在不同实践场所在不同领域对中国精神的阐述，既充分说明中国精神蕴含于中国特色社会主义伟大实践，又将中国特色社会主义伟大实践形成的时代精神不断升华为中国精神，体现了中国精神与中国特色社会主义伟大实践的双向推进关系，充分说明了中国精神内涵的多样性和丰富性、实践性和开放性的特征。

中国精神的实质是中国特色社会主义先进文化建设中倡导的思想观念和精神品质，包括坚持马克思主义为指导，坚持中国特色社会主义共同理想，中华民族精神、时代精神和中国共产党人精神谱系，积极培育和践行社会主义核心价值观、加强思想道德建设，繁荣社会主义文化中的精神追求和精神因素，等等。"守一望多"的策略从核心内容和外延拓展、从静态角度到动态角度，较为合理地阐释了"中国精神"的内涵。

（三）中国精神的关系

中国精神作为与中国梦、中国道路、中国力量等相联系的概念，离不开与中华民族精神、时代精神、中华优秀传统文化、社会主义核心价值体系、社会主义核心价值观、中国共产党人精神谱系、中国特色社会主义文化等的关系，需要处理中国精神与这些概念之间的关系，充分认识中国精神蕴含的内在关系。

1. 中国精神与民族精神和时代精神

民族精神和时代精神的整合是中国精神的主干，以爱国主义为核心的中华民族精神是中华民族在五千多年的文明历史中形成了博大精深的精神成果，这是中华民族历经多次动乱而又浴火重生的内在精神动力。正是在这种民族精神的支撑下，中国人民走出了一条与众不同的发展道路，形成了与众不同的中国精神。中国精神离不开对中华民族精神的传承和弘扬，中国精神根植于中华民族精神，是中华民族精神在新的历史条件下的弘扬和升华。时代精神是中华民族在民族精神基础上蕴含和生长的适应时代需要的精神品格。以改革创新为核心的时代精神是在改革开放以来不断解放思想、实事求是、与时俱进、开拓创新，在开创中国特色社会主义新局面的过程中形成起来的精神品质，是"鞭策我们在改革开放中与时俱进的精神力量"。① 以爱国主义为核心的民族精神和以改革创新为核心的时代精神共同构成了中国精神的主干，中国精神体现在中华民族生生不息的发展历程中，更体现在以中国共产党为代表的中华民族优秀儿女不断开创中国特色社会主义道路新局面的进程中，体现在世界民族文化相互激荡发展所展现出的当代中国人的精神境界之中。中国精神蕴含于民族精神和时代精神之中，它从更整合的层面体现了民族精神与时代精神的历史传承和时代升华，是比民族精神和时代精神更高一个层面的概念，体现出与其他各国精神对比的精神特色。

2. 中国精神与中华优秀传统文化

中华优秀传统文化是中华民族在几千年文明发展历史中积累起来的积极文明成果，是中国精神的文化沃土和精神滋养，是中华民族最突出的优势和最深厚的软实力，其中所孕育的民族精神是中国精神的核心内容。正如习近平指出："在五千多年文明发展中孕育的中华优秀传统文化，在党和人民伟大斗争中孕育的革命文化和社会主义先进文化，积淀着中华民族最深层的精神追求，代表着中华民族独特的精神标识。"②我们要大力弘扬以爱国主义为核心的民族精神和以改革创

---

① 《十八大以来重要文献选编》（上），中央文献出版社 2014 年版，第 234-235 页。
② 《习近平关于社会主义文化建设论述摘编》，中央文献出版社 2017 年版，第 15-16 页。

新为核心的时代精神，大力弘扬中华优秀传统文化，大力发展社会主义先进文化，不断增强全党全国各族人民的精神力量。"因此，不能孤立谈中华优秀传统文化和中国精神，应把中华精神与中国优秀传统文化、党领导人民伟大斗争中孕育的革命文化和社会主义先进文化联系起来，深刻认识中国精神与中华优秀传统文化的关系：一是中国精神的弘扬离不开中华优秀传统文化的培育，中华优秀传统文化已经成为中华民族的文化基因，是中华民族发展的精神命脉，不能割舍、抛弃传统、丢掉根本，就等于割断了自己的精神命脉。二是中华优秀传统文化是中国精神的精神沃土，是中国精神的丰厚资源，中华优秀传统文化培育了中国精神。三是中华优秀传统文化体现了中国精神的特色，是我们在世界文化激荡中站稳脚跟的根基。四是中华优秀传统文化是我们的优势，正是在中华优秀传统文化基础上，我们形成了中国特色社会主义道路，"数千年以来，中华民族走着一条不同于其他国家和民族的文明发展道路。我们开辟的中国特色社会主义道路不是偶然的，是我国历史传承和文化传统决定的。"[①]五是中华优秀传统文化是我们深厚的文化软实力，是中国精神力量中的重要组成部分。六是要处理好继承和创造性发展的关系，重点做好中华优秀传统文化创造性转化和创新性发展，把传统文化中积极向上、向善的因素整理出来，实现创造性转化和创新性发展，使之成为中国精神的思想资源。由此看来，中国精神与中华优秀传统文化存在的内在关系，中国精神包含中华优秀传统文化的积极精神元素，但不能把中国精神看成中华优秀传统文化自然产物，中国精神内在包含中国共产党在革命、建设和改革中形成的精神成果，包含着中华民族近现代以来形成的革命精神和社会主义先进文化精神成分，中国精神赋予更鲜明的时代精神特征。

3. 中国精神与其他各国精神

中国精神是在与世界其他各国精神的对比中充分体现出来的，没有世界其他各国的不同精神面貌和追求，也就不能凸显中国精神的特殊性和独特性。只有在比较中才能体现特色，突出优势。中国精神是在与外国精神的对比过程中体现出来的具有独特精神特质的思想观念。要弘扬中国精神，离不开对世界其他国家精

---

① 习近平：《论党的宣传思想工作》，中央文献出版社 2020 年版，第 90 页。

神的对比与参照、借鉴与吸收，只有以开放的心态、包容的品格借鉴吸收其他国家精神培育和弘扬的成果，才能更好地弘扬和培育中国精神。中国精神的最大特点是具有开放包容、与时俱进的品格。在中华民族五千多年的历史发展过程中，中国精神实现多次历史性的转变都与外来文化的影响有着密切的关联，中华民族能够广泛吸纳各种先进文化成果，不断形成新的时代精神，创建具有中国气派、中国风格的特色文化。在当代中国精神的培育和弘扬过程中，我们更应充分吸收其他国家在精神培育过程中的先进经验，在继承和发扬我国优秀传统文化资源的基础上，培育与时俱进、昂扬向上的中国精神。

4. 中国精神与社会主义核心价值体系

社会主义核心价值体系是兴国之魂，决定着中国特色社会主义发展方向。社会主义核心价值体系是中国精神中决定精神发展方向的重要内容。我们讲的中国精神，当然不是抽象意义的中国精神。我们讲的中国即当代中国，社会主义中国。对于我们所说的中国与社会主义中国的关系，邓小平曾经有一段经典论述，他说："有人说不爱社会主义不等于不爱国。难道祖国是抽象的吗？不爱共产党领导的社会主义新中国，爱什么呢？港澳、台湾、海外的爱国同胞，不能要求他们都拥护社会主义，但是至少也不能反对社会主义的新中国，否则怎么叫爱祖国呢？"①因此，我们讲的中国，即社会主义中国，中国精神必须坚持中国特色社会主义方向。社会主义核心价值体系体现了中国精神的发展方向，是中国精神的方向。在社会主义核心价值体系中，马克思主义是社会主义核心价值体系的灵魂，也应该是中国精神的主体，要弘扬中国精神必须坚持马克思主义。马克思主义是我国立党立国的思想基础，是我国意识形态的核心，它决定着我国社会主义发展方向。中国精神的弘扬和培育离不开马克思主义，马克思主义是引领中国精神的发展、熔铸中国精神的内涵、增强中国精神特色的思想基础，是中国精神的灵魂。"习近平新时代中国特色社会主义思想是当代中国马克思主义、二十一世纪

---

① 《邓小平文选》第 2 卷，人民出版社 1994 年版，第 392 页。

马克思主义，是中华文化和中国精神的时代精华，实现了马克思主义新的飞跃。"①要把握好习近平新时代中国特色社会主义思想的世界观和方法论，坚持好、运用好贯穿其中的立场观点方法，在新时代伟大实践中不断开辟马克思主义中国化时代化新境界。中国特色社会主义共同理想是社会主义核心价值观的核心，也是中国精神的核心，要弘扬中国精神必须坚持中国特色社会主义共同理想。坚持中国特色社会主义共同理想，就要回答到底什么是中国特色社会主义共同理想，为什么要坚持中国特色社会主义共同理想，中国特色社会主义共同理想的当代价值是什么等问题，这关系到中国精神的奋斗方向。以爱国主义为核心的民族精神和以改革创新为核心的时代精神是社会主义核心价值体系的精髓，也是中国精神的主干，构成为中国精神的基本内容。建设社会主义核心价值体系，需要弘扬和培育民族精神和时代精神。同样，培育和弘扬中国精神是社会主义核心价值体系建设的内在要素。社会主义荣辱观是社会主义核心价值体系的基础。荣辱观是通过对道德底线的划分来让人们进行遵循一种道德建设方式，它为社会主义核心价值观确立了明确的道德底线，同时也明确了道德发展的方向；它是构成社会主义核心价值体系的基础，同时也是中国精神的底线和基础。由此看来，社会主义核心价值体系建设与中国精神的弘扬和培育存在着相互促进、共同发展的内在关系。培育和弘扬中国精神，有力促进了社会主义核心价值体系建设，同样，加强社会主义核心价值体系建设，保障了中国精神发展方向，促进中国精神的生长和发展。

5. 中国精神与社会主义核心价值观

社会主义核心价值观是社会主义核心价值体系的内核，体现社会主义核心价值体系的根本性质和基本特征，反映社会主义核心价值体系的丰富内涵和实践要求，是社会主义核心价值体系的高度凝练和集中表达。"富强、民主、文明、和谐，自由、平等、公正、法治，爱国、敬业、诚信、友善，传承着中国优秀传统文化的基因，寄托着近代以来中国人民上下求索、历经千辛万苦确立的理想和信

---

① 《中共中央关于党的百年奋斗重大成就和历史经验的决议》，人民出版社 2021 年版，第 26 页。

念，也承载着我们每个人的美好愿景。我们要在全社会牢固树立社会主义核心价值观，全体人民一起努力，通过持之以恒的奋斗，把我们的国家建设得更加富强、更加民主、更加文明、更加和谐、更加美丽，让中华民族以更加自信、更加自强的姿态屹立于世界民族之林。"①社会主义核心价值观是社会主义核心价值体系的内核，弘扬和培育社会主义核心价值观是社会主义核心价值体系建设的应有之义，同时也是社会主义核心价值体系建设重要着力点。从中国精神与社会主义核心价值观的关系来看，一方面中国精神的弘扬和培育需要简洁明确、高度凝练的核心价值观来引领；另一方面社会主义核心价值观是当代中国精神的一种体现，是当代中国精神凝练的"最大公约数"。社会主义核心价值观既是社会主义核心价值体系的内核，也是中国精神的内核，弘扬和培育中国精神必须广泛践行社会主义核心价值观。

6. 中国精神与中国特色社会主义文化

中国精神是在中国特色社会主义文化孕育成长起来的时代精神的精华，党的十九大报告把中国特色社会主义文化，明确界定为源自中华民族五千多年文明历史所孕育的中华优秀传统文化，熔铸于党领导人民在革命、建设、改革中创造的革命文化和社会主义先进文化，根植于中国特色社会主义伟大实践。从中国特色社会主义文化的渊源、中国特色社会主义文化的内涵和中国特色社会主义文化的实质等角度，对中国特色社会主义文化进行科学界定，为理解中国精神与中国特色社会主义文化关系提供依据。中国精神是中国特色社会主义文化的集中体现，中国特色社会主义文化为理解中国精神提供了基本维度，也就是说要理解中国精神需要从中国特色社会主义文化提出的中华优秀传统文化，党领导人民在革命、建设、改革中形成的革命文化和社会主义先进文化，中国特色社会主义伟大实践的精神升华等维度来理解中国精神，从这个意义上看，中国精神与中国特色社会主义文化具有同构性，中国特色社会主义文化是广义的中国精神的内涵。从中国精神的核心内涵来看，中国精神是中国特色社会主义文化的集中体现，是中国特色社会主义文化精神的高度凝练和精神升华。

---

① 《十八大以来重要文献选编》(中)，中央文献出版社 2016 年版，第 4 页。

（7）中国精神与中国共产党人精神谱系

中国共产党人精神谱系是中国共产党带领人民在革命、建设、改革中形成的伟大精神成果。中国共产党是中华民族精神的坚定和忠实的捍卫者，也是近现代中华民族在与帝国主义、封建主义的不懈抗争中形成的伟大革命精神的继承者和弘扬者，更是伟大时代精神的创造者和践行者。正是中国共产党在带领中国人民革命、建设和改革的伟大实践中，重新激活和塑造中华民族精神、实践和创造伟大时代精神，因此，中国共产党是当代中国精神的积极推动力量，而中国共产党铸就的中国共产党人精神谱系，是中国精神中贯穿时代精神和民族精神的一条鲜亮的精神主脉，它是推动中国精神发展和形塑的主导力量。因此，中国精神中包含着中国共产党人精神谱系的内容，中国共产党人精神谱系是中国精神的重要组成部分；同时，中国共产党人精神谱系，又是中国精神中最为鲜亮的精神成果，它像一条红线，贯穿于近现代以来中国精神的全过程，决定着中国精神的性质，展现中国精神的品格，引领着中国精神的方向。

从上述分析来看，如何从马克思主义基本原理、中国共产党精神品质、中国特色社会主义先进文化，从中华优秀传统文化，从与世界各国精神比较，从社会主义核心价值体系、社会主义核心价值观、中国共产党人精神谱系中提炼出激励中国人走中国特色社会主义道路的精神力量、构筑实现中华民族伟大复兴中国梦的精神支撑、提振当代中国人积极向上的昂扬精神状态的中国精神标识，是科学认识和把握中国精神内涵，深化中国精神研究的重要任务。

## 三、中国精神的价值

中国精神是在中华民族伟大复兴中国梦话语体系中出现的新的概念，要实现中华民族伟大复兴中国梦，就必须走中国道路、必须弘扬中国精神、必须凝聚中国力量。在中国梦的实现过程中，中国精神具有独特的精神价值。

（一）实现中国梦的精神力量

只有创造过辉煌的民族，才懂得复兴的意义；只有经历过苦难的民族，才对复兴有如此深切的渴望。中华民族有着悠久灿烂的历史与文化，为人类文明进步作出了不可磨灭的贡献。在人类历史发展的很长一段时期，中华民族一直以自信自立的面貌屹立于世界民族之林。但是，鸦片战争不仅打破了天朝大国的黄粱美梦，而且使中国沦落为一个半殖民地半封建社会，"国家蒙辱、人民蒙难、文明蒙尘"①。巨大的心理落差使中华民族心理受到了前所未有的冲击，民族自尊心受到了极大的挫伤。因此，从近代以来，实现中华民族的伟大复兴就成为一代又一代先进的中国人的永恒梦想。为了实现中华民族伟大复兴的梦想，无数中华民族优秀儿女进行了不屈不挠的艰苦斗争，但是历史无情地证明，无论是封建官僚的"自强梦"、农民阶级的"天国梦"，还是资产阶级的"改良梦""立宪梦""共和梦""革命梦"等都在残酷的现实面前一一破灭。以中国共产党为代表的中国先进力量，继承和发展近代以来仁人志士实现民族复兴的伟大理想和追求，带领中国人民在实现人民解放、民族复兴的伟大进程中，把实现共产主义远大理想和实现中华民族伟大复兴相结合，赋予中华民族伟大复兴新的内涵。中华民族才找到一条实现中华民族伟大复兴的正确道路，经过新民主主义革命、社会主义建设和改革开放，特别是改革开放 40 多年的发展，当今中国经济总量已经居于世界第二位，国家日益强大，人民生活日益改善，中华民族也越来越对自己的发展充满自信，中华民族比历史上任何一个时期都更接近于实现伟大复兴的理想和目标。正是在这样一个特别的历史关节点，习近平提出实现中华民族伟大复兴"中国梦"的概念，进一步形成凝结全党和全国人民共识的伟大精神力量。伟大梦想实现绝不是轻轻松松、敲锣打鼓就能实现的，实现伟大梦想，就必须进行伟大斗争、建设伟大工程、推进伟大事业，激励全体中华儿女不断奋进，凝聚起同心共筑中国梦的磅礴力量。中国精神就是实现中华民族伟大复兴所呼唤的精神力量。

（二）提振精神状态的内在动力

当今世界，人类社会正处于百年未有之变局，中华民族正处于实现中华民族伟大复兴的关键时间节点，我们比历史上任何时代都更接近、更有信心和能力实

---

① 习近平：《在庆祝中国共产党成立 100 周年大会上的讲话》，人民出版社 2021 年版，第 2 页。

现中华民族伟大复兴目标。党的十九大宣布中国特色社会主义进入新时代，新时代"是承前启后、继往开来，在新的历史条件下继续夺取中国特色社会主义伟大胜利的时代，是决胜全面建成小康社会、进而全面建成社会主义现代化强国的时代，是全国各族人民团结奋斗、不断创造美好生活、逐步实现全体人民共同富裕的时代，是全体中华儿女勠力同心、奋力实现中华民族伟大复兴中国梦的时代，是我国日益走近世界舞台中央、不断为人类作出更大贡献的时代"①。党的二十大进一步指出："从现在起，中国共产党的中心任务就是团结带领全国各族人民全面建成社会主义现代化强国、实现第二个百年奋斗目标，以中国式现代化全面推进中华民族伟大复兴。"②新时代呼唤创造精神，新时代需要激发每一个中华儿女创造的激情，有创造的人生才是有价值的人生。新时代呼唤奋斗精神，"世界上没有坐享其成的好事，要幸福就要奋斗"。新时代呼唤团结精神，新时代需要各族人民心往一处想，劲往一处使，用14亿人的智慧和力量汇集起不可战胜的磅礴之力，才能实现中国梦的宏伟目标。新时代呼唤梦想精神，国家梦、人民梦、个人梦是统一的，每个人都有自己的梦想，都为梦想而奋斗，才能梦想成真。中国精神是激发广大民众形成与伟大时代相呼应的伟大精神的内在动力。

### (三) 坚持中国道路的精神支撑

任何一种发展道路都以某种理论和价值作为支撑，中国道路的顺利发展也离不开精神的力量和价值支撑。中国精神是中国道路的价值支撑，是支持中国道路的精神动力。经过中华人民共和国成立以来70多年特别是改革开放40多年的实践探索，我们终于找到了一条适合中国国情和时代发展的中国特色社会主义道路，这就是在中国共产党领导下，立足基本国情，以经济建设为中心，坚持四项基本原则，坚持改革开放，解放和发展社会生产力，建设社会主义市场经济、社会主义民主政治、社会主义先进文化、社会主义和谐社会、社会主义生态文明，促进人的全面发展，逐步实现全体人民共同富裕，建设富强民主文明和谐美丽的

---

① 习近平：《决胜全面建成小康社会夺取新时代中国特色社会主义伟大胜利》，人民出版社2017年版，第42页。
② 习近平：《高举中国特色社会主义伟大旗帜　为全面建设社会主义现代化国家而团结奋斗》，人民出版社2022年版，第21页。

社会主义现代化国家。正如习近平所说："中国特色社会主义，是科学社会主义理论逻辑和中国社会发展历史逻辑的辩证统一，是根植于中国大地、反映中国人民意愿、适应中国和时代发展进步要求的科学社会主义，是全面建成小康社会、加快推进社会主义现代化、实现中华民族伟大复兴的必由之路。"①我们走的中国道路是中国特色社会主义道路，是社会主义而不是其他什么主义，马克思主义、科学社会主义是中国特色社会主义的价值指导和基本原则，是中国道路的灵魂和方向。要走中国道路，就必须坚持马克思主义、坚持社会主义、坚持党的领导、坚持人民民主专政，这是我国立党立国的基础，也是我们必须坚持的基本原则。中国道路需要这样的精神支撑。

（四）凝聚中国力量的精神源泉

中国梦的实现离不开一代又一代中华民族优秀儿女不懈努力奋斗，离不开推动中华民族伟大复兴的精神力量，这种伟大的中国力量来源于什么呢？来自中国各族人民大团结的力量。因此，习近平指出："中国梦是民族的梦，也是每个中国人的梦。只要我们紧密团结，万众一心，为实现共同梦想而奋斗，实现梦想的力量就无比强大，我们每个人为实现自己梦想的努力就拥有广阔空间。"②中国梦作为我国各族人民共同的理想和追求，是凝聚各族人民最伟大的精神力量，使广大各族人民能够心往一处想，劲往一处使，这样就汇聚成实现理想和目标的强大精神动力。理想和信念的力量是无穷的，邓小平多次指出："我们一定要经常教育我们的人民，尤其是我们的青年，要有理想。为什么我们过去能在非常困难的情况下奋斗出来，战胜千难万险使革命胜利呢？就是因为我们有理想，有马克思主义信念，有共产主义信念。"③习近平也指出："对马克思主义的信仰，对社会主义和共产主义的信念，是共产党人的政治灵魂，是共产党人经受住任何考验的精神支柱。"④中国梦是近现代以来中华民族的伟大理想，是当前广大各族人民在奋斗目标上的最广泛的社会共识，是调动最广大各族人民实现国家富强、民族复

---

① 《十八大以来重要文献选编》（上），中央文献出版社 2014 年版，第 118 页。
② 《十八大以来重要文献选编》（上），中央文献出版社 2014 年版，第 235 页。
③ 《邓小平文选》第 3 卷，人民出版社 1993 年版，第 110 页。
④ 《十八大以来重要文献选编》（上），中央文献出版社 2014 年版，第 115 页。

兴、人民幸福的强大精神动力，有这种精神的动力，就有了实现中国梦的力量源泉。以马克思主义武装的中国共产党人，正是在带领广大人民同帝国主义、封建主义和官僚主义作斗争的过程中，在改造客观世界和主观世界的过程中，在革命、建设和改革的实践中，改变了中国人的精神世界，重新塑造了中国精神。"新中国成立以来，特别是改革开放的伟大实践不仅改变了我国贫穷落后的面貌，也塑造了中国国民的精神面貌和民族性格。马克思主义在中国的传播和发展，不仅使中国取得了革命的胜利，而且塑造了一批理想远大、信念坚定而又注重现实、关注民生的共产党人，正是这批在马克思主义武装下的共产党人成为支撑中华民族发展的脊梁，成为中华民族的中流砥柱，成为积极担当中华民族复兴重大历史使命的中坚力量。"[1]马克思主义理论、中国特色社会主义共同理想、以爱国主义为核心的民族精神和以改革创新为核心的民族精神、中国共产党人精神谱系、中国特色社会主义先进文化、社会主义核心价值观等构成中国精神的基本内容，也是中国精神的精神支柱。中国精神在中国梦的实现中具有巨大的精神价值，它贯穿于中国梦实现过程始终，保障中国道路实现的方向，为中国梦的实现提供精神的源泉，是实现中国梦的强大精神力量。

正是基于上述认识，本书认为中国精神虽然是当代中国的一个特定概念，但中国精神有一个漫长的历史发展过程，中国精神不仅是中华民族在长期历史发展过程中精神成果的积淀和升华，而且也是与世界各国家和民族在长期交流、交往、交融过程中，在世界文化激荡过程中形成和升华的精神特性，中国精神作为一种国家精神，有其内在的精神结构，它以马克思主义为灵魂，以中国特色社会主义共同理想为支柱，以爱国主义为核心的民族精神和以改革创新为核心的时代精神为主干，以中国共产党人精神谱系为贯穿其中的红线，以社会主义核心价值观为内核，以社会主义思想道德和时代精神风尚为基础，以物质、文化、精神和人物为载体。培育和弘扬中国精神，应深刻分析中国精神的来源，寻找中国精神的特点，探析中国精神的构成，透视中国精神的主干，挖掘中国精神的灵魂、支柱、内核、基础和表现形式，寻找中国精神的实现路径。现在就请读者沿着这个思路，和我们一起探究中国精神的内在奥秘吧。

---

[1]　佘双好：《近年来国民心态的新变化》，载《思想政治工作研究》2009 年第 7 期。

# 第二章 中国精神之演变

"人无精神则不立，国无精神则不强。精神是一个民族赖以长久生存的灵魂，唯有精神上达到一定的高度，一个民族才能在历史的洪流中屹立不倒、挺立潮头。"①中国精神作为中国的国家精神，是实现中国梦的精神支撑和动力资源。"中华文明源远流长，孕育了中华民族的宝贵精神品格，培育了中国人民的崇高价值追求。"②中华五千多年的文明史孕育并生成了中国精神，近现代中国救亡图存的浴火推进了中国精神的转型，中国共产党领导人民开展革命、建设和改革的历程拓展与发展了中国精神，新时代推进中华民族伟大复兴的中国梦进一步丰富了中国精神的内涵，推动中国精神在世界舞台上勃兴。现在，就让我们一同追随中国历史的足迹，探索中国精神的形成过程，体味中国精神的厚重与博大吧。

## 一、中国精神的起源

中国文化源远流长，"上下五千年"，是世界上唯一未曾中断，至今仍充满活力的文化。中国精神由中国文化所孕育和生发，在中国文化的根脉上不断发芽、开花、结果。如同生命体之新陈代谢，中国文化经过长期的历史演进，逐渐形成、熔铸了独到的气度和独特的性格，因而也积淀和凝聚了丰富多元的中国精

---

① 习近平：《论党的宣传思想工作》，中央文献出版社 2020 年版，第 26 页。
② 习近平：《论党的宣传思想工作》，中央文献出版社 2020 年版，第 19 页。

神。"在五千多年的发展中，中华民族形成了以爱国主义为核心的团结统一、爱好和平、勤劳勇敢、自强不息的伟大民族精神。"①民族精神是中国精神的底色，是中国精神的重要组成部分。

## (一)先秦时期

中华文化源远流长，据考古证据，公元前7000年至前4000年，在现今中国的黄河、长江流域等地，中华文化的最初形态在多个地区出现，推动着这一片区域逐步从蛮荒时代走向文明。公元前2000年左右，历史进入了夏、商、周三代，中国文化跨入文明门槛。这一时期原始公社开始解体，国家开始诞生。夏商周时期，人们从天地宇宙和谐有序的差等结构来思考人和社会的关系。《易经》认为，礼义等道德观念来自天道秩序，乾坤既定，礼义生之。因而人要修德，"以德配天"。《易经》还提出了正直、端方、宽大等一些重要美德。"周人发展了'天命'观念和'德治'主义，以'敬天''孝祖''敬德''保民'等一套思想体系为领主制农业经济的合理性作理论论证，并提供伦理道德上的依据。这些思想几经改造发展，成为三千年间中华农业文化的精神支柱。"②这些成为中华民族精神的源头，也可以说是中国精神的缘起和萌芽。

西周至春秋战国时期(公元前11世纪—公元前221年)，社会政治局面比较混乱，人们纷纷寻求治国安民之道，儒家、道家、墨家、法家等诸子百家，分别从不同的角度探寻建立理想的美好社会。百家争鸣的良好思想风尚催生了一系列重要思想，在儒家、墨家、道家、法家等不同学派的思想里，蕴含着丰富的精神价值，反映了不同学派对价值取向的不同认识，奠定了中国文化的基本框架，诸子百家的圣贤创造出一系列包含民族精神的文化经典，中华民族精神因此得以初步展开。

儒家的代表人物孔子重视伦理本位，力倡道德教化，倡导以"仁"为核心的价值观。孔子认为"仁"为众德之本，诸德都从属于"仁"德，提出"己欲立而立

---

① 江泽民：《全面建设小康社会，开创中国特色社会主义事业新局面——在中国共产党第十六次全国代表大会上的报告》，载《人民日报》2002年11月18日。

② 冯天瑜著：《中国文化生成史》(下册)，武汉大学出版社2013年版，第747页。

人，己欲达而达人""己所不欲，勿施于人"的行为准则。孔子之后，孟子明确提出了"仁、义、礼、智"四德。孟子说："恻隐之心，人皆有之；羞恶之心，人皆有之；恭敬之心，人皆有之；是非之心，人皆有之。恻隐之心，仁也；羞恶之心，义也；恭敬之心，礼也；是非之心，智也。仁、义、礼、智，非由外铄我也，我固有之也，弗思耳矣。"①孟子主张将"四德"从家庭扩展到社会，旨在建立起全社会的人伦关系，建立起"家国一体"的基本伦理构架。荀子主张"性恶论"，提出了"隆礼贵义"的思想，认为"隆礼贵义者其国治，简礼贱义者其国乱"。

墨家提出了"兼爱""节俭""尚贤""尚同"等思想主张。墨子以"兴天下之利，除天下之害"为己任，建立了以尚贤、尚同、兼爱、非攻、节用、节葬等为主要内容的学说。墨子十分重视"义"德，提出了"贵义"说，倡导"天下之人皆相爱，强不执弱，众不劫寡，富不侮贫，贵不傲贱，诈不欺愚"②，希望改变"饥者不得食，寒者不得衣，劳者不得息"的社会。墨子还倡导自然科学，强调手脑并用，精研科技。

道家的创始人老聃，建立了以"道"为最高范畴的思想体系，提出"人法地，地法天，天法道，道法自然"。老子主张"无为"思想，认为"圣人处无为之事，行不言之教"。③还说"我无为而民自化，我好静而民自正，我无事而民自富，我无欲而民自朴"。④他强调不争、贵弱、居下、谦虚、知足、取后、慈、俭、朴、无知无欲等思想，是朴素的自然主义者。道家尊道贵德，淳厚质朴，倡导柔弱胜刚强，无为而无不为。

法家提出了服务于法治的德教思想，其代表人物是商鞅、韩非等。商鞅提出"任其力不人其德"的思想，主张"以刑促德"，"刑生力，力生强，强生威，威生德，德生于刑"⑤。韩非以"性恶论"为理论基础，提出了"法术势"相结合的思想。法家倡导明法审令，去私怨、行公义、守公法，执政严峻、勇于革新、力求富强。

---

① 《孟子·告子上》。
② 《墨子·兼爱中》。
③ 《道德经》第二章。
④ 《道德经》第五十七章。
⑤ 《商君书·说民》。

诸子百家尤其是儒、墨、道、法家的思想，蕴含了中华民族的主要精神特质。儒家思想逐步演变为中国封建社会的统治思想，是中华民族的主要精神资源，儒家的仁爱、忠恕之道，"杀身成仁""舍生取义"等思想，以及修身、齐家、治国、平天下的观念，深深融入中华民族的精神之髓，塑造了中华民族的性格。墨家的"兼爱""节俭"等思想，道家的无为、顺应自然、天人合一思想，法家的德法并举思想，等等，都从不同层面丰富和拓展了中华民族精神的内涵。先秦诸子百家的精神内核，如变易自强观念、和合融通思想、民本尊君理念、忧患意识等，穿越数以千年计的日月韶光，对后来的中华文化起过重大作用。这些思想包容性强，具有超越性，是中华民族最为重要的文化资源和精神动力。①

## （二）秦汉至隋唐时期

从秦汉到隋唐，是我国封建社会的前期发展阶段。在这一漫长的历史阶段，各民族同胞相互融合、历经磨砺，形成了独特的中华民族精神，这是中国精神在这一时代的主要形态。

春秋战国，各国诸侯都被称为"君"或"王"。秦王嬴政陆续消灭韩、赵、魏、楚、燕、齐六国，公元前221年完成了统一中原的大业，成为中国历史上第一个皇帝，自称"始皇帝"。秦始皇建立了中央集权的国家，开疆拓土，修筑长城，统一和简化了文字。他是中国2000多年中央集权封建帝制的主要设计者，影响深远。秦朝对中国文化发展和主张团结统一的中华民族精神产生了重要影响。

西汉初年贾谊总结秦灭亡的历史教训，对儒家的"德治"思想进行发挥，提出了"仁义礼治"的思想。他认为："牧民之道，务在安之而已矣。"②他主张"忠""信""义""礼"等儒家伦理。著名政治家、思想家董仲舒提出"罢黜百家，独尊儒术"的政治主张，主张通过"三纲五常"来教化百姓。董仲舒从君臣、父子、兄弟、夫妇、朋友"五伦"中抽出三种关系，将之提升出来，称为"三纲"，即"君为臣纲，父为子纲，夫为妻纲"。根据"天人合类"说，将"仁、义、礼、智、信"与金、木、水、火、土等"五行"相比附，称为"五常"，将其抽象为永恒不变的道

---

① 冯天瑜：《中国文化生成史》（下册），武汉大学出版社2013年版，第754-755页。

② 《新书·过秦论》。

德规范。董仲舒"罢黜百家、独尊儒术"的主张，使儒家伦理在儒、释、道、佛等多种思想体系中逐步占据优势地位，到后来历代王朝多以儒家经典作为道德教化的主要内容。我国封建伦理道德在很大程度上被称为儒家伦理，儒家伦理集中代表了中国传统道德文化，是对中华儿女影响最大的思想文化体系。

魏晋南北朝是中国社会较为混乱的时期，政权更迭频繁。长期的封建割据和连绵不断的战争，使文化的发展受到严重影响。在此期间，儒学一统天下的局面被打破，玄学、道教、佛教的多元文化格局显现，儒、道、释三教出现合流。玄学是魏晋时期崛起的一股新文化思潮，"有晋中兴，玄风独振"。[①] 玄学以老庄思想为骨架，从两汉烦琐的经学解放出来，试图将儒道两家结合，其中心议题是本末有无，即宇宙最终存在的根据问题。玄学的宗旨是"贵无"，其最高主题是对个体生命意义的思考。玄学造就了中国士人玄、远、清、虚的生活情趣，他们徜徉山水、放任自达，形成了狂放不羁的自由之风，鲁迅曾概括其为"魏晋风度"。与此同时，随着炼丹术的盛行和相关理论的深化，道教获得了很大发展。东晋时期，葛洪对战国以来的神仙家理论进行了系统论述，著有《抱朴子》，对道教理论进行了第一次系统化，丰富了道教的思想内容。魏晋南北朝时期，佛教传入中国，并不断实现本土化，影响力日益扩大。魏晋南北朝时期的中国文化呈现多样性和丰富性，儒、道、释三教互相冲突、互相融合，中华民族精神超越了传统的儒家窠臼，得到多层次、多向度的发展和深化，造就了中华文化的辉煌成就，充实了中华民族精神的丰富内涵。

隋唐是中国历史上最为博大、开放、包容、恢弘的时期。隋代学者王通主张以儒学为主体，儒、释、道三教合一。注重道德教化，提倡儒家的王道政治，提出了"王道礼乐"的思想。隋唐开疆拓土，建立了东临日本海、西至中亚细亚的隋唐帝国。唐朝全盛时在文化、政治、经济、外交等方面都达到了很高的成就，是中国历史上的盛世之一，也是当时世界的强国之一。盛唐时期以其强大的国力和自信，呈现出兼容并蓄、有容乃大的精神气派。著名诗人王维曾写道："九天阊阖开宫殿，万国衣冠拜冕旒"；"千官望长安、万国拜含元"，生动地描写了各国使节朝拜大明宫的盛景。唐朝声誉远及海外，此后海外多称中国人为"唐人"。

---

① 《宋书·谢灵运传》。

当时，南亚、西亚乃至西方世界的佛学、历法、医学、音乐、舞蹈、美术、建筑、马球等，如八面来风，中华传统文化表现出辉煌气魄，民族精神得到极大丰富和拓展。

### （三）宋元明清时期

自宋代以后，我国封建社会进入中后期，君主专制不断加强，社会矛盾日益激化。传统士人忧国忧民，由思想文化影响而及的中华民族精神则趋于封闭、内敛、保守。

北宋时期的思想家周敦颐，积极倡导"中""诚""公"，并对其进行了深刻阐发。周敦颐强调"尚中"，认为修身之道、治国兴邦，只有"中"才符合圣人之道。在个人道德追求方面，强调"诚"德。他还认为"公"为天地之德、圣人之道。① "二程"程颢程颐提出了"明理"道德观，强调"天理"，认为"理生万物"。南宋理学家朱熹发展了二程"理"的思想，将"理"上升到宇宙本体论的高度，主张"存理灭欲论"。朱熹说："宇宙之间，一理而已。"②在"理欲之辨"的基础上，主张把"天理"和"人欲"对立起来，提出"存天理，灭人欲"的道德观。南宋思想家陆九渊在继承"二程"理学的基础上，提出了"心即理"的命题，认为"人皆有是心，心皆具是理，心即理也"。③ 还强调个体主观能动性的发挥，提出"收拾精神，自作主宰。"④明代思想家王守仁继承了陆九渊"心"学理论，创立了以"致良知"为特色的思想体系。提出良知为世界万物的本体，修身就要做到"致良知"。他还提出"知行合一"的重要思想，认为"知是行的主意，行是知的工夫；知是行之始，行是知之成"⑤。宋明理学继承了孔孟道统，汲取了佛、道养分，给儒家思想以理学的思辨形态，使正统的儒家思想又取得了"独尊"的地位，中华民族精神得到了进一步巩固和发展。

明末清初，我国封建生产方式走向衰落，资本主义生产方式开始萌芽。以黄

---

① 《易通》。
② 《朱文公文集·读大纪》。
③ 《陆九渊集·与李宰》。
④ 《陆九渊集·语录下》。
⑤ 《传习录上》。

宗羲、王夫之等为代表的进步思想家，掀起了一股思想解放运动，提出了一系列具有启蒙特色的新思想。黄宗羲抨击了封建君权思想，提出"天下为主君为客"，用以民为主代替以君为主，具有鲜明的早期民主意识和启蒙特色。王夫之则以其强烈的批判精神，对我国传统道德进行了深刻反思，在人性论、义利之辨、理欲之争、德物之说等方面，提出了一系列独特思想。明确提出"继善成性"说，认为人的自然本性是天生的，"仁义之性"则是后天形成的。"习与性成"，既可以成性之善，也可以成性之恶，教育就是一个"继善成性"的过程。王夫之还提出"以身任天下"，充盈着浓厚的爱国主义精神。这些思想具有重要的启蒙意义，加速我国传统思想文化从古代到现代的转变。

## 二、中国精神的转型

1840 年鸦片战争以后，中国逐步成为半殖民地半封建社会，国家蒙辱、人民蒙难、文明蒙尘，中华民族遭受了前所未有的劫难。① 曾经在世界上繁荣昌盛的东方古老"天朝之国"，面对西方列强的坚船利炮，顿时变得无所适从、沦落失意，人民跌入困难的深渊，家破人亡、流离失所，封建帝国的尊严和荣耀荡然无存。一批批仁人志士勇敢地站起来，探索救亡图存的途径、寻求变革新生的答案。中国传统文化也进入一个蜕变与新生并存的时期，蕴含于其中的中国精神也出现了历史转折。

### (一) 鸦片战争到太平天国运动时期

在很长的历史时期，中国都是世界上最为发达的国家。"唐、宋、明时的中国，在财富、领土、军事力量以及艺术、文化和科学成就上，都远超欧洲。"②美国前国务卿基辛格在《论中国》一书中认为"过去的 2000 年里，有 1800 年中国在

---

① 习近平：《在庆祝中国共产党成立 100 周年大会的讲话》，人民出版社 2021 年版，第 2 页。

② ［美］塞缪尔·亨廷顿：《文明的冲突与世界秩序的重建》，周琪、张立平等译，新华出版社 2002 年版，第 35 页。

世界国内生产总值中所占的比例都要超过任何一个欧洲国家。"①然而，当古代中国封建王朝故步自封、国势日趋衰微时，同期的英国在工业革命的带动下，成为强大的资本主义国家。法国、美国等国家的资本主义也迅速发展。资本扩展的逻辑促使西方资本主义国家瞄准遥远的东方帝国。"闭关锁国"的清王朝虽落后于世界大潮，但是在外贸中中国一直处于贸易顺差地位。为了扭转对华贸易逆差，英国开始向中国走私鸦片，获取暴利。1838年，湖广总督林则徐作为钦差大臣，赴广东查禁鸦片。林则徐到任后，严行查缴鸦片2万余箱，并于虎门海口悉数销毁，打击了英国走私犯的嚣张气焰，同时影响到了英国的利益。为打开中国市场的大门，英国政府以此为借口，决定派出远征军侵华，英国国会也通过对华战争的拨款案。1840年6月，英军抵达广东珠江口外，封锁海口，鸦片战争开始。"满族王朝的声威一遇到英国的枪炮就扫地以尽，天朝帝国万世长存的迷信破了产，野蛮的、闭关自守的、与文明世界隔绝的状态被打破，开始同外界发生联系"。②

鸦片战争促使中国一部分知识分子开始抛弃陈腐观念，注目世界，探求新知，寻求强国御侮之道，萌发了一股向西方学习的新思潮。从洋务派到维新派，中国人逐渐从唯我独尊、文化优越的"华夏中心论"走向崇尚西方的现代思想意识，对传统的中华文化开始深入地反思和剖析，促进中国人精神面貌的自我革新。

## (二) 从洋务运动到戊戌变法时期

鸦片战争之后，中国人如梦初醒。封建官僚阶级发起洋务运动，梦想通过洋务运动实现富国强兵；以洪秀全为代表的农民阶级发动了太平天国运动，试图建立"天朝上国"；资产阶级维新派力主改良，提出君主立宪、维新变法。虽然他们的梦想最终都破灭了，但都留下了宝贵的精神财富，如洋务运动倡导的自强和求富精神，太平天国运动的斗争精神和爱国主义精神传统，维新派的变革精神和倡导现代思想意识等，为中国逐步迈向现代化提供了丰富的思想资源和精神

---

① ［美］亨利·基辛格：《论中国》，胡利平等译，中信出版社2012年版，第8页。
② 《马克思恩格斯选集》第1卷，人民出版社2012年版，第779页。

价值。

1. 洋务运动

鸦片战争使中国人认识到西方的坚船利炮之厉害，一部分中国人认为必须从西方的器物文明中寻找出路。在被迫和无奈中，中国社会慢慢步入近代社会的历程。此前，魏源在《海国图志》中主张"师夷长技以制夷"，冯桂芬在《校邠庐抗议·采西学议》中说："以中国之伦常名教为原本，辅以诸国富强之术。"张之洞更是高扬"中学为体、西学为用"的旗帜，他说："中学为内学，西学为外学，中学治身心，西学应世事。"①洋务派对中国儒家伦理"孝悌忠信"等依然是十分推崇的，认为这是中国之所以为中国的根本，不可以变易。

清廷当局与洋务有关的官僚如曾国藩、左宗棠、李鸿章和奕䜣等，主张学习西方的声、光、电、化、轮船、火车、机器、枪炮、报刊、学校等，打出"自强"和"求富"的旗帜。认为要富强，使中国"有备无患"，必须兴"西学"、办"洋务"、办军工厂，生产新式武器、建立新式军队，达到"自强"目的。

洋务派的洋务梦主要是"军工实业独进"。"曾文正、李文忠的大设施就是上海制造局、马尾的船厂、北洋的海军，以为西洋所长、中国所短不过这些东西而已，但把它学来便了。"②洋务派以"自强"为旗号，采用西方先进生产技术，创办了一批近代军事工业。在李鸿章等人的主持下，江南制造局、金陵制造局、福州船政局、天津机器局等一批大型近代化军事工业相继问世。随着军事工业的创办，洋务派认识到，强大的国防基础在于整个国家经济的发展，要求能源、钢铁等工业与之配套。如张之洞创办了汉阳铁厂、大冶铁矿、湖北枪炮厂等。同时，为了维护民族利益，也必须发展民族经济，与洋人"商战""争利"。于是，他们提出了求富的口号，民用工业和新式交通运输业也发展起来了，兴办了一批民用工业，奠定了中国近代化工业的基础。张之洞等还创办了自强学堂、三江师范学堂等新式教育机构，为近代教育事业的发展奠定了根基。

洋务运动是一场由封建大地主统治阶级领导的自救运动，虽然最终失败，但

---

① 张之洞：《劝学篇·会通》。
② 梁漱溟：《梁漱溟全集》第 1 卷，山东人民出版社 1989 年版，第 255 页。

它不仅引进了西方资本主义国家的一些近代科学技术，使中国出现了第一批近代企业，为中国的现代化开辟了一条道路，更留下宝贵的精神财富，尤其是中国人在同西方的正面交锋后强烈的自强和求富精神。

### 2. 太平天国运动

1851 年至 1864 年，由洪秀全等农民阶级的代表人物发起的太平天国运动爆发。太平天国运动是中国历史上规模最大的农民革命，作为农民阶级的"太平梦"，坚持了 14 年，势力扩展到 17 个省，有力地打击了清王朝的封建统治和外国的侵略，促进了中国数千年封建社会的崩溃。

太平天国起义虽然失败了，但它具有不可磨灭的历史功绩和重大的历史意义。太平天国起义沉重打击了封建统治阶级，强烈撼动了清政府的统治根基。其提出的《资政新篇》则是近代历史上第一个比较系统地发展资本主义的方案。太平天国颁布"天朝田亩"制度，废除封建地主土地所有制，顺应农民的愿望，采取"着佃交粮"政策，向农民颁发田凭，收到了"耕者有其田"的效果。太平天国农民起义，显示了农民阶级的反抗精神和战斗力量，激励着中国人民同帝国主义和封建主义进行英勇的斗争，为辛亥革命铺平了道路。太平天国运动表现了中国人民反对外国侵略的英雄气概和爱国主义精神，阻止了西方侵略者迅速变中国为殖民地的企图，延缓了中国半殖民地化的进程。

### 3. 维新运动

洋务派的"军工实业独进"遭到挫败，一部分先进知识分子感到中国的落后不仅是器物层面的，更是制度层面的落后。因此康有为、梁启超、严复等资产阶级维新派的代表人物主张通过体制内的改良，推动制度创新和变法，谋求政治变革，以立宪政制取代君主专制，展开了戊戌变法和清末宪政运动。

维新派代表人物积极倡导"新民德"思想。著名思想家康有为批判了传统的人性论，推崇西方的自由、平等、博爱等思想，说："仁也以博爱为本，故为善之长。……苟人而不仁，则非人道。"①著名的政治活动家和思想家梁启超，对公

---

① 康有为：《论语注》，中华书局 1984 年版，第 31 页。

德、私德问题进行了阐述，他说："我国民所最缺者，公德其一端也。公德者何？人群之所以为群，国家之所以为国，赖此德焉以成立者也。"①梁启超敏锐地发现了传统中国忽略公德的弊端，提倡大力弘扬国民公德。他呼唤"新道德"革命，提倡德育、智育并举，而推行公德的目的则在于"利群"、爱国、爱真理等价值。维新派思想家严复在《原强》中提出，一个国家的强弱存亡决定于三个基本条件："一曰血气体力之强，二曰聪明智慧之强，三曰德性义仁之强。"因此，严复提出"是以今日要政，统于三端：一曰鼓民力，二曰开民智，三曰新民德"。所谓新民德，就是要培养广大国民的国家意识、平等意识、独立意识、权利意识、义务感和乐群、自尊、进取、竞争等品质。②

维新派倡导资产阶级的改良，主张借鉴资本主义的政治理念、道德观念和社会制度。在政治上主张开议院，倡议民权，限制封建君主的权力，实行君主立宪制；经济上主张振兴实业，发展资本主义经济；思想文化上，传播资产阶级民主政治思想，介绍西方自然科学和社会学说，对中国传统的封建伦理纲常进行了批判，对促进人民的觉醒，特别是知识分子的思想解放，起了重要的启蒙作用，开启了民众的智慧和思想，催发了中国人的现代意识和民主观念。

### (三)辛亥革命到封建专制制度终结时期

1895 年，甲午战争失败后，清政府被迫同日本签订《马关条约》，割让台湾岛、澎湖列岛给日本。1896 年，有感于主权旁落、国土沦丧，著名政治家、思想家谭嗣同难抑心中的怒火与悲愤，写下了一首诗："世间无物抵春愁，合同沧冥一哭休。四万万人齐下泪，天涯何处是神州？"列强入侵、山河破碎，人民大众在深重的苦难中挣扎，有志之士"有心杀贼，无力回天"，正是晚清中国社会的真实写照。

在中国逐渐沦为半殖民地半封建社会、中华民族面临亡国灭种的危难之时，有识之士痛心疾首，救亡思潮和运动风起云涌。以孙中山为代表的革命党人发动了"中国历史上一次伟大的资产阶级民主革命"。辛亥革命推翻了清朝政府及中

---

① 王德峰编选：《国性与民德——梁启超文选》，上海远东出版社 1995 年版，第 47 页。
② 参见郑航著：《中国近代德育课程史》，人民教育出版社 2004 年版，第 33 页。

国实行 2000 多年的封建皇权制度，建立了亚洲第一个民主共和国——"中华民国"。

辛亥革命是一场深刻的思想启蒙运动，对中国精神的转型和新生具有重要价值。自汉代董仲舒以来，君臣关系是"三纲五常"中三纲之首，皇帝不仅是政治上的权威，也是文化价值观念的重要依据与合法性来源。辛亥革命推翻了帝制，在打破帝制政治的价值观和政治思想的同时，对于中国传统以儒家为主的价值观的权威性产生冲击，中国的现代国民意识和国民观念逐步强化。孙中山曾说："唯既有第一等国民思想造成民国，更须以热心毅力，再将此民国造成世界第一等民国。则予方敢确认我目前国民，信世界上第一等国民，世界上国民，信唯我中华民国国民为第一等国民。"①孙中山十分重视民族精神的恢复和培养，他比较了中国、日本和西方的差别，认为："在西方独占世界富强的时候，东方忽然兴起一个日本，就是因为他们有民族主义的精神。"②对于中国来说，"要想使中国恢复很强、很盛、很文明的国家，在世界中是头一个强国的地位，便要先恢复民族的精神"③。

孙中山积极倡导"天下为公"。他说："孔子有言曰：'大道之行也，天下为公。'如此，则人人不独亲其亲，人人不独子其子，是为大同世界，大同世界即所谓'天下为公'。要使老者有所养，壮者有所营，幼者有所教。"④"天下为公"是一种全新的道德观，他抛弃了封建伦理和剥削阶级的自私自利思想，把大众的幸福作为追求的目标，为资产阶级民主主义思想的弘扬者，鼓舞了大批仁人志士奋起为民主主义革命而斗争。孙中山还明确提出了"心性文明"，即精神文明建设问题。他指出："物质文明与心性文明相待，而后能进步。"⑤并提出了"忠孝、仁爱、信义、和平"的"八德"体系。他说："讲到中国固有的道德，中国人至今不能忘记的，首先是忠孝，次是仁爱，其次是信义，其次是和平。"⑥孙中山倡导恢

---

① 冯天瑜、张笃勤著：《辛亥首义史》，湖北人民出版社 2011 年版，第 572 页。
② 《孙中山全集》第九卷，中华书局 1986 年版。
③ 《孙中山全集》第九卷，中华书局 1986 年版。
④ 《孙中山全集》第六卷，中华书局 1985 年版，第 36 页。
⑤ 孙中山：《孙文学说》。
⑥ 孙中山：《三民主义·民族主义》第六讲。

复民族固有的道德，同时又根据时代的发展，对旧道德的内涵进行了重新挖掘和阐释，将其提升到弘扬民族精神和培养民族高尚人格的高度来认识，具有历史的进步作用。

人类历史上每一次社会变革都会影响民众的社会生活。对于中国广大民众而言，辛亥革命影响到的不仅是精神思想，而且体现在日常生活习惯和社会风俗上。武昌首义之后，在男人脑后梳了270多年的长辫被剪断了。新成立的"中华民国"鄂军政府把剪辫视为与帝制决裂、移风易俗的重要内容。从此，中国人的发型开始与现代世界通行的发型接轨。妇女的发式也发生了变化，民国初年多剪短发。同时，西服、中山装取代了前清时代的旗袍、长衫、马褂。[1] 当时的一首民谣写道："新礼服兴，翎顶补服灭；剪发兴，辫子灭；爱国帽兴，瓜皮帽灭；天足兴，纤足灭；阳历兴，阴历灭……"除了剪辫子、换衣着外，人们之间的称呼也发生了变化，以前对官员所称的"老爷""大人"，自称的"奴才"，改成了"同志""先生""君"之类的平等称呼。

辛亥革命标志着中国国民性从改良救国转向革命救国，是中国精神近代觉醒的一次历史性飞跃。然而，辛亥革命没有使中国实现真正的民主政治和民族独立，没有改变中国半殖民地半封建社会的社会性质，也没有使中国走向现代化发展之路。

## 三、中国精神的新生

中国共产党的成立，是中华民族发展史上开天辟地的大事变。中国共产党一经诞生，就把为中国人民谋幸福、为中华民族谋复兴作为初心使命，义无反顾地肩负起实现中华民族伟大复兴的历史使命，团结、带领人民进行了艰苦卓绝的斗争，谱写了气吞山河的壮丽史诗。中国人在精神上由被动转入主动，实现中国精神的浴火重生，重新锻造了中国精神。中国共产党对中国精神的熔铸，可以分为四个时期，即新民主主义革命时期、社会主义革命和建设时期、改革开放和社会主义现代化建设新时期、中国特色社会主义新时代。

---

[1] 参见宋杰主编：《武昌·1790城纪》，湖北人民出版社2014年版，第126页。

（一）新民主主义革命时期

1. 中国共产党成立及探索中国革命道路时期

辛亥革命的失败使一些先进的中国知识分子渐渐意识到，文化上的差距、观念上的变革才是最为重要的。正如梁启超所说："革命成功将近十年，所希望的件件都落空，渐渐有点废然思返，觉得社会文化是整套的，要拿旧心理运用新制度，决计不可能，渐渐要求全人格的觉悟。"①陈独秀等一批知识分子认为，欲图根本之救亡，必须改造中国的国民性。一场新的思想启蒙运动——新文化运动应运而生。

（1）中国共产党的成立

1919 年上半年召开的巴黎"和平会议"中国外交失败，是五四运动的导火索。在巴黎和会上，中国政府代表提出废除外国在华势力范围、撤退外国在华驻军等七项希望和取消日本强加的"二十一条"及换文的陈述书遭到拒绝。消息传到国内，激起了全国各阶层人民的强烈愤怒。五四运动由此爆发。五四运动孕育了崭新的"爱国、进步、民主、科学"的五四精神，打破了人们对资本主义列强的幻想，促进了马克思主义传播，成为近代中国人精神觉醒的一次重大事件。"十月革命一声炮响，给我们送来了马克思列宁主义"②，"在中国人民和中华民族的伟大觉醒中，在马克思列宁主义同中国工人运动的紧密结合中，中国共产党应运而生。中国产生了共产党，这是开天辟地的大事变，深刻改变了近代以后中华民族发展的方向和进程，深刻改变了中国人民和中华民族的前途和命运，深刻改变了世界发展的趋势和格局。"③中国共产党的先驱们在创建中国共产党的过程中，形成了坚持真理、坚守理想，践行初心、担当使命，不怕牺牲、英勇斗争，对党忠诚、不负人民的伟大建党精神，这是中国共产党的精神之源。中国共产党成立后，以"为有牺牲多壮志，敢教日月换新天"的大无畏气概，书写了中华民族几千年历史上最恢弘的史诗。

---

① 梁启超：《五十年中国进化概论》，载《饮冰室文集》，中华书局 1989 年版。
② 《毛泽东选集》第 4 卷，人民出版社 1991 年版，第 1471 页。
③ 习近平：《在庆祝中国共产党成立 100 周年大会上的讲话》，人民出版社 2021 年版，第 3 页。

（2）大革命时期

1921 年 7 月召开的中国共产党第一次全国代表大会纲领指出，革命军队必须
与无产阶级一起推翻资本家阶级的政权；要消灭资本家私有制，明确提出要把工
人、农民和士兵组织起来，实行社会革命。

成立之初的中国共产党，领导工人和农民向帝国主义和封建主义展开了英勇
斗争，在同反动势力进行斗争的过程中，表现出强烈的革命精神。如从 1922 年 1
月到 1923 年 2 月，全国罢工就有 100 多次，出现了第一次工人运动的高潮。京
汉铁路工人大罢工，使工人运动达到了高潮。在《京汉铁路总工会全体工人罢工
宣言》中，明确提出"为争自由而战""为争人格而战""为争我们切身的利益而战"
等诉求。在农民运动方面，彭湃在广东海、陆丰组织农民运动，毛泽东等在湖南
开展如火如荼的农民运动。彭湃曾在文章中，深信农民里面"不乏革命精神的
人"，号召农民开展"社会革命"，与地主阶级展开坚决斗争。中国出现了前所未
有的农村大革命形势，束缚农民几千年的封建势力的根基被彻底动摇。可以说，
中国共产党在深刻改变中国革命进程的同时，也有力地重塑了中国人的精神世
界，使中国精神在最深刻、最广泛的程度上获得新生。

1924 年 1 月，国民党第一次全国代表大会在广州召开，第一次国共合作开
始。以反帝反封建为目标的北伐战争，在短时期内取得巨大成果。1926 年 7 月，
国民革命军出兵北伐，攻占了长江流域和黄河流域部分地区。著名的汀泗桥战
役、贺胜桥战役、武昌战役，都是北伐战争中的典范。共产党人在其中进行了卓
有成效的工作，周恩来、恽代英、林伯渠等为代表的共产党人实际上领导了北伐
军的全部政治工作，使北伐军的众多指战员有着明确的革命目标和英勇作战的革
命精神，对北伐胜利进军起了重要作用。虽然大革命失败了，但共产党在群众中
的影响力迅速扩大，千百万群众在党的领导下组织起来。

（3）土地革命战争时期

从 1927 年至 1937 年，称为土地革命战争时期。大革命失败后，国民党反动
派实行白色恐怖，中国革命进入低潮。1927 年八七会议确定了土地革命和武装
起义的方针。八一南昌起义打响武装反抗国民党反动派的第一枪。随后秋收起
义、广州起义相继发动，但这些起义脱离中国实际情况，并没有获得大的成果。
毛泽东领导的井冈山革命根据地的斗争，正确认识到中国革命的发展规律，探索
出一条符合国情的革命道路。

1928 年 4 月，朱德、陈毅率南昌起义残部与毛泽东在井冈山会师。在白色恐怖笼罩、革命形势十分险恶的环境下，是什么力量支撑着根据地军民同敌人作斗争？靠什么来点燃井冈山的星星之火？是共产主义的理想和革命必胜的信念。1928 年 12 月，遂川工农兵苏维埃政府在《共产主义须知》中指出，要"到群众中去，到反动荆棘中去。不畏难，不怕死，不爱钱，为主义而牺牲"。以毛泽东和朱德为代表的共产党人，立足国情，立足实际，坚持调查研究，经过艰苦探索，找到了"建立农村根据地，以农村包围城市，最后夺取政权的道路"这条中国革命的正确道路，充分体现了实事求是、开拓进取的精神。井冈山的条件十分艰苦，由于受到国民党军队的长期围困，根据地"食盐、布匹、药材等日用必需品，无时不在十分缺乏和十分昂贵之中，因此引起工农小资产阶级群众和红军士兵群众的生活的不安，有时真是到了极度"。① 然而，井冈山军民并没有被困难吓倒，他们以苦为乐，生产自救，还留下了"红米饭、南瓜汤、秋茄子，味好香，餐餐吃得精打光"的豪迈歌谣。在粮食紧张的时候，朱德甚至亲自带头下山挑粮，靠着这种艰苦创业的精神，井冈山军民渡过了难关，形成了坚定信念、艰苦奋斗、实事求是、敢闯新路、依靠群众、勇于胜利为主要内容的井冈山精神。在革命根据地的创建和发展中，在建立红色政权、探索革命道路的实践中，无数革命先辈用鲜血和生命铸就了以坚定信念、求真务实、一心为民、清正廉洁、艰苦奋斗、争创一流、无私奉献为主要内涵的苏区精神。

在共产国际的错误指导下，党内"左"倾错误发展起来，红军和根据地采取了激进政策。蒋介石集中兵力对各根据地和红军发动多次大规模"围剿"。第五次反"围剿"失败后，红军被迫实行长征和战略转移。伟大的长征给中国人民留下了一笔宝贵的精神财富，书写了人类历史上无与伦比的史诗。长征途中，广大红军指战员始终充满乐观精神。经过人迹罕至的崇山峻岭、深涧激流、绝壁险滩、原始森林、雪山草地，红军战士们从不畏缩、顽强拼搏、一往无前。长征途中，同志之间、上下级之间、军民之间都充满团结友爱精神，在生死存亡的关键时刻，他们总是毫不犹豫地把生的希望让给别人，把死的危险留给自己。1935年，长征途中，中共中央召开了著名的遵义会议。这次会议，揭露和批判了

---

① 《毛泽东选集》第 1 卷，人民出版社 1991 年版，第 53 页。

"左"倾教条主义的错误及其造成的严重危害，重新肯定了正确的军事路线，事实上确立了毛泽东在党中央和红军的领导地位，开始确立以毛泽东为主要代表的马克思主义正确路线在党中央的领导地位，开始形成以毛泽东为核心的中央领导集体，在革命的危急关头，挽救了红军，挽救了党。遵义会议，充分体现了党的实事求是思想路线。70 年后的 2005 年 3 月 10 日，以色列退伍军人武大卫从江西瑞金出发，沿着当年红军长征的路线行进，7 月 25 日到达陕西吴起镇，历时 138 天，行程 24000 多公里(汽车行驶里程)，其中步行 1200 多公里。参观了当年红军重要会议和战场旧址，穿越了雪山草地，采访了近百名老红军，拍摄了 3000 多张照片。他说，长征的内涵和精髓就是"崇高精神、空腹、飞毛腿"。"以前，总以为长征路是一条普通的道路。现在，我明白了，长征路其实没有路，只是红军自己走出来的一条路，从而变成了改变中国面貌的历史之路。今天，长征路变得越来越美了"。武大卫认为，红军长征是中国历史上的奇迹，也是世界历史上的创举，应当把长征路列为联合国人类珍贵遗产保护起来，让这笔历史宝贵财富永远传承下去。①

2. 全民族抗日战争时期

1937 年，抗日战争全面爆发后，中国共产党立即表明国共两党摒弃前嫌团结抗日的态度，国民党作了积极回应，以国共两党合作为基础的抗日民族统一战线形成。八路军在抗日战线上配合正面战场，发动群众和组织群众武装工作，大力发展敌后战场。1945 年党的七大确立了毛泽东思想在全党的指导地位。党及其领导的人民抗日力量，是全民族利益的最坚定维护者。中华民族为赢得抗日战争的胜利作出了巨大牺牲，抗日战争的胜利使中华民族一洗百年耻辱，在世界上展示了新形象，是中华民族由衰败走向振兴的重大转折，形成了伟大抗战精神、延安精神等精神成果。

抗日战争期间，毛泽东高度重视精神力量的塑造，提出了一系列理论观点，并自觉践行革命精神。毛泽东明确使用了民族精神的术语。他在 1938 年《论新阶段》的报告中提出要"以民族精神教育后代"，1939 年分别在《研究沦陷区》和《目

---

① 《以色列老人武大卫重走长征路感怀》，载《解放军报》2005 年 8 月 22 日。

前形势和党的任务》中两次指出日本帝国主义为达到其侵略目的，妄图"消灭中国人的民族精神"。毛泽东领导的革命运动实践并阐释了中国革命精神，那就是爱国主义、实事求是、革故鼎新、艰苦奋斗、以民为本。

毛泽东主张共产党员要具备大公无私的共产主义精神，倡导全心全意为人民服务。1938年10月，毛泽东在《中国共产党在民族战争中的地位》中指出："共产党员无论何时何地都不应以个人利益放在第一位，而应以个人利益服从于民族的和人民群众的利益。因此，自私自利，消极怠工，贪污腐化，风头主义等等，是最可鄙的；而大公无私，积极努力，克己奉公，埋头苦干的精神，才是最可尊敬的。"①在《纪念白求恩》中，毛泽东提出要做"五种人"："一个人无论能力大小，只要有毫无自私自利之心的精神，就是一个高尚的人，一个纯粹的人，一个有道德的人，一个脱离了低级趣味的人，一个有益于人民的人。"②1945年4月，在《论联合政府》中，毛泽东指出："全心全意地为人民服务，一刻也不脱离群众，一切从人民的利益出发，而不是从个人或小集团的利益出发；向人民负责和向党的领导机关负责的一致性，这些就是我们的出发点。……应该使每个同志明白，共产党人的一切言论行动，必须以合乎最广大人民群众的最大利益，为最广大人民群众拥护为最高标准。"③

为了实现民族的独立和解放，力促抗日统一战线的巩固和发展，在以周恩来为首的中共南方局的领导下，坚持抗战、团结、进步，反对投降、分裂、倒退，与国民党反动派展开了有理、有利、有节的斗争，在特殊的战场上，塑造了新的革命精神。1941年，皖南事变后，周恩来巧妙地将印有"千古奇冤，江南一叶；同室操戈，相煎何急"题词的《新华日报》公诸天下，向国统区军民揭露皖南事变真相，并多次向国民党当局提出严正抗议，要求其悬崖勒马、停止挑衅，有效打击了国民党顽固派的反共气焰，最大限度地维护了团结抗战局面。共产党人在国统区的抗日宣传和斗争，唤起了民众的爱国主义热情，使共产党的抗日救亡主张得到了更多人的拥护和支持。在与民主进步人士交往过程中，他们十分注意工作

---

① 《毛泽东选集》第2卷，人民出版社1991年版，第522页。
② 《毛泽东选集》第2卷，人民出版社1991年版，第660页。
③ 《毛泽东选集》第3卷，人民出版社1991年版，第1094-1096页。

方法，坚持"领导群众的基本方法是说服，绝不是命令"，"使他们不感觉我们是在领导"，这些做法赢得了中间势力对共产党的信赖和支持，使国民党在政治上日益陷于孤立。周恩来自己身体力行，率先垂范，为国家、民族和人民利益奋斗不息、无私奉献。时任美国驻华大使特别助理费正清 1943 年 9 月 9 日写的日记说："居住在周公馆里的共产党人做着一件与美国人交往的出色工作，他们以批判的眼光，现实主义的观点同美国人讨论各种问题。虽然他们现在随时有被捕并被投入集中营的危险，但他们仍然本着惊人的团体精神和坚定信仰照旧开展革命工作。"[1]这充分体现出救亡图存的爱国精神，不畏艰险的奋斗精神，和衷共济的团结精神，勇于牺牲的奉献精神。

从 1942 年到 1945 年的延安整风运动力图"反对主观主义以整顿学风，反对宗派主义以整顿党风，反对党八股以整顿文风"。延安整风是中国共产党历史上一次全党范围的普遍的马克思主义教育运动，也是一次伟大的思想解放运动。通过延安整风，中国共产党初步确立了实事求是的思想路线，将毛泽东思想确定为党的指导思想，推动了马克思主义中国化的进程，对中国革命和建设事业产生了深远影响。1944 年 9 月，毛泽东在《为人民服务》一文中提出："人总是要死的，但死的意义有不同。""人固有一死，或重于泰山，或轻于鸿毛。""为人民利益而死，就比泰山还重；替法西斯卖力，替剥削人民和压迫人民的人去死，就比鸿毛还轻。"[2]毛泽东认为，共产党员必须从群众中来，到群众中去，必须全心全意为人民服务。一切干部，不论职位高低，都是人民的勤务员。全心全意为人民服务，是共产党人人生价值观的集中体现，是延安精神的本质。延安的物质生活条件极为艰苦，党中央发出了"自己动手，自力更生，艰苦奋斗，克服困难"的号召，要求根据地军民共同生产，改善人民生活。随即陕甘宁边区和各敌后抗日根据地军民的大生产运动，轰轰烈烈开展起来。八路军 359 旅在南泥湾的生产自给搞得最好，为边区大生产运动树立了一面旗帜。大生产运动是共产党人自力更生、艰苦奋斗精神作用的结果，反过来它又使自力更生、艰苦奋斗精神进一步发

---

① 转引自李珩：《信仰的力量让一批有志青年投身革命》，《重庆日报》2018 年 12 月 5 日。

② 《毛泽东选集》第 3 卷，人民出版社 1991 年版，第 1004 页。

扬光大。

3. 解放战争时期

抗日战争胜利后，中国共产党力图通过和平途径来建立一个独立、民主、富强的国家，但国民党则企图以内战方式，使中国回到全面抗战前一党专制的局面。重庆谈判后，国民党完成内战准备，向解放区发动进攻，全面内战爆发。从1946 年到 1949 年，中国共产党组织了声势浩大的人民解放战争，取得了辽沈、淮海、平津三大战役的胜利。

1948 年 5 月 26 日，中共中央、中国人民解放军总部移驻到河北西柏坡。当时，解放战争已进入第三年，敌我力量对比虽然在数量上仍然表现为敌优我劣，但若加上人心向背和力量对比，我方则已占优势。正是在这种形势下，我们党发出了"敢于斗争，敢于胜利"的号召，不失时机地发动了辽沈、淮海和平津三大战役。通过决战，歼灭了国民党赖以维持其反动统治的主要军事力量，大大加速了中国革命胜利的进程。1949 年，蒋介石《元旦文告》发动"和平"攻势，毛泽东号召全国人民"将革命进行到底"，在全国范围内推翻国民党反动统治，不使革命半途而废，这是一种抓住机遇、顶住压力，争取最大胜利的革命进取精神。面对即将到来的中国革命的伟大胜利，怎样防止被胜利冲昏头脑，防止党内骄傲情绪和执政后党内腐化的产生，从而避免中国历史上王朝覆辙周期率发生的问题，毛泽东在七届二中全会上向全党敲起警钟："因为胜利，党内的骄傲情绪，以功臣自居的情绪，停顿起来不求进步的情绪，贪图享乐不愿再过艰苦生活的情绪，可能生长"，"我们必须预防这种情况"。在他看来，"夺取全国胜利，这只是万里长征走完了第一步"，"革命以后的路程更长，工作更伟大，更艰苦"。他告诫全党"务必使同志们继续地保持谦虚、谨慎、不骄、不躁的作风，务必使同志们继续地保持艰苦奋斗的作风"。① 在离开西柏坡前夕和进驻北平途中，毛泽东多次强调"进京赶考"，"我们决不当李自成"。西柏坡"两个务必"科学地回答了共产党人应该怎样经受革命胜利和执政的考验，为共产党在执政条件下如何防止腐化变质，永葆革命本色，提供了宝贵的精神财富。时至今日，这仍然是一个重要课题。

---

① 《毛泽东选集》第 4 卷，人民出版社 1991 年版，第 1438-1439 页。

从 1919 年到 1949 年的新民主主义革命时期，在中国共产党的领导下，结束了帝国主义、封建主义和官僚资本主义"三座大山"在中国的长期统治，建立了人民民主专政的新中国，中国发展从此开启了新纪元。从 1840 年以来，西方资本主义列强把中国一步步拖入半封建半殖民地社会的深渊。中国人民为了自由、民主、独立和统一奋斗了整整一个世纪。据不完全统计，仅在抗日战争时期，中国军民伤亡就达 3500 万人，占第二次世界大战各国伤亡人数总和的 1/3 以上。正是中国共产党为中国人民指明了斗争的目标，在长期的斗争实践中找到了使革命走向胜利的道路，把被人视为"一盘散沙"的中国人民团结和凝聚成万众一心、不可战胜的伟大力量。在这一历史时期，在伟大建党精神的引领下，中国共产党人形成了井冈山精神、苏区精神、长征精神、遵义会议精神、延安精神、抗战精神、红岩精神、西柏坡精神、照金精神、东北抗联精神、南泥湾精神、太行精神、大别山精神、沂蒙精神、老区精神、张思德精神等一系列精神。正是在长期的革命进程中形成的敢于斗争的革命精神和不屈不挠的民族精神，转化为强大的物质力量，推动了中华人民共和国的成立。

## (二)社会主义革命和建设时期

1949 年 10 月 1 日下午，在开国大典上，毛泽东庄严宣告："中华人民共和国中央人民政府今天成立了。"这是一句经典和具有重大政治历史意义的名言，标志着占人类总数 1/4 的中国人，打倒了内外压迫者，使 5000 多年古老中国重新获得新生。与此同时，在推进中国社会主义革命、建设和改革的 70 多年的历史进程中，中国人塑造了全新的国家精神，正随着中华民族伟大复兴的中国梦而不断注入新的时代内涵。

中华人民共和国成立后，以毛泽东为代表的中国共产党第一代中央领导集体，使中华人民共和国迅速与外部世界建立了广泛联系，以崭新的姿态获得越来越多国家的尊重和认可；中华人民共和国收回了外国的兵营地产，帝国主义国家在中国内地的驻军权被彻底取消；中华人民共和国实行男女婚姻自由、一夫一妻、男女权利平等、保护妇女和子女合法利益的新婚姻制度；中华人民共和国推行了农村土改，3 亿多无地少地农民无偿获得 7 亿亩土地和其他生产资料，封建土地所有制被彻底摧毁；中华人民共和国重视文化教育工作，明确提出开展识字教育，逐步减少文盲；等等。这些举措使国家更有尊严、人民更加平安幸福，中国人的精神世界从此更加丰沛，精神面貌更加昂扬。

中华人民共和国成立后到 1978 年党的十一届三中全会召开的 29 年，是中国共产党在马克思列宁主义、毛泽东思想指导下，领导中国人民进行社会主义革命和建设并取得伟大成就的历史时期。① 有诗云："春来野草芳，春叶挂新杨。春衫写春意，春问有文章：中国春常在，缘有共产党。"中国共产党领导下的中华人民共和国，塑造了全新的中国人，广大人民群众翻身当家做了主人，人们的精神面貌得到了极大的改变。中国人民坚持独立自主、自力更生、艰苦奋斗，表现出无比的英雄气概和高昂的精神状态。

为了改变旧中国一穷二白的落后面貌，中国共产党带领中国人民进行了艰苦卓绝的努力，创造性地完成了从新民主主义到社会主义的转变，建立起社会主义的基本制度，全面开展了社会主义建设，开展了对社会主义道路的艰辛探索，从根本上改变了中国人民的前途和命运，形成了以抗美援朝精神、"两弹一星"精神、雷锋精神、焦裕禄精神、大庆精神、红旗渠精神、北大荒精神、塞罕坝精神、"两路"精神、老西藏精神、西迁精神、王杰精神等为代表的新的精神谱系，在建设强大的社会主义国家的道路上阔步向前。

中华人民共和国成立后，全国人民的爱国主义精神高涨，新生的共和国在抗美援朝中体现了伟大的国际主义精神。1950 年，美国悍然发动侵朝战争，对中华人民共和国构成严重威胁。以毛泽东为代表的中国政府，果断发出"抗美援朝、保家卫国"的号召。在志愿军出国作战的同时，全国掀起了声势浩大的爱国群众运动，人民群众表现出空前高涨的爱国热情。在一年时间里，各界人民为志愿军购买武器捐献的资金就达 5.56 亿元，相当于购买 3700 架飞机的价款。战争是生死搏斗，是血与火的较量。抗美援朝作战中，志愿军广大官兵发扬勇猛顽强、不怕牺牲的精神，与侵略者展开殊死搏斗，谱写出一曲曲革命英雄主义的颂歌。如，在上甘岭战役中，敌军以 6 万余人、300 余门大炮、175 辆坦克、3000 余架次飞机，向我方两个连 3.7 平方公里的阵地发起攻击。我方阵地山头被削低 2

---

① 参见中共中央党史研究室著：《中国共产党历史 第二卷（1949—1978）》下册，中共党史出版社 2011 年版，第 1062 页。

米，岩石炸碎堆积起来的浮土有 1 米多厚。坚守部队在地面阵地和坑道与敌军反复争夺厮杀。敌军付出伤亡和被俘 2.5 万人的沉重代价，我钢铁防线岿然不动。经过近 3 年艰苦卓绝的浴血奋战，终于把侵略者赶回到"三八线"以南。抗美援朝精神是"祖国和人民利益高于一切、为了祖国和民族的尊严而奋不顾身的爱国主义精神，英勇顽强、舍生忘死的革命英雄主义精神，不畏艰难困苦、始终保持高昂士气的革命乐观主义精神，为完成祖国和人民赋予的使命、慷慨奉献自己一切的革命忠诚精神，以及为了人类和平与正义事业而奋斗的国际主义精神"。①

在中国共产党的领导下，我国各族人民意气风发地投身于中国历史上不曾有过的火热的社会主义建设。在社会主义建设时期，不同行业、不同战线的劳动人民展现出高昂的斗志，艰苦创业、不怕牺牲、勇往直前，展现出革命英雄主义的追求，雷锋、焦裕禄、王进喜就是他们其中的杰出代表。在短暂的一生中，雷锋表现出的先进思想、道德观念和崇高品质，使其成为一位既平凡又伟大的人物，是中华传统优秀美德和社会主义公民道德精神风貌相结合的典范，是社会主义精神文明建设的一面旗帜。1963 年 3 月 5 日，《人民日报》发表毛泽东"向雷锋同志学习"的题词。学习雷锋精神的活动在中华大地上兴起，并延续至今。焦裕禄是人民的好公仆、干部的好榜样。1962 年冬天，他来到当时内涝、风沙、盐碱"三害"肆虐的河南省兰考县担任县委书记，带领全县人民战天斗地，奋力改变兰考贫困面貌。1964 年 5 月 14 日，积劳成疾的焦裕禄因肝病不幸逝世，年仅 42 岁。焦裕禄在任期间，以"敢教日月换新天"的雄心壮志，为改变兰考的面貌呕心沥血，谱写了一曲为党为人民艰苦创业的伟大乐章。大庆石油人有许多名言："为国分忧、为民族争气。""早日把中国石油落后的帽子甩到太平洋里去。""石油工人一声吼，地球也要抖三抖。""宁可少活二十年，拼命也要拿下大油田。""有条件要上，没有条件创造条件也要上。"大庆精神的集中代表者"铁人"王进喜，1960 年响应号召，从甘肃玉门带领 1205 钻井队来到大庆油田参加石油开发大会战，在大庆油田开发期间，忍受病痛的折磨，顽强拼搏，用鲜血和生命创造了一个又一个奇迹。大庆精神继承和发展了中国历史上的革命英雄主义精神，展现了

---

① 江泽民：《在首都各界纪念中国人民志愿军抗美援朝出国作战 50 周年大会上的讲话》，2000 年 10 月 25 日。

工人阶级主人翁的豪迈气概，体现了工人阶级的创业、实干和拼命精神。

新中国百废待兴，面对国际上严峻的核讹诈和军备竞赛，党中央果断做出研制"两弹一星"（核弹、导弹、人造卫星）突破国防尖端技术的战略决策。毛泽东说："在今天的世界上，我们要不受人家欺负，就不能没有这个东西。"[①]自此，一大批科研人员和解放军指战员发扬爱国主义、集体主义精神，坚持独立自主、自力更生、艰苦奋斗、勇于创新的精神，战胜重重困难，终于研制成功了"两弹一星"。1964年10月16日，我国第一颗原子弹爆炸成功；1967年6月17日，我国第一颗氢弹空爆试验成功；1970年4月24日，我国第一颗人造卫星发射成功。1999年9月18日，在庆祝中华人民共和国成立50周年之际，党中央、国务院、中央军委决定，对当年为研制"两弹一星"作出突出贡献的科技专家予以表彰，授予王淦昌、邓稼先、钱学森、彭桓武等23位科学家"两弹一星功勋奖章"。"两弹一星"精神主要表现为热爱祖国、无私奉献的精神，自力更生、艰苦奋斗的精神，大力协同、勇于攀登的精神，成为共和国昂起头颅、挺直脊梁的强劲支柱。

以毛泽东同志为主要代表的中国共产党人，在社会主义革命和建设的探索中，提出和实践了一系列重要思想理论，推动了人民群众精神面貌上的焕然一新，培育和弘扬了新中国的革命精神和时代精神。中华人民共和国成立后，在全国范围内广泛开展了"五爱"教育（爱祖国、爱人民、爱劳动、爱科学、爱护公共财物），把它视为改造旧道德、旧思想，发展新道德、新思想的重大措施。在广大干部群众中开展了"三反"（反对贪污、反对浪费、反对官僚主义）和"五反"（反对行贿、反对偷税漏税、反对盗窃国家资财、反对偷工减料、反对盗窃国家经济情报）运动，严肃处理了刘青山、张子善贪腐案件，干部群众的作风更加纯良。在学校中进行马列主义基本理论教育，培养社会主义觉悟，使学生德、智、体全面发展。学习贯彻1954年《中华人民共和国宪法》，开展民主与法治教育。1956年，党的八大明确提出，党的主要任务是集中力量发展生产力，把我国尽快地从落后的农业国变为先进的工业国，逐步满足人民日益增长的物质和文化的需要。

在此期间，仅从1956年到1966年十年社会主义建设时期，经济、政治、文化、社会发展都取得了突出成就。工业建设方面，以1966年同1956年相比，全

---

① 《中华人民共和国简史》，人民出版社、当代中国出版社2021年版，第98页。

国工业固定资产按原价计算，增长了 3 倍。棉纱、原煤、钢和机械设备等主要工业产品的产量，都有很大增长。石油工业到 1965 年已经实现原油的全部自给。电子工业、石油化工、原子能、航天等一批新兴工业逐步建设起来，初步改善了工业布局，形成有相当规模和一定技术水平的工业体系。铁路、公路、水运、航空、邮电等事业都有较大发展。十年新修铁路 8000 公里，全国除西藏外，各省、自治区、直辖市都有了铁路。农业基本建设和技术改造大规模展开，全国农用拖拉机产量和化肥施用量都增长 6 倍以上，农村用电量增长 70 倍。十年的教育事业有很大发展。高等院校毕业生近 140 万人，为前七年的 4.9 倍，教育质量得到显著提高。科学技术工作取得比较突出的成果，国防科学技术的进展最为显著。原子弹、导弹和人造卫星的研制取得突破性进展。1965 年，在世界上首次人工合成结晶牛胰岛素。十年间群众性体育取得长足发展，彻底甩掉了中华人民共和国成立前"东亚病夫"的帽子。我国赖以进行现代化建设的物质技术基础，很大一部分是此期间建设起来的；全国经济文化建设等方面的骨干力量和他们的工作经验，大部分是在此期间培养和积累起来的。

在此期间，在国内经济仍然十分困难、国际环境十分复杂的情况下，党和人民团结一致，坚持独立自主、自力更生，顶住压力、战胜困难，表现出无比的英雄气概和高昂的精神状态，不断探索适合中国国情的发展道路。各条战线都涌现出一批建设社会主义的先进个人和先进集体，党中央号召学习雷锋精神、焦裕禄精神、"铁人"精神，发扬共产主义精神，从而焕发出巨大的建设社会主义的精神力量，社会主义建设事业呈现出欣欣向荣的景象。

### (三)改革开放和社会主义建设新时期

1978 年 12 月 18 日，党的十一届三中全会召开。这次会议，实现了中华人民共和国成立以来我们党历史上具有深远意义的伟大转折，开启了我国改革开放和社会主义建设新时期。从此，党领导全国各族人民在新的历史条件下开始了新的伟大革命。

中国共产党人在新的时代条件下，顺应时代潮流和人民愿望、勇敢开辟建设社会主义新路，春风吹拂，神州大地万物复苏、生机勃发，国家实现了思想的解放、经济的发展、政治的昌明、教育的勃兴、文艺的繁荣、科学的春天，人们精神世界日益丰富，全民族文明素质明显提高，中华民族的凝聚力和向心力显著增强。在此期间，以邓小平、江泽民、胡锦涛为主要代表的中国共产党人，带领全国各族人民，创造出改革开放精神、特区精神、抗洪精神、抗击"非典"精神、抗震救灾精神、载人航天精神、劳模精神、青藏铁路精神、女排精神等一系列新的精神，大力推进了中国精神的发展与创新。

### 1. 改革开放和中国特色社会主义的开创

"文化大革命"结束后，中国走向何方，全国人民并没有明确的答案。"四人帮"虽然已经粉碎，但"两个凡是"的阴霾仍然笼罩在中国上空。1978 年，在邓小平的支持和领导下，全国上下开展了轰轰烈烈的"实践是检验真理的唯一标准"的大讨论，冲破了长期以来的思想僵化局面，推动了思想解放和拨乱反正。1978 年 12 月 13 日，党的十一届三中全会召开，全党的工作重心从"以阶级斗争为纲"转向社会主义现代化建设的正确道路上来。从此，中国精神在一条探索中国特色社会主义道路、推动社会主义现代化建设的康庄大道上不断发展。

邓小平反复强调坚持毛泽东倡导的"实事求是"，指出这正是毛泽东思想的精髓。他提出，要科学认识和评价毛泽东的历史地位与毛泽东思想的科学体系，使中国沿着正确而稳健的道路前进。同时，邓小平也反复强调要解放思想，把思想和行为从不合时宜的条条框框中解放出来，搞清楚"什么是社会主义""怎样建设社会主义"的问题。

1978 年，安徽 18 位农民冒着极大的风险，立下生死状，在土地承包责任书上按下了红手印，创造了"小岗精神"，拉开了中国改革开放的序幕。在 1982 年党的十二大上，邓小平提出了"中国特色的社会主义"的理论命题。1987 年，党的十三大系统阐述了社会主义初级阶段的理论，完整地表述了党在社会主义初级阶段的基本路线。1992 年春，邓小平发表了著名的南方谈话，开创了改革开放和中国特色社会主义事业的春天。以邓小平为主要代表的中国共产党人，发扬独立自主、勇于创新的精神，经过艰辛探索，成功实现了马克思主义中国化时代化新的飞跃，创立了邓小平理论。在邓小平理论的指引下，中国经济建设取得了飞速发展，政治文化建设各方面都取得了显著成就。

邓小平非常注重对青少年学生进行爱国主义教育，他说，"中国人民有自己的民族自尊心和自豪感，以热爱祖国、贡献全部力量建设社会主义祖国为最大光荣，以损害社会主义祖国利益、尊严和荣誉为最大耻辱。"①他自己也深情地表示：我是中国人民的儿子，我深情地爱着我的祖国和人民。邓小平注重传承历史，从中汲取精神力量，指出，"要懂得些中国历史，这是中国发展的一个精神动力"②1982年，邓小平创造性地提出了"一个国家、两种制度"的伟大构想，以此方针解决历史遗留问题、实现祖国完全统一。邓小平继承和发展了中国人团结统一、爱好和平的精神，传承了爱国主义的优良传统，推动了中国精神在改革开放时代的创新和发展。

邓小平重视中国人的精神塑造，提出了精神文明建设问题。1980年12月的中央工作会议上，邓小平强调了物质文明和精神文明一起抓。他明确地概括了社会主义精神文明的科学内涵："精神文明，不但指教育、科学、文化（这是完全必要的），而且还指共产主义思想、理想、信念、道德、纪律、革命的立场和原则，人与人的同志式关系，等等。"③1983年4月29日，会见印度共产党中央代表团时，邓小平更明确指出："国际主义、爱国主义都属于精神文明范畴。"④在两个文明一起抓思想的指引下，这一时期，中国人的物质生活不断丰富，精神生活同样进步。

### 2. 中国特色社会主义的坚持与发展

20世纪80年代末到90年代初，世界格局发生了巨大变化，苏联解体、东欧剧变，国际共产主义运动处于低潮，中国特色社会主义事业如何推进，社会主义市场经济体制如何深入，改革开放如何继续发展，党的建设事业如何抓好，对于以江泽民为主要代表的中国共产党人来说，是一个巨大考验。江泽民十分重视改革开放和中国特色社会主义事业伟大实践所孕育造就出的时代精神和民族精神，对其加以提炼和概括，极大地丰富和发展了中国精神的内涵。

江泽民指出："一个民族，一个国家，如果没有自己的精神支柱，就等于没

① 《邓小平文选》第3卷，人民出版社1993年版，第3页。
② 《邓小平文选》第3卷，人民出版社1993年版，第358页。
③ 《邓小平文选》第2卷，人民出版社1994年版，第367页。
④ 《邓小平文选》第3卷，人民出版社1993年版，第28页。

有灵魂，就会失去凝聚力和生命力。有没有高昂的民族精神，是衡量一个国家综合国力强弱的一个重要尺度。"①他在党的十六大报告中指出："必须把弘扬和培育民族精神作为文化建设极为重要的任务，纳入国民教育全过程，纳入精神文明建设全过程，使全体人民始终保持昂扬向上的精神状态。"②报告还总结了五千多年来形成的中华民族精神，认为："在五千多年的发展中，中华民族形成了以爱国主义为核心的团结统一、爱好和平、勤劳勇敢、自强不息的伟大民族精神。"

江泽民系统梳理了"五四"以来形成的民族精神、革命精神和时代精神，认为革命精神包括五四精神、井冈山精神、长征精神、延安精神、红岩精神、抗美援朝精神等，时代精神主要体现为创业精神，包括大庆精神、"两弹一星"精神、抗洪精神、"64字创业精神"等。1993年3月31日，江泽民在八届全国人大一次会议闭幕式上的讲话中提出了"64字创业精神"，即"解放思想、实事求是，积极探索、勇于创新，艰苦奋斗、知难而进，学习外国、自强不息，谦虚谨慎、不骄不躁，同心同德、顾全大局，勤俭节约、清正廉洁，励精图治、无私奉献"。③

1998年夏天，我国江南、华南大部分地区和北方局部地区普降大到暴雨，尤其是长江流域发生了百年罕见的全流域特大洪水。在党中央、国务院的领导下，数百万军民众志成城，奋起抗洪，谱写了一曲气吞山河的抗洪壮歌。江泽民总结概括出"万众一心、众志成城，不怕困难、顽强拼搏，坚韧不拔、敢于胜利"的"伟大抗洪精神"。④

2001年，在全国宣传部长会议上的讲话中，江泽民号召大力宣传和弘扬"解放思想、实事求是；紧跟时代、勇于创新；知难而进、一往无前；艰苦奋斗、务求实效；淡泊名利、无私奉献"的"五种精神"。⑤这些精神，集中反映了20世纪90年代至世纪之交，中国人民在建设中国特色社会主义过程中所创造出的精神价值，是新时代的民族精神的彰显。江泽民指出："我们必须不断增强全民族的精神力量，不断丰富全民族的精神世界。唯有这样，才能万众一心、坚韧不拔地

---

①《江泽民文选》第2卷，人民出版社2006年版，第230-231页。
②《江泽民文选》第3卷，人民出版社2006年版，第559-560页。
③《江泽民文选》第1卷，人民出版社2006年版，第301页。
④《江泽民文选》第2卷，人民出版社2006年版，第230页。
⑤《江泽民文选》第3卷，人民出版社2006年版，第197-198页。

向前奋进。"

从 1989 年到 2002 年，中国的改革开放取得了举世瞩目的成就，中国社会发生了意义深远的重大变化。到 2002 年，我国国内生产总值（GDP）达到 102 万亿元人民币，经济总量跃居世界第六位；外贸进出口总额达到 6208 亿美元，居世界第五位。人民的生活水平实现了从温饱到小康的历史性跨越。迈入新世纪的中国人，不仅经济上开始走向富足，在身体上更加健康，精神生活层面也更加幸福，思想文化上更加开放。2000 年，在第 27 届夏季奥运会上，中国获 28 块金牌，金牌总数名列第三。2001 年，中国正式加入世界贸易组织。回顾这 13 年的历程，在国内外形势十分复杂，世界社会主义出现严峻考验面前，中国成功捍卫了中国特色社会主义，并阔步迈入 21 世纪。

### 3. 中国特色社会主义进入新世纪

2002 年党的十六大以来，以胡锦涛为主要代表的中国共产党人，成功在新形势下坚持和发展了中国特色社会主义。全面贯彻和落实科学发展观，带领全国各族人民，紧紧抓住和用好我国发展的重要战略机遇期，战胜一系列重大挑战，其间，我国深化改革开放，加快发展步伐；战胜突如其来的非典疫情；2008 年以后，国际金融危机使我国发展遭遇严重困难，采取一系列重大举措，在全球率先实现经济企稳回升；成功举办北京奥运会、残奥会和上海世博会，夺取抗击汶川特大地震等严重自然灾害和灾后恢复重建重大胜利。在这些伟大实践中，以爱国主义为核心的民族精神得到进一步升华，以改革创新为核心的时代精神得到进一步弘扬，增强了中国人民和中华民族的自豪感和凝聚力。

胡锦涛十分重视民族精神的培育和弘扬，指出："中华民族是具有伟大民族精神的民族。千百年来，中华民族之所以能够历经磨难而不衰，饱尝艰辛而不屈，千锤百炼而愈加坚强，靠的就是这种威力无比的民族精神，靠的就是各族人民的团结奋斗。越是困难的时候，越是要大力弘扬民族精神，越是要大力增强中华民族的民族凝聚力。"[①]

---

① 胡锦涛：《弘扬中华民族精神，依靠科学战胜非典》，载《人民日报》2003 年 4 月 29 日。

2003 年，一场突如其来的非典型性肺炎肆虐中国。面对这场灾难，党中央、国务院总揽全局，沉着应对，迅速作出一系列重大决策，果断采取一系列重大措施，有效控制了疫情蔓延。在这场没有硝烟的战役中，北京大学人民医院主任医师丁秀兰以身殉职，用生命实践了自己的誓言；中国工程院院士、广州呼吸病研究所所长钟南山昼夜坚守在最前沿；在抗击"非典"第一线英勇牺牲的广东省中医院护士长叶欣，以无私的奉献赢得了国际护理界的殊荣；中国科学院、军事医学科学院的科研人员刻苦攻关，短短数周发现"非典"病原体，36 小时完成新型冠状病毒的基因测序；广东省中医院 20 余名医护人员不幸被感染，一批后继者又义无反顾顶上去，倒下一个，跃起一群，前仆后继，舍生忘死。在抗击"非典"的关键时刻，胡锦涛向全党和全国人民发出号召："我们要大力弘扬万众一心、众志成城，团结互助、和衷共济，迎难而上、敢于胜利的精神。"胡锦涛提出的抗击"非典"的二十四字精神，是对人民群众抗击"非典"伟大精神的精辟概括，是对民族精神的新的丰富，是鼓舞全党和全国人民夺取抗击"非典"斗争胜利的强大动力。[①]

中国的载人航天工程从 1992 年开始实施。1999 年 11 月，我国进行载人航天工程第一次飞行试验；2001 年 1 月，我国成功实施了"神舟二号"飞船飞行任务；2002 年 3 月，我国研制的"神舟三号"飞船发射升空并成功进入预定轨道；2002 年 12 月，"神舟四号"飞船发射升空；2003 年 10 月，"神舟五号"发射成功，中国成功实施首次载人航天飞行，杨利伟成为中国飞天第一人……截至 2013 年 6 月，我国组织实施了"天宫一号"与"神舟十号"载人飞行任务。载人航天精神，是"两弹一星"精神在新时期的发扬光大，是我们伟大民族精神的生动体现。胡锦涛对载人航天精神作了两次重要概括。2003 年，胡锦涛指出，在长期的奋斗中，我国航天工作者不仅创造了非凡的业绩，而且铸就了特别能吃苦、特别能战斗、特别能攻关、特别能奉献的载人航天精神。2005 年，"神舟六号"载人航天飞行的圆满成功。胡锦涛将载人航天精神进一步概括为"热爱祖国、为国争光的坚定信念；勇于登攀、敢于超越的进取意识；科学求实、严肃认真的工作作风；

---

①　任仲平：《筑起我们新的长城——论抗击非典的伟大精神》，载《人民日报》2003 年 5 月 15 日。

同舟共济、团结协作的大局观念；淡泊名利、默默奉献的崇高品质"。①

从 1978 年到 2012 年 30 余年的改革开放，以邓小平、江泽民、胡锦涛等为主要代表的中国共产党人，将马克思主义基本原理同中国改革发展的实际紧密结合，创造出马克思主义中国化时代化的创新成果——邓小平理论、"三个代表"重要思想、科学发展观，形成中国特色社会主义理论体系，以此为指导，创造出中国发展的奇迹。

通过改革开放，我们实现了从高度集中的计划经济体制到充满活力的社会主义市场经济体制、从封闭半封闭到全方位开放的伟大历史转折，极大地推动了社会生产力的发展和综合国力的跃升。1978 年，我国国内生产总值为 3645 亿元；2012 年，国内生产总值为 519322 亿元。1978 年我国的外汇储备只有 15 亿美元；2012 年我国外汇储备余额 3.31 万亿美元。改革开放 30 多年，我国的 GDP 平均增长 9.7%，而世界经济同期只有 3% 左右的增长。经过 30 多年的奋斗，中国的粮食、棉花、肉类、钢铁、煤炭、化肥等主要产品的产量在世界上都排在第一位。改革开放 30 多年，我国体育事业蒸蒸日上，1984 年许海峰摘得中国奥运会首枚金牌，自此之后，中华体育健儿奋勇争先：2000 年悉尼奥运会中国代表团获 28 枚金牌，取得了金牌榜和奖牌榜均名列第 3 的佳绩；2004 年雅典奥运会，中国代表团金牌总数增加到 32 枚，位列金牌榜第 2 位；2008 年北京奥运会，中国代表团作为东道主获 48 枚金牌，稳居金牌榜第一位。

经过改革开放，全体国民共享改革成果，生活水平迅速提高，家庭财产由无到有，由少到多，跨越了温饱、小康两个生活阶段，逐步向富裕迈进。改革开放以来，我国城镇和农村居民家庭恩格尔系数由 1978 年的 57.5% 和 67.7% 分别下降到 2010 年的 35.7% 和 41.1%。根据中国人口普查数据，1982 年中国人口平均预期寿命是 67.77 岁，2010 年中国人口平均预期寿命上升到 74.83 岁，增加了 7.06 岁。改革开放打破了以前单调、统一的生活方式和思维模式，人们的精神和文化生活日趋多样化，思想观念日益开放多元。40 年前，在中国人身上绿、蓝、黑、灰颜色的衣服占据着绝对的"统治地位"；如今，人们的衣着五彩缤纷、担心"撞衫"，中国人的物质生活和文化生活已经进入一个与世界同步的时代。

---

① 胡锦涛：《胡锦涛文选》，人民出版社 2016 年版，第 385-386 页。

在世界面前中国人更加自信、开放、包容，中国人能够自由地思考，自由地选择，自主地决定自己的命运，这是改革开放带给人们精神领域的一个最大变化。

### （四）中国特色社会主义新时代

2012 年 11 月，党的十八大在北京召开。在随后召开的十八届一中全会上，习近平当选为新一届中共中央总书记。十八大以来，中国发展站到了新的历史起点上，中国特色社会主义进入了新时代。在伟大的历史变革中，在从站起来、富起来到强起来的伟大飞跃中，以习近平为主要代表的中国共产党人，坚持把马克思主义基本原理同中国具体实际相结合、同中华优秀传统文化相结合，创立了习近平新时代中国特色社会主义思想。以习近平同志为核心的党中央十分重视文化建设，创造性地提出了一系列新思想新观点新论断，形成了习近平文化思想。习近平系统提出了中国精神的概念，深刻阐述了中国精神的内涵，对新时代的中国精神进行了系统总结和凝练。

#### 1. 实现中国梦必须弘扬中国精神

2012 年 11 月 29 日，习近平在带领新一届中央领导集体参观中国国家博物馆"复兴之路"展览时，首次提出实现中华民族伟大复兴的中国梦，他说："现在，大家都在讨论中国梦，我以为，实现中华民族的伟大复兴，就是中华民族近代以来最伟大的梦想，这个梦想，凝聚了几代中国人的夙愿，体现了中华民族和中国人民的整体利益，是每一个中华儿女的一种共同的期盼。"[①]"中国梦"的本质是实现国家富强、民族振兴、人民幸福，中国梦归根结底是人民的梦，实现中国梦必须走中国道路、弘扬中国精神、凝聚中国力量。

2013 年 3 月，习近平总书记在十二届全国人大一次会议闭幕会上的讲话中指出："实现中国梦必须弘扬中国精神。这就是以爱国主义为核心的民族精神，以改革创新为核心的时代精神。这种精神是凝心聚力的兴国之魂、强国之魂。爱国主义始终是把中华民族坚强团结在一起的精神力量，改革创新始终是鞭策我们在改革开放中与时俱进的精神力量。全国各族人民一定要弘扬伟大的民族精神和时

---

① 《习近平谈治国理政》第 1 卷，外文出版社 2018 年版，第 36 页。

代精神，不断增强团结一心的精神纽带、自强不息的精神动力，永远朝气蓬勃迈向未来。"①2013 年 5 月，习近平在接受拉美三国媒体联合书面采访时指出，实现中国梦，必须弘扬中国精神。用以爱国主义为核心的民族精神和以改革创新为核心的时代精神振奋起全民族的"精气神"。

2013 年 12 月，中央办公厅印发了《关于培育和践行社会主义核心价值观的意见》，对培育和践行社会主义核心价值观作出了全面部署。2014 年，习近平围绕社会主义核心价值观发表系列讲话，他在文艺工作座谈会上总结道："这段时间，我集中强调了培育和践行社会主义核心价值观问题。今年 2 月，中央政治局专门就培育和弘扬社会主义核心价值观进行集体学习，我做了讲话，对全社会提了要求。五四青年节，我到北京大学去，对大学师生讲了这个问题。5 月底，我在上海考察工作时，对领导干部弘扬和践行社会主义核心价值观提了要求。六一儿童节前夕，我在北京海淀区民族小学同师生们座谈时讲了这个问题。6 月上旬，我在两院院士大会上对院士们也提了这方面要求。9 月教师节前一天，我到北京师范大学同师生座谈，再次强调了这个问题。"②习近平系列讲话充分阐明社会主义核心价值观培育的重要性，深刻阐述社会主义核心价值观的基本内涵和基本特色，阐述了社会主义核心价值观与中华优秀传统文化、社会主义先进文化和人类一切文明成果的关系，指明社会主义核心价值观的培育路径，对各行各业培育与践行社会主义核心价值观提出了明确要求。构筑了中国精神的核心。2014 年 10 月，习近平在主持中共十八届中央政治局第十八次集体学习时指出，"实现中华民族伟大复兴的中国梦，必须要有中国精神，而中国精神必须在坚持社会主义核心价值体系的前提下，积极深入中华民族历久弥新的精神世界"。③ 进一步阐述了社会主义核心价值体系在中国精神中的核心地位。

2014 年 3 月，习近平在德国科尔伯基金会的演讲中指出，"一个民族最深沉的精神追求，一定要在其薪火相传的民族精神中来进行基因测序"。④ 阐明了中

① 《习近平谈治国理政》第 1 卷，外文出版社 2018 年版，第 40 页。
② 中共中央宣传部：《习近平总书记在文艺工作座谈会上的重要讲话学习读本》，学习出版社 2015 年版，第 24 页。
③ 习近平：《论党的宣传思想工作》，中央文献出版社 2020 年版，第 89 页。
④ 《习近平外交演讲集》第 1 卷，中央文献出版社 2022 年版，第 116 页。

国精神与中华文化、民族精神的关系。5月30日，他在北京市海淀区民族小学主持召开座谈会时说："为什么中华民族能够在几千年的历史长河中顽强生存和不断发展呢？很重要的一个原因，是我们民族有一脉相承的精神追求、精神特质、精神脉络。"①2014年的文艺工作座谈会上，习近平总书记再次强调了这一观点，进一步阐明要继承和弘扬民族精神和民族的优秀文化，要把中国精神作为社会主义文艺的灵魂。

2015年12月30日，习近平在中共中央政治局第二十九次集体学习时强调，要大力弘扬伟大爱国主义精神，为实现中国梦提供精神支柱。他指出，爱国主义是中华民族精神的核心。中华优秀传统文化是中华民族的精神命脉。要以时代精神激活中华优秀传统文化的生命力，推进中华优秀传统文化创造性转化和创新性发展。要大力弘扬伟大爱国主义精神，大力弘扬以改革创新为核心的时代精神，为实现中华民族伟大复兴的中国梦提供共同精神支柱和强大精神动力。

2018年3月，习近平在十三届全国人大一次会议上的讲话中再次系统阐述了中国精神问题，他从发扬伟大中华民族精神的角度作了阐述。他说："中国人民的特质、禀赋不仅铸就了绵延几千年发展至今的中华文明，而且深刻影响着当代中国发展进步，深刻影响着当代中国人的精神世界。中国人民在长期奋斗中培育、继承、发展起来的伟大民族精神，为中国发展和人类文明进步提供了强大精神动力。"②至此，伟大创造精神、伟大奋斗精神、伟大团结精神、伟大梦想精神对中华民族精神作了全新的凝练和概括，是对中国精神之民族精神的新总结和新阐述。

2020年，在抗击新冠肺炎的严峻斗争中，习近平进一步提炼了"生命至上，举国同心，舍生忘死，尊重科学，命运与共"为主要内容的伟大抗疫精神。强调"人无精神则不立，国无精神则不强。唯有精神上站得住、站得稳，一个民族才能在历史洪流中屹立不倒、挺立潮头"，③ 认为伟大抗疫精神是中国精神的生动诠释，丰富了民族精神和时代精神的内涵。2021年2月，在全国脱贫攻坚总结表

---

① 《习近平谈治国理政》第1卷，外文出版社2018年版，第181页。
② 习近平：《论党的宣传思想工作》，中央文献出版社2020年版，第296页。
③ 《习近平谈治国理政》第4卷，外文出版社2020年版，第101页。

彰大会上，习近平提出了"上下同心、尽锐出战、精准务实、开拓创新、攻坚克难、不负人民"的脱贫攻坚精神，并认为其是中国精神的充分彰显，赓续传承了伟大民族精神和时代精神。2022 年 5 月，习近平在中央政治局第 39 次集体学习时强调，要坚持守正创新，推动中华优秀传统文化同社会主义社会相适应，展示中华民族的独特精神标识，更好构筑中国精神、中国价值、中国力量。

### 2. 构建中国共产党人的精神谱系

党的十八大以来，习近平多次强调"中国特色社会主义最本质的特征是中国共产党领导，中国特色社会主义制度的最大优势是中国共产党领导"。2021 年 8 月 26 日，中共中央宣传部发布文献《中国共产党的历史使命与行动价值》，其中写到"作为马克思主义政党，中国共产党摆脱了以往一切政治力量追求自身特殊利益的局限，一经诞生就把为中国人民谋幸福、为中华民族谋复兴确立为自己的初心使命。它像光芒四射的灯塔，指明了中国人民前进的道路和方向"。[①] 中国共产党带领中国人民在革命、建设和改革过程中，把马克思主义基本原理同中国具体实际相结合、同中华优秀传统文化相结合，在长期的奋斗中，构筑起中国共产党人的精神谱系，成为中国精神中的内核和精华部分。

2021 年 2 月，习近平在党史学习教育动员大会上指出："在一百年的非凡奋斗历程中，一代又一代中国共产党人顽强拼搏、不懈奋斗，涌现了一大批视死如归的革命烈士、一大批顽强奋斗的英雄人物、一大批忘我奉献的先进模范，形成了井冈山精神、长征精神、遵义会议精神、延安精神、西柏坡精神、红岩精神、抗美援朝精神、'两弹一星'精神、特区精神、抗洪精神、抗震救灾精神、抗疫精神等伟大精神，构筑起了中国共产党人的精神谱系。我们党之所以历经百年而风华正茂、饱经磨难而生生不息，就是凭着那么一股革命加拼命的强大精神。"[②] 在这里，习近平鲜明地提出了"中国共产党人的精神谱系"，从 1921 年到 2021 年，党的百年史就是一部伟大精神的壮丽书写史。

---

① 中共中央宣传部：《中国共产党的历史使命与行动价值》，《人民日报》2021 年 08 月 27 日版。

② 习近平：《在党史学习教育动员大会上的讲话》，人民出版社 2021 年版，第 19 页。

2021 年 7 月 1 日，习近平在庆祝中国共产党成立 100 周年大会上的讲话中首次提出"伟大建党精神"。他指出："一百年前，中国共产党的先驱们创建了中国共产党，形成了坚持真理、坚守理想，践行初心、担当使命，不怕牺牲、英勇斗争，对党忠诚、不负人民的伟大建党精神，这是中国共产党的精神之源。"①伟大建党精神是中国共产党最为宝贵的精神财富，是中国共产党的精神之源，贯穿于中国共产党产生和发展的全过程，集中体现了党的坚定信念、根本宗旨和优良作风，深深融入党、国家、民族、人民的血脉之中。

习近平指出，历史是最好的教科书。对中国共产党人来说，中国革命历史是最好的营养剂。习近平多次在讲话中阐述井冈山精神、伟大长征精神、伟大抗战精神、延安精神等革命精神。他指出："不忘初心、牢记使命，就不要忘记我们是共产党人，我们是革命者，不要丧失了革命精神。""一切向前走，都不能忘记走过的路；走得再远、走到再光辉的未来，也不能忘记走过的过去，不能忘记为什么出发。"②传承红色基因，弘扬革命精神，是一项永恒的课题。在党的二十大报告中，习近平强调，要坚持理论武装同常态化长效化开展党史学习教育相结合，引导党员、干部不断学史明理、学史增信、学史崇德、学史力行，传承红色基因，赓续红色血脉。

中国共产党人的精神谱系中不仅包括革命精神，还包括伟大的创造精神和奋斗精神等时代精神。从抗美援朝精神、雷锋精神、焦裕禄精神，到"两弹一星"精神、抗洪精神、抗震救灾精神，再到伟大抗疫精神、脱贫攻坚精神，等等，都是党和国家的宝贵精神财富。

中国特色社会主义新时代，以习近平同志为核心的党中央不仅对中国共产党红色精神谱系进行集中阐述，而且还根据新时代要求对中国共产党红色精神谱系进行新的概括凝练，系统总结了脱贫攻坚精神、抗疫精神、"三牛"精神、科学家精神、企业家精神、探月精神、新时代北斗精神、丝路精神等精神成果，为奋进新征程鼓起了精气神。

---

① 习近平：《在庆祝中国共产党成立 100 周年大会上的讲话》，人民出版社 2021 年版，第 8 页。

② 习近平：《论中国共产党历史》，中央文献出版社 2021 年版，第 121 页。

3. 构筑新时代的中国精神

实现中华民族伟大复兴是中华民族近代以来最伟大的梦想，实现中国梦必须弘扬中国精神。2021 年 7 月 1 日，习近平在庆祝中国共产党成立 100 周年大会上庄严宣告："经过全党全国各族人民持续奋斗，我们实现了第一个百年奋斗目标，在中华大地上全面建成了小康社会，历史性地解决了绝对贫困问题，正在意气风发向着全面建成社会主义现代化强国的第二个百年奋斗目标迈进。这是中华民族的伟大光荣！这是中国人民的伟大光荣！这是中国共产党的伟大光荣！"[1]这一表述，充满了自豪与激情，彰显了新时代的中国精神。习近平强调，要从历史和现实、理论和实践相结合的角度深入阐释如何更好坚持中国精神问题。在中国特色社会主义新时代，中国精神不仅体现在传承和弘扬革命精神、民族精神，更体现在弘扬和锻造新的时代精神。

中国共产党是中国工人阶级的先锋队，同时是中国人民和中华民族的先锋队，全心全意为人民服务是党的根本宗旨。习近平指出："江山就是人民、人民就是江山。"固守民心、人民至上，来自人民、依靠人民、为了人民，是 100 年来中国共产党的发展逻辑和胜利密码。"人民对美好生活的向往，就是我们的奋斗目标。"中国共产党永远竭诚为民，自觉把人民放在心中最高位置，把人民褒奖作为最高荣誉。2021 年春节团拜会上，习近平提出了"三牛"精神，即"为民服务、无私奉献的孺子牛精神，创新发展、攻坚克难的拓荒牛精神，艰苦奋斗、吃苦耐劳的老黄牛精神"。在这里，摆在第一位的就是为民服务、无私奉献的孺子牛精神，是对广大共产党员和公职人员的号召。举例来说，新冠疫情发生以后，中国共产党和中国政府坚持人民至上、生命至上，迅速开展患者救治、全员检测、接种疫苗，不遗漏一个感染者，不放弃每一位病患，不惜一切代价维护人民生命安全和身体健康。截至 2023 年底，全国基本养老保险参保人数 10.7 亿人，基本医疗保险覆盖 13.3 亿人，我国已建成世界上规模最大的社会保障体系。

中华民族是一个有志气的民族，具有"不到长城非好汉"的进取精神，中国

---

① 习近平：《在庆祝中国共产党成立 100 周年大会上的讲话》，人民出版社 2021 年版，第 2 页。

人民发扬伟大梦想精神，坚定道路自信、理论自信、制度自信、文化自信，坚信中华民族伟大复兴一定能够实现，相信能够用自己的双手创造更加幸福的生活。中华民族伟大复兴绝不是轻轻松松、敲锣打鼓就能实现的。社会主义是干出来的，新时代是奋斗出来的。习近平2018年2月在春节团拜会上指出，"奋斗者是精神最为富足的人，也是最懂得幸福、最享受幸福的人。……继续以逢山开路、遇水架桥的开拓精神，开新局于伟大的社会革命，强体魄于伟大的自我革命"。如在脱贫攻坚的伟大斗争中，广大驻村干部，宁肯自己多受累，也要让群众快脱贫，宁肯自己掉上几斤肉，也要让群众走上致富路。千百年来困扰中华民族的绝对贫困问题历史性地画上句号。中国人民摆脱绝对贫困，从总体小康到全面小康，过上了日益富足的生活。我们坚持发挥钉钉子精神，一件事情接着一件事情办，一年接着一年干，锲而不舍向前走，把既定的行动纲领、战略目标、工作蓝图变为现实，创造了辉煌的成就。2018年10月，习近平在出席港珠澳大桥开通仪式并会见大桥管理和施工等方面的代表时的讲话中就指出，"港珠澳大桥的建设创下多项世界之最，非常了不起，体现了一个国家逢山开路、遇水架桥的奋斗精神"。

2013年7月，习近平在湖北考察时提出："应对当前我国发展面临的一系列矛盾和挑战，关键在于全面深化改革。"2013年11月，中共十八届三中全会通过了《中共中央关于全面深化改革若干重大问题的决定》。党的十八大以来，习近平主持召开中央全面深化改革委员会70余次会议，审议通过600份改革文件，对全面深化改革进行总体部署。设立中国（上海）自由贸易试验区、建设雄安新区、支持深圳建设中国特色社会主义先行示范区、支持浦东新区高水平改革开放打造社会主义现代化建设引领区、支持浙江高质量发展建设共同富裕示范区等，党通过试点办法，积极而又稳妥地成功推进一系列重大改革。2024年7月，党的二十届三中全会审议通过《中共中央关于进一步全面深化改革 推进中国式现代化的决定》，继续把改革推向前进，为中国式现代化提供强大动力和制度保障。

大力推进自主创新，促进科技自立自强。探索浩瀚宇宙，发展航天事业，建设航天强国，是我们不懈追求的航天梦。经过几代人的接续奋斗，我国航天事业创造了以"两弹一星"、载人航天、月球探测、建造空间站等为代表的辉煌成就，走出了一条自力更生、自主创新的发展道路，积淀了深厚博大的航天精神，创造了一个又一个"中国奇迹"，充分展示了伟大的中国精神。2020年，北斗三号全球卫星导航系统建成开通，培育了新时代北斗精神。从天宫、北斗、嫦娥到天和、天问、羲和，中国航天不断创造新的历史，展现了奋发进取的精神风貌。大力弘扬科学家精神，勇攀世界科技高峰，在一些领域实现并跑领跑，为实现科技自立自强作出贡献。广大企业家大力弘扬创新精神和企业家精神，更多社会主体投身创新创业，勇于推动生产组织创新、技术创新和市场创新，在困境中实现凤凰涅槃、浴火重生。今天，中国人民的创造精神正在前所未有地迸发出来，推动我国日新月异地发展，大踏步走在世界前列。

在庆祝中国共产党成立 100 周年大会上，习近平向全世界庄严宣告，中国共产党将继续弘扬和平、发展、公平、正义、民主、自由的全人类共同价值。无论国际风云如何变幻，中国共产党和政府始终坚持国际主义精神，始终站在历史正确的一边，站在人类进步的一边，为世界和平发展作出贡献。党的十八大以后，中国作出"一带一路"的重要倡议，弘扬丝绸之路精神。习近平 2014 年中阿合作论坛第六届部长级会议开幕式上指出，"千百年来，丝绸之路承载的和平合作、开放包容、互学互鉴、互利共赢精神薪火相传"[1]。尊重道路选择，坚持合作共赢，促进文明互鉴，倡导对话和平，为妥善处理地区热点问题提供更多公共产品，为世界和平贡献中国智慧。据世界银行研究报告，共建"一带一路"倡议将使相关国家 760 万人摆脱极端贫困、3200 万人摆脱中度贫困，将使参与国贸易增长 2.8% 至 9.7%、全球贸易增长 1.7% 至 6.2%、全球收入增加 0.7% 至 2.9%。中国大力加强环境治理，积极推进绿色低碳发展，提前实现对国际社会承诺的 2020 年碳减排目标，并承诺力争 2030 年前实现碳达峰、努力争取 2060 年前实现碳中和。近年来，中国提出了全球发展倡议、全球文明倡议、全球安全倡议，携手世界各国，共筑人类命运共同体，携手推进现代化，绘就人类发展新画卷。

上述我们从纵向维度，对中国精神在中华民族几千年文明发展历史的演变、发展、转型、重塑、勃兴和升华的脉络进行了线索梳理，从中我们可以看出，中国精神具有悠久发展历史、丰富的发展内容、复杂的发展历程，所有文化、文明发展成果，就像基因一样，深深融入中华民族精神血液之中，成为中国精神中深厚的文化和精神滋养，是构成中国精神不可缺少的精神内容。

---

[1] 《习近平外交演讲集》第 1 卷，中央文献出版社 2022 年版，第 141 页。

# 第三章　中国精神之特征

　　中国精神不仅生成于中华民族数千年的文明发展历程中，而且形成于世界各民族彼此文化的相互交流、相互激荡的过程中，正是世界各民族文明、文化、思想的比较、交流，才彰显了中国精神自有的个性特征。习近平指出："每个国家和民族的历史传统、文化积淀、基本国情不同，其发展道路必然有着自己的特色。"①各民族自有的民族精神、国家精神是世界各民族在世界舞台上、世界历史上、世界文明中特有的文明标志。当然，"文明没有高低、优劣之分"。习近平"最喜欢做的一件事情就是了解五大洲的不同文明，了解这些文明与其他文明的不同之处、独到之处，了解在这些文明中生活的人们的世界观、人生观、价值观。""历史和现实都表明，傲慢和偏见是文明交流互鉴的最大障碍。推动文明交流互鉴，可以丰富人类文明的色彩，让各国人民享受更富内涵的精神生活、开创更有选择的未来。"②为了真正领会中国精神的特征，我们不妨通过与其他民族精神、国家精神做一简要比较，从中领悟、鉴别中国精神的个性特征。

## 一、中国精神的比较特征

　　中国的发展离不开世界，中国精神的砥砺、浇铸也离不开世界各民族的相互

---

　　①　习近平：《在中共中央政治局第十八次集体学习时的讲话》，2014 年 10 月 13 日。
　　②　习近平：《在联合国教科文组织总部的演讲》，2014 年 3 月 27 日。

学习借鉴。"中华文明是在中国大地上产生的文明，也是同其他文明不断交流互鉴而形成的文明。"①这里我们选取世界上几个有代表性的国家精神，从中国的视角审视其他国家精神、民族精神形成和发展特点，以资中国精神的比较，进而从比较中总结中国精神的特征。

## （一）与美国精神的比较

### 1. 美国精神的形成

众所周知，美国是世界上与众不同的国家。它的"与众不同"之处我们可以信手拈来，可以轻易地列举出许许多多：其一，美国是一个移民国家，15 世纪末，西班牙、荷兰等国开始向北美移民，英国后来居上。直到现在，美国仍是世界上接纳移民和留学生最多的国家。其二，美国的建国历史较为短暂。1776 年 7 月 4 日，在费城召开的第二次大陆会议上通过了《独立宣言》，正式宣告美利坚合众国成立。从那时到现在，美国的历史只有 240 多年。其三，美国是现今世界上唯一的超级大国，国力强盛，很多方面能引领世界，拥有高度发达的资本主义体系。

究竟是什么基因造就了今日的美国精神？恩格斯曾指出："人是唯一能够挣脱纯粹动物状态的动物——他的正常状态是一种同他的意识相适应的状态，是需要他自己来创造的状态。"②"人们在自己生活的社会生产中发生一定的、必然的、不以他们的意志为转移的关系，即同他们的物质生产力的一定发展阶段相适合的生产关系。这些生产关系的总和构成社会的经济结构，即有法律的和政治的上层建筑竖立其上并有一定的社会意识形态与之相适应的现实基础。物质生活的生产方式制约着整个社会生活、政治生活和精神生活的过程。不是人们的意识决定人们的存在，相反，是人们的社会存在决定人们的意识。"③根据马克思主义的观点，物质是第一性的，精神是第二性的，物质决定精神，精神反作用于物质，也

---

① 习近平：《在联合国教科文组织总部的演讲》，2014 年 3 月 27 日。
② 《马克思恩格斯选集》第 3 卷，人民出版社 2012 年版，第 845 页。
③ 《马克思恩格斯选集》第 2 卷，人民出版社 2012 年版，第 2 页。

就是说，有什么样的社会生活就会有什么样的精神状态。我们甚至可以通俗地理解，精神其实就是人们行动时内心情感的外显，当然其中包含了丰富的内涵，是各种价值观、伦理观、道德观等文化基因的综合。

究竟美国精神从何而来？它又是如何形成和发展的？对这些问题的解答，国内国外已有许许多多的专家、学者进行了长期的、大量的、细致的、全面的、多角度多层次的探究和分析，总结出了诸如地理环境说、社会环境说、文化环境说、宗教伦理说等结论，这些结论也都有严谨的科学性和很强的说服力，我们没有必要在这里再去重复。但有一点我们必须强调，美国精神是以美国强大的政治、经济、军事、文化、创新等实力为背景的，美国社会的强盛是美国精神的支撑。从源头上看，美国精神的产生得益于早期移民对资本主义价值的建构和遵从，得益于一代代美国人民对资本主义社会制度的服从和对资本主义社会秩序的严格把守，"西方是在合理的技术和法律制度上，配合了人们采取理性生活态度的能力与取向，方能促进资本主义经济体系在欧洲的发展。……现代合理的资本主义依靠的是长期经营和合理计算的组织能力，这又和生活方式的系统化和理性化息息相关……"①

2. 美国精神的内涵

精神的内涵应该是多维的、多样的，从不同的角度考察，精神应该有不同的内涵，这是事实，不存在是否科学与不科学的问题。"美国精神的内容非常丰富，颇有研究价值。个人主义、平等观念、乐观进取、求实创新等美国民族精神对美利坚民族的形成与发展发挥着独特的凝聚和支柱作用。"②与中国精神稍有不同的是，美国精神更多的是从美国人民个体这一层面去体现的，这与美国梦追求的个人独立自由、个人幸福快乐、个人价值实现等分不开。"山姆大叔"是美国形象的表征，他的诚实可靠、吃苦耐劳和爱国情怀是美国人民必有的品性。今天，桑提亚哥身上所体现出来的那种"硬汉精神"：向往斗争，敢于拼杀，精力旺盛，

---

① 顾忠华：《韦伯〈新教伦理与资本主义精神〉导读》，广西师范大学出版社 2005 年版，第 7 页。

② 李其荣：《美国精神》，长江文艺出版社 1998 年版，第 3 页。

意志坚强，永不认输，顽强拼搏，忍受孤独，蔑视死亡，"可以被消灭，但不能被打败"，仍旧是美国精神的集体写照，自信、乐观、勇敢和坚韧，是美国人民的性格特征，独立、自由、民主、平等、勤劳、创新、求实、竞争、爱国、守法等是美国精神的写照。

### 3. 美国精神的特性

思想是行动的指南，精神是行为的动力。精神往往是永恒的、不可战胜的，精神能够积攒人体的能量，联结人心，鼓舞士气，创造辉煌，这就是精神的价值所在——凝心聚力。

"从激励的功能来看，美国精神是一种群体精神。这种群体精神不是抽象的和空虚的，它渗透在美国人民的理想、追求和信念中，归根到底要通过广大人民群众的思想和行为表现出来。正因为美国精神反映和代表了美国广大人民群众的意志、愿望和利益，所以，美国精神能够激励和鼓舞美国广大人民群众，为实现美国民族的共同价值目标而奋斗。"[1]毫无疑问，美国精神在美国建立和建设过程中，起着团结民众、联结人心、鼓舞斗志、统一步调、激励前行等作用，发挥着凝聚功能、导向功能和激励功能，并且美国精神中的爱国意识更是美国社会建设的精神纽带和力量聚集平台，总是在不停地号召美国民众永远地忠诚于自己的祖国，正如美国民众对着国旗宣誓时所说的那样："我宣誓忠实于美利坚合众国国旗，忠实于她所代表的合众国——苍天之下一个不可分割的国家，在这里，人人享有自由和正义。"

一方面，"美国之所以强大，归根到底是因其独特的美国精神"，[2] 另一方面，作为当今世界唯一的一个超级大国，作为全球最高度发达的资本主义国家，伴随美国政府的外交政策以及极富诱惑和激励性质的"美国梦"，美国精神已经走向了世界。美国精神一直在鼓舞着美国人民，只要自己勤奋、勇敢、创新和努力，只要自己奋斗不止，就会创造繁荣，收获成功，就可以享有更加美好的生活，实现自己的人生价值。正如美国历史学家詹姆斯·特拉斯洛·亚当斯（James

---

① 李其荣：《美国精神》，长江文艺出版社 1998 年版，第 45 页。
② 尹钛：《美国精神》，当代世界出版社 2008 年版，自序。

Truslow Adams，1878—1949）在其著作《美国史诗》(Epic of America)中所述："美国梦不是汽车，也不是高工资，而是一种社会秩序，在这种秩序下，所有男人和女人都能实现依据自身素质所能取得的最大成就，并得到社会的承认，而与他（她）的出身、社会背景和社会地位无关。"由此所激发出来的美国精神就是"山姆大叔"所表现出来的那份诚实可靠和吃苦耐劳，以及他身上的那份爱国主义精神；就是文学作品《老人与海》中主人公桑提亚哥所代表的那种"勇敢、自信、自尊"的"硬汉精神"。

### 4. 美国精神与中国精神

伴随着美国经济、政治的整体改善，凭借其经济、技术和知识等方面的优势，美国在世界范围内大量倾销自己的文化产品，引领至少是影响着全球文化产业的发展。在这种优势和实力之下，美国精神走向了世界，成为人类精神文化中的又一奇葩。"美国，尽管其居民来自欧洲人民，但在政治上同欧洲分离开来。俄国对我们来说，空间上近，精神上遥远，但是，对我们的心灵而言，由于俄罗斯精神的陌生和深度，它具有一种与日俱增的魅力。美国对我们来说，空间上遥远，精神上却如此接近，以致从中我们几乎可以认出自身，好像它把我们带回到固有的可能性。"①

比较中国精神和美国精神，因文化底蕴和历史进程的不同，两国精神都有各自鲜明的个性和丰富的内涵，同异之处肯定许许多多。中国精神充满着沧桑和智慧，理智而且含蓄；中国人民认同"家国同构"，国是家的根本，没有国就没有家，"中华民族向有大一统的国家概念，'祖国'与每一子民联结着一种整体的血缘关系。'祖先'的意识，构成整体人民的心理共同体"②。中国人民认同家国同构，尊崇宗族伦理，强调个人修身养性，独善其身，兼济天下。"祖国"是至高无上、神圣的概念，"个人的'人性'与整体的'国家性'构成有机的整合关系。而这被整合的切入关系的主导面和生发价值支点却在于社会、人群的最基本单位

---

① ［德］K. 雅斯贝尔斯著，金寿铁译：《论欧洲精神》，载《世界哲学》2008 年第 2 期。
② 陈子典：《传统道德与现代精神文明》，华南理工大学出版社 2000 年版，第 91 页。

'家'之中，由'家'而'国'，'家国一体'，从而成为一种独特的国家精神"。①

美国精神因美国特殊的地理位置和一直以来受外界打扰的事件较少，在自己的发展历程中也呈现出自己独特的个性。建国之后的美国人民能够依据自己的意志打拼成就，为了生存，他们不得不去披荆斩棘、创新冒险。整体而言，那份努力显得顺风顺水，意气风发，所以表现在精神上呈现出一份热情、自信和执着；在社会生活上则继承欧洲遗风，追求民主平等。美国的先民将自由与平等视为自己生命的一部分，成为生活中至高无上的信条。"当我说我爱美国时，对我此语得加以更明确的解说。确实我十分喜欢我国大自然的美，以及它许多地区各不同的气候。可是，爱美国的真正含义，对我来说，是爱美国人的梦想。它意味着爱自由和个人主义。"②"中国人民一向钦佩美国人民的求实精神和创造精神。……坚持变革创新，理想就会变为现实。我们在扩大开放、实现现代化的进程中，重视学习和吸收美国人民创造的一切优秀文化成果。"③2013年6月7日，中国国家主席习近平在美国加利福尼亚州安纳伯格庄园会晤美国前总统奥巴马时强调指出："中华民族和美利坚民族都是伟大的民族，两国人民都是伟大的人民。"④

## （二）与欧洲精神的比较

### 1. 欧洲精神的形成

欧洲位于亚欧大陆的西部，其名称在闪米特语言中有"日落之地"的含义；面积约1016万平方公里，在世界七大洲中仅大于大洋洲，位列第六；面积虽小，但分布其上的主权国家和地区众多；居民中的99%属欧罗巴人种，80%以上信奉基督教，种族构成相对比较单一；地形以平原为主，地势较为平坦，气候温和湿

---

① 陈子典：《传统道德与现代精神文明》，华南理工大学出版社2000年版，第94页。

② ［美］罗伯特·J.林格著，章仁铨、林同奇译：《重建美国人的梦想》，上海译文出版社1983年版，第277页。

③ 《增进相互了解 加强友好合作——江泽民在美国哈佛大学的演讲》，载《人民日报》1997年11月2日。

④ 《习近平同奥巴马举行中美元首第二场会晤》，来源于http：//news.xinhuanet.com/world/2013-06/09/.

润，海洋成为控制欧洲大陆气候的主要原因。自 17 世纪以来，欧洲逐渐成为世界经济的中心，"欧洲与中国和印度的根本差异只是在近 400 年中才显露出来：普遍的科学和技术。科学和技术造成了欧洲的优势，事实上，短暂的世界统治长久地意味着，技术和科学以其全部后果成了世界命运"。① 今日之欧洲，经济发展水平仍居世界七大洲之首，科学技术的许多领域也都处在世界比较领先的地位。"欧洲是片神奇而伟大的土地，尤其在资本主义萌芽以来的近现代，是世界上最具活力和创造力的地区。经历了产业革命、文艺复兴、启蒙运动、人性的解放，欧洲人在思想理论、科学技术、物质生产和劳工革命运动等方面都开启了大胆创新、不断变革、永不停息、勇于开拓进取的精神，取得极其丰富的成果。欧洲长时期走在时代的最前列，成为众多新思想、新理论、新主义、新发明、新制度、新模式、新运动、新政策的创新发源地，担当了开拓、创新、变革重任，成为各种各样政治理论与经济理论的实验室和实践检验场所。所有这些使得欧洲物质文明、精神文明、政治文明积累丰厚，领先世界。"②

欧洲历史悠久而辉煌，文化底蕴深厚，精神遗产丰富，是近代工业的发源地，也是现代文明的奠基地。它曾经对整个人类的历史，特别是近代世界历史的进程起着直接的推动作用并最终决定着近代世界前进的方向，决定着人类文明前进的脚步。尽管 20 世纪上半叶，古老的欧洲连续两次遭受世界大战的蹂躏，损失惨烈，但即便如此，欧洲的大部分国家仍为世界发达国家。"欧洲的未来无非走向两端，要么在仇恨和野蛮中沉沦，要么在哲学的精神中重生。……欧洲面临的最大威胁，是自我懈怠。"③为了重振欧洲，20 世纪末，一个旨在"通过建立无内部边界的空间，加强经济、社会的协调发展和建立最终实行统一货币的经济货币联盟，促进成员国经济和社会的均衡发展"；"通过实行共同外交和安全政策，在国际舞台上弘扬联盟的个性"的欧盟于 1993 年 11 月 1 日正式诞生，这是一个

---

① ［德］K. 雅斯贝尔斯著，金寿铁译：《论欧洲精神》，载《世界哲学》2008 年第 2 期。

② 伍贻康：《一种社会发展新模式的探索实践——欧洲一体化新论》，载吴志成、薛晓源主编：《欧洲研究前沿报告》，华东师范大学出版社 2007 年版，第 116-117 页。

③ ［法］亚历山德拉·莱涅尔-拉瓦斯汀著，范炜炜等译：《欧洲精神——围绕切斯拉夫·米沃什，雅恩·帕托什卡和伊斯特万·毕波展开》，吉林出版集团有限责任公司 2009 年版，第 1 页。

集政治实体和经济实体于一身、在世界国际舞台上具有重要影响的区域一体化组织。欧盟的成立无疑会有利于欧洲的稳定和欧洲经济的复兴，还会大大提升欧洲的国际地位，并对世界格局产生新的影响，人们重新开始对欧洲的未来充满好奇和期望。"如果我们想生活在欧洲的土地上，我们就必须使某种深远的根源起作用。对两次世界大战的失望迫使我们检查所有欧洲的构成物，好像这些东西成了十分空泛的东西。"①

### 2. 欧洲精神的内涵

曾经的欧洲是人间天堂，生活于其上的人民是伟大的、聪明的、富于智慧的。那里有《圣经》，那里有古希腊罗马文化。那里大师辈出，灿若群星，诸如荷马、埃斯库罗斯、但丁、莎士比亚、歌德、柏拉图、亚里士多德、塞万提斯、拉辛、莫里哀、列奥纳多、拉斐尔、米开朗琪罗、伦勃朗、巴赫、莫扎特、贝多芬、奥古斯丁、斯宾诺莎、康德、黑格尔、西塞罗、爱拉斯谟、伏尔泰等。这些大师为人类留下了极其丰富的精神文化遗产，对世界文明的发展作出了艰辛而卓越的贡献。"如果想列举对我们内心世界无比珍贵的东西，即精神、美德、信仰等不可估量的财富，那么我们也许发现无穷无尽，不胜枚举。"从此出发，欧洲人民总是那样的自信和骄傲。"在这条道路上，燃起我们的爱，并将我们紧密地联系在一起。"②这就是欧洲精神的魅力所在，也是欧洲精神凝聚力、感召力的内在表现。"胡塞尔指出，有一种历史使命或目的性（Teleologic）内在于欧洲的精神历史发展中；从普遍的观点来看，这意味着一种新的人类发展阶段，一种只愿基于理性的理念而活的生命形态。受此理念引导而发展出来的科学文化意味着原本的文化被彻底改变。"③古希腊哲学是欧洲精神的根源，民主与科学是欧洲精神的精华和内核。

一方面，在古希腊雅典时期形成了奴隶制民主政治，近代以来欧洲又开始普

---

① ［德］K. 雅斯贝尔斯著，金寿铁译：《论欧洲精神》，载《世界哲学》2008 年第 2 期。其中"某种深远的根源"当然就是指欧洲曾经的自信和欧洲精神。

② ［德］K. 雅斯贝尔斯著，金寿铁译：《论欧洲精神》，载《世界哲学》2008 年第 2 期。

③ 游淙祺：《欧洲的理性理念：省思胡塞尔的文化论述》，载《中山大学学报（社会科学版）》2011 年第 3 期。

遍实行资产阶级民主政治。所有这些，无不彰显出欧洲各民族对社会民主的奋力倡导和不断追求。另一方面，也是在古希腊时期，由于商品经济的发达，使得欧洲人冒着极大的危险进行海上贸易。在长期的社会发展过程中，形成了欧洲各民族勇于探索、敢于批判、善于发现、不懈追求科学和真理的科学精神。科学以其巨大的威力和成功震撼着欧洲人的观念，解放了欧洲人的思想，使整个欧洲社会充满了浓厚的科学气氛，形成了倡导科学的民族精神。

"欧洲不只是一个地理概念，也是一个文化概念，通常都认为希腊文化、罗马法和基督教教义是欧洲的历史文化源泉，声称'在上帝面前人人平等'的基督教伦理是欧洲互有认同感的基本因素，科学、民主、自由和人权是欧洲文明精神的核心，可以把欧洲历史文化的同源性、相通性和认同感看作是'欧洲观念'的人文背景。"①正是基于共通的欧洲精神、欧洲观念，在经历了两次世界大战摧残之后的欧洲人民，痛定思痛，总结历史教训，决心联合起来，在多元一体、主权共享的原则之下，遵循共同法规共同机制，实现国家和区域两个层面相互协调双向互动的区域共治，化零为整，整合力量，求同存异，共同发展，互利共赢，以求彻底地改变过去，重新崛起复兴欧洲。欧洲的一体化无疑又为人类社会的发展创造了一种新颖独特的社会发展模式，促成欧洲一体化成功运营的影响因素肯定有许许多多，但欧洲各国的地缘政治和同根同源的精神文化是不可或缺的桥梁和纽带。"欧洲精神、欧洲观念不断推陈出新，终于成为创造区域共治模式的精神动力。"②

3. 欧洲精神与中国精神

欧洲文明、欧洲精神的影响是世界性的，欧洲文化早已传遍世界，引领人类文明进程。这份辉煌使得欧洲人总是难以隐藏内心的傲慢、自豪和自信，甚至连黑格尔也曾经自信地说："世界被绕而行之，而它对欧洲是一个圆球。迄今尚未被欧洲统治的地方，或者不值辛劳去统治，或者尚待决定去统治。"在当时，世界

---

① 伍贻康：《一种社会发展新模式的探索实践——欧洲一体化新论》，载吴志成、薛晓源主编：《欧洲研究前沿报告》，华东师范大学出版社 2007 年版，第 116 页。
② 伍贻康：《一种社会发展新模式的探索实践——欧洲一体化新论》，载吴志成、薛晓源主编：《欧洲研究前沿报告》，华东师范大学出版社 2007 年版，第 116 页。

是欧洲的，欧洲就是世界。

15 世纪开始，伴随着地理大发现和新航路的开辟，欧洲开始在世界各地大规模扩张和殖民，尾随其后的是欧洲文明和欧洲文化在世界各地"强制性地"，甚至是"野蛮的"移植和传播。"欧洲文明所处的地位以及它前进的阶段注定了它要向外扩张。它不可能就龟缩在欧洲这块地方，它必然向外扩张，特别是它的精神文明是没有界限的。"①毫不讳言，历史上多次的"西学东渐"使得欧洲文明，特别是欧洲的现代文明，已经深深地内嵌到当代中国改革开放和现代化建设的进程中来了。

本来，欧洲与中国相距遥远，分别处在亚欧大陆的西部和东部，中间间隔着徒步难以轻易逾越的"有进无出"的塔克拉玛干沙漠和一系列崇山峻岭，诸如喀喇昆仑山脉、喜马拉雅山脉，所以近代以前，中国与欧洲彼此天各一方，并无太多的牵连和影响，各自生活在各自文明发展的轨迹之中。直至 1840 年，英国殖民者携工业革命的雄风，领 47 艘舰船、4000 名士兵，不远万里从水路奔来，用工业文明的科技果实——坚船利炮轰开了尚在闭关锁国的中国大门，从此，在"欧风美雨"中，古老的中华民族开始了漫长的、痛苦的、屈辱的近代化、"世界化"历程，传统的中华农业文明在当时先进的欧洲工业文明面前一败涂地。就这样，一方面欧美的"大工业便把世界各国人民互相联系起来，把所有地方性的小市场联合成为一个世界市场，到处为文明和进步做好了准备，使各文明国家里发生的一切必然影响到其余各国"。② 另一方面，如同马克思所说的那样："日益发展的工业使一切传统的关系革命化，而这种革命化又促使头脑革命化。"③鸦片战争之后一部分中国的知识分子开始抛弃陈腐观念，注目世界，探求新知，寻求强国御侮之道，萌发了一股向西方学习的新思潮，开启了"西学东渐"的又一高潮。20 世纪初，西方启蒙思想在中国传播，欧洲精神中的民主共和思想、科学精神等在中国日益深入人心，最终引导并促成了中国新文化运动的发生，这使中华民族传统精神里也渗入了民主、自由、科学等新鲜的文化基因。

---

① 陈乐民：《欧洲文明十五讲》，北京大学出版社 2008 年版，第 183 页。
② 《马克思恩格斯选集》第 1 卷，人民出版社 2012 年版，第 299 页。
③ 《马克思恩格斯选集》第 4 卷，人民出版社 2012 年版，第 632 页。

　　近代以来，"西学"对"中学"的影响是巨大的，而且是持续的、长久的，以单向影响（"西学"流向"中学"）居多。近代以来，"中西之争"已成学界、思想界之常态，甚至在中国至少已经有了两次的"全盘西化"插曲。"近半个世纪以来，如何科学地处理好中西文化的关系，这是一个一直没有解决好的大课题，要么是'国粹主义'，中国的一切都好，西方的一切都坏，因而采取妄自尊大、盲目排外的态度；要么另走一端，西方的一切都好、中国的一切都不如人，妄自菲薄，采取民族虚无主义，鼓吹'全盘西化'。这两种态度都给中国文化的发展带来了挫折。"①其实，正如习近平所说："不同文明没有优劣之分，只有特色之别。要促进不同文明不同发展模式交流对话，在竞争比较中取长补短，在交流互鉴中共同发展，让文明交流互鉴成为增进各国人民友谊的桥梁、推动人类社会进步的动力、维护世界和平的纽带。"②"文明是平等的，人类文明因平等才有交流互鉴的前提。每一种文明都是独特的。在文明问题上，生搬硬套、削足适履不仅是不可能的，而且是十分有害的。"③"中国坚持和而不同的思想，尊重和保护文明多样性，积极推动不同文明相互尊重、和谐共处。中国将继续向世界学习、向各国人民学习，学习人类创造的一切文明成果，推动中国和世界发展得更好。"④

　　在对待"西学"和其他文明问题上，正确的做法是："中国应该大量吸收外国的进步文化，作为自己文化食粮的原料……凡属我们今天用得着的东西，都应该吸收。"⑤"我们要向资本主义发达国家学习先进的科学、技术、经营管理方法以及其他一切对我们有益的知识和文化，闭关自守、故步自封是愚蠢的。"⑥"经济上实行对外开放的方针，是正确的，要长期坚持。对外文化交流也要长期发展。"⑦"我们要有计划、有选择地引进资本主义国家的先进技术和其他对我们有益的东西，但是我们决不学习和引进资本主义制度，决不学习和引进各种丑恶颓

①　苏崇德主编：《比较思想政治教育学》，高等教育出版社 1995 年版，第 8 页。
②　习近平：《在博鳌亚洲论坛 2015 年年会上的演讲》，2015 年 3 月 28 日。
③　习近平：《在联合国教科文组织总部的演讲》，2014 年 3 月 27 日。
④　习近平：《在韩国国立首尔大学的演讲》，2014 年 7 月 4 日。
⑤　《毛泽东选集》第 2 卷，人民出版社 1991 年版，第 706-707 页。
⑥　《邓小平文选》第 3 卷，人民出版社 1993 年版，第 44 页。
⑦　《邓小平文选》第 3 卷，人民出版社 1993 年版，第 43 页。

废的东西。"①"属于文化领域的东西，一定要用马克思主义对它们的思想内容和表现方法进行分析、鉴别和批判。"②那种"言必称希腊"、一味地崇洋媚外的做法肯定是不会有历史和时代市场的，也注定是要失败的。

"文化模式是特定民族或特定时代人们普遍认同的，由内在的民族精神或时代精神、价值取向、习俗和伦理规范等构成的相对稳定的行为方式，或者说基本的生存方式或方法。"③比较中西文化的不同，我们可以借用100多年前严复写的《论世变之亟》一文之结论："中国最重三纲，而西人首明平等；中国亲亲，而西人尚贤；中国以孝治天下，而西人以公治天下；中国尊主，而西人隆民；中国贵一道而同风，而西人喜党居而州处；中国多忌讳，而西人众讥评。其于财用也，中国重节流，而西人重开源；中国追淳朴，而西人求欢虞。其接物也，中国美谦屈，而西人务发舒；中国尚节文，而西人乐简易。其于为学也，中国夸多识，而西人尊新知。其于祸灾也，中国委天数，而西人恃人力。"④从中我们亦能体会出两种精神的不同风格。

### (三) 与俄罗斯精神的比较

#### 1. 俄罗斯精神的形成

俄罗斯精神的形成与俄罗斯所处的地理环境、俄罗斯民族千年的历史实践和民族自身形成的独特文化分不开。

从地理环境上看，俄罗斯疆土辽阔，资源丰富，世界上的资源它应有尽有，且能够自给自足，但俄罗斯人并不闭关自守。一方面，一望无际的地域培育了俄罗斯人宽广的胸怀和自由散漫的个性；另一方面，"无限的空间，宽广的沃野，似乎又成了俄罗斯人的一个深重的负担。在俄罗斯人的生活中，总是留下了沉重和忧伤，而喜悦似乎与俄罗斯人无缘"⑤。辽阔的土地还决定了俄罗斯人以农业

---

① 《邓小平文选》第2卷，人民出版社1994年版，第168页。
② 《邓小平文选》第3卷，人民出版社1993年版，第44页。
③ 衣俊卿：《文化哲学十五讲》，北京大学出版社2004年版，第65页。
④ 《严复文选》，百花文艺出版社2006年版，第4页。
⑤ 傅光中、田艳玲：《西方人性格地图》，山东画报出版社2005年版，第246页。

生产为主的生活方式，培育了俄罗斯民族朴素、直率、真诚的性格特征。

　　地跨欧亚两个大洲的中间地带，这样的地理位置带给俄罗斯人模糊的身份认证，总是纠结于自己的角色定位，认为自己既不是纯粹的欧洲民族，也不是纯粹的亚洲民族；既不属于欧洲，也不属于亚洲，表现在民族性格上，往往是把两个大洲的民族性格特征揉合在一起，铸成了俄罗斯民族鲜明的两重性特征，甚至是一种相互矛盾、二律悖论的特性。一方面，俄罗斯作为亚欧连接的桥梁，最便利于把亚欧各民族优良的民族传统、民族文化以最快最先的方式吸收和接纳下来，把整个世界的历史融进自己的文明之中；另一方面，两种文化的对立和排斥也直接影响了俄罗斯人的性格，"有一个事实，它凌驾在我们的历史运动之上，它像一根红线贯穿着我们全部的历史……它同时是我们政治伟大之重要因素和我们精神软弱之真正的原因，这一事实，就是地理的事实。"[1]

　　从社会历史的因素看俄罗斯精神的形成，东正教对俄罗斯民族文化有着漫长的、深远的影响。"俄罗斯民族的主要特征就是皈依宗教，并因此向往一种天国的至善和生活的意义。如果离开了宗教，这种向往就会降格为一种对尘世社会公平的追求。他们正应了这种特性，所以能够领悟宗教、道德、美学等高尚精神，进行哲学推理、敏感地领悟别人的精神生活。"[2]俄罗斯民族在接受基督教的同时，也接触到了当时最为先进的欧洲文明，由此改变了当时俄罗斯落后的生产方式和生活方式，使俄罗斯逐步地融入西欧文明，同时培育了俄罗斯民族追求终极、救世精神和以拯救天下为己任的弥赛亚意识。

　　从文化影响视角分析，俄罗斯文化对俄罗斯精神的形成具有培育和促成作用。正是民族文化长期的熏陶，潜移默化，耳濡目染，才形成并加固了俄罗斯精神的形态，如同瑞士心理学家卡·荣格所指出的，人的文化结构是在民族文化原型(民族原始经验)和集体无意识的不断作用下在后天逐步形成，最终造就稳定的文化特征。在长期的文化发展中，俄罗斯人性格中的直率和极端也直接或间接地影响了俄罗斯的文化，使其思维中带着浓重的感性意识和直觉主义，阿·托尔

---

　　① 　傅光中、田艳玲：《西方人性格地图》，山东画报出版社 2005 年版，第 247 页。
　　② 　洛斯基：《至善的条件：伦理基础——俄罗斯的民族性格》，转引自[俄]叶琳娜·米哈伊诺芙娜著，王亚明、黄宏伟译：《文化理论与俄罗斯文化史》，敦煌文艺出版社 2003 年版，第 151 页。

斯泰的一首短诗惟妙惟肖地刻画了俄罗斯人的这种性格特征：

　　"爱则昏天黑地，/胁则声色俱厉，/骂则狗血喷头，/斥则怒目圆睁，/争则面红耳赤，/罚则心狠手辣，/恕则真心诚意，/吃则酒菜满席。"

## 2. 俄罗斯精神的内涵及特点

俄罗斯精神内涵丰富：其一，追求信仰，崇尚精神价值，为了理想信念，可以牺牲性命，有强烈的耐性和韧劲，淡漠物质和财富。正是俄罗斯精神的这一特点，保全了俄罗斯民族的生存与发展。其二，热爱祖国，崇尚权力。认为个人的生存只有建立在国家强大的基础之上，"俄罗斯人常常考虑的范畴不是个人或者地方，而是整个国家"，"国家性作为俄罗斯精神内核的基本本质特征，表现在普通人宗教仪式般地对待自己的国家"。[1] 俄罗斯精神的这一特征正是由于在其国家发展的历史进程中，常常受到外来民族侵占和欺凌，促成了俄罗斯民族坚固的强烈的爱国意识。其三，勤劳，勇敢，崇尚劳动，热爱集体。俄罗斯疆土辽阔，土地富饶，培养了俄罗斯民族勤劳的本性和热爱劳动、崇尚劳动的品德。他们把劳动看成一种道德行为、善意行为，加之集体在个人劳作和生活中的意义，培育了他们热爱集体，忽视个人的精神特征，等等。当然，若从一些消极方面看，俄罗斯精神又具有自由散漫、无组织、缺少理性，感情用事等特点，体现出俄罗斯精神鲜明的矛盾性。

俄罗斯是当今世界上领土面积最大的国家，尽管在其千年历史发展进程中充满着沧桑、摧残和磨难，但它却是一个倡导精神上完善自我的民族，一个崇尚精神价值和道德伦理的民族，一个拥有丰富灿烂艺术文化的民族，它的这些民族特征根源于俄罗斯千年来的东正教信仰。然而，今日之俄罗斯由于20世纪90年代的政治经济危机也带来了人民精神上的迷惘和信仰上的危机，自苏联解体以来，俄罗斯进行的经济改革并未完全成功，"休克疗法"失败，政治民主化进程曲折复杂，民族矛盾尖锐，国家意识形态以及民众政治信仰迷失，俄罗斯的发展令人

---

① 朱达秋：《俄罗斯精神内核及其特征》，载《四川外语学院学报》2002年第3期。

担忧。

"应当永远记住，俄罗斯的确自古就负有一项使命：当一个解决别国无法解决的任务的国家。""我们是一个欧亚国家。我们自成一体。我们的基督教徒主要是东正教徒，而整个西方都是天主教徒，或是新教徒、路德教徒，而不是东正教徒。这个差别反映在各个方面。主要的是，俄罗斯一向有军事实力，它是靠武装力量生存下来的。……光保留俄罗斯人已得到的东西是不够的：要走到另一条海岸线……俄罗斯希望扩大到温暖的海洋……俄罗斯有史以来一直致力于建立和保持强大的军队，供其他民族召唤，为他们提供帮助。"[1]今日之俄罗斯军事实力是领先的，拥有世界上最大的核武器库，科技实力雄厚，特别是航空航天技术位居世界前列。境内民族多达193个，其中77%为俄罗斯族，居民多信奉东正教，其次为伊斯兰教。境内自然资源丰富，拥有世界上最大储量的矿产资源和能源资源、最大的森林储备和全世界25%的淡水湖泊。

特殊的地理位置，特殊的地理环境，造就了俄罗斯特殊的民族个性。恰达耶夫这样写道："我们不属于人类任何一个大家庭，我们既不属于东方也不属于西方。"[2]从地理位置上看，俄罗斯有着特殊的版图和特殊的地缘，横跨欧亚两个大洲；从地理环境上看，它地处亚欧板块之北，所处纬度较高，气候寒冷。历史以来俄罗斯就是东西方文化的"交会点"和"交锋点"。相对于东方各国，俄罗斯能最早感受西方文明的诱惑；而相对于西方诸国，俄罗斯又是最早接受东方文化熏陶的国家。东西文明在这里交汇融合，造就了俄罗斯独特、复杂的民族性格。

"俄罗斯的历史既是一部不同于西欧国家的历史，也是一部不同于东方国家的历史，它是一部在东、西方之间探寻、徘徊，以及东、西方文化在俄国斗争中融会的历史。动摇于东、西方之间，是俄罗斯历史最重要的特点。这种特殊的历史特点也正如别林斯基所说，它造就了俄罗斯精神的两面性。"[3]"悖论性""矛盾性"是俄罗斯精神最为显著的特征。"值得注意的是，俄罗斯在这种东西方文明

---

① ［俄］弗·日诺夫斯基著，李惠生等译：《俄罗斯的命运》，新华出版社1995年版，第211-215页。

② 参见［美］理查德·莱亚德（R. Layard）、［美］约翰·帕克（J. Parker）著，白洁等译：《俄罗斯重振雄风——新俄罗斯经济政治指南》，中央编译出版社1997年版，第10页。

③ 宋瑞芝：《俄罗斯精神》，长江文艺出版社2000年版，第1页。

的交相影响下，俄罗斯文化在世界文化之林中仍然具有相对的独立性，其民族个性并未泯灭，而是愈发深刻，用一些学者们的话说：俄国更像俄国了。"①

"俄罗斯人的性格比任何欧洲人都要细腻、精巧。"俄罗斯思想家彼得·雅可夫列维奇·哈达耶夫在《一个疯子的辩护》一文中描述道："我们是由我国君主和我国气候造就而成的，我们只是因为驯顺才成为伟大民族的。"②俄国著名哲学家尼·别尔嘉耶夫也指出：俄罗斯"可能使人神魂颠倒，也可能使人大失所望。它最能激起对其热烈的爱，也最能激起对其强烈的恨"。③ 概而言之，俄罗斯精神的主要特点是它的复杂性、矛盾性、二律背反性、浓厚的宗教特色以及软弱性和严重的依赖性等，对此，学界、理论界已有较多的概括和总结，我们不必在此再作赘言。

### 3. 俄罗斯精神与中国精神

中国与俄罗斯边界接邻，两国有着 4300 公里长的共同边界，两国之间也有400 多年的居邻交往，特别是近百年来的中俄之间，关系变幻复杂，跌宕起伏，有过结盟，有过对抗，有过友好，有过分歧，风风雨雨，恩恩怨怨，难以详表，直至"20 世纪最后 10 年俄罗斯独立后的中俄关系，尽管主、客观条件极为复杂，但是，中俄两国政治领导人不仅妥善地处理意识形态和国家利益的关系，确立了战略协作伙伴的关系，而且基本解决了历史上从未解决的两国边界问题"④。不管怎样，两国人民之间的交往将会永久持续，彼此相互学习借鉴，相互取长补短。今天的中俄两国同为联合国安理会常任理事国，两国人民都有一种大国意识和使命意识，并且都能在世界舞台上担负起自己的责任和担当。从国家精神层面看，中国目前正在致力于中华民族的伟大复兴，致力于实现宏伟的中国梦，致力于建设国家的现代化，所以号召全国各族人民，在中国共产党的带领下，团结一

---

① 欧阳康、陈仕平：《论俄罗斯民族精神的主要特性》，载《华中科技大学学报（社会科学版）》2008 年第 1 期。

② ［俄］Вл 索洛维约夫等著，贾泽林、李树柏译：《俄罗斯思想》，浙江人民出版社 2000 年版，第 18 页。

③ ［俄］尼·别尔嘉耶夫著，雷永生、邱守娟译：《俄罗斯思想——19 世纪末至 20 世纪初俄罗斯思想的主要问题》，生活·读书·新知三联书店 2004 年版，第 6 页。

④ 杨闯、高飞、冯玉军：《百年中俄关系》，世界知识出版社 2006 年版，第 11 页。

心，众志成城，一心一意谋发展，凝心聚力搞建设，由此，中国人民表现出了一种自信、自豪、理性、智慧、责任和使命的中国精神。而俄罗斯也在跟随时代前进的步伐，集中力量谋求解决生存和发展之策。"俄罗斯正处于其数百年来最困难的一个历史时期。大概这是俄罗斯近 200～300 年来首次真正沦为世界二流国家，甚至三流国家的危险。"①俄罗斯在其发展过程中，前面的困难和困惑还有许多，需要俄罗斯人民继续发扬坚韧不拔的忍耐精神和科学探索的传统精神，强化现代理念和现代精神，冷静地、认真地找寻适合自己国情的最佳发展之路，继续发扬传统的俄罗斯精神，走出自己的特色之路。

### （四）与日本精神的比较

#### 1. 日本精神的形成

日本，"日出之国""千岛之国"，位于亚洲东部、太平洋西北部，与中国隔海相望，面积 37.79 万平方公里，居民以和族为主。一方面，四面环海、与世隔绝的特殊地理位置，造成了日本先民强烈的封闭、自卑甚至是扭曲的心态；另一方面，这种环境又迫使日本先民铸就了勇敢开拓的精神。岛内多山，国土面积的 71% 为山地、丘陵，且火山爆发、地震等自然灾害频发，为了生存和发展，日本先民常常企求向外拓展生存空间，使得部分日本民众变得好战和残酷。"要维持一国之独立，仅仅守卫主权线是决然不够的，必须进而保卫利益线。"②近代以来，发达起来的日本多次侵犯别国领土，疯狂地对外侵略扩张就是例证。第二次世界大战期间的日本，整个民族畸变为战争的工具，完全地丧失了道义，泯灭了人性和理性，给世界人民造成了极大的伤害。

日本精神的由来得益于日本民族长期的性格磨砺和日本文化的熏陶。一方面，日本民族有着鲜明的性格特征，诸如生性好斗，喜爱穷兵黩武；另一方面，历史上日本民族深受中华民族文化的影响，特别崇尚"忠""孝""仁""情"等伦理道德，所以日本民族在性格上明显地具有温和爱美、讲究礼仪的一面，这就是日

---

① ［俄］普京著，张树华等译：《普京文集》，中国社会科学出版社 2002 年版，第 16 页。
② 中国社会科学院：《简明日本百科全书》，中国社会科学出版社 1994 年版，第 54 页。

本民族既"文"又"武"性格特征的真实写照。

日本民族好斗和尚武的特性起源于日本的生存危机和忧患意识。生存环境是人类赖以生存的前提条件，生存空间狭小，必然会衍生人们为争夺个人所有而进行的生存竞争，相反，比如俄罗斯民族，因其国土宽广，地广人稀，生存环境非常"富裕"，加上国土之上资源丰富，所以俄罗斯民族自古以来就不怎么计较个人私有，他们看重的是集体意识。日本作为一个狭小的岛国，并且岛内资源有限，还有频繁的自然灾害，从中我们可以想见日本民族之生存不易。正是这样的生存境遇，衍生了日本民族的生存意识、竞争意识和出外经略意识，在长久的求生存、求发展过程中，造就了日本自强不息、团结协作、崇尚武勇、舍命冒险和不怕牺牲的精神。

日本精神的形成与日本的历史文化密切相关，如日本的天皇文化、武士道文化，就是塑造日本精神的根源基因。"日本民族特殊的精神文化核心，是日本社会在封建时期就已形成、深入人心的天皇文化。天皇是日本民族的象征、国家神道的核心、日本民族精神的中心。在日本人看来，天皇高于一切，没有天皇的日本就不是日本，必须对天皇绝对的忠诚，任何人都不得攻击、诋毁天皇。""武士道文化是日本的一种民间文化，但这种文化有着深厚而广泛的基础和渊源，孕育了日本的武士道精神。"①正如1946年美国哥伦比亚大学人类学家鲁思·本尼迪克特博士出版的《菊与刀》一书，"菊"和"刀"象征了日本的文化特色和日本民族的性格特征。不仅如此，日本民族自古以来，特别善于汲取中国的文化精华，善于学习西方的文明成果，养成了日本民族尊重传统、开化喜新这样的二元性格。

2. 日本精神的内涵与特征

在确立日本精神具体内涵问题上，学者们总是意见不一，众说纷纭，即便是在日本国内，各个学者也是各说其是，诸如有界定为"大和魂"者，把日本精神确定为"志""理""情""无""道""和""诚""心"等内容的；有确定为"自强不息，忠诚献身，舍命冒险，崇尚武勇，团结协作"等内容的；有确定为"讲究礼仪，遵从伦理，意志坚强，不屈不挠，勇敢果断，尽忠报国，热爱集体，克己内敛"

① 刘汉俊：《缔造精神　从神话走向现实》，新华出版社2011年版，第190-191页。

内容的，等等。不管是哪种概括，都能从一个或多个侧面说明日本精神的内容所在。我们认为，理解日本精神有两点是必须考虑的，即"忠"和"勇"，从这两者出发，基本上能够把握日本精神的精髓和基本内容。

日本精神带给日本人民的既有积极的一面，也有消极的一面。从积极的一面看，日本精神是日本民族生存与发展的精神支撑和动力源泉，正是日本精神鼓舞着日本民众战胜自然，顽强生活。日本民族一向重视苦难教育和苦难精神的培育，培养日本人民坚强、勇敢、顽强的性格，我们常常能够在一些日本影视作品和动漫电影中看到这些；还如日本人的"冬练"，从小就开始培养锻炼孩子们的生存意志。日本民族善于学习、借鉴其他民族的先进文明成果，并且能够很好很快地吸收和消化，成为自己文明成果中有益的部分。日本人民善理性，忌冲动，具有一种吐故纳新、海纳百川、兼收并蓄的能力，正因如此，所以日本在二战之后能够迅速地崛起。从消极的一面看，日本精神也有许许多多的误导因素，如"愚忠"和"愚勇"的切腹自杀行为，正是由于日本精神中武士道精神的误导所致，这也是日本精神内涵中一个典型的畸形表现。

整体观之，日本民族是一个心里充满矛盾的民族。一方面，他们有着悠久的历史文化传统，讲究礼仪，遵从伦理；另一方面，日本民族时而表现出封闭自卑，盲目顺从；时而又妄自尊大，放荡不羁，傲慢骄横，穷兵黩武，爱走极端，由此民族性格衍化出来的日本国家精神显得较为特别。日本精神中最根本的内核是"至诚奉公，尽忠报国"，国家利益永远高于一切，个人必须无条件地服从组织、服从集体。本来这种精神非常有利于日本的国家建设和社会发展，但爱走极端的日本民族常常将这种精神用至极致，成了日本军国主义者穷兵黩武、对外发动侵略战争的精神武器。"相比而言，日本比其他大国更强调日本精神、灵魂的特殊性。尤其，近代以来，日本尽力找寻本国文化传统中堪与西方思想媲美的东西，以获得一些自尊、自信和优于其他亚洲人的满足感。"[①]

日本居民多信奉神道教，崇拜自然、祖先和天皇。特别是日本明治维新之后，政府为了巩固王权，将神道教尊奉为国教，使之成为国家神道，成为政府教导百姓忠贞爱国、誓死效忠天皇的工具。日本天皇就是具体的"神""现人神"，

---

① 江西元：《大国关系与文化本原》，中央编译出版社 2011 年版，第 55 页。

日本的国体实行"神皇一统""祭政合一","当今日本到处都是神，在日本人的单位集团和家庭中，神无处、无时无刻不在，日本社会生活中的一切，整个地笼罩在'神'的光环和护佑之中。……信奉现世主义和实用主义的日本人就以这种方式，实现了自我、个别集团的最大化。"①

日本民族是一个善于学习、虚心学习时代先进文化的民族，不仅如此，日本人还特别擅长将这些先进文化吸收、消化和转化，能很快地产生明显的推动社会前进的绩效。比较典型的，如646年孝德天皇推行的"大化改新"，大量派遣"遣唐使"前往中国唐朝学习，吸收中国文化，很快促使日本国内氏族制度的瓦解，为日本国的封建化奠定了基础；再如"奈良时代"，通过唐朝接受印度、伊朗的文化，形成了日本文化的第一次全面昌盛。此期日本国家的政治制度、文物典章、民间习俗、生活方式等，大多染上了唐代文化的色彩，烙上了"唐风文化"的印迹。还如1868年的明治天皇推行的"明治维新"，在"文明开化""和魂洋才"的思想指导下，大量吸收欧美文化，为日本迅速转变为资本主义强国奠定了基础。近代以前，是日本亦步亦趋学习中国，所以在朝廷制度、礼仪、服饰、茶道等各个方面都带有浓厚的华夏元素。近代以后，发达起来的日本成了中国学习西方、了解世界的桥梁和纽带。

## 二、中国精神的内在特征

了解中国精神的特征，首先必须清晰地精准地界定"中国精神"这一概念，明确中国精神的所指及能指、内涵与实质，然后才能科学判定中国精神的性质与特点。今天，我们在论说、使用"中国精神"这一概念时，其实是对一种类型的精神的统称，即是对支撑中华民族生生不息发展壮大、具有高尚先进品质，特别契合时代发展需要的民族精神、时代精神的代称。中国精神的使用，有她特定的语境和对应的话语体系相支持，如中国梦、中国力量、中国方案、中国智慧等。应该说，中国精神既有其抽象的一面，即作为中国人精神世界的总体反映，她是指支撑民族前行的先进思想观念、价值观念、道德品质以及行为风尚等，也有其

---

① 江西元：《大国关系与文化本原》，中央编译出版社2011年版，第51页。

具象的一面，这是从中国精神这一概念的种属关系而言，各种发生在中华民族发展历程中重大事件以及重要人物身上所体现出来的实践能量和价值引领意义，如五四精神，就是以爱国、进步、民主、科学为主要内容的精神；伟大建党精神就是坚持真理、坚守理想，践行初心、担当使命，不怕牺牲、英勇斗争，对党忠诚，不负人民。伟大的抗疫精神，就是一种生命至上、举国同心、舍生忘死、尊重科学、命运与共的敢于斗争、敢于胜利的大无畏气概；脱贫攻坚精神，则是上下同心、尽锐出战、精准务实、开拓创新、攻坚克难、不负人民的精神，等等。"脱贫攻坚精神，是中国共产党性质宗旨、中国人民意志品质、中华民族精神的生动写照，是爱国主义、集体主义、社会主义思想的集中体现，是中国精神、中国价值、中国力量的充分彰显，赓续传承了伟大民族精神和时代精神。"①我们只有全面把握了中国精神的这些种属关系，才能在培育弘扬中国精神的过程中、在论述建构中国精神的实践中，准确地概述中国精神的价值和特点。

"精神是一个民族赖以长久生存的灵魂"，"谈到'精神'，最重要、最能涵盖中华民族精神的，就是百年中国近现代史和百年来形成的'伟大的中国精神'。这是在中国共产党领导下，中国人民在中国革命和中国建设事业中，在中国历史进步和发展中所凝聚的'中国精神'。我认为，中国影响世界、奉献给世界的最重要的方面就是'中国精神'，自强自信，依靠自己，走自己路的精神。中华民族历史昭示的伟大精神，不仅鼓舞着中国人，也是对世界人民的最大贡献"②。中国精神作为中华民族在长期历史中形成的支撑中华民族生生不息、发展壮大的思想观念、价值观念、道德品质和行为风尚，是中国人精神世界的总体反映，其实质就是中华民族精神发展和社会现实要求的客观反映，就是以爱国主义为核心的民族精神和以改革创新为核心的时代精神。较之于其他国家和民族的精神特点，中国精神具有显著的比较特征。

（一）中国精神的"民族性"

中国精神是中国人民在社会生产和生活实践中表现出来的一种特有的民族气

---

① 习近平：《在全国脱贫攻坚总结表彰大会上的讲话》，2021 年 2 月 25 日。
② 李铁映：《要有自己的历史观》，载《中国社会科学报》2015 年 3 月 1 日。

质、民族风格，中国人民是有着丰厚历史底蕴和绵长文化根脉的伟大人民，中华民族是伟大的民族。正是中国人民在中国这块土地上生长、生活，形成了自己独特的思维方式、生活习惯和价值标准，才有了中华民族独特的民族精神，"经过几千年的沧桑岁月，把我国 56 个民族、13 亿多人紧紧凝聚在一起的，是我们共同经历的非凡奋斗，是我们共同创造的美好家园，是我们共同培育的民族精神。"①中国精神具有鲜明的民族性特征，正是这种显著的民族特征，支撑着中国人民能够凤凰涅槃、浴火重生、继往开来、砥砺前行。对此，习近平总书记用"伟大创造精神""伟大奋斗精神""伟大团结精神""伟大梦想精神"来高度概括和赞扬中华民族的民族精神，同时赋予中华民族精神崭新的时代内涵。"有这样伟大的人民，有这样伟大的民族，有这样的伟大民族精神，是我们的骄傲，是我们坚定中国特色社会主义道路自信、理论自信、制度自信、文化自信的底气，也是我们风雨无阻、高歌行进的根本力量！"②

伟大创造精神、伟大奋斗精神、伟大团结精神和伟大梦想精神包含了丰富的内容，彰显着中华民族多方面的优良品德和经典传统，诸如历史以来，中华民族表现出辛勤劳作、勇于创新、革故鼎新、自强不息、团结一心、共同发展、砥砺前行、不懈追求的人生态度和生命意志，打磨成一种民族传统和行为习惯，内化为中华民族的行为风尚和价值标准，经过岁月和历史持续不断地生成、创新与转化，日渐形成今日中华民族不同于其他民族的精神品格。当然，显而易见的是，中华民族所拥有的这些精神品格在世界其他民族身上也有体现，这些品德具有普世意义，而非中华民族唯一拥有，但可以肯定的是，在中国传统儒、释、道思想、文化的熏陶、作用、熔铸之下，中华民族精神内在的理念、旨归、内涵、个性却显然不同于其他民族。诸如"天行健，君子以自强不息，地势坤，君子以厚德载物"、刚柔相济、天人相通、修身齐家、中庸和谐、民为邦本、仁义至上、经世务实，戒奢以俭等，这些带有东方文化色彩的人格模式共同构建了中华民族不同的民族传统和民族文化。"中华文明以及中华民族多元一体的格局，是境内

---

① 习近平：《在第十二届全国人民代表大会第一次会议上的讲话》，人民出版社 2013 年版，第 2-3 页。

② 习近平：《在第十三届全国人民代表大会第一次会议上的讲话》，人民出版社 2018 年版，第 6 页。

诸民族、地域文化以及宗教传统长期交流、融合的结果。长期的历史，形成了朴实而深刻的爱国主义精神，中华传统中的爱国主义精神，是对大一统国家的爱戴与忠诚，其实质是对漫长历史中形成的中华民族文化传统及其疆域空间的认同与守护意识，由此形成了中华民族强大的凝聚力与民族团结传统。"①中华民族精神根源于中国人民的爱国主义情感。正是国家、国土、国人这面旗帜、这根纽带，让中国人民如此依恋和热爱，才促使中国人民为之奋斗、为之奉献、为之劳作、为之力竭，代代赓续、生生不息。千百年来，爱国主义作为中国人民一种崇高的思想品德，真诚地记录、摹写了中国人民对自己祖国的深厚感情，这份家国情怀经过千百年的凝聚，无数次的激发，最终被整个民族的社会心理所认同，升华为爱国意识，因而它又是一种道德力量，对国家、民族的生存和发展具有不可估量的作用。

中国精神的民族性特征，不仅表现在它特立独行的个性和意味深远的内涵上，还表现在中国精神的特定主体上。很明显，中国精神的主体是中国人民和中华民族，中国精神是中国人民集体意志的状态摹写，是中国人民为实现民族复兴、国家强盛、追求美好生活而自觉地自奋扬鞭、忘我奋斗，以时不我待、只争朝夕的紧迫感，以功成必定有我的使命和担当意识，以敢闯敢先、大胆尝试的斗志和勇气，致力于时代事业和广阔的社会实践，其中所表现出来的行为风尚就是一种集体精神，这种精神既是一种民族共识，"集体无意识"，也是一种民族自我认同和身份标识，是一种不同于其他民族的特性界定。"在世界精神交往中，中国精神具有独特的气质与内容，与中华民族的精神、气质是相一致的。中国精神表现出了与中国人的精神追求历史相一致的特征。在当代和世界格局中，中国精神更具自身的特色。""将中华民族的精神支柱放在当代中国，并不否认世界各地热爱中华文化、认同中华民族的群体与族群的存在，虽然他们在一定程度上也反映了中国精神的侧影，但他们在世界文化交往过程中并不是承载中国精神的主体。"②

马克思主义认为，人是自己思想观念的生产者，并且把意识仅仅看作他们的

---

① 邹诗鹏：《中国精神的历史生成及其时代呈现》，载《光明日报》2012 年 11 月 30 日。
② 梅珍生：《论中国精神及其特质》，载《中原文化研究》2015 年第 1 期。

意识。"而且从他们的现实生活过程中还可以描绘出这一生活过程在意识形态上的反射和反响的发展。""而发展着自己的物质生产和物质交往的人们,在改变自己的这个现实的同时也改变着自己的思维和思维的产物。不是意识决定生活,而是生活决定意识。"①也就是说,中国人民是中国精神的直接生产者、承载者和表现者,中国精神只能是在中国人民实现伟大的中国梦的壮丽历程中迸发出来的一种特有的精神风貌,它不是外力强加到中国人民身上的硬拼乱凑的盲目,也不是中国人民自己虚张声势、无中生有的"自觉",它是伟大的中国人民在民族复兴事业中自然流露出来的一种真情实感和状态摹写。

中国精神的民族性,我们可以简单地理解为中国精神的"中国性"或"中国特性"。"中国特性"对于当代中国民众而言并不陌生。1938年10月,毛泽东同志在中国共产党六届六中全会上做《论新阶段》的政治报告,指出"马克思主义必须和我国的具体特点相结合并通过一定的民族形式才能实现","使马克思主义在中国具体化,使之在其每一表现中带着必须有的中国的特性,即是说,按照中国的特点去应用它,成为全党亟待了解并亟须解决的问题"②。自此开始,特别是在中国实行改革开放政策以来的这40多年时间里,"中国特色""中国特性""中国化""中国性"等词语经常地出现在人们的视野里、听说中。当今时代,以习近平同志为核心的党中央领导集体,提出实现伟大的中国梦,带领中国人民在世界舞台上演绎着"中国故事"和"中国篇章",在中国精神的鼓舞和感召之下,"两个一百年"奋斗目标一定能够实现,其中,中国精神之特有的民族特性和时代特性,以及其自身特有的中国特色之魅力彰显的正是自己的民族性和中国性。

悠久的传统文化培育了中华民族的民族精神,演绎了我们数千年的历史,是中华民族生存、发展的根与魂,是我们民族数千年发展的动力,也是中华民族未来发展的根本和基础。只有在赓续传统文化血脉的基础上开拓创新,进行创造性转换和创新性发展,才能实现中华民族伟大复兴,铸就灿烂辉煌的新时代。

(二)中国精神的"政治性"

与世界上一些国家和民族具有明显宗教性文化特色相比,中国精神具有明显

---

① 《马克思恩格斯选集》第1卷,人民出版社2012年版,第152页。
② 《毛泽东选集》第2卷,人民出版社1991年版,第534页。

的政治性特点，并且她总是与现实政治活动联系在一起，具有明显现实政治生活的印记。中国精神生长于中华民族数千年文明进步的历程中，熔铸为中华民族的性格特质和意志本色，是中华民族之魂，是中华民族生命力、凝聚力和创造力的不竭源泉。实现中国梦，必须在全社会大力弘扬中国精神，从新时代国家的任务和民族的使命视角审视，中国精神已然成为一种国家意志和政治策略，中国精神具有政治性特征。

"中国精神的建构，乃中华民族复兴的自觉要求，也是提升国家文化软实力、建构社会主义核心价值体系，推动文化大发展大繁荣的题中应有之义。"①作为一种国家精神，作为中国人民必须共同拥有的国家至高无上的品质风范，中国精神的生成有其特定的过程，其中内涵的理想信念、时代要求、社会主义核心价值观等不会自然地、自动地在国民头脑中生发出来，需要有一个确立、启蒙、教育、灌输、培育、弘扬、感悟、转化、作用的内化外显过程。这个过程既与时代任务、时代主题、时代形势相配合，也需要与国民知识结构、水平能力、个人修养以及国家政策导向、培育弘扬过程等相符合，经过多次的"感性—理性—感性""实践—认识—再实践"的反复，才能最终在国民头脑中形成共同的国家精神，并能在社会实践中自觉地践行国家精神。这一过程是国家精神从"自在"的状态转化为"自为"状态，从自发转化为自觉，从被动转化为主动的过程。"国家的建构伴随着它的'臣民'具有的一种共同的历史超验建构。通过国家对实践活动规定的背景，国家创立并灌输共同的感知与思想的形式和类别，知觉、知性或记忆的社会框架，心智结构，国家分类形式。它用这种方式来创造习性的某种即时配合的条件，这种配合本身就是对这个构成常识的全部共同明证性的一种共识的基础。"②"公众需要教育、社会需要启蒙。……通过组织、政党、军队、社团，通过革命、战争、社会构建、经济发展、文化繁荣等具体生动的社会改造，而将这种国家精神与民族魂深深地镶嵌于民族大众心灵之中。"③中国精神是一种国家精神，为了完成时代发展任务，中国人民必须自觉践行中国精神，这是一项时代责

---

①　邹诗鹏：《中国精神的历史生成及其时代呈现》，载《光明日报》2012 年 11 月 20 日。

②　[法]皮埃尔·布尔迪厄：《实践理性：关于行为理论》，生活·读书·新知三联书店 2007 年版，第 105 页。

③　谭伟东：《超现代经济学》，清华大学出版社 2007 年版，第 313 页。

任和行动任务。

中国精神的政治性首先表现在为了实现伟大的中国梦，实现民族复兴和全面建成社会主义现代化强国目标，作为中国人，必须振奋民族精神和时代精神，在时代建设中表现出一种精神自觉和政治要求。其次，为了凝心聚力，中国精神是中国人民的一种政治信仰和使命担当。只有中国人民同心同德，有了共同的统一的理想信念追求，才能真正做到步调一致，集合力量。最后中国精神的政治性，本身就是一种先进性的表现，是中国共产党人理论自觉、政治自信的表现。

中国精神是实现中国梦的精神支撑和动力资源。在实现中华民族伟大复兴的征途中，中国精神是被作为一项政治策略和政治任务提到全国人民面前的。中国梦是中华民族的梦，也是每个中国人的梦，它"既深深体现了今天中国人的理想，也深深反映了我们先人们不懈追求进步的光荣传统"；它不仅记录着中华民族从饱受屈辱到赢得独立解放的非凡历史，还承载着为开创中国特色社会主义道路艰辛探索的伟大历程；它凝聚了几代中国人的夙愿，体现了中华民族和中国人民的整体利益，是每一个中华儿女的共同期盼，是广大人民对人类美好生活的向往。"中国梦归根到底是人民的梦，必须紧紧依靠人民来实现。"中国精神作为凝心聚力的兴国之魂、强国之魂，是不断增强中国人民团结一心的精神纽带，是中华民族自强不息的精神动力。

中国人民弘扬中国精神，既是必要的、必需的，也是必然的、自然的；既是政治要求，也是真情实感。从必要性的角度看，中国精神是一种国家精神，它的弘扬和表现，是国家完成时代发展任务、完成宏伟奋斗目标的前提条件和必要条件。"一个民族，一个国家，如果没有自己的精神支柱，就等于没有灵魂，就会失去凝聚力和生命力。"①"伟大的事业需要并将产生崇高的精神，崇高的精神支撑和推动着伟大的事业。"②"任何社会要想发展，都需要有社会精神支柱，要求国家通过精神因素对全社会进行广泛的动员。从一般的国家控制能力角度分析，这是非常必要的，因为这可以提高人们的社会服务意识，减少社会'搭便车'行

---

① 《江泽民文选》第 2 卷，人民出版社 2006 年版，第 230-231 页。
② 《江泽民文选》第 3 卷，人民出版社 2006 年版，第 196 页。

为，降低社会交易成本。"①从必然性的角度看，人的精神最容易受环境现实的感染，崇高的理想、宏伟的目标、坚定的信念、火热的事业，最能催生国民昂扬的斗志和亢奋的精神。透过中国精神的践行和表现，国民从中得到了尊严，找到了自信，形成了一种自然的认同和归属。"思想、观念、意识的生产最初是直接与人们的物质活动，与人们的物质交往，与现实生活的语言交织在一起的。人们的想象、思维、精神交往在这里还是人们物质行动的直接产物，表现在某一民族的政治、法律、道德、宗教，形而上学等的语言中的精神生产也是这样，人们是自己观念、思想等等的生产者。'意识'在任何时候都只能是被意识到了的存在，而人们的存在就是他们的现实生活过程。""而发展着自己的物质生产和物质交往的人们，在改变自己的这个现实的同时也改变着自己的思维和思维的产物。不是意识决定生活，而是生活决定意识。"②

中国精神的政治性要求我们在建设中国特色社会主义的过程中，必须统一思想，统一认识，坚定共产主义的理想信念，从自己做起，从身边做起，从具体的细微的事情做起，带头践行社会主义核心价值观，强化思想政治教育，多渠道、多途径调动广大人民群众的积极性、主动性和创造性，激发人生出彩的热望，焕发劳动热情，释放创造潜能，形成万众一心、众志成城的磅礴力量，实现美好生活的目标。"新中国成立以来，特别是改革开放的伟大实践不仅改变了我国贫穷落后的面貌，也塑造了中国国民的精神面貌和民族性格。马克思主义在中国的传播和发展，不仅使中国取得了革命的胜利，而且塑造了一批理想远大、信念坚定而又注重现实、关注民生的共产党人，正是这批在马克思主义武装下的共产党人成为支撑中华民族发展的脊梁，成为中华民族的中流砥柱，成为积极担当中华民族复兴重大历史使命的中坚力量。"③今天，也正是中国共产党人吹响了实现中国梦的进军号角，美好的明天在向我们招手呼唤，我们没有理由不意气风发，没有理由不自信自强，没有理由不步调一致、没有理由不同心协力、再创辉煌！

---

① 关海庭：《大国转型发展之路——中俄国家控制能力的比较研究》，中国言实出版社1999年版，第258页。

② 《马克思恩格斯选集》第1卷，人民出版社1995年版，第72-73页。

③ 佘双好：《近年来国民心态的新变化》，载《思想政治工作研究》2009年第7期。

## （三）中国精神的"道德性"

中华民族具有重视精神和道德的传统和特征，具有超越性的特色。超越性的精神总是远远高于现实性的精神，所以我们要求在时代前行的过程中，必须不断地"以科学的理论武装人，以正确的舆论引导人，以高尚的精神塑造人，以优秀的作品鼓舞人"。[①] 中国共产党在领导中国革命、建设、改革过程中，培育和形成了许许多多高尚的精神标杆，诸如伟大建党精神、井冈山精神、苏区精神、长征精神、遵义会议精神、延安精神、抗战精神、红岩精神、西柏坡精神；大庆精神、红旗渠精神、"两弹一星"精神、焦裕禄精神、雷锋精神；女排精神、孔繁森精神、抗洪精神、航天精神；劳动精神、劳模精神、工匠精神、伟大抗疫精神、探月精神、脱贫攻坚精神等。解剖这些精神典型，它们的共同特点可以用内涵的先进性和意蕴的深远性进行概括，无疑这些精神是高尚的、伟大的，由此奠定了中国精神的道德力量和规范人们行为方向的价值标准。也正是这些各自时代里的精神标杆，极大地鼓舞了一代又一代人民群众的革命斗志和建设热情，凝聚了全社会各民族同胞的社会力量，振奋了国民的精神，激发了社会的活力，有力地推动了时代的前进和社会的发展。"以高尚的精神塑造人，就是以党的革命优良传统和中华民族的优秀传统教育人民，培育和强化伟大的民族精神和民族性格，从而在全社会形成共同的精神支柱。"面对新时期更加复杂的世界形势，面对光荣而艰巨的民族复兴任务，我们更要强化国民的思想政治教育和理论宣传工作，强化中国精神在全社会的培育和弘扬，以求在全社会形成新的时代精神支柱和时代精神动力源。培育和弘扬中国精神，践行社会主义核心价值观，坚定人民大众的理想信念和浩然正气，在全社会形成共同的认识、共同的声音，全国人民心往一处想，劲往一处使，同心同德，上下合力，是新时期我们国家精神文明建设的根本任务所在。

中国精神的道德性首先表现在中国精神内涵的先进性和中国精神内容的科学性上。中国精神内含了以爱国主义为核心的民族精神和以改革创新为核心的时代精神。中华民族精神是中华民族在五千多年文明发展历程中不断积攒下来的民族

---

① 《江泽民文选》第 1 卷，人民出版社 2006 年版，第 497 页。

优良品格，是中华文明几千年历史积淀的精华体现，是前辈先贤、仁人志士前赴后继、薪火相传的思想观念、价值取向和道德规范；特别是其中内含的爱国精神、重德精神、自强精神、整体精神、和合精神等精神财富，表征了中华民族优良的传统，这些传统经过历史的锤炼已经深深地内化成为一种民族心理、一种民族的思维方式和民族的行为准则。"凡一国之能立于世界，必有其国民独具之特质，上自道德法律，下至风俗习惯文学美术，皆有一种独立之精神。祖父传之，子孙继之，然后群乃结，国乃成。"①以改革创新为核心的时代精神是时代本质特征、时代发展趋势、时代主题、时代任务等在社会心理、群众情绪以及精神文化等方面的体现，时代精神最能反映时代潮流，指引时代方向，引导时代发展，它的代表性和先进性彰显了中国精神的高尚性。

中国的传统文化是中华民族精神的重要载体，也是中国精神内涵的重要组成部分。中华民族在历史上创造了灿烂的传统文化，这些优秀的传统文化正是中华民族突出的优势，也是我们最深厚的文化软实力。"清理古代文化的发展过程，剔除其封建性的糟粕，吸收其民主性的精华，是发展民族新文化提高民族自信心的必要条件。"②中国精神正是以优秀的传统文化为底蕴为根基，充分吸收传统文化中有积极意义和恒久价值的精华部分，诸如那些注重人格和道德修养的伦理精神、人生价值观念等，传承并升华为自己合理的内核。在中华传统文化的孕育和滋养下，中国精神的内涵变得丰富多彩。

中国精神的内容构成中还包含社会主义核心价值体系和社会主义核心价值观。价值标准的高低能够标志一个国家、一个民族的文明程度和文化水平，价值最终体现为客体属性对于主体需要的满足程度，是客体对主体需要的肯定与否定，是对利与害、真与假、善与恶、美与丑等一般关系本质的高度抽象。社会主义的核心价值体系是社会主义意识形态的本质体现，是全党全国各族人民团结奋斗的共同思想基础。社会主义核心价值观是社会主义核心价值体系的内核，体现着社会主义核心价值体系的根本性质和基本特征，反映社会主义核心价值体系的丰富内涵和实践要求，是社会主义核心价值体系的高度凝练和集中表达。"核心

---

① 梁启超：《饮冰室合集·专集之四》，中华书局 1989 年版，第 6-7 页。
② 《毛泽东选集》第 2 卷，人民出版社 1991 年版，第 707 页。

价值观与核心价值体系方向一致，都体现了社会主义意识形态的本质要求，体现了社会主义制度在思想和精神层面的质的规定性，凝结着社会主义先进文化的精髓，是中国特色社会主义道路、理论体系和制度的价值表达，是实现中华民族伟大复兴的中国梦的价值引领。核心价值观与核心价值体系都坚持重在建设，就是要弘扬共同理想、凝聚精神力量、建设道德风尚，都是为了形成全民族奋发向上、团结和睦的精神纽带，使我们的国家、民族、人民在思想和精神上强起来，更好地坚持中国道路、弘扬中国精神、凝聚中国力量。"[1]通过对社会主义核心价值体系的构建和对社会主义核心价值观的践行，能够在全社会最大范围内、最大程度上形成社会共识，成为激发中华民族奋发向上的精神动力。正是依托高尚的中国精神的构建、培育和弘扬，能够在当今中国改革开放进入攻坚期和"深水区"当口，在经济成分多样化、利益关系多样化、就业方式多样化、分配形式多样化、思想观念多样化、道德标准多样化的时代背景下，积聚社会正能量，引导社会潮流的正确发展，使我们沿着正确的轨道继续前行，使社会主义核心价值观成为全社会自觉遵守的道德规范，使社会主义核心价值体系成为人们思想文化的价值标准。

## 三、中国精神的独特贡献

2014 年 3 月，习近平总书记在联合国教科文组织总部发表重要演讲时指出："推动中华文明创造性转化和创新性发展，激活其生命力，把跨越时空、超越国度、富有永恒魅力、具有当代价值的文化精神弘扬起来，让收藏在博物馆里的文物、陈列在广阔大地上的遗产、书写在古籍里的文字都活起来，让中华文明同世界各国人民创造的丰富多彩的文明一道，为人类提供正确的精神指引和强大的精神动力。"[2]历史上，中国的造纸术、火药、印刷术、指南针、天文历法、哲学思想、民本理念等在世界上影响深远，有力推动了人类文明发展进程。中华文化不仅延续着中华民族的精神血脉，塑造了具有独特气度和神韵的中华儿女，而且是

---

[1]　刘云山：《着力培育和践行社会主义核心价值观》，载《求是》2014 年第 1 期。
[2]　《习近平外交演讲集》第 1 卷，中央文献出版社 2022 年版，第 103-104 页。

解决当今全球问题的重要思想资源。

（一）中国精神的时代价值

中国精神是中国梦的内在灵魂，是中国文化软实力的重要显示。构建、培育和弘扬中国精神作用非凡、意义深远。

首先，中国精神的弘扬和主体呈现，将会大大提升并重新振兴中国人民在世界人民面前的整体形象，重新振兴中国文明古国、世界大国的魅力和雄风，让世界人民重新认识中国奋发有为、积极向上的精神态势，重新认识中国人民的团结、合作、和谐的精神。众所周知，近代以前，中华民族文化灿烂辉煌，始终处在世界文明前列。然而，遗憾的是，当西方文明向世界扩张之时，以中国为代表的东方文明却正变得日益保守和落后，当时的中国人民给世界的印象就是愚昧、落后、怯懦、保守，古老的中国积贫积弱，抱残守缺，在近代工业文明面前一败涂地，任人蹂躏，直至国将不国。广大的中国人民群众则日益贫困，饥寒交迫，成为典型的"东亚病夫"。整整一个多世纪，古老的中国遭受着任人宰割的屈辱命运。由此开始，救亡图存，振兴中华成为一代又一代中国先烈不息的念头和不懈的追求，他们挺身而出，舍生取义，不屈不挠地进行斗争，用自己的热血探寻救国救民之路。直到中国共产党的出现和诞生，中国的革命才有了崭新的气息。中国共产党人依靠自己坚定的信念、崇高的人格和献身革命的精神，带领中国人民发扬革命和拼命的精神，严守纪律和自我牺牲的精神，大公无私和先人后己的精神，压倒一切敌人、压倒一切困难的精神，坚持革命乐观主义、排除万难去争取胜利的精神，艰苦卓绝，同仇敌忾，最终众志成城，赢得了中国革命的伟大胜利。今天的中国，在中国共产党的带领之下，经过社会主义建设和改革开放，整个国家面貌焕然一新，古老的中国正意气风发，大步向前，为实现壮丽而且豪迈的中国梦而不懈努力。中国人民在中国精神的感召和直接武装之下，以前所未有的自豪和自信，书写着东方古老民族崭新的篇章。

其次，中国精神是实现中国梦的精神支撑和精神动力。构建、培育和弘扬中国精神，是实现中国梦的前提条件和必要保证，中国精神是中国力量的核心因素。中国梦就是把中国全面建成小康社会、建成富强民主文明和谐美丽的社会主义现代化国家，标志就是国家富强、民族振兴、人民幸福。中国梦不仅是物质之梦，也是精神之梦，其中就蕴含了物质丰富与精神提升双重含义。实现中国梦有三个关键路径，其一就是必须坚定不移地走中国特色社会主义道路，这是实现中国梦的最佳途径，它直接关系着中国的前途和命运。实践已经充分证明，只有社会主义才能救中国，只有中国特色社会主义才能发展中国，才能繁荣中国，才能振兴中国。其二就是必须大力弘扬中国精神。中国精神是实现中国梦的内在灵魂。只有中国精神，才能凝聚全国之力，团结全国之心，才能让全国人民在中国梦旗帜的召集之下，发扬改革创新精神，冲破各种思想羁绊和观念枷锁，破解各种改革和发展难题，不断开辟中国特色社会主义新局面，使中国梦梦想成真。其三，必须凝聚中国力量，中国力量是实现中国梦的动力源泉。中国梦是中华民族之梦，是每个中国人的梦，只有依靠全体中国人民的整体力量，只有全体中国人民万众一心、同心同德、齐心协力，才能无往不胜，无坚不摧，最终好梦成真。

最后，中国精神的弘扬和横空出世，在更新中国气象的同时，必将引起世界瞩目，成为世界潮流铿锵有力的引领者。在实现中国梦的非凡历程中，"中国道路实际上示范了一种人类新的发展模式，一种基于自身传统积淀、借势于并反思西式现代性模式，进而开启人类可观未来的发展模式，中国精神正是这一富于生机与前景的发展模式的体现。假以时日，中国道路与中国精神当在全球现代性重建中形成更大的作为及贡献"①。当今时代，科技高度发达，地球已经真正"缩小"成为一个村落，发生在世界任何角落里的声音、图像、事件，都能够即时地传播到地球的每一个地方。通信的先进，交通的便利，网络的畅通，早已把世界联络成了一个偌大的平台，国与国之间、人与人之间相互交流，相互影响，相互学习，相互鉴戒，可以想见，刚柔相济、自强不息、厚德载物、应时守势、中庸和谐的中国精神将会得到世界上越来越多的国家和人民的赞扬和肯定，自愿学习和接受中国精神内涵的经世之道及其他宝贵的精神财富。

## （二）中国精神的世界意义

当今世界动荡不安，问题不断，威胁着整个人类的安全、生存和发展，在文明交流、思想交锋、观念碰撞的 21 世纪，用中国文化、中国精神、中国价值牢

---

① 邹诗鹏：《中国精神的历史生成及其时代呈现》，载《光明日报》2012 年 11 月 20 日。

牢站稳脚跟，讲好中国故事，提升文化软实力，引领时代潮流，为世界未来发展方向提供中国方案，贡献中国智慧，各国人民也只有同心协力，构建人类命运共同体，才能建设持久和平、普遍安全、共同繁荣、开放包容、清洁美丽的世界。

　　文化是文明的外在形式，文明是文化的内在价值。在精神文明建设的过程中，文化是人民的精神家园，首当其冲成为文明建设的重要内容。联合国教科文组织提出："发展最终应以文化概念来定义，文化的繁荣是发展的最高目标。"今天的世界舞台上，国与国之间文化软实力之较量已成彼此综合国力比较的重要衡量指标和影响因素。对于文化建设，近代启蒙思想家梁启超提出："独故塞，塞故愚，愚故弱；群故通，通故智，智故强。"[1]主张拿西洋文明来扩充中国文明，又拿中国文明去补充西洋文明。道理很简单，东西文明各有所长，应相互学习，取长补短，"东方的学问，以精神为出发点；西方的学问，以物质为出发点"。[2]只有通过彼此"化合"，才能再造人类新的文明。

　　毫无疑问，中国精神的建构和生成，离不开世界文明的滋养。中国的进步和发展离不开世界的配合和支持，充分认识世界，了解世界，善于学习和吸收世界先进文明成果，拥有世界发展战略眼光，成为当代中国先进分子必须具备的基本素质。特别是中国作为一个最大的发展中国家，要赶超世界先进水平，缩短与发达国家的整体差距，就更需学习和借鉴西方国家有关国家精神建构等方面的优秀经验，以便更好地建构现代性并应对现代性问题，从而对人类文明的当代重建作出更大的贡献。《中共中央关于加强和改进新形势下党的建设若干重大问题的决定》深刻指出：全球思想文化交流交融交锋呈现新特点，发达国家在经济、科技等方面仍占优势，综合国力竞争和各种力量较量更趋激烈，不稳定不确定因素增多，给我国发展带来新的机遇和挑战。不断学习、善于学习，努力掌握和运用一切科学的新思想、新知识、新经验，是党始终走在时代前列引领中国发展进步的决定性因素。必须按照科学理论武装、具有世界眼光、善于把握规律、富有创新精神的要求，把建设马克思主义学习型政党作为重大而紧迫的战略任务抓紧抓好。

---

　　①　梁启超：《饮冰室文集之一》，中华书局 1989 年版，第 31 页。
　　②　梁启超：《饮冰室文集之四十》，中华书局 1989 年版，第 12 页。

世界文明对中国传统文化、对中华民族精神的影响，除了早期佛教的影响之外，最主要的都集中在近代之后，伴随着一次又一次的"西学东渐"，西方文化对中国的影响，或直接，或间接，几乎是全方位的、多层次的。近代以来，影响较大、范围较广、层次较深的有两次，一次是鸦片战争之后，西方通过传教的方式向中国人民灌输了西方的宗教、哲学、经济、政治思想，开启了一代爱国青年和有识之士传播西方民主科学的中国思想启蒙运动；另一次是在中国实行改革开放政策以后，大量的西方文化涌入中国，不断地改变着中国人民的生活方式。直至今日，由于经济全球化的迅猛发展，由于电信、网络的快速便捷，越来越多的西方文化还在不断地渗透到中国人民大众的思想观念之中。

海纳百川，有容乃大。作为世界历史上唯一没有间断并保持旺盛生命力的中华文明体系，中华文明始终保持着极大的包容性。包容性作为一种价值信仰和道德规范，它的制胜之道正是融合了坚守与吸收、继承与创新、自由竞争与普遍得利的辩证关系。在建构、培育和弘扬中国精神过程中，我们在坚持社会主义方向的前提下，既要坚持以继承和弘扬民族优秀传统文化为基础，又要以吸收世界的优秀文化成果为补充进行综合创新。

蔡元培在其《东西文化结合》一文中指出："至于西方文化，固然用希伯来的基督教希腊、罗马的文化为中坚，但文艺中兴时代，受阿拉伯与中国的影响，已经不少。到近代，几个著名的思想家，几乎没有不受东方哲学的影响的。如Schopenhauer（叔本华）的厌世哲学，是采用印度哲学的。Nietzsche（尼采）的道德论，是采用阿拉伯古学的。Tolstoy（托尔斯泰）的无抵抗主义，是采用老子哲学的。"[1]文化交流是双向互动的，然而遗憾的是，16世纪以前，西方各国却并不了解中国，只是到了16世纪中叶之后，伴随着西方传教士的陆续到来，通过这些传教士的从中引介，才有了西方对中国的逐步了解。"中国至高无上的伦理品质中的一些东西，现代世界极为需要，这些品质中我认为和气是第一位的。"[2]中国拥有灿烂的文化、悠久的文明，它以自己独特的个性和恒久的魅力极大地丰富和

① 金元浦、谭好哲、陆兴明：《中国文化概论》，首都师范大学出版社1999年版，第709页。

② ［英］罗素著，秦悦译：《中国问题》，学林出版社2012年版，第167页。

繁荣了世界文明。"紧紧围绕中华传统文化和社会主义核心价值观，针对'信息需求'阐述'中国价值'，构建中国话语体系。目前，我国正在进行对外话语体系的创新，无论是对当代国际关系建构的总体看法，还是对国际金融、资源环境、世界文化发展等具体问题，都开始发出中国声音。例如，习近平等党和国家领导人在各种场合的发言和演讲中，运用'大同世界'阐释全球观、'和而不同'阐释和谐观、'以人为本'表达政策观，这些具有'中国色彩'的表述为中国媒体的话语创新提供了范本。"①对人类而言，要积极构建人类命运共同体，坚守全人类的共同价值。当今世界，人类面临许多共同挑战，没有任何国家能独善其身，构建普遍共识的人类共同价值至为关键。中国秉持多元平等包容的人类文明价值观，积极为世界谋大同，以文明交流超越文明隔阂、以文明互鉴超越文明冲突、以文明共存超越文明优越。这集中体现了人类命运共同体的精神内涵，是名副其实的中国方案。

---

① 孟威：《构建全球视野下中国话语体系》，载光明网，2014年9月25日。

# 第四章　中国精神之结构

中国精神由中华民族在长期的求生存、图发展、谋振兴的过程中孕育而成。它根植于中国古老的文明，是中华民族和中华文明绵延不绝的精神源泉；它见证了中华民族自近代以来灾难深重的历史，是支撑中华民族涅槃重生的不屈灵魂；它发力于中华民族自改革开放以来建设现代化国家的历程，是实现中华民族伟大复兴的兴国之魂和强国之魄。中国精神囊括以爱国主义为核心的民族精神和以改革创新为核心的时代精神，是中国文化软实力的重要显示，是中国道路、中国模式的精神内涵和集中体现，体现着社会主义核心价值观的内在要求，代表着中国各民族的价值追求和精神风貌，中国精神有其内在的结构关系。

## 一、精神结构分析的理论基础与维度

中国精神作为体现中国社会历史和现实的客观精神面貌和主观状态的社会意识，存在着内在的结构关系。这种内在的结构及其每一方面的构成都有一定的基础，并且随着社会和时代的发展而变化。中国精神既有它自己的独特性，也有人类精神发展的共性。因此，分析中国精神的构成，进而弘扬中国精神，首先要了解精神构成的一般分析维度。

### (一)精神结构分析的理论基础

马克思在《〈政治经济学批判〉序言》中，从生产力与生产关系、经济基础与上层建筑的辩证关系，经典地阐述了社会结构的基本面貌，从而也阐述了社会意识结构的基本理论。这为我们发现精神的构成和结构提供了方法论指导。

马克思指出："人们在自己生活的社会生产中发生一定的、必然的、不以他们的意志为转移的关系，即同他们的物质生产力的一定发展阶段相适合的生产关系。这些生产关系的总和构成社会的经济结构，即有法律的和政治的上层建筑竖立其上并有一定的社会意识形态与之相适应的现实基础。物质生活的生产方式制约着整个社会生活、政治生活、精神生活的过程。不是人们的意识决定人们的存在，相反，是人们的社会存在决定人们的意识。社会的物质生产力发展到一定阶段，便同它们一直在其中运动的现存生产关系或财产关系……发生矛盾。于是这些关系便由生产力的发展形式变成生产力的桎梏。那时社会革命的时代就到来了。随着经济基础的变更，全部庞大的上层建筑也或慢或快地发生变革。在考察这些变革时，必须时刻把下面两者区别开来：一种是生产的经济条件方面所发生的物质的、可以用自然科学的精确性指明的变革，一种是人们借以意识到这个冲突并力求把它克服的那些法律的、政治的、宗教的、艺术的或哲学的，简言之，意识形态的形式。我们判断一个人不能以他对自己的看法为根据，同样，我们判断这样一个变革时代也不能以它的意识为根据；相反，这个意识必须从物质生活的矛盾中，从社会生产力和生产关系的现存冲突中去解释。无论哪一个社会形态，在它所能容纳的全部生产力发挥出来以前，是决不会灭亡的；而新的更高的生产关系，在它的物质存在条件在旧社会的胎胞里成熟以前，是决不会出现的。所以人类始终只提出自己能够解决的任务，因为只要仔细考察就可以发现，任务本身，只有在解决它的物质条件已经存在或者至少是在生成过程中的时候，才会产生。大体说来，亚细亚的、古希腊罗马的、封建的和现代资产阶级的生产方式可以看作是经济的社会形态演进的几个时代。资产阶级的生产关系是社会生产过程的最后一个对抗形式，这里所说的对抗，不是指个人的对抗，而是指从个人的社会生活条件中生长出来的对抗；但是，在资产阶级社会的胎胞里发展的生产力，同时又创造着解决这种对抗的物质条件。因此，人类社会的史前时期就以这种社会形态而告终。"①这一经典概述，对于分析精神的结构具有多方面的意义。

---

① 《马克思恩格斯文集》第 2 卷，人民出版社 2009 年版，第 591-592 页。

第一，必须把对精神及其结构的考察，建立在社会物质关系之上，即一定的生产力决定一定的生产关系，生产关系的总和构成一定社会的经济基础，在经济基础之上竖立着法律的、政治的和意识形态的上层建筑。"人们首先必须吃、喝、住、穿，然后才能从事政治、科学、艺术、宗教等等；所以，直接的物质的生活资料的生产，从而一个民族或一个时代的一定的经济发展阶段，便构成基础，人们的国家设施、法的观点、艺术以至宗教观念，就是从这个基础上发展起来的"[①]，这就为精神结构的分析奠定了可靠的基础。第二，必须从物质关系的演变过程中考察精神结构的变化。人们的意识取决于人们的存在而不是相反，"随着经济基础的变更，全部庞大的上层建筑也或慢或快地发生变革"[②]。这就为把握精神结构演变的分析提供了清晰的脉络。第三，意识形态总是一定社会的阶级的意识，为一定的经济基础服务，因此分析精神结构必须把握一定社会历史条件下占主导地位的社会意识的性质。经济基础的变更和上层建筑变革，存在着两种形式，一种是经济条件方面所发生的物质的变革，另一种是"法律的、政治的、宗教的、艺术的或哲学的，简言之，意识形态的形式"的变革，"意识必须从物质生活的矛盾中，从社会生产力和生产关系的现存冲突中去解释"。这就要在把握意识变革的经济关系性质的基础上，分析精神结构变化性质。"亚细亚的、古希腊罗马的、封建的和现代资产阶级的生产方式可以看作经济的社会形态演进的几个时代。"[③]与这个社会经济形态演进相一致的，也必然是社会精神及其结构的演进。分析精神演进及其结构变化，应当以马克思主义历史唯物主义的方法论为指导。

### (二)精神结构分析的层序维度

现实生活的生产和再生产是人类历史发展的决定性因素。人类活动无非是物质活动和精神活动，或者叫物质生产和精神生产。马克思指出，不是人们的意识决定人们的存在，相反，是人们的社会存在决定人们的意识。同样的，不是精神生产决定物质生产，恰恰相反，是社会的物质生产决定精神生产。因此，分析精

---

① 《马克思恩格斯文集》第3卷，人民出版社2009年版，第601页。
② 《列宁选集》第2卷，人民出版社2012年版，第424页。
③ 《列宁选集》第2卷，人民出版社2012年版，第424页。

神的构成和结构，也只能从物质生产决定精神生产、物质活动决定精神活动这一前提出发。作为文化的内核，社会意识和社会精神是人类社会活动观念形式的凝聚。人类的实践活动包括处理人与自然关系的活动，以及处理人与社会关系的活动，两类活动构成了人类活动的基础，也成为区分精神类型和分析精神构成的基础维度。

从人与自然的关系实践活动来说，人类在这一活动中形成了系统的自然科学理论知识系统，贯穿其中的就是科学精神。科学精神，是求真求实的精神。求真即是追求真理。牛顿（Newton）的力学定律、开普勒（Kepler）的天体定律、麦克斯韦（Maxwell）的电磁论和爱因斯坦（Einstein）的相对论，都是追求真理的结果。求实是追求实在，即用科学的实验去证明科学研究的过程的假设（Hypothesis），用长期的观察或精密的实验判断假设的正确与否。这种科学精神既体现在追求和洞察宇宙奥秘的探索过程中，诚如马克思所说，"在科学上没有平坦的大道，只有不畏劳苦沿着陡峭山路攀登的人，才有希望达到光辉的顶点"。[①] 也体现在科学的成就使人相信真理的力量，造福于人类，如培根指出，科学的真正的与合理的目的在于造福于人类生活，用新的发明和财富丰富人类生活，把新的发现和新的力量惠赠给人类生活，赋予人类奔向自由王国的理想。同时，科学精神还体现为人类个体意志的升华，如独立个性和独立思考的精神、坚毅勇敢的精神和科学创新的勇气。华罗庚指出，独立思考能力，对于从事科学研究或其他任何工作，都是十分必要的，历史上任何科学上的重大发明创造，都是由于发明者充分发挥了这种独创精神；爱因斯坦则说，科学的不朽荣誉在于它通过对人类心灵的作用，克服了人们在自己面前和在自然界面前的不安全感；科学家朱兆良也认为，科学研究是探索未知，科研人员既要有严肃、严密和严格的学风，又要有敢想、敢干和敢闯的精神，二者不可缺一。人类在人与自然关系实践活动中形成的科学精神，迄今以至将来仍然是人类精神发展的原动力。

从人与社会关系的实践活动来说，一方面，人类在把科学知识运用于人类、造福于人类的过程中，反思科学技术创造发明的社会价值，另一方面，在处理人与人、人与社会关系的活动中，协调人类的共同的整体的利益。这两个方面形成

---

① 《马克思恩格斯文集》第 5 卷，人民出版社 2009 年版，第 24 页。

了系统的人文科学和社会科学知识，贯穿其中的就是人文精神。相对于科学精神而言，人文精神尊重人的价值，注重人的精神生活，它是一种普遍的人类自我关怀，表现为对人的尊严、价值、命运的维护、追求和关切，对人类遗留下来的各种精神文化现象的高度珍视，对一种全面发展的理想人格的肯定和塑造。人文精神的目标是追求善和美，其核心是以人为本。在中国古代，"文明为上，人文也。观乎天文，以察时变，观乎人文，以化成天下"。"用文明手段教化"，即所谓"人文"，在孔子那里，就是"六艺"（礼、乐、射、御、书、数）。这"六艺"中，有些是技术性、知识性的，有些则是思想性、观点性的。那些思想性的、观点性的就是"人文精神"，其核心内容表现为时易通变的辩证思维方式、天人合一的和谐平衡思想。在欧洲，14—16世纪以意大利为中心，后逐渐扩展到整个欧洲的文艺复兴运动，主张以"一切为了人代替一切为了神"，提倡"人性"反对"神性"，提倡"人权"反对"神权"；主张把人们的目光从神转向人，从"天堂"转向尘世；提出个性解放，反对宗教桎梏，反对禁欲主义，延至今日，形成了高扬人文精神的传统。以至于马克思在总结自己"政治经济学研究成果"的时候，也以这种精神捍卫无产阶级的利益。马克思指出他的政治经济学研究，"我的见解，不管人们对它怎样评论，不管它多么不合乎统治阶级的自私的偏见，却是多年诚实研究的结果。"[①]

科学精神和人文精神，尽管某种程度上存在着统一性和共振性，它们却是人类物质生产和精神生产发展的结果，但就物质生产决定精神生产这一精神发生学的本源意义而言，毫无疑问，它构成了精神结构分析的层序维度。

（三）精神结构分析的时序维度

人类物质生产是一个不断发展的动态过程。与此相适应，精神生产也是一个动态的过程。随着物质生产的发展和演变，精神生产也或快或慢地随之发生变化。历史是现实的沉淀，现实是历史的延伸。人类精神也在这一演化过程中形成时序演化的系列。因循这一演化，我们可以对精神结构作出符合时序规律的分析。

---

① 《马克思恩格斯文集》第2卷，人民出版社2009年版，第594页。

每一个民族由于历史上的物质生产条件及其发展水平不同，由此产生的文化和蕴含在文化中的精神也有差异性。同时，也由于各民族的相互交往，不同的文化之交流和互鉴，形成世界上各种民族文化交相辉映、民族精神激荡鉴赏的壮观景象。因此，历史地分析文化精神结构的顺序演化，既要有世界眼光，又要有民族情怀，要在历史时序的变化中把握民族精神的传统与现实。我们以中华文明和中国精神来说明这一点。

中华民族具有五千多年绵延不断的历史。悠久的历史文化，积淀着中华民族最深层的精神追求，代表着中华民族独特的精神标志。从历史的演进看，发端于"土地王有、集体生产的农村公社——领主经济的土壤中养育出殷商西周神权至上的官学文化"，兴盛于"土地地主——自耕农所有、个体生产的小农经济土壤中"，培植起来的"以人文为研习重点的私学文化，两汉以后又定型为以儒学为正宗、兼纳百家、融通佛道的帝国文化"，一直延续到清中叶。① 期间虽面对足以改朝换代的异域军事力量的侵袭，也曾受到过同样高水平的佛学观念文化的传入影响，但中华文化的主体地位并未真正动摇过。然而，随着近世西方工业文明的发展，尤其是用工业文明武装起来的殖民者用大炮、鸦片和商品，冲破中国自古与外部世界隔绝的壁垒，中华文化面临"数千年未有之变局"的冲击。周虽旧邦，其命维新。康有为、谭嗣同、严复等维新派虽然对近代文化启蒙产生了深刻而久远的影响，但终究难以跨越顽固守旧势力的藩篱。中华文化氤氲的人文传统、伦理中心、爱国统一、尊君重民、中庸协和、延绵韧性的传统何去何从？孙中山认为，"持中国近代之文明以比欧美，在物质方面不逮固甚远，其在心性方面，虽不如彼者亦多，而能与彼颉颃者正不少，即胜彼者，亦间有之"。尤其是"修身、齐家、治国、平天下""这样的精微开展的理论，无论外国什么政治哲学家都没有见到，都没有说出，这就是我们政治哲学的知识中独有的宝贝"②"我们这个民族有数千年的历史，有它的特点，有它的许多珍贵品"，"从孔夫子到孙中山，我们应当给以总结，承继这一份珍贵的遗产"③。这份"珍贵的遗产"的核

---

① 冯天瑜：《中国文化史纲》，北京语言学院出版社1994年版，第6页。
② 转引自冯天瑜：《中国文化史纲》，北京语言学院出版社1994年版，第173页。
③ 《毛泽东选集》第2卷，人民出版社1991年版，第534页。

心就是中华文化中的民族精神，我们的传统文化的精髓。

近代以来，特别是五四运动以来，杰出的中华儿女为维护国家统一和民族独立，争取人民解放，继承并发扬了中华民族"天下兴亡，匹夫有责""苟利国家生死以，岂因祸福避趋之"的民族文化传统，谱写了民族文化和民族精神振兴的壮丽诗篇。中国共产党诞生后，领导人民对外抗击日本侵略者，对内反对国民党反动派的统治，在艰苦卓绝的斗争中，把马克思主义与中国革命实际相结合，形成了具有无产阶级和社会主义性质的井冈山精神、长征精神、延安精神和西柏坡精神等革命精神。中国革命精神是民族精神的创造性转化，是传统民族精神与时代结合的创造性产物。它既具有中华民族精神的文化基因，又融入现时代的文明元素，是中华民族精神走向未来的基石。

马克思恩格斯指出，"资产阶级，由于一切生产工具的迅速改进，由于交通的极其便利，把一切民族甚至最野蛮的民族都卷到文明中来了"①，"它迫使一切民族——如果它们不想灭亡的话——采用资产阶级的生产方式"，"它使未开化和半开化的国家从属于文明的国家，使农村的民族从属于资产阶级的民族，使东方从属于西方"②。资产阶级在按照自己的面貌创造了一个资产阶级的世界、资产阶级的文明的同时，也把中华民族卷入由农业文明转变到工业文明的进程。"当人民推翻了帝国主义、封建主义和官僚资本主义的统治之后，中国要向哪里去？向资本主义，还是社会主义？……事实已经回答了这个问题：只有社会主义能够救中国。"③中国，这个文明古国，在中国共产党的领导下，以改革开放的状态和前所未有的气势阔步迈进世界文明的中心。伟大的时代需要伟大的时代精神，也催生伟大的时代精神。四十多年来波澜壮阔的改革开放实践，为锻造当代中国的时代精神奠定了坚实的基础。改革开放的历史，是解放思想的历史。真理标准的大讨论，破除"两个凡是"的思想禁锢；走适合自己实际的社会主义道路，破除对社会主义模式的僵化观念；从社会主义初级阶段实际出发建设中国特色社会主义，破除超越阶段的发展观念；"发展是硬道理"和"三个有利于"的标准，

---

① 《马克思恩格斯文集》第 2 卷，人民出版社 2009 年版，第 35 页。
② 《马克思恩格斯文集》第 2 卷，人民出版社 2009 年版，第 35-36 页。
③ 《毛泽东文集》第 7 卷，人民出版社 1999 年版，第 214 页。

破除离开生产力发展状况抽象谈论社会主义的思想；根据中国的国情和实践创造性地运用和发展了马克思主义理论，破除对马克思主义的教条式的理解和附加到马克思主义名下的错误观点。思想的解放是民族精神复兴的前奏，时代精神喷薄的始端。建设中国特色社会主义的伟大实践，铸造了我们时代精神的灵魂。改革开放四十多年来波澜壮阔的伟大实践，是当代中国时代精神的现实基础和依据。

中华文明经历了五千多年的历史变迁，但始终一脉相承，为中华民族生生不息、发展壮大提供了丰厚滋养。从传统的民族精神，到风雨如晦年代的革命精神，再到改革开放新时期的时代精神，跨越时空、超越历史、魅力无穷，既继承传统文化又兼具当代价值，既立足本国又面向世界，展现了中华民族精神时序结构的绚丽篇章。

## 二、中国精神的内在结构

遵循历史唯物主义的方法论和精神结构分析的基本维度，透视中国文化、文明发展的历时态和共时态图景，超越时空的民族精神和跨越寰宇的时代精神成为中国精神最基本的构成。

### （一）超越时空的民族精神

中国是世界四大文明古国之一，中华文明也是世界历史上唯一发展至今一脉相承的文明。中国在历史上之所以没有发生大的文明断裂，并能持续不断地衰而复振，始终充满着旧邦新命的价值特质，恐怕还得归功于自成一体、源远流长的传统价值观念。中国传统的价值观凝聚着古人的胸襟和智慧，汇聚了中国人对个人、自然和社会的深刻认知和丰富感受，积淀了中国人最深层的精神追求和行为准则，包含着中国人最根本的精神基因，更打上了中国人独一无二的精神标志，在五千多年绵延不断的历史中不断地沉淀、内化，已深入每个中国人的血液之中，成为陶铸中国人性情、锻造中国人品格、培育中国人精神的动力源泉和理念基石。

中国传统价值观滥觞于远古，其后历经春秋战国时诸子百家的争鸣，两汉时儒家的独统，宋明时的重振，沿袭至今。在不断丰富和提升的整个中国传统的价值观念体系中，有些核心价值理念一以贯之，如贵和持中、重德仁爱、自强不息等，为中华民族生生不息、发展壮大提供了丰厚的精神滋养，构成中国精神的最基本底色。

贵和持中，是中国人一贯推崇的价值观念。所谓"贵和"，是指中国传统价值观始终崇尚和谐、追求和平、希望和睦相处和宽容并包。这里的"和"是中国传统文化的精髓和首要的价值取向。中国传统的价值观承认事物之间的差异性和多样性，《国语·郑语》中说"和实生物，同则不继"，意思是说世上万物如果完全相同的话，就没有继承、没有生长了。在面对这些差异性和多样性的时候，儒家、道家等都主张"和"，孔子在《论语》中更明言"和为贵"，提倡相互宽容、相互容忍，共同建构充满和谐的世界。"和"用来处理人与自然的关系，就要求人与自然的和谐，所以儒家认为人应该敬天礼地，道家认为"人法地，地法天，天法道，道法自然"①；"和"用来处理自我与他者的关系，就要求尊重多样性的多元共存，不把他者放在自我的对立面上，而是与他者和谐并存；"和"用来处理国与国的关系，就要求安土重迁，爱好和平，正如《尚书》中所推崇的"协和万邦"。所谓"持中"，是指秉持中性的、中道的、中庸的智慧，做任何事情都不要走极端，防止过犹不及。这里的"中"是灾难深重的中华民族的重要生存智慧，也是中国传统价值观当中非常重要的一个价值取向。中国人心目中的"中"，不完全是一个地理性的概念，更多的是一种文化品质，代表了中国人为人处世的一种生活态度，就如孔子在《论语·雍也》中所言，"中庸之为德也，其至矣乎!"中庸在中国人心目中是值得称道的道德品质，是做人非常重要的前提。"持中"提醒中国人不要以一种偏执的情绪去和别人打交道，更不能以一种两极对立、非此即彼的极端化的心态去做事，而应该追求中庸、中道、中和的人生，这是社会道德观中非常重要的价值取向，也是人与人、人与社会之间真正的相处之道。

重德仁爱，也是中国人十分崇尚的价值观念。所谓"重德"，是指中国传统价值观历来注重对精神世界的关注和思考，注重个人道德的完善，并视之为社会

---

① 《道德经·道经》第二十五章。

进步的力量。这里的"德"主要是指以儒家为代表的道德文化传统，是中国人持之以恒不懈追求的价值目标。"重德"从个人层面来看，就要求中国人尊重被赋予"天理"意义的儒家伦理道德，注重主体自身的精神修养和思想境界的提升，追求个体自觉意识的觉醒和改造，力求道德上的自我完善，以"人皆可以为尧舜"①作为个人价值成长的目标；"重德"从社会层面来看，就要求中国人不过分关注自身实然境遇，将道德成长的最终落脚点放置于群体主义之中，并由此延伸出中国人的群体主义伦理道德规范"仁、义、礼、智、信、勇"等，最终成为中国人共享的核心价值观，达到提升社会精神动能的目的。所谓"仁爱"，是指中国人历来推崇关心爱护他人，并以此作为处理人伦关系的价值判断标准。这里的"仁爱"思想源于儒家"仁者爱人"②的主张。中国传统的价值观从"天人合一"的宇宙精神出发，在人伦关系上讲求和谐有序的互动，就要求中国人"君子以厚德载物"③，当以仁爱之心包容万物，以仁爱之心适用于他人，进而将这一精神实质贯穿于社会关系的各个方面，实践"爱无差等"④的大爱之义，从而构成中国人价值观念的内在根基。

自强不息，更是中国人代代相传的价值观念。所谓"自强不息"，是指一个人要想变得强大，必须坚持再坚持，不管身处任何逆境也不放弃努力，要通过自身持之以恒的努力和付出，最终成就一个强大的自己，一个民族、一个国家也是如此。这里的"自强不息"映射出中国人在如何做事这个问题上的传统价值观念，传达出中国传统文化的基本理念。众所周知，中华民族是一个十分吃苦耐劳、坚韧勤劳的民族。中国人以勤劳为本色，主张通过勤奋劳作、苦干实干来达成美好的生活，这实际上反映的就是一种崇尚通过自身的努力来不断向上的价值观。中国人不仅仅会埋头干活，内圣外王的抱负和经世致用的思想时时激发着中国人勇于实践的奋斗精神。从《周易》"天行健，君子以自强不息"起，中国人就赋予了理想的人格形象"君子"一个极为可贵的品格，这就是刚健自强的奋斗精神；孟子则将这种不屈不挠、坚强奋斗的精神称为"浩然之气"，"其为气也，至大至

---

① 《孟子·告子下》。
② 《孟子·离娄下》。
③ 《周易》。
④ 《孟子·滕文公上》。

刚，以直养而无害，则塞于天地之间。其为气也，配义与道。无是，馁也"①。浩然之气的养成能使人"富贵不能淫，贫贱不能移，威武不能屈"②，能够做到在艰难困苦和各种诱惑面前一往无前，毫不退缩；其后屈原秉承的"路漫漫其修远兮，吾将上下而求索"③的坚定信念和诸葛亮"鞠躬尽瘁，死而后已"④的高风亮节都是对自强不息的精神和气概的生动诠释。"自强不息"的价值观赋予了中华民族艰苦奋斗的优良品质，扎扎实实地构成了中国传统价值观的内在一角。

以爱国主义为核心的民族精神构成中国精神的民族特质，使中国精神具有明确的民族指向和奋斗目标。五千多年的发展，中华民族始终屹立于世界民族之林，即使是在近代以来饱受侵略、欺凌和挫折，依然涅槃重生、重铸辉煌，一个根本原因就是形成了以爱国主义为核心的团结统一、爱好和平、勤劳勇敢、自强不息的伟大民族精神。爱国主义是核心，团结统一是纽带，爱好和平是本色，勤劳勇敢是品质，自强不息是精华，它们相辅相成，共同服务于爱国兴邦这一主题。这样的民族精神已经深深地融入了中华民族的民族意识、品格和气质之中，成为全国各族人民维系民族认同感、坚持共同的价值取向、产生民族巨大凝聚力和向心力的关键。鲁迅有过一句名言，"唯有民魂是值得宝贵的，唯有他发扬起来，中国才有真进步"。⑤ 这宝贵的民魂已经深深镌刻进中国精神之内在，为中国精神赋予了鲜明的中华民族特色。

### (二)跨越寰宇的时代精神

建设中国特色社会主义的伟大实践，铸造了我们时代的精神之魂。解放思想、实事求是、与时俱进的精神，以人为本、尊重科学、崇尚和谐的观念，诚实守信、团结友爱、互助奉献的风尚，民主法治、自由平等、公平正义的理念，效率、竞争、开放的意识，反映了当代中国人民紧跟时代、振兴中华的精神风貌的主流，体现了时代精神的丰富内涵。

---

① 《孟子·公孙丑上》。
② 《孟子·滕文公下》。
③ 《离骚》。
④ 《后出师表》。
⑤ 鲁迅：《华盖集续编》，载自《鲁迅全集》(第 3 卷)，花城出版社 2021 年版，第 109-111 页。

解放思想、实事求是、与时俱进的精神。实践无止境，改革也无止境，创新更没有止境。创新就要不断解放思想、实事求是、与时俱进。解放思想是改革开放的思想前提，实事求是是改革开放的实践基础，与时俱进是改革开放的必然归宿。没有解放思想，就没有改革开放；没有实事求是，就没有科学的改革开放；没有与时俱进，就没有永无止境的改革开放。解放思想、实事求是、与时俱进的精神，就是敢"闯"敢"冒"、知难而进、锐意进取的精神。我国发展中不平衡、不协调、不可持续的突出矛盾，制约科学发展的体制机制障碍躲不过、绕不开。"没有一点闯的精神，没有一点'冒'的精神，没有一股气呀、劲呀，就走不出一条好路，走不出一条新路，就干不出新的事业"①。因循守旧、封闭保守、循规蹈矩，只会积累矛盾，丧失机遇；精神懈怠、贪图安逸、自满松懈，不仅丧失发展机遇，而且会使已有的发展成果丧失殆尽；敢"闯"敢"冒"、知难而进、锐意进取，才能勇立潮头，突破陈规，推陈出新。解放思想、实事求是、与时俱进，才能适应实践的发展，自觉地把思想认识从那些不合时宜的观念、做法和体制的束缚中解放出来，从对马克思主义错误的和教条式的理解中解放出来，从主观主义和形而上学的桎梏中解放出来。

以人为本、尊重科学、崇尚和谐的观念。人民群众是社会历史的主体，是历史的创造者。全心全意为人民服务是中国共产党的根本宗旨。以人为本，就是坚持人民群众创造历史的主体地位，坚持人民群众在中国特色社会主义事业中的主体地位，尊重劳动、尊重知识、尊重人才、尊重创造，发挥人民首创精神；就是始终把实现好、维护好、发展好最广大人民的根本利益作为党和国家一切工作的出发点和落脚点，切实解决广大人民群众最关心、最直接、最现实的利益，保障人民各项权益，走共同富裕道路，促进人的全面发展，做到发展为了人民、发展依靠人民、发展成果由人民共享。以人为本，关心人民群众的利益，促进人的自由全面发展，必须尊重科学。科学是历史的有力的杠杆，是最高意义上的革命力量。尊重科学，才能促进发展，才能科学发展。科学发展，核心是创新。科技是人类智慧的伟大结晶，创新是文明进步的不竭动力。尊重科学，促进发展，必须提高自主创新能力，建设创新型国家。要崇尚理性质疑，尊重学术自由，创造科

---

① 《邓小平文选》第 3 卷，人民出版社 1993 年版，第 372 页。

学民主、和谐合作的创新环境；要普及科学知识，弘扬科学精神，倡导科学方法，增强全社会对科技的理解，提高全民科学素养，在全社会形成讲科学、爱科学、学科学、用科学的浓厚氛围和良好风尚；要进一步解放思想、深化改革，破除一切束缚创新的思想观念桎梏和体制机制障碍，最大限度解放和发展科技第一生产力；要坚持把科技摆在优先发展的战略位置，把科技创新作为经济发展的内生动力，激发全社会创造活力，推动科技实力、经济实力、综合国力实现新的重大跨越。

以人为本，尊重科学，必须崇尚和谐。和谐包括人与人、人与社会和人与自然的和谐。没有人与自然的和谐，没有人与人、人与社会的和谐，就不可能真正坚持以人为本、崇尚科学。创造和谐环境，人与自然的和谐是基础，人与人的和谐是根基，人与社会的和谐是根本。人与自然的和谐、人与人的和谐都必须建立在人与社会和谐的基础之上。人与社会的和谐既有国内和谐，也包含世界和谐。人与社会的和谐，本质上是社会利益关系的协调发展。人是社会的人，社会是属人的社会，人与社会的关系的实质是个体利益与整体利益的关系。个体利益是整体利益的基础，整体利益引导和主导个体利益的发展。人与社会和谐，就是在坚持个体利益服从整体利益的前提下，整体利益为个体利益的存在提供权利、机会、规则等方面的平等机会。当然在建设国内和谐的同时，也要努力建设和谐世界。

诚实守信、团结友爱、互助奉献的风尚。诚实守信、团结友爱、互助奉献是构建社会主义和谐社会的道德基础。社会主义和谐社会是民主法治、公平正义、诚信友爱、充满活力、安定有序、人与自然和谐相处的社会。民主必须在取信于民的基础上才能得到充分发扬，只有尊重和遵守诚信规则，人们的创造活动得到维护，创造才能得到发挥，社会才充满活力。在诚信基础上建立团结友爱、互助奉献的人际关系，人与人之间才能安定有序，人与自然之间才能和谐相处。诚实守信、团结友爱、互助奉献是社会系统协调、和谐的最重要的基础条件。诚实守信、团结友爱、互助奉献是社会主义市场经济健康发展的基石。诚实守信是不同利益主体追求自己合理利益的基本行为准则。欺诈、造假、不守信誉，不仅造成经济领域中诚信的严重缺失，而且在一定程度上制约了经济和社会的发展。在全社会大力倡导助人为乐、遵纪守法的社会公德，大力倡导诚实守信、奉献社会的职业道德，大力倡导尊老爱幼、邻里团结的家庭美德，形成与社会主义市场经济相适应的社会风尚，是社会主义市场经济的内在要求。

民主法治、自由平等、公平正义的理念。民主是人类梦寐以求的价值追求。建立在私有制基础上的民主是少数人的民主，是剥削阶级统治被剥削阶级的工具。无产阶级民主真正实现了人民当家作主，是真正的民主。社会主义需要民主，没有民主就没有社会主义，就没有社会主义现代化。社会主义法制是实现社会主义民主的基础和保障。民主法治精神是社会主义市场经济的基本要求，是社会主义现代化建设的重要目标之一。只有发展社会主义民主政治，保证人民依法行使民主权利，才能调动人民群众的积极性、主动性和创造性，形成建设社会主义的强大力量。自由平等是马克思主义的政治理想。马克思指出，未来社会是"在保证社会劳动生产力既高度发展的同时又保证每个生产者个人最全面发展"的经济形态。社会主义的自由既要求摆脱旧的人身依附关系、摆脱贫困，又要求发展个人能力与承担社会和政治责任的机会，要求社会平等。公平正义是社会主义本质的内在要求。社会主义的本质是解放生产力，发展生产力，消灭剥削，消除两极分化，最终达到共同富裕。社会主义追求的共同富裕，以生产力发展为基础，以生产关系公有制为制度前提。公平正义是共同富裕的社会前提，共同富裕是公平正义的目标指向。没有社会生产力的发展，没有社会主义公有制的保证，共同富裕和公平公正就失去了现实的社会基础。在经济发展的基础上，更加注重社会建设，着力保障和改善民生，促进社会公平正义，推动建设和谐社会，是改革发展的重要目标。

效率、竞争、开放的意识。在无产阶级夺取政权以后，必须要把创造高于资本主义社会的社会结构的根本任务提到首要地位，这个根本任务就是：提高劳动生产率。社会主义发展中的效率，既包括经济活动效率，也包括政治活动、文化活动和社会活动效率。效率与公平既是社会主义经济活动追求的价值目标，也是判断社会主义经济体制改革成功与否、社会主义制度是否优越的根本尺度。坚持效率原则是社会主义市场经济发展的基本要求。效率源于竞争，促进竞争。改革开放，建立社会主义市场经济体制从根本上说就是要解决效率低下的问题。改革开放的大潮将蕴藏在亿万人民中的竞争意识激发出来，困扰已久的狭隘意识被冲决，平均主义的枷锁被挣脱，小农观念被抛弃，人们勇敢走向市场，占领市场，在激烈的市场竞争中追求经济效益和社会效益，迸发出前所未有的竞争实力，展现出世所罕见的国际竞争潜力，展示出中华历史上旷古未闻的精神风貌和价值追求。效率、竞争得益于开放。社会主义市场经济改革把当代中国推向全球市场，推向人类文明的大潮流。全方位的对外开放促进了全社会成员思想观念的大解放、大变革、大发展。与世界接轨，以全球眼光审视自己，以国际视野观察问题，与全方位对外开放相适应的时代意识、全球视野、世界理念正潜移默化地驱动千百万人民面向世界、走向世界，在世界市场竞争中创造财富。这种精神气魄和精神风貌，焕发出中华民族伟大复兴的强劲动力，是当今中国跻身世界文明强国的希望。效率、竞争、开放的意识，使数百年沉寂的中华民族重新焕发新的活力，既为中华民族优秀的民族精神增添新的内涵，也为改革开放的新时代铸造了新的时代之魂。

以改革创新为核心的时代精神构成中国精神的时代特征，使中国精神具有鲜明的时代特色和开放指针。"周虽旧邦，其命维新"①，中国自古以来就崇尚创新，中国一百多年来的近现代发展历史，更是一部不断探索、改革和创新的思想史及运动史。改革创新的思想发展到今天，尤其是经过改革开放四十多年的积淀，已经不仅仅表现为观念形态的思想成果和理论体系，更重要的是已经成为社会公认的价值取向和新的思维方式。在到底是因循守旧还是改革创新上，人们已经达成共识，只有改革创新才有利于社会的发展和民族的强盛。民族精神和时代精神之于中国精神，就如一体之两翼，如果说民族精神是一种文化基础，着重对历史的传承，那么时代精神则是一种精神引导，它侧重的是对未来的拓展。欠缺了时代精神的内涵，中国精神就欠缺了现代的特性和未来的导引。

（三）根植实践的主导精神

统治阶级的思想在每一个时代都是占统治地位的思想。作为反映社会经济基础性质的社会意识形态，以马克思主义为指导的意识形态是中国精神的主导精神。

1. 意识形态与国家精神的确立

任何一种意识形态，作为指导国家行为的系统化、理论化的思想体系和观念

---

① 《诗经·大雅·文王》。

形态，单纯从理论构造上看，都存在外在结构和内在结构之分，并且由这两种结构共同组成一个有机整体。意识形态的外在结构指出此意识形态与社会形态其他要素的关系，这决定了意识形态在社会结构中的地位和作用。意识形态的内在结构是指在意识形态内部包含了一些相对独立的基本要素，这些要素按照一定的逻辑关系，构成相对完整的系统，从而决定了此意识形态的相对独立性。[①] "意识形态是一组思想和价值观。它指导个人（和个人所形成的组织）如何解释他们的环境，选择在维持或改变环境方面的目标，以及确定达到这些目标的手段"[②]，意识形态对于人们的环境认知、价值目标和手段方法等的选择具有导向作用。"意识形态是一定社会历史条件下的统治阶级和社会利益集团（包括国家和国家集团），自觉、全面和客观地反映社会经济形态和政治制度的系统化了的思想观念、价值体系和理论学说的总称，是社会上层建筑的重要组成部分"[③]。"伟大的意识形态产生于三种因素的联结：与人类渴望的未来相一致的想象力，这种未来与一个特殊阶级的联系，以及对超越于计划和所有制而使工人阶级胜利的全人类价值的责任"[④]，意识形态将未来理想、实现该理想的阶级及为实现理想而承担的责任有机地联系在一起，是一种被信奉的思想体系，一套系统化了的价值观念。[⑤] 意识形态是包含着信念的知识或包含着知识的信念。[⑥]

所有与一定社会经济基础发生内在关联的思想观念都具有意识形态性。一类思想观念之所以最终被称作意识形态，一是它具有国家维度，我们这里所言的意识形态的主体是国家，离开了国家也就谈不上意识形态；二是意识形态是思想家或政治家们基于特定的利益背景而对社会存在做出的反应，这种反应以观念的形式表现出来，并经过了系统化和理论化，目的是在维护的基础上完善现实社会或

---

① 赵德江：《当代中国意识形态转型研究——基于私营企业主兴起的视域》，经济科学出版社 2009 年版，第 49 页。

② ［美］莫里斯·博恩斯坦著，江春泽译：《比较经济体制》，中国财政经济出版社 1988 年版，第 9-10 页。

③ 王永贵等：《经济全球化与社会主义意识形态建设研究》，人民出版社 2005 年版，第 18 页。

④ Chaim I. , Waxma U. The End of Ideology Debate, New York, 1969：32。

⑤ 姚大志：《现代意识形态理论》，黑龙江人民出版社 1993 年版，第 30 页。

⑥ 周宏：《理解与批判——马克思意识形态理论的文本学研究》，上海三联书店 2003 年版，第 132 页。

是在批判的基础上重构未来社会。意识形态的内在结构可以划分为价值理念、理论学说、政策主张三个要素。根植于特定利益的价值理念是意识形态中对其基本理念进行理论说明的部分，它确定了意识形态终极的价值标准，是意识形态的灵魂和核心；理论学说是意识形态中阐明其价值理念的系统化的理论，它为意识形态定性，是意识形态的支撑点；政策主张是意识形态的理论学说实现的具体目标和现实途径，它是意识形态的落脚点，也同时为价值理想服务。这三个要素在意识形态体系中所处的位置不同，发生的作用也不相同，但相互支撑、相互影响，共同组成一个意识形态的完整的内在结构体系。① 作为中国精神，意识形态无疑为民族精神的进一步凝练打上了国家意志的烙印。中华民族以爱国主义为核心的团结统一、爱好和平、勤劳勇敢、自强不息的民族精神是中华民族全体成员共同的理想信念与精神支撑，是民族国家生命力、创造力和凝聚力的来源。但民族精神作为民族国家客观存在的思想宝库和文化财富，更多地具有文化的特性，关注的是民族个体或群体的思想文化生活，其要素的提炼具有宽泛性和分散性。而中国精神的应运而生，则很好地解决了这一问题。与民族精神相比，国家精神是一国"国民独具之特质，上自道德法律，下至风俗习惯文学美术，皆有一种独立之精神"②，国家精神关注个体与国家之间的关系，更多地具有政治的特性，凸显个体的精神品质和境界在政治性上的体现，反映的是个体在实现国家利益、保障国家安全等方面的精神面貌，其目光更多地投注于国民的政治生活。意识形态将中国精神的民族性与国家性合二为一，它将民族精神中的文化特性与国家精神中的政治特性、社会特性统一起来，既避免了因政治性的过度宣扬而使中华民族精神的内容走向泛化的可能，也更为直接地阐述了国家价值观，清晰地展示了国家应有的价值追求和行动选择，从而丰富和完善了中国精神内外结合的两个层面③，彰显出中国精神所具有的意识形态的国家维度，其重要性也就不言而喻了。

---

① 韩源：《论马克思主义意识形态的结构转型》，载《党政论坛》2005 年第 8 期，第 7 页。

② 梁启超：《饮冰室合集·专集之四》，中华书局 1989 年版，第 6-7 页。

③ 徐蓉、宋城长：《论建构中国精神的三重维度》，载《思想教育研究》2013 年第 23 期，第 39-40 页。

意识形态的存在与确立，表征人们关于社会未来发展的信仰追求和精神力量。人的精神追求构筑了人们生活的根本意义，也表达了人之所以为人其特有的存在方式。作为社会生活的实践者，人们对自己和社会未来发展的追求永不停歇。当今中国，实现中华民族的伟大复兴是全体中国人民的共同的精神追求，强国惠民的中国梦则为全体中国人民展现了一幅勾勒出未来社会发展的理想蓝图的美好画卷。实现中国梦，必须走中国道路，而集结着民族精神和时代精神的中国精神是对中国道路的价值把握和精神觉解，为全体中国人循着中国道路实现中国梦提供了精神的指引，使全体中国人都能感受到来自中国梦的精神感召，并在实现这一美好愿望的过程中获得自身精神生活境界的提升和满足。人，总是需要点精神的，一个民族、一个国家也是如此。对民族发展、国家建设而言，国家精神是一个国家的人民在长期的历史发展和现代化建设过程中诞生孕育而成的，反映该国家各民族人民共同的血缘命脉、民族品格和时代风貌，是民族和国家发展的内在的精神支撑和灵魂支柱，它能将各民族人民团结凝聚起来，为他们追求和建设未来的美好生活创造源源不断的活力和动力。中国精神就是当今中国的国家精神。它是中华民族的独特的民族特征、深厚的文化传统和共同的思想情感的综合反映，也是全中国人民共同的价值理念追求，它代表着中华人民共和国的国家形象，反映了当代中国人的精神面貌，为全体中国人团结在中国梦这个共同的信仰追求下，实现中华民族的复兴和崛起提供了强大的精神力量。

当今中国，在社会主义意识形态建设中面临的最重要的任务之一就是建构和弘扬中国精神。作为具有国家维度的意识形态，中国精神为全体中国人民在走向民族复兴和全面建成社会主义现代化强国进程中提供了信仰追求和精神动力，要凝练、培育和壮大这一国家精神，自然应该在尊重意识形态建设的内在规律的基础上来建构它。其中首要的，就是遵循意识形态内在结构的三要素论对中国精神的构成要素进行分析，提炼中国精神之价值理念，阐释中国精神之理论学说，丰富中国精神之政策主张。从而进一步加深理论工作者对中国精神的探讨和研究，促成中国精神的科学建构和培育，并最终达成全社会对中国精神的普遍认同和接受，使之成为全体中国人民凝结共识、积聚力量、谋求未来中国社会新发展的不竭动力和自信源泉。

2. 中国精神的主导内容

在国家意识形态中，意识形态中的理论学说是国家或执政党价值选择的根据，也是国家或执政党产生行为动机的观念基础，其外在表现就是一定时期内国家建设和发展的指导思想及其主题话语，是向世人表明的国家行动的基本理念和主导方向。中国精神是当今中国社会主义的意识形态，其内在构成中为其定性的理论学说，一是马克思主义，它是中国精神之灵魂，二是中国化的马克思主义，尤其是改革开放以来逐步形成的已经引导中国人民取得了巨大的建设成就的中国特色社会主义理论，它是中国精神之核心。建立在社会主义核心价值观和中国传统价值观基础之上的中国精神的建构和重塑过程，就是用马克思主义理论，特别是中国特色社会主义理论武装全党、教育人民、规范社会的思想、道德和文化的整体建设和转变过程。没有马克思主义和中国特色社会主义这两个理论学说为我们定性引路，中国精神的建构不可能科学地完成。

（1）马克思主义理论。当代中国精神最显著的特质，就在于它以马克思主义为指导。马克思主义理论为中国精神的建构指明了历史方位、发展方向和价值旨归。马克思主义是带有革命的批判性的理论，它对以往旧有的资产阶级的意识形态进行了毫不留情的批判。在马克思主义者眼里，那些旧有的宗教、精神、价值和观念都是对人民进行压迫的"精神鸦片"，应该用符合现代社会要求的革命性的、科学性的、创新性的国家精神来取而代之。这就要求当代中国精神的凝练和培育必须坚持马克思主义的指导，着眼当前中国建设的实际，继承和扬弃中国传统的价值观念，批判和借鉴其他国家精神中的合理养分，在历史和现实的基础之上逐步推进。马克思主义从对资本主义社会的现实批判出发，以马克思主义哲学、政治经济学、科学社会主义的理论为未来人类社会的发展指明了方向，这就是走社会主义道路，解放和发展生产力，最终实现共产主义。中国精神是国家意识形态，也承担了为当前全中国人民指明未来社会发展方向的责任，要完成这一责任，就必须正视马克思主义理论的科学性和社会主义在中国取得巨大成功的现实，始终旗帜鲜明地坚持社会主义发展方向，离开了这一方向，中国精神的建构就会发生摇摆，乃至彻底迷失。马克思主义强调人民群众才是历史的真正创造者，只有无产阶级的运动是为绝大多数人谋利益的运动，也只有无产阶级才能真正代表人民的普遍利益，只有代表人类普遍利益的无产阶级的理念和精神才能指引人们充分实现大多数人的利益和要求，进而实现全人类的最终解放。中国精神是国家精神，它的形成和发展必须立足于无产阶级的立场，站在人民的一边，着眼广大人民的根本利益，以代表无产阶级利益的马克思主义作为思想指导和理论基础，只有这样，才能真正实现人民的真正幸福，构筑起全体中国人民的共同的精神家园。

中国化的马克思主义就是马克思主义与中国具体实际相结合，中国人从未生搬硬套马克思主义，而是活学活用马克思主义。在中国长期的革命和建设过程中，马克思主义与中国的现实、历史和传统逐步结合，并深深植入中国悠久的文化土壤之中，从而生成中国化的马克思主义。与经典马克思主义理论一样，中国化的马克思主义也是当代中国精神建构的重要的理论基础。一方面，中国化的马克思主义理论赋予了中国精神新的时代内涵。可以说，中国共产党人以马克思主义为指导开展社会主义建设、实现民族复兴的过程，既是推进马克思主义中国化的过程，也是建构发展当代中国精神的过程。中国共产党人在完成新民主主义革命和社会主义革命，探索社会主义建设道路过程中形成了毛泽东思想，酝酿了井冈山精神、长征精神、延安精神、西柏坡精神、焦裕禄精神和雷锋精神等；在改革开放的过程中形成了中国特色社会主义理论体系，彰显了创业精神、抗洪精神、"两弹一星"精神、抗"非典"精神、航天精神、孔繁森精神、抗震救灾精神、北京奥运精神、伟大抗疫精神等，还有进一步提炼的以爱国主义为核心的团结统一、爱好和平、勤劳勇敢、自强不息的民族精神，和以改革开放为核心的时代精神等。中国化的马克思主义理论为建构发展当代中国精神提供了强大的理论武器，既为中国精神的建构奠定了根本政治前提和制度基础，也为中国精神的建构指明了新的前进方向，为中国精神的建构开创了新的局面，开拓了中国精神的发展境界。另一方面，中国化的马克思主义也助力了中国精神的现代转型。马克思主义理论在中国革命和建设过程中日益本土化，与中国传统的价值观念有机融合。比如，马克思主义本身蕴含的深刻的批判性，让中国人为了武器的批判而找到了批判的武器，让中国人在传统的反省基础之上，对几乎所有的思想和精神都进行了批判的筛选和合乎时代要求的扬弃；贯穿在辩证唯物主义和历史唯物主义中的求真务实的科学精神，也从根本上影响了中国人的思想境界和认识事物的出发点、立足点以及解决问题的方法，从而在中国传统的实用理性的基础之上生发出了现代民族和国家发展所必需的实事求是和重理性重实践的精神；中国传统的价值取向有较为明显的封闭、保守和落后之特性，而马克思主义中国化的过程则从思想储备与方法论的层面上打破了这一文化和思维定式，为中国人能以更加开放和自觉的姿态去接受来自西方的先进文化提供了态度和方法上的可能，这也就是所谓的与时俱进。凡此种种，都足以表明，中国化的马克思主义为中国精神的现代化转型注入了活力，使中国精神获得了现代性的特质。甚至我们可以说，当代中国，面临从农业社会到工业社会再到信息社会的巨大变化，要应对好这一变化，需要建构能对整个政治生活、经济生活、社会生活作出理性思考和引领的精神力量，即中国精神。而要完成这一建构，除了中国化的马克思主义及其所能生发的文化内涵之外，还没有其他的思想文化和理论学说能够具备这样的功能，完成这样的重任。[①]

（2）中国特色社会主义理论体系。1978 年，中国共产党十一届三中全会召开，中国社会进入改革开放的新时期。时至今日，中国在短短的 30 多年里迅速崛起，成为经济总量居世界第二的国家。伴随着这些令人瞩目的成就，中国特色社会主义理论应运而生并逐渐成熟。改革开放之初，中国特色社会主义理论在坚持解放思想、实事求是的思想路线的基础之上得以创立，这一理论科学总结了历史的经验教训，科学评价毛泽东及毛泽东思想的历史地位，打破了"两个凡是"的禁锢，初步回答了"什么是社会主义、怎样建设社会主义"的问题。20 世纪八九十年代以后，在国际社会主义运动遭遇严重挫折，中国特色社会主义事业面临巨大困难和压力时，中国特色社会主义理论创造性地回答了在新的历史条件下建设什么样的党、怎样建设党的问题，捍卫和发展了中国特色社会主义的事业。进入 21 世纪以后，中国特色社会主义理论阐述了科学发展观，科学回答了什么是发展、为什么发展和怎样发展等重大问题，提出"以人为本"，促进公平正义的和谐的社会主义的建设。党的十八大以来，中国特色社会主义理论进一步凝练了社会主义核心价值观，号召全体中国人民走中国道路、弘扬中国精神、凝聚中国

---

① 徐蓉、宋城长：《论建构中国精神的三重维度》，载《思想教育研究》2013 年第 23 期，第 42 页。

力量共同实现中华民族伟大复兴的中国梦。从理论传承的角度来看，中国特色社会主义理论是马克思主义理论在改革开放之后中国的发展，是中国化的马克思主义的重要组成部分，它为构筑发展当代中国精神再次明确了方向和道路，成为构筑和发展中国精神的重要的理论学说。

中国精神是社会主义中国的国家精神，坚持以中国特色社会主义理论作为理论导向，突出其社会主义特质，就是应然选择。中国特色社会主义理论在当代中国精神建构的过程中为其提供了目标方向、全面保障和强大力量。中国特色社会主义理论系统回答了"什么是社会主义、怎样建设社会主义""实现什么样的发展、怎样发展"等根本问题，坚定了走社会主义道路的决心和信心，并为全体中国人民描绘了"富强""民主""文明""和谐""美丽"的未来蓝图，这个蓝图既真实表达了全体中国人民的内心愿望，也同时为当代中国精神的建构和发展提供了具有中国特色的社会主义的目标和方向。中国特色社会主义理论主张建设一个民富国强的社会主义国家，以经济建设为中心，倡导生产力的进一步解放和发展，就为中国精神的建构和发展提供了物质保障；中国特色社会主义理论把社会主义物质文明建设与社会主义精神文明建设统一起来，制定了推进社会主义先进文化大发展、大繁荣的宏观战略，注重保障人民的文化权益，丰富人民的精神世界，提升人民的精神文化层次。正是因为任何国家精神的建构都以文化的繁荣发展为支撑，社会主义文化的大发展、大繁荣无疑可以为中国精神的建构和发展提供坚实的文化保障；中国特色社会主义理论强调不断完善和发展中国特色的社会主义制度，运用制度的力量调动广大人民群众和社会各界的积极性、主动性和创造性来参与社会主义的建设，这也为中国精神的建构和发展提供了根本的制度保障。中国特色社会主义理论一贯强调坚持中国共产党的领导，还明确回答了"建设什么样的党、怎样建设党"的问题，从执政党自身建设到中国社会主义的建设，中国共产党不断加强党的阶级基础，着力提高领导水平和执政水平、提高拒腐防变和抵御风险的能力，始终在全体中国人民面前领跑，是中国精神建构和发展的坚强领导力量；中国特色社会主义理论尊重人民群众的主体地位，强调加快建设"民主法治、公平正义、诚信友爱、充满活力、安定有序、人与自然和谐相处"的社会主义和谐社会，让人民当家作主，让人民以主人翁的姿态参与国家管理和社会建设，分享经济社会改革和发展的成果，从而为中国精神的建构和发展整合了社会合力，凝聚起了广泛的支持力量。

中国特色社会主义理论指明了中国式现代化发展的道路，这就是中国特色的社会主义现代化道路。中国道路就是在中国共产党领导下，立足基本国情，以经济建设为中心，坚持四项基本原则，坚持改革开放，解放和发展社会生产力，建设社会主义市场经济、社会主义民主政治、社会主义先进文化、社会主义和谐社会、社会主义生态文明，促进人的全面发展，逐步实现全体人民共同富裕，建设富强民主文明和谐美丽的社会主义现代化国家。中国道路的选择为中国精神的凝练贡献了丰富的现实资源。道路关乎党的命脉，关乎国家前途、民族命运和人民幸福。中国共产党人带领中国人民不断开创、探索中国道路的过程，是我们不断追逐和实现中国梦的过程，也是我们不断提炼和建构中国精神的过程，在这个过程中表现出来的中国人独特的价值追求和精神风貌都构成中国精神散发着迷人光彩的每一个侧面。中国特色社会主义道路的开辟，源于以中国共产党为代表的中国人正视中国社会主义建设过程中存在的问题和现实，不盲从苏联的老路，主张走自己的路，探索出一条符合中国特色的社会主义建设道路。这样的开创性尝试是中国人追逐中国梦的关键一步，其中蕴含着独立自主、自力更生、敢为人先等精神，也为中国精神的建构提供了宝贵的资源。中国特色社会主义道路的探索和明晰，建立在解放思想、实事求是的基础之上。中国共产党人领导中国人民坚定地踏上了中国特色社会主义道路，确立并完善了中国特色的社会主义制度，一步一个脚印，在这条中国道路上越走越自信，道路也越走越宽广，中国的现代化建设取得了前所未有的进步和成就。这样的顽强探索不仅使中国人离中国梦越来越近，其中蕴含的自强不息、求真务实、与时俱进、艰苦奋斗等精神也成为中国精神发展和完善的丰富食粮。

（3）社会主义核心价值观。每一个意识形态都有其重要使命，那就是，作为统治阶级的代言人，向全体社会成员做出关乎社会发展进步的价值承诺，其中包含规范和指引该社会发展进步的价值标准、价值规范、价值目标和价值追求等价值内涵，从而把体现统治阶级共同利益的价值观念转化为全体社会成员的价值共识，进而赢得全体社会成员的拥戴和信任，为统治阶级巩固其物质和精神统治提供吸引力、控制力和发展力。意识形态做出的价值承诺是否具备科学的合理性和实现的可能性，并进而产生令人瞩目的理论力量，关键在于它能否凝练生成一种优秀的社会主义核心价值观，并在对这种优秀核心价值观的培育和践行中表征和兑现自己的价值承诺。[①] 社会主义核心价值观是马克思主义的世界观在价值判断和价值选择方面的最基本最突出的观念，是在社会主义的价值体系中居于统治地位、起主导作用的价值理念，它体现的是社会主义的本质要求，反映的是社会主义的理想信念。它是在批判资本主义价值观中完成建构。所谓资本主义的价值观，本质是维护私有制，是一种占有式的个人主义价值观，以商品拜物教、资本拜物教与货币拜物教作为表现，充斥着对效用价值的追求。[②] 社会主义核心价值观否定了资产阶级价值观，它在物质价值方面强调解放和发展生产力，让财富充分涌流，但追求涌流的财富是为了人的全面发展；它在道德价值方面强调超越效用价值，排斥个人利己主义，主张集体主义；它在政治价值方面强调人民为本、平等正义与充分实现大多数人的利益，它的终极价值追求是人的自由而全面的发展。[③] 社会主义核心价值观中的"富强、民主、文明、和谐"，从国家层面设定了未来国家发展的目标，表达了中国特色社会主义现代化建设努力追求实现的价值目标和价值承诺，清晰描绘了当今中国全体人民追求民族复兴、实现和平崛起的共同理想；而"自由、平等、公正、法治"从社会层面设定了中国特色社会主义社会建设的价值目标，反映了人们心目中未来理想的社会关系价值结构，实现了社会主义核心价值观在社会政治价值导向上的规定，作出了社会主义意识形态关于建设未来美好社会的价值承诺；"爱国、敬业、诚信、友善"则从个人层面设定了公民基本伦理和底线道德，确立了人们开展社会行为的基本价值准则，体现了社会主义意识形态关于弘扬优秀传统文化、引领道德风尚的价值承诺。三个层面的价值观相互密切联系、融会贯通，既传承了中国传统的价值观，又揉合进了具有现代精神的价值观念；既立足于马克思对资本主义价值观的批判，又阐述了中国特色社会主义的价值追求；既对中国共产党领导中国人民实现中华民族的伟大复兴作出了现实的价值承诺，又充分表达了追求人民幸福，实现人的自由而全

---

① 李忠军：《论社会主义核心价值观、中国精神与社会主义意识形态》，载《社会科学战线》2014 年第 3 期，第 31-35 页。

② 《马克思恩格斯全集》，人民出版社 1998 年版，第 251-252 页。

③ 袁久红、甘文华：《社会主义核心价值观与"中国精神"的新生》，载于《东南大学学报（哲学社会科学版）》2013 年第 9 期，第 9-10 页。

面发展的终极价值承诺，是中国精神的核心价值理念，成为中国精神的灵魂。

社会主义核心价值观构成中国精神的核心价值理念，但它并非止步不前。也就是说，以社会主义理想信念和集体主义价值观作为内核的社会主义核心价值观，并不能完全等同于社会主义核心价值观的 24 个字，虽然这 24 个字揭示了社会主义核心价值观的基本层次和范畴。或者更准确地说，24 个字只是社会主义核心价值观的一个开放性的历史性表述的阶段性成果，还不是我们对社会主义核心价值观的终极概括，它随着社会主义的发展而增添新的内涵。应该承认的是，当前我国社会各界对社会主义核心价值观认识上的差异仍然现实性地存在，比如说，理论界有学者建言，在坚持马克思主义的价值理想和吸取中国传统价值观念精华的基础之上，社会主义核心价值观可以进一步表述为"共富""民主""和谐""利群""自由"。"共富"是中国特色社会主义在经济层面上的根本追求，全体人民的共同富裕既呼应了中国自古以来对"大同社会"的向往，也符合社会主义的本质；"民主"是社会主义在政治价值层面上的基本追求，既对儒家文化中的"民本"思想作了现代性的诠释，又以平等实现了公权在社会成员中的最大分配，人民群众真正的当家作主；"和谐"是社会主义在社会层面上的根本追求，它以"公正"为前提和保障，既体现了中国传统文化的"中和"精神，又坚持了"和而不同"，直面了当今时代的价值多元；"利群"是社会主义在文化与道德上的基本追求，它囊括了"仁爱"与"诚信"，内含了"爱国"与"敬业"，既是对中国传统的整体主义价值观的扬弃，又超越了西方"个人主义""利己主义"价值观，坚持了个人和社会的发展必须以整个社会群体的共同价值为导向的集体主义；"自由"是人之存在和社会发展的终极目标，是马克思主义的终极价值理想，只有未来的共产主义社会才能在真正意义上达成人的自我的真正实现与社会的统一发展。尽管讨论仍然存在，"富强、民主、文明、和谐，自由、平等、公正、法治，爱国、敬业、诚信、友善"的表述已然是一个初步的共识，完全不妨碍我们以此为基础和前提，对社会主义核心价值观进行更深刻的理性思考和更准确的整合凝练。此外，用 24 个字表述的社会主义核心价值观一部分来源于中国传统的价值观，但却不是中国传统价值观的简单再现。和谐、爱国、诚信、友善等虽然可以在以儒家思想为代表的中国传统价值体系中寻觅到熟悉的身影，但彼物非此物，其内涵已经随着时代的发展和社会的进步完成了现代化的转变，比如，"和谐"之理念已经实现了宽容价值多元的巨大变化，包括其他传统价值理念，也都在马克思主义的观照下，实现了自我的更新、丰富和发展。更重要的是，社会主义核心价值观中涉及的民主、自由、平等、法治等现代价值理念，是立足于马克思主义价值观基础之上的，批判和超越了西方价值体系的社会主义的民主、自由、平等和法治理念。比如，对于民主，我国全过程人民民主，不仅有完整的制度程序，而且有完整的参与实践，实现了过程民主和成果民主、程序民主和实质民主、直接民主和间接民主、人民民主和国家意志的统一，我们讲究的民主未必仅仅体现在"一人一票"直选上，但在追求民意方面，不仅不比西方国家少，甚至还要更多。我们广泛的民主协商过程，几上几下，其人民性远非西方某几个政党的某个阶层或某个方面的民意代表所能比拟的。社会主义的民主、自由、平等和法治完全可以在马克思主义的指导之下，发掘中国传统价值观中的民本、平均、礼治、道德自觉、精神自由等丰富的思想资源，建构具有中国特色的社会主义的现代新型社会。

（4）社会主义思想道德。社会主义思想道德，是社会主义精神文明的重要组成部分。《中共中央关于加强社会主义精神文明建设若干重要问题的决议》中指出："社会主义思想道德集中体现着精神文明建设的性质和方向，对社会政治经济的发展具有巨大的能动作用。在改革开放和现代化建设的整个过程中，思想道德建设的基本任务是：坚持爱国主义、集体主义、社会主义教育，加强社会公德、职业道德、家庭美德建设，引导人们树立建设中国特色社会主义的共同理想和正确的世界观、人生观、价值观。"①社会主义思想道德体系与社会主义市场经济相适应、与社会主义法律规范相协调、与中华民族传统美德相承接，主要涵盖马克思主义、毛泽东思想、中国特色社会主义理论以及社会主义的道德核心、道德原则及道德体系等内容。社会主义思想道德建设作为社会主义精神文明建设的组成部分，重在公民道德建设，强调社会公德、职业道德、家庭美德和个人品德建设，致力于培养有理想、有道德、有文化、有纪律的社会主义新人，帮助人们形成正确的世界观、人生观、价值观和荣辱观等，提升全民族的思想道德素质。社会主义思想道德建设作为思想和意识形态建设，强调以为人民服务为核心，以

---

① 《十四大以来重要文献选编》（下），人民出版社1999年版，第2053-2054页。

集体主义为原则，以诚实守信为重点，是对社会主义精神文明建设中决定着社会主义性质和方向的内容进行建设，充分体现了社会主义意识形态的主导特性。当前，我国正处在社会转型的关键时期，经济建设已经取得了瞩目成就，但社会主义的精神文明发展还与经济发展不相匹配，还不能完全满足人民日益增长的精神文化需求，道德失范、诚信缺失、精神滑坡等社会现象依然存在。然而中国精神的提炼和弘扬不能离开精神和文化的肥厚土壤，社会主义思想道德建设的加强不仅可以为中国精神的构建提供直接的养分，还可以满足人们的精神需求，丰富人们的精神世界，增强人们的精神力量，为中国精神的构筑和发展提供令人满意的现实的社会和文化环境。

社会主义荣辱观集中体现了社会主义思想道德规范的基本要求，"以热爱祖国为荣、以危害祖国为耻，以服务人民为荣、以背离人民为耻，以崇尚科学为荣、以愚昧无知为耻，以辛勤劳动为荣、以好逸恶劳为耻，以团结互助为荣、以损人利己为耻，以诚实守信为荣、以见利忘义为耻，以遵纪守法为荣、以违法乱纪为耻，以艰苦奋斗为荣、以骄奢淫逸为耻"的完整表述把社会主义思想道德建设的先进性要求和广泛性要求有机结合起来，为各民族、各阶层、不同利益群体的人们提供了基本的道德规范。社会主义荣辱观集中体现了当前我国爱国主义的基本要求，重申了社会主义思想道德为人民服务的核心，规范了公民对科学、劳动等的态度和观点，界定了社会主义人际关系的基本要求，概括了公民道德教育的重点，传承了中华民族传统美德和中国革命道德，符合社会主义主旋律的基本要求，构成了社会主义思想道德的核心，从而成为人们衡量社会现象和个人行为表现的基本价值维度。社会主义荣辱观为当代中国精神的建构提供了科学的伦理道德尺度。中国自古以来就是一个注重德治的国家，中国人身上始终携带着承载中华民族文化渊源的道德基因。在不同的历史时期，中国人的伦理道德观虽有所不同，但共同反映中国人文化心理和思维传统的伦理道德结构却始终存在。社会主义荣辱观立足于历史与现实、传统与现代，将中国人的终极道德追求与底线伦理规则结合在一起，从而构成了当代中国精神的伦理道德基石。在此基础之上，荣辱观又吸纳进了中国共产党在长期的革命建设改革过程中所形成的伦理道德精神，并赋予它符合现代社会要求的呈现形式，不仅丰富和发展了我国的伦理道德传统，又给它注入了社会主义的内容，从而成为社会普遍崇尚并予以遵循的基本伦理道德规范，这就为当代中国精神的建构提供了一把进行道德衡量的尺子。社会主义荣辱观为当代中国精神的建构创造了良好的社会风尚。社会主义荣辱观明确告诉我们，在这个社会里，什么是"荣"、什么是"耻"，划清了善与恶之间的界限，区分了值得肯定和赞扬的与应当否定和批评的思想及行为，明确了社会道德建设的基本伦理规范，学习和宣扬它，可以促进人们加强道德修养，提升道德境界，形成受人期许的良好社会风尚。社会风尚是国家精神在社会道德领域的具体体现，符合社会主义要求的好的社会风尚一旦形成，就会渗透到社会生活的方方面面，引导人们明辨是非和善恶，在面对道德困惑时做出正确的选择，为中国精神的建构提供明确的道德导向和标准；还能进而营造良好的社会舆论环境，发挥自己影响和制约国家精神的隐性力量的作用，为中国精神的建构夯实道德基础。

### 三、中国精神的结构关系

中国精神是孕育于中国古老的文明传统、贯穿于中华民族现代崛起和复兴的历程、具有强大凝聚力和感召力的思想观念和意识形态，它代表的应是全体中国人积聚了成百上千年的共同的心愿，表达的是全体中国人在当代的强烈价值诉求，它的构建必须把握好一些重要的维度。一是国家性与民族性相结合的维度。这是因为，中国是一个多民族共同融合的国家，它的国家精神的主体是民众及国家，这里的民众是兼具民族属性与国家属性于一体的民众，在中国它不是单一的某个民族，而是泛指包含五十六个民族在内的统一的中华民族这个群体的成员；这里的国家也不是只代表某个单一民族的国家，而是指多民族和谐共处的国家。这就要求，中国精神的构建必须将民族性与国家性融为一体，除了坚持作为国家精神的政治性和社会性，表达国家的价值观念之外，还必须结合作为民族精神的文化性，表达个体的思维品质。事实上，人们也是普遍认同民族精神在一个民族国家发展过程中所具有的地位和作用的，在构建一个民族国家的国家精神的时候都自然将其容纳在内。二是传统性与时代性相结合的维度。中国精神的构建虽然要立足于传统，五千多年的中华文明在代际传承中历久弥新，为现代国家精神的凝练和发展提供了宝贵的历史资源和优质的载体。不过我们也不能忽略，中国在大步迈向现代化的过程中，源自传统的观点方法和思维模式总有跟不上的时候，这时，我们就需要与时俱进，填补进新的具有时代特征的思想资源。只有我们自觉地将传统与时代相互映照，中国精神才能既具备承载历史的文化底蕴又酝酿出面向未来的时代气质。正是基于这样的思考，我们说，中国精神是以爱国主义为核心的民族精神和以改革创新为核心的时代精神的有机结合。现阶段的中国，执政党要团结全国各族人民共同实现中华民族伟大复兴的中国梦，就必须为中华民族提供一个凝心聚力的精神支柱，而在这个精神支柱中，民族精神和时代精神缺一不可。民族精神和时代精神是凝聚中华民族的重要思想基础，是各族人民团结和睦、共同奋斗的精神纽带。这个执政党在现阶段对中国精神内涵的准确表达，揭示了中国精神精髓的组成部分，同时也为中国精神的进一步生发和完善预留了空间，是最有智慧的科学概括。

## （一）中国精神的纵向关系

2014 年，习近平对德国进行国事访问。3 月 28 日，他在德国科尔伯基金会的演讲中指出："一个民族最深沉的精神追求，一定要在其薪火相传的民族精神中来进行基因测序。有着 5000 多年历史的中华文明，始终崇尚和平，和平、和睦、和谐的追求深深植根于中华民族的精神世界之中，深深溶化在中国人民的血脉之中。中国自古就提出了'国虽大，好战必亡'的箴言。'以和为贵''和而不同''化干戈为玉帛''国泰民安''睦邻友邦''天下太平''天下大同'等理念世代相传。"①中国精神是中华民族 5000 多年历史的积淀，传承中华文化的基因。在中国精神的纵向传承中，存在着内在的传承和创新关系，主要表现为：

### 1. 阐释延展关系

中国精神蕴涵于中华文明的传承和优秀传统文化核心理念的阐释。千百年来，中华民族的思想家们以"为天地立心，为生民立命，为往圣继绝学，为万世开太平"的历史使命，阐释传承中国精神，延展中国精神的荣光。比如，蕴含中华民族精神的"和而不同"，就是在几千年的阐释中不断传承延展的。

---

① 《习近平外交演讲集》，中央文献出版社 2022 年版，第 116 页。

　　自周太史史伯提出"和实生物，同则不继"①以后，儒、道、法诸家从三个维度对其给予延展阐释。一是以礼仪规制求社会政治之"和"。孔子认为民众知礼则"易使"，他的弟子有子解释为"礼之用，和为贵"（即礼仪实践在求"和"），曾子说实施礼仪可以使"民德归厚"，荀子发挥"和"思想，强调礼乐可以"和敬（君臣）""和亲（父子兄弟）""和顺（乡里）"，朱熹则认为"和为贵"是对礼仪具有的中和本质和社会政治和谐功能的彰显。二是以个人修身之"和"实现家庭之"和"、社会国家之"和"乃至天下之"和"、宇宙之"和"。孔子提出"中庸"蕴含着"和"，这种"和"作为修身养性，内有"明明德"，外有"亲民"，追求"至善"之理想。具体而言，就是通过致知、诚意、正心、修身、齐家、治国、平天下，其中每一阶段都意味着一种"和"，如"明明德"是"心和"，"齐家"是"家和"，"治国"是"政和"，"平天下"是"天下和"。儒家如此，道家亦有丰富的"和"的思想，老子的"万物负阴而抱阳，冲气以为和""知和曰常""和其光，同其尘"，既讨论自然，也论及认识对象的"规律"，提倡"和光同尘"的修养方法和修养境界。魏晋时期的王弼解释"和其光，同其尘"时认为，老子的"和光同尘"只是表象，关键在于"和光而不污其体，同尘而不渝其贞"，发掘了《老子》"和"的思想未尽之义。②三是以制度和文化建设谋求统一制度和思想下的"和"的理想状态。先秦时期的商鞅主张改革各种社会政治制度以促进社会生产发展，韩非提出建立以君主专制集权为特征的社会政治制度以达到社会稳定，开创制度变革以求"和"的先例。

---

　　①　语见《国语·郑语》："（郑桓公问于史伯）曰：'周其弊乎'"对曰："殆于必弊者也。……今王弃高明昭显，而好谗慝暗昧，恶角犀丰盈而近顽童穷固。去和而取同。夫和实生物，同则不继。以他平他谓之和，故能丰长而物归之；若以同裨同，尽乃弃矣。故先王以土与金木水火杂，以成百物。是以和五味以调口，刚四支以卫体，和六律以聪耳，正七体以役心，平八索以成人，建九纪以立纯德，合十数以训百体。出千品，具万方，计亿事，材兆物，收经入，行亥极。故王者居九亥之田，收经入以食兆民，周训而能用之，和乐如一。夫如是，和之至也。于是乎先王聘后于异姓，求财于有方，择臣取谏工而讲以多物，务和同也。声一无听，物一无文，味一无果，物一不讲。王将弃是类也而与剸同。天夺之明，欲无弊，得乎？"在史伯看来，阴阳或五行等的气的"和"，万物才能生长，单一的某气的"同"，万物则不可能生长；音律、五味、治国安民概莫能外。（参见张岂之主编：《中华优秀传统文化的核心理念》，江苏人民出版社2016年版，第159页。）

　　②　张岂之主编：《中华优秀传统文化的核心理念》，江苏人民出版社2016年版，第165页。

秦统一六国后，创立推行诸如郡县制、"书同文、车同轨"、统一度量衡等制度，巩固国家统一，促进各民族交流融合。当然，封建专制统治"依法治国"并没有体现"天下是天下人"的"天下"理念，他们所主张的"法"不过是统治者"私利""私意"之"法"，自然在专制制度下的法治建设也难以求到真正的"和"了，但这也并不妨碍"尚和"会通精神的千年传承。近代以来，"和"的精神在"共和"的新理念下得以重生，戊戌维新派的代表人物梁启超就曾声称"立言之宗旨"务使"养成共和法治国国民之资格"。① 在当代，张岱年先生在综合创新基础上提出"兼和"主张，阐释"和"所具有的"兼容多端而相互和谐""兼赅众异而得其平衡"的辩证含义。

## 2. 创造转化关系

中国精神不仅在历史传承中延展，而且在不断阐释中创造转化。以"会通"为例，最早出现于《易传·系辞上》，原文是"圣人有以见天下之动，而观其会通，以行其典礼"。近代学者高亨对此解释为"此言圣人有以见到天下事物之运动变化，而观察其会和贯通之处，从而推行社会之典章制度"，意即从自然而"会通"人文，强调融合、融通、创造。很显然，《易传》中"会通"包含着"天人合一""天人感应"之意。然而《易传》中"会通"的意义在后世的阐释中又时见转化之意蕴，如宋代史学家郑樵在史学研究中，侧重从史书编纂体例与原则阐释"会通"，提出史书编纂在"裁减史料"时，要"会聚古今、通融为一"，避免出现古今悬隔、叙述不当的弊端。明末学者徐光启在西学东渐的大潮中，对"会通"又提出新的认识，"欲求超胜，必须会通；会通之前，先须翻译"，② 这就将中国古代的"会聚古今"之"会通"转化为"吸纳中外"之"会通"。

中国精神纵向的创造转化关系，是沿着历史时间轴而发生的，不过这种创造转化往往是把已有的思想意蕴发掘出来，使人们对这种精神的认识发生水平式迁移，它并不构成对原有思想认识新的内容的赋予，拓展的只是某一思想精神的空

---

① 参见张岂之主编：《中华优秀传统文化的核心理念》，江苏人民出版社 2016 年版，第176 页。

② 参见张岂之主编：《中华优秀传统文化的核心理念》，江苏人民出版社 2016 年版，第177 页。

间序域，如上述的"会通"，从《易传》的"天人感应""天人合一"向后世在史学研究和文化交流中"会聚融通"的意蕴转化，就是拓展了"会通"的空间序域。

3. 创新发展关系

如果说中国精神纵向的创造转化关系只是对思想理念的空间序域的拓展的话，那么中国精神的创新发展关系则是在原有思想理念的基础上，给予某一种精神新的解释，赋予其前所未有的精神气质。在这一点上，最突出的莫过于毛泽东对"实事求是"的改造和创新发展了。"实事求是"最初出现于东汉史学家班固撰写的《汉书·河间献王传》，讲的是西汉景帝第三子河间献王刘德在修习研学时具有"修学好古，实事求是"治学态度或者治学精神。"实事求是"原本是经学和考据学的一种严谨治学态度和方法，它深深影响了中国历史思想家，成为中国古代学者治学治史的座右铭①，如宋代朱熹提出"格物便是致知""理在事中"，也是一种治学精神，就是要在"格物"之中"致知""明理"，"格物"成为"致知"的途径，当然其中也贯穿了"实事求是"的治学精神；明朝王阳明、朱熹在"格物致知"的基础上提出"知行合一"，同样是倡导"实事求是"的学风。清乾隆嘉庆年间的考据学派，则把"实事求是"当作治学的宗旨和基本方法。阮元（1738—1849年）是乾嘉学派考据学集大成者，自称"余之说经，推明古训，实事求是而已，非敢立异也"。② 他系统地阐发了"实事求是"之学，不仅系统化了训诂的方法，

---

① 班固撰《汉书》《河间献王德传》，说河间献王刘德"修学好古，实事求是"（《汉书》卷53，中华书局出版，第2410页）。"修学"指"修礼乐""学举六艺"，"好古"指"所得书皆古先秦旧书"。"实事求是"，颜师古注曰"务得事实，每求真是也"。班固认为，刘德在学经典、修礼乐时，喜好先秦诸子的古书，对旧书"求真是"，"留其正本"，即是说刘德的"实事求是"是考证古书时求其真本，讲的是实证的治学态度和方法。钱大昕（1728—1804年）提出"实事求是，护惜古人之苦心，可与海内共白"（《二十二史考异序》）并称赞戴震"实事求是，不偏主一家"（《潜研堂集》卷39，《戴先生震传》）；汪中（1745—1794年）自述其治学宗旨是"为古之学，惟实事求是，不尚墨守"（《述学·别录》卷1，《与巡抚毕侍郎书》）；洪吉亮（1746—1809年）反对宋儒的空疏，推崇邵晋涵"于学无所窥，而尤能推本溯源，实事求是"（《卷施阁文甲集》卷9）；凌廷堪（约1755—1809年）也推崇戴震，说"昔间献王实事求是。夫实事在前，吾所谓是者，人不能强词而非之；吾所谓非者，人不能强词而是之也。如六书、九数及典章制度之学也"（《校礼堂文集》卷35，《戴东原先生事略传》）。

② 《研经室集》《自序》。

而且批判了宋明理学末流的"虚文""空疏"和八股文。其方法虽然烦琐复杂，但强调"佐证""实证"，具有近代科学精神的萌芽。

历史发展到 20 世纪 40 年代，以复兴中华民族为使命的中国共产党，在历尽徘徊挫折而奋起之时，摆在党的面前的一个重大理论和实践问题，就是如何对待马克思主义，这同样也是一个学风问题。1941 年，为着"有目的地去研究马克思列宁主义的理论""使马克思列宁主义的理论和中国革命的实际运动结合起来"，为着"解决中国革命的理论问题和策略问题而去从它找立场，找观点，找方法"，毛泽东在《改造我们的学习》中对中国古代传统的"实事求是"治学精神，作了马克思主义的阐释，"'实事'就是客观存在着的一切事物，'是'就是客观事物的内部联系，即规律性，'求'就是我们去研究。"①毛泽东赋予"实事求是"以新的内涵，那就是要求共产党人要善于从国内外、省内外、县内外、区内外的实际情况出发，通过深入细致的调查研究，把握事物真实状况并从其中引出其固有的而不是臆造的规律性，以此"作为我们行动的向导"。他强调，"实事求是"的态度，是理论和实践统一的马克思列宁主义的作风，是党性的表现，是每一个共产党员都应该具备的起码的态度，他还告诫全党，"实事求是"的科学精神和科学态度是"无产阶级的最尖锐最有效的武器"，是"严肃的战斗的科学态度"②。毛泽东对"实事求是"的创新性新解，实现了中国传统文化精神的现代性转换，使之由治学精神提升为现代政党的科学精神，成为中国共产党的建党精神的灵魂。

## (二) 中国精神的横向关系

中国精神作为一个整体性概念，既是历史的存在，也是时代的存在。作为时代的存在的中国精神，是一个与世界共存的体系。在与世界的联系与交流中，中国精神从物质的层面和观念的层面与世界其他国家精神发生着种种关联，这构成了中国精神的横向关系。

### 1. 交流互鉴关系

在经济全球化的当今世界，随着物质生产和精神文化的交流，各民族的民族

---

① 《毛泽东选集》第 3 卷，人民出版社 1991 年版，第 801 页。
② 《毛泽东选集》第 3 卷，人民出版社 1991 年版，第 835 页。

精神和国家精神也在发生频繁的互动交流，并在这种互动交流中学习借鉴。

从物质生产层面看，国家精神的交流伴随着工业化运动而发生。从 15 世纪初到 19 世纪 60 年代长达 300 多年的时间里，处于分裂状态的德国被称为"欧洲走廊"，成为欧洲列强英国、法国、西班牙、俄罗斯厮杀的主战场。统一和强大成为德意志民族国家发展的最大动力。1871 年，完成了统一的德国抓住第二次工业革命的机遇，实现了经济的飞跃性发展。到 20 世纪五六十年代，德国先后超越英国和法国，成为当时世界第二经济强国。"德国制造"大量走向世界，德国的机械设备、化学制品、电气和电子工程设备等遍布欧美、中国、印度和巴西等新兴市场，赢得"质量和信誉"口碑。以严谨、理性的工业精神和工业文化为核心的"工匠精神"成为德国精神的代名词。德国精神在工业文明的东渐中传递到古老的东方大国。1906 年 5 月，德国泰来洋行驻天津办事处经理喀佑斯到甘肃游历，时任兰州道台、甘肃洋务局总办的彭英甲正在甘肃兴办近现代意义上的工厂。两人接触后达成在兰州黄河上修建一座桥梁的口头协议。后经工程师勘测，德方认为"黄河水性，虽云湍急，若如所议章程架修铁桥，甘愿保固八十年"。9 月，甘肃洋务总局与德国泰来洋行正式签订包括建桥的一切材料、零部件均从德国进口等条款在内的黄河铁桥包修合同。历时 3 年至 1909 年 8 月 19 日，黄河上第一座真正意义上的现代桥梁"兰州黄河铁桥"竣工通行（1928 年为纪念孙中山先生改名"中山桥"，沿用至今）。值得一提的是，1989 年铁桥保固期满后，德国有关方面曾致函兰州市政府，询问铁桥的状况，同时申明合同到期，并寄来了该桥的详细设计图纸及维护资料，德国人的工匠精神和契约精神深深震撼了处在快速工业化中的中国，与中国精神形成共振。

党的十九大指出："建设知识型、技能型、创新型劳动者大军，弘扬劳模精神和工匠精神，营造劳动光荣的社会风尚和精益求精的敬业风气"。① 新时代的"工匠精神"包括爱岗敬业的职业精神、精益求精的品质精神、协作共进的团队精神、追求卓越的创新精神，其中爱岗敬业的职业精神是根本，精益求精的品质精神是核心，协作共进的团队精神是要义，追求卓越的创新精神是灵魂。我国是世界制造业大国，但制造业总体而言大而不强，实现制造业转型升级迫在眉睫。加快建设

---

① 《习近平谈治国理政》第 3 卷，外文出版社 2020 年版，第 24 页。

制造强国，加快发展先进制造业，关键在于提高创新能力，培育劳动者追求完美、勇于创新的精神。习近平强调，要在全社会弘扬精益求精的工匠精神，激励广大青年走技能成才、技能报国之路。劳动者素质对一个国家、一个民族发展至关重要，是支撑中国制造、中国创造的重要基础，对推动经济高质量发展具有重要作用。当前，我国正处在从工业大国向工业强国迈进的关键时期，培育和弘扬严谨认真、精益求精、追求完美的工匠精神，对于建设制造强国具有重要意义。

## 2. 互补交融关系

文化是国家精神的母体，国家精神是文化的魂灵。国家精神在文化交流中互补交融的关系，在人类文明史上屡见不鲜，中国精神的塑形和发展，也与不同民族国家精神互补交融，密切关联。

佛教源出于印度，是印度各民族和当代印度国家精神的显著标识之一。佛教大约在东汉时期传入中国。佛教初传入时，因时值中国社会稳定并未引起重视，并且还受到某些限制。东晋南北朝时期，我国出现了民族大分裂、社会大动乱，人民生活极其痛苦，现实生活的转变为佛教大放光明、迅速传播奠定了基石。

316 年西晋王朝覆灭后，经过"五胡十六国"的战乱，由鲜卑族奴隶主在黄河流域建立北魏王朝。在封建化过程中，虽然北魏王朝创立了以"均田制"为形式的封建农奴制，暂时稳定了社会生产秩序，但在以鲜卑贵族和汉族大地主联合而形成的门阀等级制下，人民苦难生活更甚。鲜卑统治者为维护统治，以"佛是戎神、正所应奉"为名，大肆提倡。而在南方，由北方逃亡士族建立的偏安王朝，政治上强化门阀制度，经济上加紧奴役剥削，致使"民不堪命""人人厌苦、家家思乱"，而统治者原以倚仗的"玄学"难以调整社会危机和阶级矛盾。为寻找新的救世良药，统治者需要更有效的"柔化人心"的精神武器，佛教善于把粗俗的宗教迷信和精巧的哲学思辨相结合的特点，正好迎合了统治者的新的需要。宋文帝刘义隆说："六经典文，本在济俗为政，必求性灵真奥，岂得不以佛理为指南耶？……佛法汪汪，尤为名理，并足以开奖人意。若使率土之滨，皆纯此化，则吾坐致大平，夫复何事？"[1]很显然，"佛法汪汪"能够"开奖人意"的"名理"，契

---

① 肖萐父、李锦全主编：《中国哲学史》(上卷)，人民出版社 1982 年版，第 413 页。

合了"六经典文"的"济俗为政"的统治阶级需要，在"必求性灵真奥"一致性上，使得统治者终于在504年正式宣布佛教为国教。

佛教本为西域一民族之宗教，因其契合东方社会之需要，在不同民族文化交流中互补交融，继而成为另一民族文化之一部分，在相当长一段时期影响着这一民族的文化精神之塑形。

### 3. 竞争交锋关系

在当代，传承弘扬中国精神，离不开与当今世界其他国家精神的交流，有时是交锋竞争的关系，尤其是与西方资本主义国家建立在私有制基础上的民族国家精神的竞争交锋。作为当下共时态的"中国精神"和"美国精神"，在不同的层面上，自然存在着交流互鉴和互补交融的关系，但整体而言，"中国精神"与"美国精神"还存在着一种更为复杂的竞争交锋关系。

美国精神本质上是一种以私有制为基础的资本主义精神，它反映了美国资产阶级统治集团的价值观。作为资产阶级的精神，美国精神就是资产阶级"按照自己的面貌为自己创造出一个世界"的缩影，它"使未开化和半开化的国家从属于文明的国家，使农民的民族从属于资产阶级的民族"①。可以说美国精神从骨子里渗透着一种"唯我独尊"和"美国优先"的傲慢。

中国精神与美国精神有什么不同和差异，这也是一个难以用三言两语讲清楚的话题。我们可以从多层次做一番管中窥豹的功夫，如中国精神的集体主义与美国精神的个人主义的差异，中国精神的"协和万邦"与美国精神的"领导世界"的差异，以及与此相关联的在经济、政治、文化、国家安全等各方面的差异与竞争。尽管我们并不认同塞缪尔·亨廷顿的"文明冲突论""文明间大战"，但他关于美国文化与中国文化的差异及其行为方式的不同，一定程度上还是反映了美国精神与中国精神的竞争交锋关系。"国际环境的变化使亚洲文明和美国文明之间的文化差异显现出来。在最广泛的层面上，盛行于众多亚洲社会的儒家精神强调这样一些价值：权威、等级制度、个人权力和利益居次要地位、一致的重要性、避免正面冲突，'保全面子'，以及总的说来，国家高于社会，社会高于个人。

---

① 《马克思恩格斯选集》第1卷，人民出版社2012年版，第404-405页。

此外，亚洲人倾向于以百年和千年为单位来计算其社会的演进，把扩大长远利益放在首位。这些态度与美国信念的首要内容形成了对照，即自由、平等、民主和个人主义，以及美国人倾向于不信任政府、反对权威、赞成制衡、鼓励竞争，崇尚人权，倾向于忘记过去，忽视未来，集中精力尽可能扩大眼前利益。""在即将到来的时代，要避免文明间大战，各核心国家就应避免干涉其他文明的冲突。但事实是，一些国家，特别是美国，毫无疑问会认为这一点是难以接受的。"①当然，当代中国也不再是以"儒家精神"为核心治理国家，但鉴于美国政治精英对马克思主义和共产主义的仇视，对中国社会制度的"恐惧"，美国精神与中国精神的竞争冲突关系恐难在短时间内发生根本改变。中美意识形态、社会制度、历史文化不同，这是客观事实，谁也不可能改变对方，正确的做法是在相互尊重基础上，共同寻找两个大国在这个星球上和平共处之道。中美关系最终应该只寻求这样一种前途，也只有这样一条路可走。②

### （三）中国精神的层次关系

实现中国梦必须弘扬中国精神。经过几千年的沧桑岁月，把我国 56 个民族、14 亿人紧紧凝聚在一起的中国精神，是凝心聚力的兴国之魂、强国之魂。中国精神是一个整体，犹如一棵古老而又生机勃勃的"千年参天大树"，"大树的根系"就是历史与现实交汇而成的"以爱国主义为核心的民族精神，以改革创新为核心的时代精神"③；"大树的主干"是承载着中华民族伟大复兴初心和使命的"中国共产党人精神"，贯穿其中的是"伟大建党精神"；而"大树的枝叶"则是中国共产党领导的人民创造的、如同满天星辰的中国共产党人精神成果。

一个民族、一个国家的精神是有历史底蕴和时代气息的。中国精神的历史底蕴就是以爱国主义为核心的民族精神。习近平 2012 年 11 月 29 日在参观《复兴之路》展览时讲话指出："近代以后，中华民族遭受的苦难之重、付出的牺牲之大，在世界历史上都是罕见的。但是，中国人民从不屈服，不断奋起抗争，终于掌握

① ［美］塞缪尔·亨廷顿：《文明的冲突与世界秩序的重建》，新华出版社 2010 年版，第 201、292 页。
② 王毅应约同美国国务卿布林肯通电话，2021 年 8 月 17 日，新华社。
③ 《习近平谈治国理政》第 1 卷，外文出版社 2018 年版，第 40 页。

了自己的命运，开始了建设自己国家的伟大进程，充分展示了以爱国主义为核心的伟大民族精神。"①2013 年 10 月 21 日，在欧美同学会成立 100 周年庆祝大会上，习近平又指出："希望大家坚守爱国主义精神。在中华民族几千年绵延发展的历史长河中，爱国主义始终是激昂的主旋律，始终是激励我国各族人民自强不息的强大力量。不论树的影子有多长，根永远扎在土里；不论留学人员身在何处，都要始终把祖国和人民放在心里。"中国精神从历史走来，深深扎根于中华大地，扎根于中华民族的精神世界，扎根于千百年来中华各民族人民心里。以爱国主义为核心的民族精神只有与时代相适应，同时代相呼应才能具有强大的生命力。中国共产党是爱国主义精神最坚定的弘扬者和实践者，始终把实现中华民族伟大复兴作为自己的历史使命。100 多年来，中国共产党团结带领全国各族人民进行的革命、建设、改革实践，是爱国主义的伟大实践，写下了中华民族爱国主义精神的辉煌篇章，创造了回应时代要求的以改革创新为核心的时代精神。我们"要认真汲取中华优秀传统文化的思想精华和道德精髓，大力弘扬以爱国主义为核心的民族精神和以改革创新为核心的时代精神，深入挖掘和阐发中华优秀传统文化讲仁爱、重民本、守诚信、崇正义、尚和合、求大同的时代价值，使中华优秀传统文化成为涵养社会主义核心价值观的重要源泉"②。中国精神既是历史的也是现实的，弘扬以爱国主义为核心的民族精神和以改革创新为核心的时代精神具有高度一致性，它们共同构成了中国精神的基础。

中国共产党是马克思主义政党，是中国无产阶级的政治代表，以实现共产主义为最终目标。中国共产党是中国工人阶级的先锋队，同时是中国人民和中华民族的先锋队。在一百年的非凡奋斗历程中，中国共产党承继以爱国主义为核心的民族精神，传承弘扬伟大创造精神、伟大奋斗精神、伟大团结精神和伟大梦想精神，形成了以"伟大建党精神"为核心的"中国共产党人精神"③。中华民族精神是

---

① 习近平：《论中国共产党历史》，中央文献出版社 2021 年版，第 1 页。

② 习近平：《在十八届中央政治局第十三次集体学习时的讲话》2014 年 2 月 24 日。

③ "中国共产党人精神"是在理论界关于"中国共产党的精神谱系"的研究讨论中提出的新概念，它与中国精神、中华民族精神、伟大建党精神和中国共产党人的精神谱系的关系的阐释，参见了《如何理解中国共产党人的精神谱系、中国精神与中华民族精神三者之间的关系?》(《学习时报》2021 年 8 月 16 日）。

全国各族人民共同的基因标识，是滋养中国共产党人精神的沃土。中国共产党人精神具有鲜明的民族性，共产党人爱国、奉献、英勇斗争等优良作风与中华民族精神高度契合。如果没有中华民族精神的长久积淀，全国各族人民不可能在国家民族危亡艰险时刻，迅速团结在党的周围，也不可能在关键时刻万众一心、共克时艰，披荆斩棘地开辟新的伟大征程。中华民族精神为共产党人提供了源源不断的动力支撑，是中国共产党人精神不断发展完善的本源力量。中国共产党人精神是中华民族精神的时代成果。近代以来，在中国共产党的带领下，中华各族人民空前团结，在伟大革命精神的激发下，民族意识空前觉醒，完成了从民族自为到民族自觉的转变，迸发出伟大的爱国主义民族精神。中华人民共和国成立后，中国共产党作为社会主义现代化建设的开启者和中国特色社会主义道路的开辟者，不断推动马克思主义中国化，开辟改革开放的伟大实践，开启消灭绝对贫困、脱贫攻坚的伟大事业，赋予中华民族精神新的生机活力。中国共产党人精神是中华民族精神独立的显著标识，不仅重塑升华了中华民族精神，而且不断激发着民族精神的创造力。

中国共产党人精神具有整体性和发展性。习近平在庆祝中国共产党成立100周年大会上的讲话，首次提出坚持真理、坚守理想，践行初心、担当使命，不怕牺牲、英勇斗争，对党忠诚、不负人民的"伟大建党精神"，并指出伟大建党精神是中国共产党人的精神之源。伟大建党精神集中反映了共产党人的理想信念、性质宗旨和意志品格，谱写了中国共产党人精神谱系的伟大开篇，鲜明揭示了党的精神谱系的核心理念。伟大建党精神是中国共产党人的价值源泉，集中表达了中国共产党人的价值追求。其中，坚持真理、坚定理想，讲的是党的信仰信念；践行初心、担当使命，讲的是党的宗旨责任；不怕牺牲、英勇斗争，讲的是党的品格风骨；对党忠诚、不负人民，讲的是党员的操守品德。这些精神元素，从我们党诞生那一刻起，就注入了党的基因和血脉，打下了永久的烙印。可以说，伟大建党精神揭示了中国共产党最基本的世界观和方法论，贯穿于中国共产党人全部思想和行动，是中国共产党创造的所有革命精神的核心内涵。伟大建党精神集中反映了中国革命、建设和改革的规律性要求，体现了中国共产党全部实践活动的鲜明特征，是中国共产党人一切奋斗的基本特点。

伟大建党精神与中国共产党创造的"中国共产党人的精神谱系"形成了源与

流的关系。中国共产党百年的非凡奋斗历程是党的精神谱系的生成过程，以革命烈士、英雄人物和先进模范为代表的一代又一代的共产党人是实现主体，在革命、建设和改革时期锻造的伟大精神是具体表现，共同构成了一个相对完整的体系。伟大建党精神是中国共产党人精神谱系的"经脉"，中国共产党一百年来在奋斗中构建的中国共产党人的精神谱系，则是中国共产党人精神的具体体现，它们如同满天繁星，点缀着中国精神的耀眼光芒。建党初期，中国共产党自身条件非常有限，力量也非常薄弱，党就是靠精神武装、思想建设这个强有力的武器，坚守住理想信念，使自己由弱变强、由小变大，涌现出井冈山精神、长征精神、遵义会议精神、延安精神、西柏坡精神、红岩精神、抗美援朝精神、抗洪精神、抗震救灾精神、抗疫精神等伟大革命精神和斗争精神。在社会主义革命和建设时期，在改革开放新时期和中国特色社会主义新时代，中国共产党人面对各种风雨挑战、艰难险阻，始终没有忘记自身的思想建设，不断进行自我革命，始终贯彻伟大建党精神，铸造起雷锋精神、焦裕禄精神、大庆精神、"两弹一星"精神、特区精神、女排精神、抗洪精神、抗击"非典"精神、抗震救灾精神、载人航天精神、劳模精神、劳动精神、工匠精神、科学家精神、脱贫攻坚精神等伟大建设精神。中国共产党人的精神谱系，因形成的历史时期、时代背景不同，面对的环境、困难和敌人不同，服务的使命任务不同，因而具有鲜明的时代特征，铭刻着每一代共产党人艰辛奋斗的烙印。革命战争年代，为探索革命道路，在艰苦环境下与敌人进行残酷斗争，强调坚定理想、实事求是、独立自主、依靠群众、艰苦奋斗；在社会主义建设时期，强调自力更生、艰苦创业、无私奉献；在改革开放时期，强调敢为人先、解放思想、开拓创新；面对重大自然灾害和重大疫情时，强调万众一心、尊重生命、尊重科学，等等。但认真分析每一种精神，都能领略到中国共产党人对信仰和真理始终如一的坚守，危难之时挺身而出、义不容辞的使命担当，不畏强敌、不怕牺牲的斗争精神，对党和人民的无比忠诚。伟大建党精神始终是贯穿于中国共产党人精神谱系的一条红线，为一代代中国共产党人提供了源源不断的精神滋养。①

中国共产党人精神是一个有机体，具有强大的生机活力。随着新时代伟大斗

---

① 《伟大建党精神的深邃意蕴》，《解放军报》2021年8月11日。

争、伟大工程、伟大事业、伟大梦想的全面推进，以"伟大建党精神"为核心理念的党的精神谱系将会不断发展完善。中国共产党人精神是当代中国最伟大的精神力量，是凝聚民族复兴的最重要的精神动力，是中国精神的时代篇章。中国共产党人精神谱系，跨越时空、历久弥新，集中体现了党的坚定信念、根本宗旨、优良作风，凝聚着中国共产党人艰苦奋斗、牺牲奉献、开拓进取的伟大品格，深深融入我们党、国家、民族、人民的血脉之中，为我们立党兴党强党提供了丰厚滋养。这一系列伟大精神，蕴含着我们"从哪里来、到哪里去"的精神密码，过去是、现在是、将来仍然是我们党的宝贵精神财富。

# 第五章　中国精神之灵魂

马克思主义是无产阶级和广大劳动人民的世界观和思想武器，是共产党人的精神旗帜。马克思主义的诞生"犹如壮丽的日出，照亮了人类探索历史规律和寻求自身解放的道路。"马克思主义不仅深刻改变世界，也深刻改变了中国。"自从中国人学会了马克思列宁主义以后，中国人在精神上就由被动转入主动。"[1]中国共产党在把马克思主义基本原理同中国具体实际、中华优秀传统文化相结合的过程中，形成了毛泽东思想、邓小平理论、"三个代表"重要思想、科学发展观、习近平新时代中国特色社会主义思想，不断开创当代中国马克思主义和 21 世纪马克思主义新境界。马克思主义是我国立党立国的思想基础，是社会主义意识形态的旗帜和灵魂，坚持马克思主义在意识形态领域指导地位的根本制度具有理论逻辑、实践逻辑和价值逻辑的必然性。从这个意义上说，马克思主义必然成为中国精神的灵魂和指导思想，决定中国精神的本质属性和发展方向。

## 一、马克思主义是"人类精神的精华"

马克思主义"源于那个时代又超越了那个时代，既是那个时代精神的精华又是整个人类精神的精华"[2]。之所以屹立于人类思想领域的制高点上，迄今为止

---

[1]　《毛泽东选集》第四卷，人民出版社 2018 年版，第 7 页。
[2]　习近平：《在纪念马克思 200 周年诞辰大会上的讲话》，人民出版社 2018 年版，第 7 页。

它依然是社会科学的难以逾越的高峰，在于它以其完整而彻底的科学体系正确揭示了自然界、人类社会和思维发展的最一般规律；马克思主义也科学阐述了思想、观念、精神的本质及其形成机制，为弘扬和发展中国精神提供了正确的立场、观点和方法，对中国精神发挥着理论支撑和价值导向的作用，决定着中国精神的根本性质和发展方向。

### (一)马克思主义具有强大的生命力

被誉为"最壮丽日出"的马克思主义诞生于19世纪40年代。这一科学理论体系，是由无产阶级伟大导师马克思和恩格斯共同创立的。1848年2月《共产党宣言》的发表是马克思主义诞生的标志。马克思、恩格斯在此后的实践中，又发表了包括《资本论》在内的大量科学著作，进一步发展了他们所创立的科学理论。马克思主义，从其理论形态来说，是马克思、恩格斯及其后继者的观点和学说的体系，是无产阶级及其政党完整而彻底的世界观，是"关于无产阶级解放的条件的学说"。

纵观《共产党宣言》发表170多年以来的历史，对人类历史发展进程的改变和推动之巨大，对人类社会进步的影响之深远，是任何一种理论、学说都不能与马克思主义相比拟。尽管时代发展波澜壮阔，但马克思主义依然是时代的精华和旗帜；尽管人类历史风云变幻莫测，但发展的总趋势并没有超出马克思主义所揭示的基本规律。"马克思主义是在批判吸收人类全部知识的基础上产生并且随着时代、实践和科学的发展而不断丰富发展的，是人类迄今为止最先进的思想理论体系。"①马克思主义之所以始终保持旺盛的生命力，不仅在于它具有科学的精神内核，集中展现为无产阶级及其政党完整而彻底的世界观，展现了与时俱进的理论品格，而且还在于其始终指向实践的本质特征。更重要的是，马克思主义立场观点方法，是马克思主义科学思想体系的精髓所在，贯穿于马克思列宁主义、毛泽东思想、中国特色社会主义理论体系和习近平新时代中国特色社会主义思想之中。

---

① 中共中央文献研究室：《十七大以来重要文献选编》中册，中央文献出版社2011年版，第253页。

其一，马克思主义的生命力来自其科学性。马克思、恩格斯既批判地继承了人类所创造的精神文明成果，"凡是人类社会所创造的一切，他都有批判地重新加以探讨，任何一点也不能忽略过去；凡是人类思想所建树的一切，他都放在工人运动中检验过，重新加以探讨，加以批判"，① 马克思主义科学理论体系包括三个主要组成部分，即马克思主义哲学、马克思主义政治经济学和科学社会主义。马克思主义哲学是关于自然界、人类社会和思维发展的最一般规律的科学，是无产阶级认识、改造自然和社会的科学世界观和方法论，是马克思主义全部学说的理论基础；马克思主义政治经济学是研究社会生产关系及其发展规律的科学，是马克思主义理论最深刻、最全面、最详细的证明和运用；科学社会主义是关于无产阶级解放条件及发展规律的学说，是建设社会主义、最终实现共产主义社会制度的科学理论，是马克思主义哲学和政治经济学的落脚点和归宿，是马克思主义思想体系的核心。这三者相互联系，相互贯通，构成一个不可分割的有机整体。然而，马克思主义整体性离不开马克思主义基本原理。只有经过人类社会发展实践和自然科学发展的实践检验了的，而又长期有效的基本观点和理论，才称得上是马克思主义的基本原理。其基本原理包括如下方面：关于客观世界相互联系、相互作用和运动发展的一般规律；关于人类实践活动及其发展规律的原理；关于人类社会形态由低级向高级演进及其发展规律的原理；关于生产力和生产关系、经济基础和上层建筑的辩证统一的原理；关于阶级、阶级斗争、阶级分析和无产阶级专政的原理；关于人民群众是历史主体和历史创造者的原理；关于剩余价值学说和资本主义发展规律的原理；关于社会主义历史必然性和工人阶级历史使命的原理；关于工人阶级政党学说和在执政条件下加强党的建设的原理；关于人的全面发展和建设共产主义社会的原理等，如同"一整块钢"铸成了马克思主义宏伟的理论大厦。这些基本原理深刻阐明，马克思主义是关于工人阶级、劳动人民和全人类解放的科学的思想体系，为人们观察和分析事物、认识和改造世界，提供了一种崭新而深刻的世界观，指明了人类社会的前进方向。正如列宁所说："马克思学说具有无限力量，就是因为它正确。"②"它把伟大的认识工具给

---

① 《列宁选集》第 4 卷，人民出版社 2012 年版，第 284-285 页。
② 《列宁选集》第 2 卷，人民出版社 2012 年版，第 309 页。

了人类，特别是给了工人阶级。"①

其二，马克思主义是人民的理论，创立了人民实现自身解放的思想体系。人民性是马克思主义最鲜明的品格。马克思、恩格斯在《共产党宣言》中就庄严宣布这一鲜明的政治立场："过去的一切运动都是少数人的或者为少数人谋利益的运动。无产阶级的运动是绝大多数人的、为绝大多数人谋利益的独立的运动。"②坚持马克思主义立场，就是要坚持一切为了人民、一切相信人民、一切依靠人民。"马克思主义坚持实现人民解放、维护人民利益的立场，以实现人的自由而全面的发展和全人类解放为己任，反映了人类对理想社会的美好憧憬。"③正因为这样，马克思主义才成为对人民大众最有吸引力的强大思想武器。马克思主义这一坚定的立场，贯穿于其理论创造的全程，也展现于实现其崇高社会理想的全程。马克思主义是在回答和解决人类解放面临的重大问题中创造出来的，并且在思想理论的创作中始终坚持人民是历史创造者的观点，始终秉承为人民提出理论的情怀，始终聚焦人民的实践创造，把个人的思想体系的创造与人类解放紧紧联系在一起。可以说，马克思把自己毕生的使命定位于为人类解放而奋斗、改变无产阶级受剥削受压迫的命运。为此，马克思不只是深入地解剖了资本主义社会的有机体，也义无反顾投身于工人运动，创建了世界上第一个无产阶级政党，领导了世界上第一个国际工人组织，支持世界上第一次工人阶级夺取政权的革命。因此，马克思主义不是远离人民大众的纯粹的学术理论，而是为人民大众立言和代言的思想体系。在马克思之前，社会上占统治地位的理论都是为统治阶级服务的，马克思主义是第一个真正站在人民立场上想问题、找出路、干事业的理论，马克思主义是为无产阶级解放而形成的，目的也是为绝大多数人谋利益的。更为关键的是，马克思主义对人民根本利益的维护没有落脚于抽象的说教，而是把价值理想的实现与现实利益联系起来，把经济发展作为对人民关怀的起点，把现实的物质生产及其条件当作关怀的前提，把对人民的深情置于物质实践和经济发展的基础之上，从社会经济发展出发真实具体地关怀人民大众。马克思主义鲜明的

---

① 《列宁选集》第 2 卷，人民出版社 2012 年版，第 311 页。

② 《马克思恩格斯文集》第 2 卷，人民出版社 2009 年版，第 42 页。

③ 习近平：《在哲学社会科学工作座谈会上的讲话》，《人民日报》2016 年 5 月 19 日。

人民立场，还体现在它把无产阶级解放与全人类解放设置为同一个过程。马克思主义的基本逻辑是：通过对资本主义现有秩序的批判和无产阶级的革命运动，求得无产阶级的阶级自由，然后再到实现全人类的解放，最终实现每个人的自由全面发展。人类解放的实践主题表明，马克思主义是超越单一地区或国家的理论体系，其全部理论都立足于实现和维护最广大人民的根本利益，把谋求全人类解放、幸福以及人的全面发展作为最高价值追求，体现的是对人类的根本关怀，占据了实现人类美好理想、促进人类社会进步的道义制高点，从而具有跨越国度、跨越时代的影响力，成为"人类精神的精华"。

其三，马克思主义的生命力还在于其实践性。在美国和欧洲相继深陷资本主义市场经济系统性危机的当下，西方出现了"重新发现"马克思理论的现象。虽然马克思辞世距今有130余年，但马克思仍然"在场"。当下世界正处于他所预言并深刻分析了的资本主义金融危机之中，即恩格斯所言的："我们至今还忍受着马克思预言过的这些事变后果所带来的苦难。"①早在100多年前，马克思主义就深刻揭示了资本主义经济危机的根源和实质。在2008年爆发的国际金融危机中，许多西方国家经济持续低迷、两极分化加剧、社会矛盾加深，说明资本主义固有的生产社会化和生产资料私人占有之间的矛盾依然存在，其表现形式、存在特点有所不同，但从根本上说并未超出马克思主义对资本主义经济危机的理论判断和精辟分析。也正因为如此，西方一些学者充分强调马克思理论如剩余价值理论、垄断竞争理论等在现今的时代性、现实性和实践性，并用相近的话语宣告："马克思还活着"，"马克思是我们当中的一员"，"马克思仍是我们的同时代人"；认为马克思"哲学、史学、经济学和政治学体系"是现在和未来的"精神支架"。②坚持"只要资本主义存在，马克思的著作就值得阅读"观点的人在持续增多，甚至一些并不赞同马克思主义的人也承认，马克思主义是分析问题、解决问题的"金钥匙"。就连一些西方政要也成了《资本论》的"热情读者"，希望从中找到危机的病症之根和解救之道，以"重塑资本主义"。历史一再印证着马克思的名言："最

① 《马克思恩格斯文集》第3卷，人民出版社2009年版，第99页。
② ［英］戴维·麦克莱伦：《马克思传（第4版）》，中国人民大学出版社2008年版，第439-440页。

好是把真理比作燧石——它受到的敲打越厉害，发射出的光辉就越灿烂。"①也正因为马克思主义超越时代的阐释力，马克思被评为全球"千年思想家""最伟大的哲学家"当属情理之中。

其四，马克思主义是不断发展的开放的理论。马克思主义作为无产阶级认识世界和改造世界的理论武器，它并未结束真理，而是为真理的发展开辟了更加广阔的道路。马克思在本源、本体和终极意义上提出的一个观点，即"思想没有独立的历史"，只能伴随实践的发展而发展。也就是说，思想理论源于实践，因而只能在与实践相统一的过程中发展。没有离开实践发展的理论发展。② 这就决定了它的主要特征是科学性与革命性的统一、理论与实践相结合，决定了它必然不断创新发展。马克思当年就明确宣布，"我不主张我们竖起任何教条主义的旗帜"，"我们不是以空论家的姿态，手中拿了一套现成的新原理向世界喝道：真理在这里，向它跪拜吧！"③因此，只有从立场、观点、方法的统一中把握马克思主义的精髓和实质，才能完整准确地掌握和运用马克思主义。掌握和坚持马克思主义，最根本的是坚持和运用其立场观点方法研究解决实际问题。真正的马克思主义者，必须用科学的态度对待马克思主义，既坚决反对轻视和背离马克思主义的错误倾向，又反对教条式地对待马克思主义和静止地孤立地研究马克思主义的错误倾向。他们总是善于根据变化了的情况，遵循马克思主义基本原理，不断对重大理论和实践问题作出新的回答，不断开辟了马克思主义发展的新境界。

### (二) 马克思主义具有与时俱进的品质

马克思主义横空出世于 19 世纪，却在尔后风云激荡的实践发展中不断创新发展；虽然产生于欧洲，但却跨越欧洲，其影响波及整个世界。马克思主义一经产生，就与各国工人运动相结合，兴起了国际共产主义运动，极大地推动了最广大人民的解放事业。"马克思主义的伟大力量，就在于它是和各个国家具体的革

---

① 《马克思恩格斯全集》第 1 卷，人民出版社 1995 年版，第 174 页。

② 张澍军：《马克思理论世界观形成轨迹论要》，东北师范大学出版社 2002 年版，第 15 页。

③ 《马克思恩格斯全集》第 1 卷，人民出版社 1995 年版，第 418 页。

命实践相联系的。"①

　　列宁主义是帝国主义和无产阶级革命时代的马克思主义。19 世纪末 20 世纪初，自由资本主义进入垄断阶段即帝国主义阶段。矛盾丛生且日益激化，直至爆发第一次世界大战。战争不仅加剧了资本主义国家的危机，更使人民群众陷入困苦境地。新的时代境遇向无产阶级政党提出了新的任务。正确地分析时代的新变化，科学地制定无产阶级革命的纲领、路线、方针和策略，把马克思主义推向前进，成为马克思主义者面临的新的重大课题。列宁把马克思主义基本原理与时代特征和俄国的具体实际相结合，创造性地分析和解决了帝国主义和无产阶级革命时代提出的一系列新课题，在此基础上，发展了马克思、恩格斯关于无产阶级革命和无产阶级专政理论，创建了新型的无产阶级政党学说和帝国主义理论，尤其是创造性地把马克思主义从"共同胜利"理论推进到"一国或几国首先胜利"理论，并使社会主义由理论变为现实，开创了世界历史的新纪元。在十月革命胜利后，列宁并未停下探索创新的步伐，提出了关于经济文化落后的国家可以建设社会主义的理论以及用新经济政策"迂回过渡"到社会主义的方法，着力构想如何建设社会主义。比如，第一，社会主义必须创造出比资本主义更高的劳动生产率。第二，无产阶级在夺取政权以后要实现党和国家工作重心从革命到建设的转变。第三，通过合作引导农民走向社会主义。第四，过渡时期必须利用商品货币关系。第五，必须利用资本主义文明成果建设社会主义。第六，社会主义必须高度重视文化建设。第七，加强国家政权建设，有步骤地发展社会主义民主。第八，必须加强执政党建设，等等。这些思想都深化了对马克思主义基本原理的理解，把马克思主义发展推进到了新的阶段——列宁主义阶段。

　　近代中国，面对山河破碎、亡国灭种的危局，诸多主义和主张先后出场，但都昙花一现，很快走向破灭；多少救亡图存的道路和方式都进行试验、探索，但均遭受碰壁、失败的命运。十月革命一声炮响，给中国送来了马克思列宁主义。这一理论犹如壮丽的日出，照亮了中国人民探索历史规律和寻求自身解放的道路。正如瞿秋白所说，"听着俄国旧社会崩裂的声浪，真是空谷足音，不由得不

---

① 《毛泽东选集》第 2 卷，人民出版社 1991 年版，第 534 页。

动心。"①饱经磨难和上下求索，中国人民终于选择了马克思主义这个科学真理。100 年来，中国共产党人以马克思主义为旗帜，创造性地解决了马克思列宁主义基本原理同中国实际相结合的一系列重大问题，科学阐明了自己奋斗目标和行动纲领，经过艰苦卓绝的奋斗，在革命、建设和改革的历史进程不断走向胜利，创造了辉煌的历史篇章，实现了马克思主义中国化的历史性飞跃，形成了毛泽东思想、邓小平理论、"三个代表"重要思想、科学发展观、习近平新时代中国特色社会主义思想，并不断推进马克思主义中国化时代化取得了丰硕成果，使马克思主义在中国得以不断创新发展。这既是坚持和发展马克思主义的重要经验，也是不断开拓马克思主义新境界的必然要求。中国以自己成功发展的事实，生动地展现了马克思主义的巨大力量。

以毛泽东为主要代表的中国共产党人在领导中国人民进行长期革命斗争中，实现了马克思列宁主义和中国实践相结合的第一次历史性飞跃，创立了毛泽东思想。毛泽东思想是马克思列宁主义在中国的运用和发展，是被实践证明了的关于中国革命和建设的正确的理论原则和经验总结，是中国共产党集体智慧的结晶。

改革开放以后，邓小平以非凡的政治勇气和智慧，把马克思主义中国化时代化推向了一个新的境界，提出了中国特色社会主义理论。1982 年 9 月，在党的十二大开幕词中，邓小平首次提出"把马克思主义的普遍真理同我国的具体实际结合起来，走自己的道路，建设有中国特色的社会主义，这就是我们总结长期历史经验得出的基本结论"。自此以后，建设中国特色社会主义成为中国社会发展的伟大旗帜。邓小平集中探索了"什么是社会主义，怎样建设社会主义"这一马克思主义中国化的新课题，深刻把握了中国特色社会主义理论体系的重大战略思想。党的十三大以"沿着有中国特色的社会主义道路前进"为主题，对中国特色社会主义认识的一系列基本理论作了概括。1992 年初，邓小平视察南方的重要谈话，全面而系统地总结了中国特色社会主义建设的主要经验和基本规律，对中国特色社会主义理论体系做了新的阐述。党的十五大以邓小平理论来概括和命名该理论成果。

以江泽民为主要代表的中国共产党人带领全党全国各族人民，继承、发展中

---

① 《瞿秋白文集·文学编》第 2 卷，人民文学出版社 1986 年版，第 248 页。

国特色社会主义伟大事业并把它成功地推向 21 世纪。从党的十三届四中全会到党的十六大，受命于重大历史关头的党的第三代中央领导集体，高举邓小平理论伟大旗帜，坚持改革开放、与时俱进，在国内外政治风波、经济风险等严峻考验面前，依靠党和人民，捍卫中国特色社会主义，创建社会主义市场经济体制，开创全面开放新局面。特别是在世纪之交，江泽民积极推进党的建设新的伟大工程，在建设中国特色社会主义的伟大实践中，加深了对什么是社会主义、怎样建设社会主义和建设什么样的党、怎样建设党的认识，积累了治党治国新的宝贵经验，形成了"三个代表"重要思想，引领改革开放的航船沿着正确方向破浪前进。

党的十六大以来，以胡锦涛为主要代表的中国共产党人，坚持以邓小平理论和"三个代表"重要思想为指导，顺应国内外形势发展的新变化，抓住重要战略机遇期，发扬求真务实、开拓进取精神，坚持理论创新和实践创新，深刻认识和回答了实现什么样的发展、怎样发展等重大问题，形成了以人为本、全面协调可持续发展的科学发展观，推进了中国特色社会主义理论体系的新发展。

党的十八大以来，以习近平为主要代表的中国共产党人立时代之潮头、发思想之先声，顺应时代发展，把马克思主义基本原理同中国具体实际相结合、同中华优秀传统文化相结合，从理论和实践结合上创造性地回答了一系列时代之问、人民之问、历史之问、世界之问的基本问题，系统回答了新时代坚持和发展什么样的中国特色社会主义、怎样坚持和发展中国特色社会主义，建设什么样的现代化强国、怎样建设社会主义现代化强国，建设什么样的长期执政的马克思主义政党、怎样建设长期执政的马克思主义政党等重大时代课题，创立了习近平新时代中国特色社会主义思想。这一新思想深刻阐述了新时代坚持和发展中国特色社会主义的总目标、总任务、总体布局、战略布局和发展方向、发展方式、发展动力、战略步骤、外部条件、政治保证等基本问题，并作出了系统的回答，从理论和实践相结合的角度科学揭示中国特色社会主义在新的时代条件、新的发展阶段、新的历史方位的建设规律。党的十九届六中全会提出的"十个明确"深刻揭示习近平新时代中国特色社会主义思想的基本内涵与核心要义，从理论渊源、历史根据、本质特征、独特优势等多角度，深刻回答"新时代坚持和发展什么样的中国特色社会主义"这个重大的理论问题；"十四个坚持"从实践的路径、方略、步骤等方面深刻回答"新时代怎样坚持和发展中国特色社会主义"这个问题，对中国特色社会主义事业各方面进行具体谋划，为实现"两个一百年"奋斗目标、实现中华民族伟大复兴的中国梦提供了行动指南。

习近平新时代中国特色社会主义思想，体系严整、逻辑严密、内涵丰富、博大精深，闪耀着马克思主义真理光辉。这一思想贯通马克思主义哲学、政治经济学、科学社会主义，贯通历史、现实和未来，贯通改革发展稳定、内政外交国防、治党治国治军等各领域，既坚持了老祖宗，又讲了很多新话，使我们党对共产党执政规律、社会主义建设规律、人类社会发展规律的认识达到了新高度，为发展马克思主义作出了原创性贡献。习近平新时代中国特色社会主义思想，是新时代中国共产党的思想旗帜，是国家政治生活和社会生活的根本指针，是当代中国马克思主义、21世纪马克思主义。

中国特色社会主义理论体系，就是包括邓小平理论、"三个代表"重要思想、科学发展观、习近平新时代中国特色社会主义思想等在内的科学理论体系。这个理论体系，坚持和发展了马克思列宁主义、毛泽东思想，凝结了几代中国共产党人带领人民不懈探索实践的智慧和心血，是马克思主义中国化最新成果，是党最可宝贵的政治和精神财富，是全国各族人民团结奋斗的共同思想基础。中国特色社会主义理论体系是不断发展的开放的理论体系。真理来源于实践，又被实践所检验。历史和实践反复证明，"一切划时代的体系的真正的内容都是由于产生这些体系的那个时期的需要而形成起来的"[1]。《共产党宣言》发表以来170多年的实践证明，马克思主义只有与本国国情相结合、与时代发展同进步、与人民群众同命运，才能焕发出强大的生命力、创造力、感召力。"实践证明，马克思主义的命运早已同中国共产党的命运、中国人民的命运、中华民族的命运紧紧连在一起，它的科学性和真理性在中国得到了充分检验，它的人民性和实践性在中国得到了充分贯彻，它的开放性和时代性在中国得到了充分彰显！"[2]在当代中国，坚持习近平新时代中国特色社会主义思想，就是真正坚持马克思主义。

### （三）马克思主义对精神世界的构建

马克思曾说过，"任何真正的哲学都是自己时代的精神上的精华"，"是自己

① 《德意志意识形态（节选本）》，人民出版社2018年版，第91页。
② 习近平：《在纪念马克思200周年诞辰大会上的讲话》，《人民日报》2018年5月5日。

的时代、自己的人民的产物，人民最美好、最珍贵和最隐蔽的精髓都集中在哲学思想里"。① 事实上，马克思主义本身就是该时代在精神上的最高体现，而且是超越自己时代的精神上的精华。不但如此，马克思主义经典作家在阐述以时代精神和民族精神为内核的精神学说方面的深刻性，也是充分的证明。

马克思关于精神的思想虽未有专门的、系统的阐述，但其理论支撑和理论阐释是建立于辩证历史唯物主义的立场、观点和方法上。马克思、恩格斯对前人特别是黑格尔的思想进行了合理的"扬弃"，剔除了"时代精神""民族精神"等问题中的唯心主义、神秘主义成分，从多个角度对时代精神等内容进行了科学的概括。如在《费尔巴哈提纲》和《德意志意识形态》等经典文献中，不仅阐述了按照所有制形式划分时代的思想、意识的起源和发生问题、阶级社会意识形态的统治地位等观点，也还在基本立场和方法论上为我们正确把握时代精神提供了哲学依据。马克思、恩格斯深刻指出，时代精神在内容上主要是对时代主题的反映。因为作为一种特殊的社会意识，时代精神所反映的社会存在是一种特殊的社会存在，是一个时代的精神"共相"，这就是在一定时代具有普遍意义的问题，即时代主题。马克思曾有如是论述："一个时代所提出的问题，和任何在内容上是正当的因而也是合理的问题，有着共同的命运：主要的困难不是答案，而是问题。……问题就是时代的口号，它是表现自己精神状态的最实际的呼声。"②也就是说，只有那些能够"左右一切个人"的问题，才能成为时代的呼声。换言之，只有那些最本质、最普遍的问题才能成为时代精神关注的对象。这些理论观点为我们理解时代精神提供了丰厚的思想资源。

综合来看，在马克思主义理论视界中，历史不再是抽象的理性的历史，历史运动也不再是概念的思辨运动，而是属于人的现实的实践生活的过程。也即"每一个历史时代主要的经济生产方式和交换方式以及必然由此产生的社会结构，是该时代政治的和精神的历史所赖以确立的基础，并且只有从这一基础出发，这一历史才能得以说明"③。在此意义上，一定历史阶段的精神在内容上就是反映社

---

① 《马克思恩格斯全集》第 1 卷，人民出版社 1995 年版，第 219-220 页。
② 《马克思恩格斯全集》第 40 卷，人民出版社 1982 年版，第 289-290 页。
③ 《马克思恩格斯选集》第 1 卷，人民出版社 2012 年版，第 664 页。

会生产方式主要是经济结构的意识形态。因而，时代精神褪去了黑格尔式的神秘主义的外壳，"时代"不再是"思想中把握的时代"，而是人类物质生产和交往发展的不同历史阶段。时代精神也不再是"绝对精神"自我运动的环节，而是每一个时代的人们在共同的交往和实践中形成的一种特殊社会意识。马克思、恩格斯在《德意志意识形态》中指出："思想、观念、意识的生产最初是直接与人们的物质活动，与人们的物质交往，与现实生活的语言交织在一起的。人们的想象、思维、精神交往在这里还是人们物质行动的直接产物。表现在某一民族的政治、法律、道德、宗教、形而上学等的语言中的精神生产也是这样。"①基于实践交往基础上的时代精神成为一个客观概念，它在内容上反映一定时代的人们实践生活，它在发展上依赖于实践的发展。时代精神是一个时代的交往实践的产物，而不是相反。不同的时代存在不同的时代精神，黑格尔的时代精神内涵在马克思这里发生了根本性的转换。

马克思、恩格斯是从辩证唯物主义和历史唯物主义的视角审视时代精神和民族精神的。虽秉承了黑格尔的研究思路，但超越其唯心主义的哲学理念，坚持了黑格尔思想中的辩证法又扬弃了其唯心主义、神秘主义的成分。具体而言：第一，从社会存在决定社会意识这一基本原理出发，把时代精神看作是一种"客观精神"。第二，在实践基础上坚持了黑格尔思想中的辩证法，把时代精神看作是一种"历史能动精神"。第三，继承了黑格尔关于时代精神的"普遍性"理解，又强调了时代精神的先进性。在马克思、恩格斯看来，时代精神是历史时代的本质特征及其发展趋势在社会心理、群众情绪以及精神文化等方面的反映。它以整体性和普遍性的形式综合地表现了人们的共同愿望和要求，是思想体系反映社会经济关系和政治制度的一个重要环节。第四，将民族精神引入社会历史的变革中加以考察，揭示了作为一种历史现象的民族、民族精神和民族问题的本质，把民族精神与民族的生存与发展联系起来，将民族精神视为民族自觉和民族解放所必需的精神条件，从而为民族精神学说的形成奠定了基础。恩格斯深刻指出："每个时代的理论思维，以及我们时代的理论思维，都是一种不同历史产物，它在不同

---

① 《马克思恩格斯文集》第 1 卷，人民出版社 2009 年版，第 524 页。

的时代具有完全不同的形式，并因而具有非常不同的内容。"①这些基本思想，为我们进一步理解时代精神和民族精神的内涵，把握它们的精髓提供了方法论的依据。

总之，马克思主义以其强大的理论生命力和科学的阐释力而跨越时空之羁绊，对于审视和把握当今经济和社会诸领域发展、变化，对于推动这些领域的进步，仍具有无可估量的价值。因此，马克思主义决定着弘扬和发展中国精神的性质和方向，成为中国精神的灵魂。

## 二、坚持马克思主义在中国精神的指导地位

马克思主义是中国共产党的精神旗帜、力量之源。坚持马克思主义在意识形态领域的指导地位，是中国共产党一贯的理论主张和实践原则。党的十九届四中全会把马克思主义在意识形态领域的指导地位确立为根本制度，并将其列为社会主义先进文化制度建设的首要内容。这一根本制度的确立事关党和国家事业长远发展、事关中国特色社会主义文化的前进方向和发展道路，集中体现了党在领导文化建设长期实践中积累的成功经验和形成的方针原则。中国精神作为兴国强国之魂，是实现中华民族伟大复兴的不可或缺的精神支撑，坚持马克思主义在中国精神中的指导地位，具有严密的理论逻辑、丰富的实践逻辑和现实的价值逻辑，对运用马克思主义指导中国精神建设具有重大意义。

（一）坚持马克思主义在中国精神指导地位的理论逻辑

中国共产党坚定不移地坚持以马克思主义为指导，并使之制度化，最根本在于马克思主义具有科学性和真理性。

第一，坚持马克思主义在意识形态领域指导地位的根本制度，从根本上说，是源于其科学性和真理性。

（1）判断一种理论是否具有科学性，首先要看它是否真正地揭示了研究对象的发展规律。马克思主义的科学性主要体现在它揭示了人类社会发展的规律。马

---

① 《马克思恩格斯选集》第 4 卷，人民出版社 2012 年版，第 284 页。

克思去世后，恩格斯曾高度评价指出："正像达尔文发现有机界的发展规律一样，马克思发现了人类历史的发展规律"，"还发现了现代资本主义生产方式和它所产生的资产阶级社会的特殊的运动规律"。① 马克思主义通过对社会发展规律的揭示为创建人类文明新形态提供了伟大的社会理想，揭示了人类社会前进的主体、动力和趋势，代表着最广大人民群众的根本利益，指明了现实的发展道路，为人类社会发展进步指明了方向，始终占据着科学和道义的制高点。"这一理论犹如壮丽的日出，照亮了人类探索历史规律和寻求自身解放的道路。"②

（2）马克思主义的世界观和方法论是有机统一的，世界观中包含方法论，方法论中渗透着世界观。恩格斯指出："马克思的整个世界观不是教义，而是方法。它提供的不是现成的教条，而是进一步研究的出发点和提供这种研究使用的方法。"③尽管时代在不断前进，形势在不断变化，马克思主义仍然是观察和解决当代人类社会发展问题的"望远镜"和"显微镜"。马克思主义作为世界观，它坚持以正确的历史观观察和分析人类社会发展的一般规律，在深刻分析批判资本主义的基础上，创立了共产主义学说，"正确地反映了革命无产阶级的利益、观点和文化"，④ 为人类社会的发展指明了方向；作为方法论，是社会实践运动的理论反映与表达。由于马克思主义正确揭示了各领域的发展规律，所以它为人们科学认识世界和改造世界提供了科学的方法。总之，马克思主义的立场观点方法如同其三大组成部分是有机联系、辩证结合、不可分割的，统一和贯穿于马克思主义的科学理论体系。

（3）马克思主义具有鲜明的实践性特征。马克思主义与以往其他理论截然不同的地方在于，它不是"纯粹的思想"的产物，而是深深扎根于社会现实之中，其根本任务不仅仅是解释世界，更重要的是改造世界，只有在改造世界中才能检验其理论的科学性与真理性，因而彰显实践性。同时，马克思主义具有与时俱进的理论品质，这为马克思主义的科学性提供了可靠保证。

（4）马克思主义的科学性和真理性还凸显强烈的人民性特质。马克思主义坚

---

① 《马克思恩格斯文集》第 3 卷，人民出版社 2009 年版，第 601 页。
② 习近平：《在纪念马克思 200 周年诞辰大会上的讲话》，《人民日报》2018 年 5 月 5 日。
③ 《马克思恩格斯选集》第 4 卷，人民出版社 2012 年版，第 664 页。
④ 《列宁选集》第 4 卷，人民出版社 2012 年版，第 299 页。

持实现人民解放、维护人民利益的立场，以实现人的自由而全面的发展和全人类解放为己任，反映了人类对理想社会的美好憧憬。从根本上说，马克思主义是关于人类解放的理论，"马克思主义博大精深，归根到底就是一句话，为人类求解放"。① 与众多的思想理论学说相比较，最根本的差异在于马克思主义是"为人民谋幸福、为世界谋进步、为世界谋大同"的思想理论。这决定了马克思主义抛弃了一切种族和阶级的狭隘和偏见，是追求科学真理、崇尚科学真理的思想体系。正因为马克思主义在人类历史发展的大格局中彻底、严整地把握了时代前行的脉搏，所以才持续具有跨越时空的磅礴精神力量。

第二，中国化时代化马克思主义同样彰显了科学性和真理性。马克思主义进入中国，既引发了中华文明深刻变革，也走过了一个逐步中国化的过程。"中国人找到了马克思列宁主义这个放之四海而皆准的普遍真理，中国的面目就起了变化了"。② 毛泽东曾形象地指出："共产党……靠马克思列宁主义的真理吃饭。"③在革命、建设、改革各历史时期，我们党坚持马克思主义基本原理同中国具体实际相结合，运用马克思主义立场、观点、方法研究解决各种重大理论和实践问题，不断推进马克思主义中国化时代化，产生了毛泽东思想、邓小平理论、"三个代表"重要思想、科学发展观、习近平新时代中国特色社会主义思想等重大成果，指导党和人民取得了新民主主义革命、社会主义革命和建设、改革开放和社会主义建设新时期、新时代的伟大成就，中华民族才能够迎来从站起来、富起来到强起来的伟大飞跃，取得了"当惊世界殊"的成就。中国共产党百年的伟大实践，使马克思主义的科学性和真理性在中国得到了充分的检验，人民性和实践性在中国得到了充分贯彻，开放性和时代性在中国得到了充分彰显。这深刻阐明，中国化时代化马克思主义不是凭空产生的，它是近代以来中国社会现实的真实反映。"共产党人的理论原理，绝不是以这个或那个世界改革家所发明或发现的思想、原则为根据的。这些原理不过是现存的阶级斗争、我们眼前的历史运动的真实关系的一般表述。"④马克思主义是经过中国革命、建设、改革实践检验的科学

---

① 习近平：《在纪念马克思 200 周年诞辰大会上的讲话》，《人民日报》2018 年 5 月 5 日。
② 《毛泽东选集》第 4 卷，人民出版社 1991 年版，第 1470 页。
③ 《毛泽东选集》第 3 卷，人民出版社 1991 年版，第 835-836 页。
④ 《马克思恩格斯文集》第 2 卷，人民出版社 2009 年版，第 44-45 页。

理论，是中华民族走向伟大复兴的指导思想。我们必须学习和实践马克思主义关于人类社会发展规律的思想，以科学的态度坚持和发展当代中国马克思主义、21世纪马克思主义。

第三，高度重视理论的作用，坚持理论同实践相统一，是马克思主义科学性和真理性的必然要求。中国共产党人"干革命、搞建设、抓改革，从来都是为了解决中国的现实问题"①。"解决中国的问题"的前提是考察中国社会现实的矛盾运动，进而发现问题、研究问题。在这实践进程当中，重视理论建设和理论指导，发挥理论的重要作用，是以坚持理论同实践相统一为基础的。实践是理论的基础，理论来源于实践，又服务于实践。理论建设，是以新的实践为基础丰富和发展理论。理论指导，是以发展着的理论指导新的实践。坚持理论同实践相统一，才能把理论建设和理论指导统一起来，发挥理论的重要作用。离开理论同实践的统一，理论建设就会走偏方向，理论就不能发挥应有的指导作用。时代是思想之母，实践是理论之源。要保持和发扬马克思主义与时俱进的理论品格，推进实践基础上的理论创新，要在坚持马克思主义基本原理的基础上回应时代的呼唤，回答新的历史性课题，创造新的理论。把坚持马克思主义和发展马克思主义统一起来，结合新的实践不断作出新的理论创造，这是马克思主义永葆生机活力的奥妙所在。问题是创新的起点，也是创新的动力源。只有坚持问题导向，聆听时代的声音，认真研究解决时代和实践提出的重大而紧迫的问题，才能把握住历史脉络，找到发展规律，推动理论创新。当然，理论和实践的统一，是具体的历史的统一，不是固定不变的。客观现实世界的变化运动永远没有完结，人们在实践中对于真理的认识也就永远没有完结。理论要保持同实践相统一，就必须随着实践的变化发展而不断发展，不能停留在某个固定不变的水平上。"马克思主义基本原理是普遍真理，具有永恒的思想价值，但马克思主义经典作家并没有穷尽真理，而是不断为寻求真理和发展真理开辟道路。"②

总之，马克思主义是科学性和真理性的统一，揭示了事物的本质、内在联系及发展规律，是"伟大的认识工具"，是人们观察世界、分析问题的有力思想武

① 《十八大以来重要文献选编》（上），中央文献出版社 2014 年版，第 497 页。
② 《十八大以来重要文献选编》（上），中央文献出版社 2014 年版，第 696 页。

器；马克思主义具有鲜明的实践品格，不仅致力于科学"解释世界"，而且致力于积极"改变世界"。"在人类思想史上，就科学性、真理性、影响力、传播面而言，没有一种思想理论能达到马克思主义的高度，也没有一种学说能像马克思主义那样对世界产生了如此巨大的影响。这体现了马克思主义的巨大真理威力和强大生命力，表明马克思主义对人类认识世界、改造世界、推动社会进步仍然具有不可替代的作用。"①

## (二) 坚持马克思主义在中国精神指导地位的实践逻辑

中国共产党创造了百年辉煌历史，筚路蓝缕奠基立业，矢志践行初心使命，在攻坚克难中不断从苦难走向辉煌，根本原因就在于中国共产党坚持以马克思主义为指导，"运用历史唯物主义，系统、具体、历史地分析中国社会运动及其发展规律，在认识世界和改造世界过程中"，② 每一代中国共产党人始终把对马克思主义的信仰、对社会主义和共产主义的信念作为精神支柱，"不断深化对共产党执政规律、社会主义建设规律、人类社会发展规律的认识，及时把成功的实践经验转化为制度成果"，③ 科学地解决了中国革命和建设中的一系列重大的现实问题，引领中国革命、建设和改革事业不断走向胜利。

第一，坚持马克思主义在意识形态领域指导地位的根本制度，是对党执政规律的自觉把握。中国共产党是由马克思主义孕育催生、用马克思主义武装锤炼出来的政党，从诞生的第一天起就把马克思主义郑重地写在自己的旗帜上。毛泽东在总结中国革命经验时就曾指出，是马克思、恩格斯、列宁和斯大林给了我们以"武器"，"这武器不是机关枪，而是马克思列宁主义"④。正是因为选择了马克思主义，我们党才掌握了认识世界、改造世界的锐利思想武器，科学地认识时代、认识中国、认识世界，从而成为最先进的政治力量，在近代以后中国政治舞台上

---

① 《习近平谈治国理政》第 2 卷，外文出版社 2017 年版，第 65 页。

② 习近平：《坚持历史唯物主义不断开辟当代中国马克思主义发展新境界》，《求是》2020 年第 2 期。

③ 习近平：《坚持和完善中国特色社会主义制度推进国家治理体系和治理能力现代化》，《求是》2020 年第 1 期。

④ 《毛泽东选集》第 4 卷，人民出版社 1991 年版，第 1469 页。

脱颖而出；正是因为毫不动摇地坚持和发展马克思主义，我们党与时代共前进、与人民共命运，才能够始终走在时代前列、历经百年风雨依然风华正茂。中国共产党历经百年探索和总结，形成了包括思想建党、理论强党、坚持以人民为中心、坚持和完善党的领导制度体系等在内的一整套与时俱进的执政理论，深化了对无产阶级政党执政规律的认识。对马克思主义的坚定信仰，决定了我们党的性质和宗旨、目标和方向、政策和主张，也成为一代代共产党人的政治灵魂、精神支柱和最鲜明的身份标识。历史深刻表明，党的初心使命源于马克思主义科学理论的指引和召唤，党的团结统一首先在于指导思想上的团结和统一，党的先进性纯洁性基础在于思想理论上的先进和纯洁。在新的时代条件下，坚持马克思主义在意识形态领域指导地位的根本制度，就是要坚持思想建党、理论强党，使全党坚守初心、坚定信仰，更加自觉地高举马克思主义伟大旗帜，一以贯之地保持思想上的统一、政治上的团结、行动上的一致，不断焕发新的强大生命力和战斗力，始终成为时代的先锋、民族的脊梁。经历百年的历史解答和实践检验，中国共产党与马克思主义休戚与共，形成了不可分割的命运共同体。马克思主义与中国具体实际的每一次成功结合，均展现出"理论成果"转化为中国共产党"国家治理体系和治理能力"的实践效能。历史也必将继续证明，只有坚持和完善党的领导，才能不断发挥马克思主义指导地位的根本制度优势。进入中国特色社会主义新时代，我们党继续深化对党执政规律的认识，坚守初心和使命，始终坚守全心全意为人民服务的宗旨，创新发展了我们党对于"人民群众"的深刻认知，对"以人民为中心"的重要命题作出了一系列新回答，贯穿于党和国家事业的各领域、全过程。

第二，坚持马克思主义在意识形态领域指导地位的根本制度，是对社会主义建设规律的自觉把握。世界社会主义经历 500 多年发展，经历了一个从空想到科学，从理论到实践的过程。在从理论到实践的过程中，始终代表广大人民群众根本利益的中国共产党人对"什么是社会主义、怎样建设社会主义"进行了坚持不懈的探索，使得马克思主义在中国大地放射出灿烂光芒、结出丰硕果实，生动诠释了马克思主义为什么"行"。马克思主义在中国之所以被广泛认可，就是因为它是以解放劳苦大众、为人民群众谋幸福、实现每个人自由而全面发展的正义之"道"。其中关于人类社会发展规律及其历史趋势的基本观点，是始终坚定中国特色社会主义信念和共产主义理想的泉源和基石。马克思主义的深刻性是由社会主义伟大实践而彰显，社会主义是实现马克思主义的手段。离开了马克思主义的"道"，社会主义就成为"无源之水"。中国特色社会主义正是实现马克思主义的"道"，是中国共产党在尊重社会主义建设规律，立足中国实际的基础上产生的，生动再现了科学社会主义理论逻辑和中国社会发展历史逻辑的辩证统一。"一个国家实行什么样的主义，关键要看这个主义能否解决这个国家面临的历史性课题。"①更重要的是，"中国特色社会主义制度好不好、优越不优越，中国人民最清楚，也最有发言权。"②中国特色社会主义是中国各族人民从奋斗中得来，就"以其生动实践和伟大成就、以其独特魅力和巨大优越性，生动回答了中国特色社会主义为什么'好'这个重大问题"③。党带领人民进行的革命、建设、改革实践充分证明，只有坚持把马克思主义基本原理同中国具体实践和时代特征相结合，不断推进马克思主义中国化时代化，不断发展当代中国马克思主义、21世纪马克思主义，才能坚定主心骨、把准定盘星，牢牢坚持实现共同目标的方向，夯实共同的思想基础，拉紧共同的精神纽带，促进全体人民在思想上精神上紧紧团结在一起，更好汇集起攻坚克难、开拓前行的磅礴伟力。在当代中国，坚持和发展习近平新时代中国特色社会主义思想，就是真正坚持和发展马克思主义。

第三，坚持马克思主义在意识形态领域指导地位的根本制度，是对人类社会发展规律的自觉把握。纵观人类社会发展史，人们在很长的历史时期内都没有正确地揭示出社会发展的规律性。马克思主义经典作家实现了历史观上的革命性变革，创立了历史唯物主义，发现了人类历史的发展规律支配着整个人类社会的发展进程。但经典作家并没有因此忽视人的有意识、有目的能动作用。正是人类有意识、有目的的实践活动创造了人类社会的历史。人类社会发展规律实质就是"人们自己的社会行动的规律"。因此，社会发展的结果是包括人这个前提在内与构成社会有机体所有要素相互作用、相互推动的"合力"造成的。基于此，从宏观视野看，马克思主义经典作家提出的"两个必然""两个决不会"，仍然是今

---

①　习近平：《关于坚持和发展中国特色社会主义的几个问题》，《求是》2019年第7期。

②　习近平：《坚持和完善中国特色社会主义制度推进国家治理体系和治理能力现代化》，《求是》2020年第1期。

③　孙来斌：《中国特色社会主义为什么"好"》，《人民日报》2019年5月10日。

天人们认识资本主义为什么"垂而不死"、社会主义为什么会出现"东欧剧变"重大挫折、马克思主义预见的共产主义为什么还需要经过相当长时间才能实现的主要依据。所以"学懂了这一认识和研究社会历史发展的科学世界观和方法论，我们就能坚定理想的主心骨、筑牢信念的压舱石，保持强大的战略定力。"①在实现中华民族伟大复兴和推进全面建设社会主义现代化国家新征程的关键时期，正是马克思主义坚定支持者、坚定实践者的中国共产党，发出了"走自己的道路，建设有中国特色的社会主义"的伟大宣言。新时代，党和国家事业取得的历史性成就，仍然是遵循这一人类社会发展规律，不断调整生产关系、不断完善上层建筑的结果。其中，中国共产党坚持和发展中国特色社会主义"五位一体"总体布局，坚持和完善中国特色社会主义制度、推进国家治理体系和治理能力现代化，倡导和构建"人类命运共同体"等，都是中国对人类社会发展的重大贡献，充分彰显了科学理论指导下的"四个自信"。

理论解决的是方向问题、思想问题，只有在理论上清醒，政治上才能坚定。在中国革命、建设、改革和新时代的各个时期，中国共产党之所以能够取得胜利、实现发展，取得举世瞩目的伟大成就，其根本就在于坚持了马克思主义的指导思想，就在于将马克思主义的基本原理同中国的具体实际相结合，从而探索出了一条中国特色社会主义道路。中国共产党没有辜负马克思主义，中国共产党深刻改变了近代以后中华民族发展的方向和进程，深刻改变了中国人民和中华民族的前途和命运，深刻改变了世界发展的趋势和格局。马克思主义也没有辜负中国共产党和中国人民，马克思主义深刻影响了中国共产党和中国人民，深刻改变了世界历史发展的格局，深刻改写了社会主义与资本主义的力量对比。实践证明，只有坚持马克思主义在意识形态领域的指导地位的根本制度，中国特色社会主义道路才是指引中国走向繁荣富强、指引中华民族走向伟大复兴的正确道路。

## （三）坚持马克思主义在中国精神指导地位的价值逻辑

马克思主义在意识形态领域指导地位的根本制度，是在新的历史条件下坚持

---

① 习近平：《坚持历史唯物主义不断开辟当代中国马克思主义发展新境界》，《求是》2020 年第 2 期。

和完善繁荣发展社会主义先进文化的制度的必然要求，是巩固全体人民团结奋斗的共同思想基础的一些带有根本性和规律性的重大问题，有助于更好推动社会主义先进文化繁荣发展，不断巩固全体人民团结奋斗的共同思想基础，"为新时代坚持和发展中国特色社会主义、实现中华民族伟大复兴的中国梦提供坚强思想保证和强大精神动力"。①

第一，坚持马克思主义在意识形态领域指导地位的根本制度，是坚持正确发展道路、实现国家长治久安的必然要求。思想引领方向，方向决定道路。在长期的奋斗历程中，我们党正是始终坚持马克思主义指导思想，始终坚持把马克思主义基本原理同中国具体实际相结合，才找到了正确的新民主主义革命道路、社会主义革命和建设道路、中国特色社会主义道路，从而建立并不断发展壮大社会主义中国。找到一条正确道路、建立一个国家政权不容易，坚持住这条道路、巩固好这个政权更不容易。历史经验表明，国家动荡、政权更迭往往始于思想领域的混乱、指导思想的动摇。苏联解体、东欧剧变以及近年来一些国家发生的"颜色革命"，就是前车之鉴。这警示我们，政治上的坚定源于理论上的清醒，只有高度自觉、始终不渝坚持以马克思主义为指导，才能保证道路不偏向、江山不变色，保证国本永固、事业常青。新的时代条件下，坚持马克思主义在意识形态领域指导地位的根本制度，就是要保持思想定力、政治定力，坚定道路自信、理论自信、制度自信、文化自信，既不走封闭僵化的老路，也不走改旗易帜的邪路，坚定不移走中国特色社会主义道路，确保我们国家始终沿着社会主义方向阔步前进、蓬勃发展。意识形态安全作为国家总体安全的思想内核，关涉着国家政治、经济、文化、社会以及网络等各方面的安全工作，是国家政治安全以及其他安全的关键所在。只有切实维护好意识形态安全，国家政治才能长期稳定发展、经济才能健康有序发展、文化才能不断繁荣发展、社会才能安定团结、网络空间才能风清气正、国家也才能繁荣兴盛、人民也才能安居乐业。概言之，我国是社会主义国家，主流的意识形态必然是以马克思主义为指导的社会主义意识形态，这也就决定了在我国意识形态建设中，坚持和巩固马克思主义的指导地位，不搞指导

---

① 黄坤明：《坚持马克思主义在意识形态领域指导地位的根本制度》，《人民日报》2019年11月20日。

思想多元化，这是根本的原则性问题，只有始终维护好马克思主义在意识形态领域的指导地位不动摇，才能切实维护国家主流意识形态安全。

第二，坚持马克思主义在意识形态领域指导地位的根本制度，是筑牢全体人民共同思想基础、凝聚团结奋进强大精神力量的必然要求。中国共产党执政以来，形成其中的一个独特优势，"就是善于运用与时俱进的科学思想引领方向、凝聚力量，把思想理论文化建设作为贯穿制度建设和国家治理的一条红线"①。马克思主义在意识形态领域指导地位根本制度的形成是筑牢全体人民共同思想基础的必然要求。"一个国家，一个民族，要同心同德迈向前进，必须有共同的理想信念作支撑。"②共同的思想基础，是与共同的奋斗目标紧密结合在一起的，是一个国家、一个社会团结一致向前进的根本保证。有了共同的思想基础，就能万众一心、成就共同的目标和事业，反之就会一盘散沙、各行其是、一事无成。回顾我国革命、建设、改革的伟大历程，正是因为有马克思主义这个共同的思想基础，才凝聚起全国各族人民的意志和力量，不断克服前进道路上各种艰难险阻、从胜利走向新的胜利。当今世界正经历百年未有之大变局，我国正处于实现中华民族伟大复兴关键时期，既面临着大有可为的历史机遇，也面临着前所未有的风险挑战，统一思想、坚定信心、凝聚力量的任务更加凸显。同时，社会思想观念日益多样，社会价值取向日趋多元，各种社会思潮纷繁复杂，在多元中立主导、在多样中谋共识的要求更加迫切。面对新时代"两个大局"，还存在着一些影响巩固全体人民奋斗新征程共同思想基础的问题和矛盾。坚持马克思主义在意识形态领域指导地位的根本制度，就是要坚定主心骨、把准定盘星。坚持这一根本制度，是认识和解决这些突出问题和矛盾的必然要求。在这一根本问题上我们必须坚定不移，任何时候任何情况下都不能有丝毫动摇。我们要牢牢坚持实现共同目标的方向，夯实共同的思想基础，拉紧共同的精神纽带，广泛凝聚人心、汇聚力量，促进全体人民在思想上精神上紧紧团结在一起，更好汇集起攻坚克难、开拓前行的磅礴伟力。

---

① 姜辉：《坚持马克思主义在意识形态领域指导地位的根本制度》，《红旗文稿》2020 年第 5 期。

② 《习近平关于社会主义文化建设论述摘编》，中央文献出版社 2017 年版，第 11 页。

　　第三，坚持马克思主义在意识形态领域指导地位的根本制度，是保证我国文化建设正确方向、更好担负起新时代使命任务的必然要求。邓小平曾指出："属于文化领域的东西，一定要用马克思主义对它们的思想内容和表现方法进行分析、鉴别和批判。"①马克思主义是指导党和人民事业的理论基础，也是我国文化发展的根本指针。意识形态领域的斗争，不仅仅是理论之争、观念之争，更是道路之争、前途之争、命运之争。做好意识形态工作，从根本上讲就是认识和掌握真理、掌握科学理论的过程，是用马克思主义战胜非马克思主义的过程，确保用马克思主义理论武装人民群众。马克思主义在意识形态领域指导地位的根本制度，有助于增强和凝聚人民团结奋进的强大精神力量，有助于我们从坚持马克思主义在意识形态领域指导地位根本制度的政治高度，深刻认识将坚持马克思主义在意识形态领域的指导地位作为一项根本制度对于确保意识形态安全和发展社会主义先进文化的极端重要性，从而以强烈的根本制度意识和自觉的根本制度执行力认清在意识形态安全问题上存在的一系列认识误区和实践误区，把握从坚持马克思主义在意识形态领域指导地位根本制度的高度确保我国意识形态安全的实践路径。只有旗帜鲜明坚持马克思主义指导地位，中国特色社会主义文化才能固本开新、永葆生机，否则就会失去灵魂、迷失方向。我国文化建设长期实践表明，对马克思主义指导地位坚持得好、把握得牢，就能形成文化繁荣兴盛的生动局面，推动党和人民事业发展；坚持得不好，发生动摇和偏差，就必然造成思想文化上的混乱，给党和人民事业带来损害。新时代我国文化建设的线上线下环境、国内国外环境日益复杂，文化建设面临的挑战更加多元，我国文化领域正在发生广泛而深刻的变革，社会文化生态更加复杂，马克思主义、非马克思主义甚至反马克思主义的思想观点同时存在，先进的和落后的相互交织，积极的和消极的相互影响，本土的和外来的相互碰撞，坚持以马克思主义统领多样化文化发展的重要性日益突出。新的时代条件下，坚持马克思主义在意识形态领域指导地位的根本制度，就是要坚定文化自信、增强文化自觉，牢牢把握社会主义先进文化前进方向，紧紧围绕"举旗帜、聚民心、育新人、兴文化、展形象"的使命任务，大力发展面向现代化、面向世界、面向未来的，民族的科学的大众的中国特色社会

---

　　①　《邓小平文选》第3卷，人民出版社1993年版，第44页。

主义文化，更好构筑中国精神、中国价值、中国力量。"如果一个社会没有共同理想，没有共同目标，没有共同价值观，整天乱哄哄地，那就什么事也办不成。"①一个国家、一个民族只有万众一心、团结奋进，让全体人民在理想信念、价值理念、道德观念上紧紧团结，才能够保持事业永远前进。坚持马克思主义在意识形态领域指导地位的根本制度，就是为了使当代中国文化建设能够有一个强有力的指引、能够有一个汇聚人心的内核，从而巩固全党全国各族人民团结奋斗的共同思想基础，动员全体人民投身实现中华民族伟大复兴中国梦的历史进程中来。

坚持马克思主义在意识形态领域的指导地位是根本性、方向性的，关乎旗帜、关乎道路，关乎国家的长治久安、关乎执政党的生机与活力。在当今世界各种思想文化相互激荡的背景下，在错综复杂的意识形态领域的斗争中，必须不断巩固和强化马克思主义的指导地位，而以制度形式确立下来则是巩固其指导地位最根本、最有效的方式。

## 三、马克思主义在当代中国的价值

在新时代，要围绕"举旗帜、聚民心、育新人、兴文化、展形象"的使命任务，坚持马克思主义指导，自信自强、守正创新，推进哲学社会科学发展，引领激荡的社会思潮，引领中国特色社会主义文化建设和时代发展，深化马克思主义对中国精神的建构，以巩固马克思主义在意识形态领域的指导地位，巩固全党全国各族人民团结奋斗的共同思想基础。

### (一)坚持马克思主义对哲学社会科学的根本指导

我国哲学社会科学坚持以马克思主义为指导，是近代以来我国社会发展历程赋予的规定性和必然性。"坚持以马克思主义为指导，是当代中国哲学社会科学区别于其他哲学社会科学的根本标志，必须旗帜鲜明加以坚持"。② 哲学社会科

---

① 习近平：《在网络安全和信息化工作座谈会上的讲话》，《人民日报》2016 年 4 月 26 日。

② 习近平：《在哲学社会科学工作座谈会上的讲话》，人民出版社 2016 年版，第 8 页。

学作为认识世界、改造世界的重要工具，首要的就是要掌握运用唯物辩证法这个根本方法，全面、系统、联系、发展地认识客观世界和主观世界，反对形而上学的思维方式，不断增强辩证思维能力。

1. 发挥理论武装的重要作用

哲学社会科学是人们认识世界、改造世界的重要工具，是推动历史发展和社会进步的重要力量，其发展水平反映了一个民族的思维能力、精神品格、文明素质，体现了一个国家的综合国力和国际竞争力[1]。哲学社会科学发展状况与其研究者坚持什么样的世界观、方法论紧密相关。从根本上说，人们必须具有正确的世界观、方法论，才能更好观察和解释自然界、人类社会、人类思维各种现象，揭示蕴含在其中的规律。马克思主义关于世界的物质性及其发展规律、人类社会及其发展规律、认识的本质及其发展规律等原理，为我们研究把握哲学社会科学各个学科各个领域提供了基本的世界观、方法论。因此，必须坚持以马克思主义为指导，推动哲学社会科学进一步把握客观实际，贯彻实事求是思想路线，更好发挥理论武装的作用。

其一，辩证唯物主义的"世界物质统一性原理"科学揭示了包括自然界和人类社会在内的整个世界。"世界物质统一性原理是辩证唯物主义最基本、最核心的观点，是马克思主义哲学的基石。"[2]哲学社会科学要遵循这一原理，坚持一切从客观实际出发，以中国实际为研究起点，认清世情、国情、党情，把握历史方位，揭示我国社会发展、人类社会发展的大逻辑大趋势，在此基础上更好发挥理论武装的能动作用。譬如，党的十八大以来，党和国家事业发生历史性变革、取得历史性成就，中国特色社会主义进入了新时代。时代的发展有一个从量变到质变的过程，在量变中蕴含和孕育着质变，质变是量变的必然结果，同时又开启新的量变。在这个不断变化发展的时代，继续进行具有许多新的历史特点的伟大斗争、推进中国特色社会主义伟大事业，需要哲学社会科学深入研究不同发展阶段的特征，在变化发展中认识事物本质、把握运动规律。要做到这一点，最根本的

---

[1]　习近平：《在哲学社会科学工作座谈会上的讲话》，人民出版社2016年版，第2页。
[2]　习近平：《辩证唯物主义是中国共产党人的世界观和方法论》，《求是》2019年第1期。

就是要坚持和贯彻实事求是的思想路线，更加深刻地认识和把握世情、国情、党情的变化，不断深化对发展现状及趋势的研究和认识，更好地了解和把握客观实际的本来"面貌"，把握时代特点、直面时代课题，在体现时代性、把握规律性、富于创造性中不断展现蓬勃的生机活力。

其二，辩证唯物主义所承认的"意识的能动性"有助于凸显理论武装的能动作用。辩证唯物主义认为，意识不仅是物质的反映，物质是第一性的，意识是第二性的，而且意识对物质具有能动作用。因此，必须重视意识的作用，树立正确的思想意识，克服错误意识。面对当前社会思想观念和价值取向日趋活跃、主流和非主流同时并存、社会思潮纷纭激荡的形势，我国哲学社会科学的根本任务就是要巩固马克思主义在意识形态领域的指导地位，巩固全党全国各族人民团结奋斗的共同思想基础。要做到这一点，关键是要发挥哲学社会科学强化理论武装的能动作用，加强对习近平新时代中国特色社会主义思想的研究阐释，始终坚持正确的政治方向、价值取向和学术导向，解决好真学、真懂、真信、真用的问题，引导广大人民群众坚定对马克思主义的信仰、对中国特色社会主义和共产主义的信念，推动习近平新时代中国特色社会主义思想深入人心、落地生根，把科学理论武装头脑、指导工作这一根本任务要落细、落实、落出实效。

## 2. 确立以人民为中心的价值导向

为什么人的问题是哲学社会科学研究的根本性、原则性问题[1]。毛泽东强调："为什么人的问题，是一个根本的问题，原则的问题……这个根本问题不解决，其他许多问题也就不易解决。"[2]所以，我国哲学社会科学为谁著书、为谁立说，是为少数人服务还是为绝大多数人服务，是必须搞清楚的问题。世界上没有纯而又纯的哲学社会科学，世界上伟大的哲学社会科学成果都是在回答和解决人与社会面临的重大问题中创造出来的。研究者生活在现实社会中，研究什么，主张什么，都会打下社会烙印。马克思认为："过去的一切运动都是少数人的或者为少数人谋利益的运动，无产阶级的运动是绝大多数人的、为绝大多数人谋利益

---

① 习近平：《在哲学社会科学工作座谈会上的讲话》，人民出版社 2016 年版，第 12 页。
② 《毛泽东选集》第 3 卷，人民出版社 1991 年版，第 857 页。

的独立的运动。"①我们党是全心全意为人民服务的党，我们的国家是人民当家作主的国家，党和国家一切工作的出发点和落脚点是实现好、维护好、发展好最广大人民根本利益。因此，我国哲学社会科学要有所作为，就必须坚持以人民为中心的研究导向。

第一，以人民为中心是我国哲学社会科学的社会主义属性的集中彰显。哲学社会科学是认识世界、改造世界的知识工具、思想工具，主要研究目的是揭示人类社会发展规律。譬如，党不同历史时期的路线方针政策对中国经济社会发展的推动作用等等，都是哲学社会科学服务社会的典型案例。坚持人民当家作主的社会主义国家，我们一切工作的出发点和落脚点是实现好、维护好、发展好最广大人民根本利益。我国哲学社会科学是中国特色社会主义事业的有机组成部分，具有社会主义属性，认识世界、改造世界的活动主体是人民群众，因此，哲学社会科学必须服务于人民。从根本上说是人民的事业，是一项为人民群众谋幸福的光荣而重要的事业，是一项激动人心的事业，是一项大有可为的事业。因此，我国哲学社会科学必须坚持以人民为中心的价值导向，必须尊重人民主体地位。脱离了人民，哲学社会科学就不会有吸引力、感染力、影响力、生命力。哲学社会科学应当树立人民至上的价值观，尊崇人民是真正英雄的历史观，做到诚心诚意为人民谋利益。

第二，以人民为中心是我国哲学社会科学繁荣发展的内在要求。一方面，人民的伟大实践创造是哲学社会科学繁荣发展的源头活水。"历史活动是群众的活动。"人民群众是历史的真正创造者，群众实践是推动我国改革发展的力量之源，群众的实践最丰富最生动，办法与智慧就在群众中。当前我国正开启全面建成社会主义现代化强国的新发展阶段，这既为哲学社会科学的繁荣发展提供了广阔空间，也为哲学社会科学工作者提供了重要舞台。另一方面，哲学社会科学要得到进一步繁荣和发展，就必须紧密联系实际，扎根于神州大地，汲取养分，把文章写在广阔的大地上。哲学社会科学只有为了增进人民福祉求真问道、不断创新发展党和人民的事业，研究成果经受起人民实践的检验，才会具备真理性，才能实现大繁荣大发展。

---

① 《马克思恩格斯选集》第 1 卷，人民出版社 2012 年版，第 441 页。

第三，以人民为中心就是要为人民做学问。为人民做学问是哲学社会科学工作者的指路明灯和力量源泉。我国广大哲学社会科学工作者要坚持人民是历史创造者的观点，树立为人民做学问的理想，尊重人民主体地位，聚焦人民实践创造，尊重人民群众的历史主体地位和首创精神。秉持坚定的人民群众立场、用人民群众立场作为自身立场、把人民群众视角当作自身视角，需要广大哲学社会科学工作者树立为人民做学问的理想。自觉把个人学术追求同国家和民族发展紧紧联系在一起，努力多出经得起实践、人民、历史检验的研究成果。哲学社会科学只有"接地气"才能"有人气"。因此，哲学社会科学工作者不能封闭于理论界、学术界的狭隘圈子里，脱离广阔的生动的社会实践，而要从人民群众广泛而丰富的实践中研究问题，汲取养分，提出真知灼见，创造出更多具有中国特色、中国气派、中国风格的优秀学术精品。简言之，一切有理想、有抱负的哲学社会科学工作者都应该立时代之潮头、通古今之变化、发思想之先声，必须尊重人民主体地位，以人民为中心，树立为人民做学问的理想，积极为党和人民述学立论、建言献策，担负起历史赋予的光荣使命。

### 3. 推进实践基础上的理论创新

当代哲学社会科学必须把坚持马克思主义和发展马克思主义统一起来，结合新的实践不断作出新的理论创造，这是马克思主义永葆生机活力的关键所在。

第一，哲学社会科学必须坚持马克思主义实践观指导，在实践基础上推进理论创新。辩证唯物主义在哲学领域实现的一个重大变革，就是把实践引入哲学视野。实践观点是马克思主义哲学的核心观点。认识来源于实践，又反过来指导实践。理论对规律的揭示越深刻，对社会发展和变革的反作用就越显著。哲学社会科学具有鲜明的实践性，遵循马克思主义实践观，就是要坚持理论与实践相统一，在回应时代关切、促进实践发展、推进理论创新中，加快构建具有中国特色、中国风格、中国气派的哲学社会科学。以党的十一届三中全会为历史起点，中国共产党用马克思主义实践观的真理伟力破除思想桎梏，使哲学社会科学摆脱教条主义的禁锢，真正立足改革开放的伟大实践，融入人民创造的伟大事业，持续进行理论探索和创新，推动学术研究、学科建设不断开创新局面，使理论创造和学术繁荣焕发新的生命力。马克思主义是随着时代、实践、科学发展而不断发展的开放的理论体系，它并没有结束真理，而是开辟了通向真理的道路。我国哲学社会科学的一项重要任务就是要坚持马克思主义基本原理，坚持实事求是，从中国实际出发，洞察时代大势，把握历史主动，进行艰辛探索，不断推进马克思主义中国化时代化，不断推动发展当代中国马克思主义、21世纪马克思主义。历史和现实充分表明，实践是哲学社会科学的"生命基石"，哲学社会科学只有扎根实践、走进人民，才会有生存的丰沃土壤和发展的不竭源泉。

第二，哲学社会科学要践行马克思主义实践观，就必须做到理论与实践相统一。坚持从变化的实际出发，从崭新的实践出发，坚持解放思想，努力研究新情况、解决新问题，敢为天下先，敢闯敢试、善作善成，在理论创新和实践创新的良性互动中运用唯物论、运用辩证法，努力提升实践创新的意识和能力。当代中国哲学社会科学与我国改革和现代化建设同行，在马克思主义指导下走过了艰辛的探索和奋斗历程。伴随着当代中国正在进行的最为宏大而独特的实践创新，哲学社会科学要立足于新时代发展。只有立足中国、借鉴国外，挖掘历史、把握当代，关怀人类、面向未来，充分体现出中国特色、中国风格、中国气派，才能为理论创造、学术繁荣拓展新空间、积蓄新动力。当前，建设中国特色、中国风格、中国气派的哲学社会科学，最根本的在于坚持习近平新时代中国特色社会主义思想的指导，不断增强"四个意识"，切实把这一思想内化为坚定的政治信念、清醒的理论自觉、高度的文化自信，贯穿到哲学社会科学各领域，体现到学术研究、学科建设、教育教学、队伍建设各方面。当前，我国面临中华民族伟大复兴战略全局和世界百年未有之大变局，发展环境也面临的深刻复杂变化，"机遇和挑战都有新的发展变化"，① 这对我们党治国理政的能力和水平提出了更高要求。无论是形势分析还是决策部署，无论是破解发展难题还是解决涉及群众利益的问题，都必须要深刻认识我国社会主要矛盾变化带来的新特征新要求，深刻认识错综复杂的国际环境带来的新矛盾新挑战，哲学社会科学才能够更好地提供专业思维、专业素养、专业方法。在新境遇下，哲学社会科学要自觉把服务党和政府科学决策作为主要任务，把党和国家关注的重大理论和现实问题作为主攻方向，就

---

① 《中国共产党第十九届中央委员会第五次全体会议公报》，《人民日报》2020年10月30日。

我国改革发展遇到的重大问题进行深入研究、提出真知灼见；推动党的创新理论成果学理化、哲学社会科学话语体系大众化、中国话语国际化，立足中国实践、深入解读中国道路、切实提升中国经验，不断概括出新概念、新范畴、新术语；就世界发展面临的重大问题提出体现中国立场、中国智慧、中国价值的理念、主张和方案，让世界更好地了解"理论中的中国""哲学社会科学中的中国"，从而为坚持和发展新时代中国特色社会主义贡献理论力量和智力支持。

第三，哲学社会科学要进一步坚持问题导向，促进理论创新。坚持问题导向是马克思主义的鲜明特点。问题是创新的起点，也是创新的动力源。当代中国哲学社会科学要深深根植于对党和国家事业发展中重大问题的研究和探索，贯穿着强烈的问题意识、鲜明的问题导向。只有聆听时代的声音，回应时代的呼唤，认真研究解决重大而紧迫的问题，才能真正把握住历史脉络、找到发展规律，推动理论创新。"矛盾是普遍存在的，矛盾是事物联系的实质内容和事物发展的根本动力，人的认识活动和实践活动，从根本上说就是不断认识矛盾、不断解决矛盾的过程。问题是事物矛盾的表现形式，我们强调增强问题意识、坚持问题导向，就是承认矛盾的普遍性、客观性，就是要善于把认识和化解矛盾作为打开工作局面的突破口。"①坚持以马克思主义为指导，必须落到研究我国经济社会发展和我们党执政面临的重大理论和实践问题上来，落到提出解决问题的正确思路和有效办法上来。改革开放以来，我国哲学社会科学立足中国实际，研究解决经济社会发展中的重大理论和现实问题，不断提高原创能力和服务水平，形成了一大批重要学术成果，为推动党和国家事业发展作出了重大贡献。要坚持用联系的发展的眼光看问题，增强战略性、系统性思维，分清本质和现象、主流和支流，既看存在问题又看其发展趋势，既看局部又看全局，提出的观点、作出的结论要客观准确、经得起检验，在全面客观分析的基础上，努力揭示我国社会发展、人类社会发展的大逻辑大趋势。哲学社会科学要聆听时代声音，回应时代呼唤，把研究解决重大理论和现实问题作为重要使命和重要职责，更好地服务经济社会发展、服务科学民主决策，积极为党和国家事业发展建言献策。

新时代是社会大变革的新时代，也是哲学社会科学大发展的新时代，哲学社

① 习近平：《辩证唯物主义是中国共产党人的世界观和方法论》，《求是》2019 年第 1 期。

会科学要更好发挥作用，首先要把握好习近平新时代中国特色社会主义思想的世界观和方法论，坚持好、运用好贯穿其中的立场、观点、方法，不断接受马克思主义哲学的智慧和思想滋养。这就要求哲学社会科学既要运用好"重点论"，善于抓住关键、找准重点，聚焦党和国家事业发展面临的一系列亟待回答和解决的全局性、前瞻性、战略性问题，聚焦社会热点难点问题，深入开展理论研究，及时反映思想理论动态，不断推出具有主体性、原创性的研究成果；又要坚持"两点论"和"重点论"的统一，树立大局意识、全局意识，在研究重大问题时把握好局部和全局、当前和长远、重点和非重点的关系；在研究方法上注重系统集成、形成总体思路，积极为新时代治国理政提供理论支撑和智力支持，更好地担负起时代和历史赋予的光荣使命。

### (二) 坚持以马克思主义引领社会思潮

进入新时代，我国思想理论领域的主流积极健康向上，习近平新时代中国特色社会主义思想日益深入人心，全党全国各族人民团结奋斗的共同思想基础不断得到巩固；同时也应看到"当今时代，社会思想观念和价值取向日趋活跃，主流的和非主流的同时并存，先进的和落后的相互交织，社会思潮纷纭激荡"①，尤其社会主义意识形态与错误社会思潮的斗争必然是长期的。因此，必须科学运用马克思主义理论这一"看家本领"，透过纷繁芜杂的理论表象，辨识和批判错误社会思潮，维护和巩固马克思主义在意识形态领域的指导地位。

### 1. 掌握引领社会思潮的基本要领

坚持马克思主义批判性，认清社会思潮本质特征，这是引领社会思潮的逻辑前提。其中，历史唯物主义和辩证唯物主义是坚持马克思主义批判性的理论基石，也是我们认识各种社会思潮的思想武器和理论工具。

第一，加强马克思主义理论体系建设是引领社会思潮的根本前提。马克思主义理论是引领社会思潮、开展马克思主义批判的力量源泉和资源保障。加强马克思主义理论体系建设，一是要学习、掌握、悟透完整的马克思主义经典著作。马

---

① 习近平：《在全国党校工作会议上的讲话》，人民出版社 2016 年版，第 20 页。

克思主义经典著作是人类认识世界和改造世界的理论结晶，只有充分学习马克思主义经典著作，才能把握马克思主义理论体系的精髓，彻底地批判社会思潮中的错误观点。二是要运用马克思主义基本原理结合中国具体实践不断发展马克思主义。改革开放以来，我们坚持以马克思主义理论为指导，结合中国实际，加强主流意识形态建设，形成了包括邓小平理论、"三个代表"重要思想、科学发展观和习近平新时代中国特色社会主义思想，形成博大精深的中国化时代化马克思主义，这是应对当前多元化社会思潮冲击和挑战的根本理论力量。而且还必须与时俱进，在不断变化的时代条件下推进 21 世纪中国的马克思主义的理论创新，着重对中国特色社会主义理论体系进行完善，回答人们困惑的深层次的思想问题，揭开人们在理论认识上的思想误区，解决人们的认识问题，增强先进理论认同的基础。不断完善当代中国马克思主义，要对理论自身的问题有深刻的把握，进行严谨的逻辑推演，同时要坚定政治立场，勇于接受各种思潮的挑战，明确自己要坚持什么、反对什么，旗帜鲜明地表明自己的理论观点、立场和方法，澄清人们在思想认识上的混沌，这样才能增强 21 世纪中国的马克思主义理论自身的说服力，增强思想认同、理论认同、情感认同和政治认同。三是要牢牢掌握意识形态的领导权、管理权、话语权，用马克思主义占领意识形态的制高点。意识形态关乎旗帜、关乎道路、关乎国家政治生命。背离或放弃马克思主义，就会失去灵魂、迷失方向。我们要构筑社会主义意识形态的思想高地，坚持运用马克思主义的立场、观点和方法，有说服力地回答和解决人们在思想认识上迫切需要解决的疑惑和问题；同时，要坚决抵制和反对那些动摇马克思主义指导地位的错误观点，巩固和扩大马克思主义在思想文化领域的阵地，进一步统一思想、凝聚共识，增强引领社会思潮的吸引力和凝聚力。

第二，辩证批判社会思潮是马克思主义引领社会思潮的关键环节。一方面，由于社会思潮有一套强大而隐蔽的渗透逻辑，即"表象化逻辑、单向度逻辑、过滤性逻辑、唯美化逻辑"①，往往从自身的利益出发，通过用现象代替本质、以偏概全、随意裁剪事实和美化自身误导大众。有效引领社会思潮需要基于其特有

---

① 王平：《当前社会思潮的主要形态、渗透逻辑及其应对策略》，《教学与研究》2019 年第 6 期，第 14 页。

的渗透逻辑，必须运用辩证唯物主义和历史唯物主义方法论，坚持马克思主义批判性，有针对性地揭露其偏激性和迷惑性，以说理教育和理论论证的方法引导人民群众培养辩证思维方式，以认清错误社会思潮的本质。另一方面，引领社会思潮，需要遵循思想理论教育的规律，运用马克思主义灌输和疏导方法应对来自各方面的挑战。通过主流意识形态与各种社会思潮直接地接触、针锋相对地较量，在坚定正确政治立场的前提下，允许和鼓励百家争鸣、百花齐放，在运用主流意识形态与其他社会思潮进行理论思想交锋的过程中深化人们对事实和问题本身的认识，批判社会思潮中消极的因素，以理论阐释和逻辑论证的形式彰显主流意识形态的真理性与价值性，在多元社会思潮背景下实现价值整合和理论整合，切忌肆意地乱贴标签，不盲目地否定和简单地拒斥，要展现马克思主义的科学性，促进人们对主流意识形态的理性认同，真正实现思想掌握群众的目标。对于反马克思主义的错误社会思潮，必须直面挑战，敢于批判，站稳主流意识形态阵地；要站在人民的立场上，坚持实事求是，运用学术、理论的力量予以分析和评判，指正其错误立场，做好疏导工作，消除其消极影响，达到引领社会思潮，发展马克思主义的目的。

### 2. 科学认识错误社会思潮产生的根源

一切以时间地点条件为转移，这是马克思主义关于事物存在和发展的一个基本观点。马克思主义经典作家认为，一定的生产方式、经济基础和上层建筑都是我们创造历史的前提和条件，起决定作用的是以一定的生产方式为核心的经济因素。恩格斯对此有着科学的阐述："我们自己创造着我们的历史，但是第一，我们是在十分确定的前提和条件下创造的。其中经济的前提和条件归根到底是决定性的。但是政治等的前提和条件，甚至那些萦回于人们头脑中的传统，也起着一定的作用，虽然不是决定性的作用。"①那些信仰错误社会思潮的人，也想创造历史，但是他们是想在脱离既定的前提和条件下创造历史，具体到当代中国，就表现为脱离中国国情、社情和党情，主要表现在以下两个方面：

第一，错误社会思潮力图脱离社会主义生产方式和经济基础创造历史。社会

---

① 《马克思恩格斯选集》第 4 卷，人民出版社 2012 年版，第 605 页。

主义生产方式和经济基础是当代中国一切发展的前提条件，否定这个前提条件就谈不上任何发展和进步。我国社会主义基本经济制度和政治制度建立在社会主义生产方式和经济基础之上，这也是我们创造当代中国历史的基础。如新自由主义思潮在经济上否定我国的社会主义基本经济制度，在政治上否定我国的基本政治制度，这是"全盘西化"的实质。最典型的例子莫过于有人肆意曲解：我国 40 多年的改革开放就是实施了西方资本主义的"现代性"方案的结果，并认为我国当前的改革偏离了"根本解决'中国问题'的'改革开放'路线"。这是历史虚无主义的拙劣论调。"历史虚无主义的实质就是历史唯心主义，是资产阶级自由化思潮的典型表现，极具欺骗性、迷惑性和杀伤性。"①它以所谓"反思历史""还原历史""重新评价"为名，歪曲"解放思想"的真意，歪曲中国近代革命史、社会主义发展史、国际共产主义运动史、中国共产党党史、中华人民共和国国史、中国人民解放军军史。历史虚无主义的认识显然是完全错误的，是完全不符合实际的，已经由中国特色社会主义道路、理论、制度、文化及其巨大成就给予有力的、正面的、坚决的回应。

第二，错误社会思潮力图脱离社会主义精神文化传统创造历史。社会主义精神文化传统是中国特色社会主义事业的精神动力和灵魂精神，否定社会主义精神文化传统，意味着否定整个中国特色社会主义事业。但是，各种错误社会思潮完全否定社会主义精神文化传统的实践意义，它们通过否定"中国特色"，否定在马克思主义中国化的历史进程中形成的社会主义精神文化传统。错误社会思潮的基本思路就是通过否定正确的东西来主张错误的东西，核心是用新自由主义否定马克思主义和社会主义，其理论方法的错误就是否定历史创造的条件性。

在当代中国，中国人民创造历史的条件是确定的、客观的，它包括一定的生产方式、经济基础和上层建筑，这些客观条件不能任意取消或改变。中国共产党正在带领全国各族人民为实现中华民族伟大复兴的中国梦而砥砺奋进，这一奋斗进程就是不断创造历史的过程。在这一历史进程中，我们任何时候都不能脱离社

---

① 王伟光：《历史唯物主义是我党的理论指南是马克思主义史学理论的灵魂和精髓——学习习近平总书记关于历史唯物主义的重要讲话精神》，《世界社会主义》2020 年第 11 期，第 14 页。

会主义生产方式、经济基础和社会主义精神文化，必须坚定道路自信、理论自信、制度自信和文化自信。我们始终坚信，中国特色社会主义道路是实现社会主义现代化的必由之路，是创造人民美好生活的必由之路；同样也相信中国特色社会主义理论体系是指导党和人民沿着中国特色社会主义道路实现中华民族伟大复兴的正确理论，是立于时代前沿、与时俱进的科学理论；中国特色社会主义制度是当代中国发展进步的根本制度保障，是具有鲜明中国特色、明显制度优势、强大自我完善能力的先进制度；文化自信是更基础、更广泛、更深厚的自信。因此，我们要弘扬社会主义核心价值观，弘扬以爱国主义为核心的民族精神和以改革创新为核心的时代精神，不断增强全党全国各族人民的精神力量。就这个意义来说，自信也是条件，它是创造历史的必要条件，而丧失信心就意味着失败。

社会思想观念越是多样化，意识形态领域越是思潮纷涌，就越是需要坚持和巩固马克思主义的指导地位。如果动摇了马克思主义的指导地位，就会动摇中国特色社会主义的理论根基，动摇全党全国人民团结奋斗的共同思想基础。在实现中华民族伟大复兴的中国梦的历史关键时期，我们必须保持理论上、政治上的清醒坚定，不断巩固马克思主义的指导地位，牢固树立"四个意识"，不断增强"四个自信"，坚决做到"两个维护"。通过深入学习和掌握习近平新时代中国特色社会主义思想，自觉运用贯穿其中的马克思主义立场观点方法认识问题，不断增强政治敏锐性和政治鉴别力，筑牢思想防线，才能有效引领和整合社会思潮，坚决抵制各种错误思想的影响，切实做到在复杂的形势中不忘记根本、不迷失方向，在重大原则问题上始终保持立场坚定、旗帜鲜明，从而凝聚起建设国家的伟大力量，不断增强走中国特色社会主义道路的自觉性和坚定性。

### 3. 正确把握历史发展的方向性

马克思主义唯物史观强调，历史是人民群众创造的，历史发展的方向是由人民群众的创造性劳动决定的，人民群众的力量在推动历史发展的各种力量中最强大、最有决定性意义。对此，恩格斯曾深刻阐明："历史是这样创造的：最终的结果总是从许多单个的意志的相互冲突中产生出来的，而其中每一个意志，又是由于许多特殊的生活条件，才成为它所成为的那样。这样就有无数互相交错的力量，有无数个力的平行四边形，由此就产生出一个合力，即历史结果，而这个结果又可以看作一个作为整体的、不自觉地和不自主地起着作用的力量的产物。"①作为马克思主义政党，中国共产党始终能够看到人民群众是历史的真正主人，人民群众的力量决定历史发展的方向；人民立场是中国共产党的根本政治立场，坚信党的根基在人民、党的力量在人民；并且深刻认识到，没有人民群众的集体努力和坚决斗争，就没有马克思主义政党的形成和先进文明形态的社会主义国家的建立。因此，坚持一切为了人民、一切依靠人民，坚持人民至上必然成为马克思主义政党和社会主义国家的核心价值；坚持不忘初心、继续前进，坚持全心全意为人民服务的根本宗旨，充分发挥广大人民群众积极性、主动性、创造性，实现好、维护好、发展好最广大人民根本利益，不断把为人民造福事业推向前进。而所有错误社会思潮共有的理论倾向，即片面强调个体价值、否定马克思主义群众史观，鼓吹极端个人主义和唯意志论。这些错误思潮根本不懂得，或者是刻意回避这个根本事实：历史发展的方向是不以单个人的意志为转移，历史发展方向的形成是一个自然的历史过程。其中，每个人的意志不是任意的，它基于"许多特殊的生活条件"。由此可见，一旦错误社会思潮陷入形而上学和唯心主义泥潭，远离马克思主义唯物史观的指导，就会否定人民群众对历史发展的决定作用，必然看不到实行中国特色社会主义道路的历史必然性和中国特色社会主义制度的强大生命力。

总之，马克思主义始终保持强大生命力，原因就在于它是开放的、随着历史的发展而不断丰富和发展的科学。要坚持解放思想、实事求是、与时俱进、求真务实，坚持以我国改革开放和现代化建设的实际问题、以我们正在做的事情为中心，着眼于马克思主义理论的学习运用，着眼于对实际问题的理论思考，着眼于新的实践和新的发展，不断把党带领人民创造的成功经验上升为理论，不断赋予当代中国马克思主义鲜明的实践特色、理论特色、民族特色、时代特色，增强马克思主义的真理力量和实践力量，增强对广大人民群众的感染力、吸引力，为中国精神铸魂培元。

（三）坚持以马克思主义引领文化和时代

在人类的思想长河中，马克思主义越是经历时间的打磨越是光芒万丈，越是

---

① 《马克思恩格斯选集》第 4 卷，人民出版社 2012 年版，第 605 页。

经过实践的检验越是彰显出真理的力量，跨越时空，历久弥新。马克思主义始终立于时代潮头，向未来无限开放，指引着人们认识世界、改造世界。马克思主义之所以是我们立党立国的根本指导思想，是我们党的灵魂和旗帜，"归根到底是因为马克思主义行！"①这是源于对马克思主义指导作用的科学认识和正确把握，必然指引着中国特色社会主义文化建设，引领时代发展方向，推动中国共产党不断发展壮大、中国特色社会主义不断取得伟大成就。

1. 坚持以马克思主义指导中国特色社会主义文化建设

中国特色社会主义文化源自中华民族五千多年文明历史所孕育的中华优秀传统文化，熔铸于党领导人民在革命、建设、改革中创造的革命文化和社会主义先进文化，植根于中国特色社会主义伟大实践，屹立在世界文明百花园之中。从根本属性上说，人民性是中国特色社会主义文化最鲜明的品格，也是中国特色社会主义文化区别于其他文化的根本标志。在新的历史方位上，中国特色社会主义文化建设必须高扬马克思主义理论旗帜，坚持以人民为中心的原则，坚持人民的主体地位、尊重人民的首创精神，始终与人民群众同呼吸、共命运、心连心，切实调动广大人民群众参与的积极性、主动性与创造性，努力做到文化依靠人民、服务人民、讴歌人民，为人民群众提供丰富多彩、昂扬向上的精神文化，以满足人民群众日益增长的美好精神生活需求为目标，着力提升国民综合素质与塑造健全人格。坚持贴近实际、贴近生活、贴近群众，牢牢把握"为人民服务、为社会主义服务"方向、"百花齐放、百家争鸣"方针和"创新性转化、创造性发展"原则，在中国特色社会主义伟大实践中加快文化事业的创新与发展，使人民群众共享文化发展的成果；始终把人民群众利益摆在至高无上的地位，植根人民、热爱人民，深入群众、深入生活，从人民群众中获得无穷的智慧与力量，创造出接地气、有真情、无愧于时代与人民的优秀文化产品，让人民群众享有更多的文化发展成果。

从根本上来说，马克思主义是引领当代中国文化发展的精神旗帜、厚植中华

---

① 习近平：《在庆祝中国共产党成立 100 周年大会上的讲话》，人民出版社 2021 年版，第 13 页。

民族最深层最持久的精神力量，确立了中国特色社会主义文化体系健康运行的价值中轴。这是因为马克思主义融合了 5000 多年中华文明的精神风骨，契合了中华民族近代以来发展的历史选择，使中华民族在精神上从被动走向主动。毛泽东在《唯心历史观的破产》中指出："自从中国人学会了马克思列宁主义以后，中国人在精神上就由被动转入主动。从这时起，近代世界历史上那种看不起中国人，看不起中国文化的时代应当完结了。"①100 多年来，中国共产党坚持把马克思主义基本原理同中国具体实际相结合、同中华优秀传统文化相结合，不断推进马克思主义中国化时代化，深化马克思主义对中国精神的建构作用。由于"中国精神是在中国特色社会主义文化中孕育成长起来的时代精神的精华"，"是中国特色社会主义文化的集中体现，是中国特色社会主义文化精神的高度凝练和精神升华"②。因此，中国精神的建构必须以马克思主义为指导，以中国特色社会主义先进文化为基调，在继承和发扬中华优秀传统文化和革命文化精粹基础上而推进。弘扬中国精神，务必与中国价值和中国力量相凝聚，彰显当代中国文化精神，使中国特色社会主义先进文化深入人心，使国家文化软实力和中华文化影响力得以大幅提升。所以，当代中国文化精神必须始终坚持马克思主义指导，秉持人民至上的价值观念，将为人民过上美好生活提供丰富的精神食粮作为目标指向，继承中华传统文化的精髓，积极推动中华优秀传统文化的创造性转化和创新性发展；同时应坚持开放精神，站在世界历史的高度审视文化发展，积极吸收和借鉴其他文化的精粹为我所用。

### 2. 坚持用马克思主义观察时代、把握时代、引领时代

中国共产党始终依靠马克思主义洞察时代大势、国际变局，把握历史主动、回应人民期待。坚持用马克思主义观察时代、把握时代、引领时代，在新征程上开创美好未来，奋力实现中华民族伟大复兴的中国梦，必须不断发展当代中国马克思主义、21 世纪马克思主义。

---

① 《毛泽东选集》第 4 卷，人民出版社 1991 年版，第 1516 页。
② 佘双好：《深刻理解中国精神在当代中国的特定内涵》，《思想理论教育》2019 年第 5 期，第 33 页。

其一，坚持用习近平新时代中国特色社会主义思想武装头脑、指导实践、推动工作。马克思主义是我们党和人民事业不断发展的参天大树之根本，是我们党和人民不断奋进的万里长河之源泉。坚持用马克思主义观察时代、把握时代、引领时代，必须始终坚持马克思主义的根本指导地位。在当代中国，坚持和发展习近平新时代中国特色社会主义思想，就是真正坚持和发展马克思主义。要把系统掌握马克思主义理论作为看家本领，把深入学习贯彻习近平新时代中国特色社会主义思想作为首要政治任务，既原原本本地学，又带着问题学、联系实际学，准确把握其理论逻辑、历史逻辑、实践逻辑，深入领会其精髓要义、历史地位、重大意义。把学懂、弄通、做实有机统一起来，在解决实际问题中坚持和发展马克思主义，坚持不懈用习近平新时代中国特色社会主义思想武装头脑、指导实践、推动工作。

其二，不断推进实践基础上的理论创新。马克思主义为人们认识世界、改造世界提供了强大精神力量，是为了改变人民历史命运而创立的，是在人民求解放的实践中形成的，也是在人民求解放的实践中丰富和发展的。我们党坚持用中国话语把马克思主义真理转化为科学信仰，用中国表达把马克思主义转化为行动自觉，不断推进马克思主义中国化时代化，以马克思主义的世界观方法论深化对共产党执政规律、社会主义建设规律、人类社会发展规律的认识。改革开放以来，我们党立足中国国情，回应时代关切，总结实践经验，不断推进实践基础上的理论创新，形成了一系列重大理论成果，指导中国人民不断推进伟大社会革命。坚持用马克思主义观察时代、把握时代、引领时代，就要坚持理论联系实际，结合新的实践不断作出新的理论创造，做到从实践中来、到实践中去，既在实践中检验真理、发展真理，又以理论创新推动新的实践发展变革。在实践基础上不懈探索时代发展的新课题，回答时代性的重大问题，增强理论的前瞻性和预见性，将科学理论更好地转化为物质力量，在反映时代性、注重实践性、把握规律性的统一中彰显马克思主义的真理力量。

其三，坚持用马克思主义真理的力量激活中华文明。中华民族有着五千多年源远流长的文明历史，创造了博大精深的中华优秀传统文化，潜移默化地影响着人们的思想方式和行为方式，为中华民族生生不息提供了丰厚滋养，也为马克思主义在中国生根、开花、结果提供了肥沃土壤。马克思主义与中华优秀传统文化何以能够相融相通？艾思奇曾做过精辟分析："中华民族和它的优秀传统中本来早就有着马克思主义的种子。马克思主义是科学的共产主义，而共产主义社会，曾是中国历史上一切伟大思想家所共有的理想……中国的马克思主义，就是以马克思的科学共产主义的理论为滋养料，而从中华民族自己的共产主义的种子中成长起来的。"①因此，必须坚持马克思主义的指引，锚定中国特色社会主义文化的"精神坐标"，夯实文化自信的根基，锻造文化自信的生命力，不断激活中华民族五千多年的文化基因，打造更多的精神高地，增强文化自觉，坚定文化自信，激发全民族文化创新创造活力，更好把中国的历史经验、民族智慧和民族精神融入马克思主义，让中华优秀传统文化展现新的时代风采，让马克思主义放射出更加耀眼的真理光芒。

要言之，只有坚持以马克思主义为指导，才能使我们能够站在人类思想史上巍然矗立的思想高峰，中华民族复兴伟业才有明确的发展方向。"中国共产党之所以能够完成近代以来各种政治力量不可能完成的艰巨任务，就在于始终把马克思主义这一科学理论作为自己的行动指南，并坚持在实践中不断丰富和发展马克思主义。"②中华民族迎来从站起来、富起来到强起来的伟大飞跃，中国人民意气风发向着全面建成社会主义现代化强国的第二个百年奋斗目标迈进。这些有力地证明了一条颠扑不破的真理：一个民族要走在时代前列，就一刻不能没有理论思维，一刻不能没有思想指引；只有马克思主义才能救中国，只有发展马克思主义，才能更好地指导新时代中国特色社会主义。

---

① 罗平汉主编：《中共党史知识问答》，人民出版社 2021 年版，第 9 页。

② 习近平：《在庆祝中国共产党成立 95 周年大会上的讲话》，人民出版社 2016 年版，第8 页。

# 第六章　中国精神之支柱

　　理想信念是人生的精神支柱，是激发个体积极奋斗的不竭精神动力。作为复合性概念，理想信念包含"理想"和"信念"两个词语，强调了理想与信念的辩证统一，在具有名词属性的同时具有动词性特征，蕴含着人们确立理想并为之奋斗的追求姿态。共产主义的远大理想、马克思主义的科学信仰、中国特色社会主义共同理想，是新时代中国人理想信念的核心问题。其中，马克思主义信仰是灵魂，共产主义是崇高理想，中国特色社会主义共同理想是马克思主义信仰和共产主义理想在中国现实国情的实践展开，是中国共产党带领广大各族人民在实现民族解放、国家独立、人民幸福过程中形成的最广泛的社会共识，是激励广大各族人民实现中华民族伟大复兴中国梦的强大精神支柱。作为中国社会全体成员共同的价值追求，共产主义远大理想和中国特色社会主义共同理想回答了全党全国各族人民应有什么样的奋斗目标和理想追求，是国家繁荣发展的指航旗帜，是人民不懈奋斗的精神动力，是民族凝心聚力的思想基础，是提升精神境界的核心要素，是中国精神的支柱。

## 一、共产主义的理想与追求

　　人类对美好社会的向往源远流长。在中国，古代先贤把"天下大同"作为理想社会目标追求，《礼记·礼运》中说："大道之行也，天下为公，选贤与能，讲信修睦。故人不独亲其亲，不独子其子，使老有所终，壮有所用，幼有所长，鳏寡孤独废疾者皆有所养。男有分，女有归。货恶其弃于地也，不必藏于己；力恶其不出于身也，不必为己。是故谋闭而不兴，盗窃乱贼而不作。故外户而不闭，是谓大同。"在西方，古希腊亚里士多德的"共有共享"理想城邦、柏拉图的理想国等，都对理想社会提出了构想。其中，起源于约 2500 年前的"共产主义"在马克思的创造性工作中成为理想社会制度的代名词。它建基于马克思主义的科学理论、内含政治经济社会文化建设诸方面、展开于无产阶级追求理想的现实运动之中，是中国共产党带领人民进行社会主义革命与建设实践的最终目标。对此，毛泽东指出："我们共产党人从来不隐瞒自己的政治主张。我们的将来纲领或最高纲领，是要将中国推进到社会主义社会和共产主义社会去的，这是确定的和毫无疑义的。我们的党的名称和我们的马克思主义的宇宙观，明确地指明了这个将来的、无限光明的、无限美妙的最高理想。"①在中国特色社会主义建设的新时代，习近平总书记提出："我们干事业不能忘本忘祖、忘记初心。我们共产党人的本，就是对马克思主义的信仰，对中国特色社会主义和共产主义的信念，对党和人民的忠诚。"②

## （一）奠基于马克思主义的科学理论

"坚定的理想信念，必须建立在对马克思主义的深刻理解上，建立在对历史规律的深刻把握上。"③共产主义理想之所以是美好崇高的社会理想，能够指引推动人们不断趋向更加美好的社会状态，最重要的原因就在于其建基于科学的马克思主义理论。

马克思主义理论是由马克思和恩格斯创立的关于无产阶级解放条件的学说。它的创立不仅离不开马克思恩格斯个人卓越的才智，同时更和当时特定的时代背景息息相关。19 世纪三四十年代，随着资本主义生产的发展，资本主义生产方式的基本矛盾，即生产的社会化和生产资料的资本家私人占有之间的矛盾也日益暴露出来。经济危机的频繁发生，不仅使社会生产力遭到极大破坏，也给无产阶

①　《毛泽东选集》第 3 卷，人民出版社 1991 年版，第 1059 页。
②　习近平：《在全国党校工作会议上的讲话》，《求是》2016 年第 9 期。
③　习近平：《在庆祝中国共产党成立 95 周年大会上的讲话》，人民出版社 2016 年版，第 11 页。

级和劳动群众带来深重的灾难。1831 年和 1834 年的法国里昂的纺织工人起义、1836 年的英国"人民宪章"运动、1844 年德国西里西亚纺织工人起义，标志着工人阶级作为独立的政治力量登上了历史发展的舞台。他们要求成立自己的政党，提出自己的行动纲领和政治主张，迫切需要科学的革命理论指导。另一方面，出身资产阶级家庭的马克思恩格斯在吸取黑格尔"辩证法"的合理内核和费尔巴哈唯物主义世界观的基础上，批判继承了英国古典政治经济学中的劳动价值论以及空想社会主义关于未来美好社会的若干设想，多方面汲取古希腊罗马哲学、文艺复兴成果和自然科学领域中的最新成果，进而创立了唯物史观，发现了资本增值的秘密，深刻揭示了自然界、人类社会、人类思维的发展规律，为人类社会发展进步指明了正确方向，为人们认识世界和改造世界提供了科学的立场、观点和方法，形成了科学社会主义理论，为全世界无产阶级和劳动群众争取自由解放提供了思想武器。

通过唯物史观，马克思主义确立了人民群众在社会历史发展中的主体地位，并通过剩余价值学说揭露了无产阶级深受资产阶级压迫剥削的事实，进而提出了人民利益至上的"解放全人类"的理想蓝图，揭示了人类将通过无产阶级专政走向共产主义的科学道路。对于马克思主义理论的人民立场，我们从马克思恩格斯最初选择"共产主义"而不是"社会主义"作为理想社会制度名称时就能清晰把握。对此，恩格斯说："社会主义意味着资产阶级的运动，共产主义则意味着工人的运动。社会主义，至少在大陆上，是上流社会的，而共产主义却恰恰相反。既然我们当时已经十分坚决地认定'工人的解放应当是工人阶级自己的事情'，所以我们一刻也不怀疑究竟应该在这两个名称中间选定哪一个名称。而且后来我们也根本没有想到要把这个名称抛弃。"①

### (二)指向美好理想的共产主义社会制度

什么是共产主义？一般中国人在第一时间想到的就是一个完美的社会制度，是把所有关于社会制度的美好期待都可以赋之予它的理想社会形态。马克思恩格斯在指明人类社会发展规律的同时，虽未对未来理想社会提供具体的制度框架，

---

① 《马克思恩格斯文集》第 2 卷，人民出版社 2009 年版，第 21 页。

但对未来理想社会一般特征进行了科学预测和设想。在马克思看来，理想的共产主义制度具有以下特点：生产资料社会共有，生产力高度发展，社会产品极大丰富，阶级消亡、阶级对立消失，工农、体脑、城乡三大差别消失，人的精神境界极大提高，人与人之间的社会关系和谐融洽，实行"各尽所能、按需分配"，人类摆脱各种异己力量的支配，实现自由而全面发展。

第一，生产力方面，共产主义社会里生产力高度发达，社会产品极大丰富、社会财富得以充分涌流。高度发达的生产力，能够创造出丰富充裕的社会物质财富，为人们的美好生活提供物质基础。马克思在指出生产力的这种发展之所以是绝对必需的实际前提时指出，"如果没有这种发展，那就只会有贫穷、极端贫困的普遍化；而在极端贫困的情况下，必须重新开始争取必需品的斗争，全部陈腐污浊的东西又要死灰复燃"；① 高度发达的生产力，还能够促进人们之间的普遍交往，消灭"地域性的"的共产主义，建立具有"世界历史性"的共产主义。"不这样，①共产主义就只能作为某种地域性的东西而存在；②交往的力量本身就不可能发展成为一种普遍的因而是不堪忍受的力量：它们会依然处于地方的、笼罩着迷信气氛的"状态"；③交往的任何扩大都会消灭地域性的共产主义。②

第二，生产关系方面，共产主义在经过无产阶级专政和漫长的发展阶段之后，最终要废除生产资料的资本主义私有制，消灭分工以及产生社会不平等的经济根源，消灭阶级、消灭剥削，确立生产资料公有制。对于共产主义社会制度的这个特征，马克思说："共产主义的特征并不是要废除一般的所有制，而是要废除资产阶级的所有制。""从这个意义上说，共产党人可以把自己的理论概括为一句话：消灭私有制。"③马克思在分析批判资本主义现实政治经济状况的同时，对未来社会制度的所有制和分配形式进行了畅想，认为共产主义公有制的本质特征是主体性，是对人的存在和人的需要的高度关注。他在《哥达纲领批判》中指出："在共产主义社会高级阶段，在迫使个人奴隶般地服从分工的情形已经消失，从而脑力劳动和体力劳动的对立也随之消失之后；在劳动已经不仅仅是谋生的手

---

① 《马克思恩格斯文集》第 1 卷，人民出版社 2009 年版，第 538 页。
② 《马克思恩格斯文集》第 1 卷，人民出版社 2009 年版，第 538 页。
③ 《马克思恩格斯文集》第 2 卷，人民出版社 2009 年版，第 45 页。

段，而且本身成了生活的第一需要之后；在随着个人的全面发展生产力也增长起来，而集体财富的一切源泉都充分涌流之后——只有在那个时候……社会才能在自己的旗帜上写上：各尽所能，按需分配！"①

第三，精神境界和社会组织方面，共产主义社会中人们的精神境界极大提高，劳动成为人们的第一需要，不仅与以往社会传统的私有观念彻底决裂，同时突破异己的力量，形成大公无私、互助友爱的高尚的共产主义道德，从必然王国走向自由王国，自觉能动地创造"真正人的历史"，使阶级与国家消亡，形成自由人联合体。对于这个真正的共同体，马克思和恩格斯在《共产党宣言》中指出："代替那存在着阶级和阶级对立的资产阶级旧社会的，将是这样一个联合体，在那里，每个人的自由发展是一切人的自由发展的条件"②。这种自由人联合体，不仅凸显了人自身的自由全面发展，突破"人的依赖关系"和"以物的依赖性为基础的人的独立性"，进入到"自由个性"阶段，每个人"终于成为自己的社会结合的主人，从而也就成为自然界的主人，成为自身的主人"；③ 同时凸显了共产主义关于公共生活的新创造，使社会结构从虚幻的共同体进入真正的共同体阶段。这种共同体不是单纯的经济社会意义，更是对人的本质存在的真正关注。"共产主义即亲密共契——共在，共与的存在，它被认为属于个体的生存。"④这种保有每一个体独特性的共同体不是一种简单的外部联结，而是不断趋向共同性的内在自由联结，承诺着一种有活力的共同性的生成。"任一种共产主义都是一个过程……这是一个规划，其目的就在于，把由不同形式的集体性智识建立起来的不同世界融合为一个同一的共同体。"⑤

### （三）实践于共产主义现实运动

"共产主义对我们来说不是应当确立的状况，不是现实应当与之相适应的理

---

① 《马克思恩格斯选集》第3卷，人民出版社2012年版，第364-365页。

② 《马克思恩格斯文集》第2卷，人民出版社2009年版，第53页。

③ 《马克思恩格斯选集》第3卷，人民出版社2012年版，第817页。

④ 让-吕克·南希，张志芳译：《共产主义，语词——伦敦会议笔记》，《国外马克思主义评论》2010年，第90页。

⑤ 雅克·朗西埃著，林晖译：《共产主义：从现实性到非现实性》，《国外马克思主义评论》2010年，第105页。

想。我们所称为共产主义的是那种消灭现存状况的现实的运动。"①在以批判当时德意志各种唯心主义哲学流派为主要内容的《德意志意识形态》中，马克思从实践出发，否定单纯把共产主义作为主观臆想和悬置理想的做法，强调共产主义本身是改造现实世界的现实过程，它绝不是某种人类历史发展的终点，而是人类不断从一个较低阶段进入更高阶段的起点，是一个不断否定不断超越现实生活的动态过程。

第一，共产主义是一种从事实出发、改造现存状况的现实运动。共产主义"不是从原则出发，而是从事实出发……不是把某种哲学作为前提，而是把迄今为止的全部历史，特别是这一历史目前在文明各国造成的实际结果作为前提"②。共产主义作为一种追求更加美好社会制度的动态过程，首先是从洞察当时资本主义社会的实际状况和现实矛盾，从批判和解决资本主义社会发展弊端出发，脚踏实地地一步步改造资本主义社会的现实过程。在创立和传播科学社会主义理论的同时，马克思恩格斯深入工人运动一线，参与组建共产主义者同盟等无产阶级政党，带领无产阶级进行以实现无产阶级专政和建立共产主义社会制度为目标的无产阶级革命，不断取得新突破，由此开启了共产主义由空想到科学、由理论到实践，由理想到现实，由一国胜利到多国胜利的伟大实践，取得了举世瞩目的伟大成绩，在20世纪上半期达到高潮。对于共产主义运动的这种现实性，列宁指出："对俄国来说，根据书本争论社会主义纲领的时代也已经过去了，我深信已经一去不复返了。今天只能根据经验来谈论社会主义。"③中国共产党也清晰地认识到："在我国，共产主义思想的传播，人们为最终实现共产主义理想而进行的运动，早在中国共产党成立和领导进行新民主主义革命的时候就开始了……共产主义的思想和共产主义的实践早已存在于我们的现实生活中。"④虽然20世纪后半期共产主义运动由于东欧剧变遭受挫折，但新时代中国特色社会主义的蓬勃发展彰显着共产主义运动的生命力、创造力，映照着资本主义的根本矛盾和弊端，推动人类社会不断改造和优化现实世界。

---

① 《马克思恩格斯文集》第1卷，人民出版社2009年版，第539页。
② 《马克思恩格斯文集》第1卷，人民出版社2009年版，第672页。
③ 《列宁专题文集　论社会主义》，人民出版社2009年版，第399页。
④ 《十二大以来重要文献选编》(上)，人民出版社1986年版，第27-28页。

第二，共产主义是一个在批判现实的基础上不断超越现实的历史过程。共产主义是在批判资本主义的过程中产生的，但其在现实历史活动中的展开过程却并不止于对资本主义的批判，而是展开为人类不断从一个较低阶段进入更高阶段的、不断否定超越现实生活的历史进程。这个历史进程展开是从低级到高级的自然进程，是一种现实的、客观存在的过程，更是千千万万人曾经参加过、现在仍然在前赴后继的、不断前进和发展的过程。对此，马克思恩格斯认为，共产主义社会作为一种社会制度，包括带有旧社会特点、发展不充分的初级阶段和发展成熟的高级阶段。其中，初级阶段"是刚刚从资本主义社会中产生出来的，因此它在各方面，在经济、道德和精神方面都还带着它脱胎出来的那个旧社会的痕迹"，[①] 而高级的理想的共产主义制度则在各方面发展成熟，实行"各尽所能、按需分配"；这个历史进程同时表现为理想社会制度实现的曲折性和长期性。对此，马克思在《〈政治经济学批判〉序言》中说："无论哪一个社会形态，在它所能容纳的全部生产力发挥出来以前，是决不会灭亡的；而新的更高的生产关系，在它的物质存在条件在旧社会的胎胞里成熟以前，是决不会出现的。"[②]在资本主义依然占据优势地位的当代，尤其是面对苏联解体、东欧剧变之后美国单极力量的增强和国际逆全球化现象的出现，我们对共产主义胜利而资本主义最终灭亡的长期性要有充分准备。也正是在这个意义上，习近平总书记指出："共产主义绝不是'土豆烧牛肉'那么简单，不可能唾手可得、一蹴而就，但我们不能因为实现共产主义理想是一个漫长的过程，就认为那是虚无缥缈的海市蜃楼，就不去做一个忠诚的共产党员。革命理想高于天。实现共产主义是我们共产党人的最高理想，而这个最高理想是需要一代又一代人接力奋斗的。"[③]

## 二、中国特色社会主义共同理想的愿景

共产主义远大理想的实现是一个实践过程，需要在不同的历史情境下和具体

---

① 《马克思恩格斯选集》第 3 卷，人民出版社 2012 年版，第 364 页。

② 《马克思恩格斯选集》第 2 卷，人民出版社 2012 年版，第 3 页。

③ 《十八大以来重要文献选编》(中)，中央文献出版社 2016 年版，第 321 页。

的国情相结合、依不同发展程度确定具体的阶段性目标。中国共产党带领中国人民，以最终实现共产主义为目标，紧紧围绕不同历史阶段的具体条件和实践要求，结合中国革命、中国社会主义革命与建设、改革与发展的重大问题提出不同阶段的共同理想。其中，中国特色社会主义共同理想是中国人民在改革开放以来的社会主义建设实践中形成的，是关于社会政治、经济、文化和日常生活理想状态的期待与向往，是共产主义远大理想的实践体现。对此，习近平总书记明确强调："我们现在的努力以及将来多少代人的持续努力，都是朝着最终实现共产主义这个大目标前进的。同时，必须认识到，实现共产主义是一个非常漫长的历史过程，我们必须立足党在现阶段的奋斗目标，脚踏实地推进我们的事业。"[1]

## （一）形成于中国现实国情和社会主义实践

江河虽长，皆出其源，树木参天，皆缘其根。中国特色社会主义共同理想不是从天上掉下来的，而是有根有源的，是党和人民历尽千辛万苦、付出巨大代价才获得的。从1516年托马斯·莫尔发表《乌托邦》算起，社会主义思想至今已有500余年的历史。中国特色社会主义作为科学社会主义理论逻辑和中国社会发展历史逻辑的辩证统一，是根植于中国大地，反映人民意愿、适应中国和时代发展进步要求的科学社会主义。"这条道路来之不易，它是在改革开放30多年的伟大实践中走出来的，是在中华人民共和国成立60多年的持续探索中走出来的，是在对近代以来170多年中华民族发展历程的深刻总结中走出来的，是在对中华民族5000多年悠久文明的传承中走出来的，具有深厚的历史渊源和广泛的现实基础。"[2]

1840年以来，为挽救民族危亡，中国人民进行了艰苦卓绝的斗争，1851年洪秀全领导的太平天国运动，1898年以康有为、梁启超等为代表的变法维新运动，1911年以孙中山为代表的资产阶级革命派发起和领导的辛亥革命，最终都未能改变中国半殖民地半封建的社会面貌，中国依然处于黑暗之中。1917年俄国十月革命的胜利开辟了历史的新纪元，也强烈吸引了中国先进分子的注意力。

---

① 《十八大以来重要文献选编》（上），中央文献出版社2014年版，第115-116页。
② 《十八大以来重要文献选编》（上），中央文献出版社2014年版，第234页。

"十月革命一声炮响，给我们送来了马克思列宁主义。十月革命帮助了全世界的也帮助了中国的先进分子，用无产阶级的宇宙观作为观察国家命运的工具，重新考虑自己的问题。走俄国人的路——这就是结论。"①由此，以毛泽东为代表的中国共产党人，把马克思主义和中国半殖民地半封建社会、经济非常落后的具体国情结合起来，提出了"实现民族独立，建立无产阶级领导，由中国各革命阶级联合专政，终极前途为社会主义和共产主义的新民主主义社会"的共同理想，走出了一条具有中国特色的、"以农村包围城市、武装夺取政权"的革命道路，成立了新生的中华人民共和国。

中华人民共和国的成立，标志着中国共产党领导的共产主义运动从革命阶段进入社会主义建设时期。如何从一个落后的、半殖民地半封建的农业国向工业国转变，并尽快建立社会主义制度，成为当时中国人民的主要任务。以毛泽东为代表的中国共产党人综合分析判断中国进行社会主义革命与建设的具体国情，正确处理坚持共产主义远大理想与当时具体任务之间的辩证关系，提出了"实现国家的社会主义工业化，逐步实现国家对农业、手工业和资本主义工商业的社会主义改造"的过渡时期总路线，并由此确立社会主义制度，规定着中国前进发展的社会主义方向，为社会主义建设的全面展开"积累了经验和提供了条件""奠定了坚实的理论和实践基础"。②

1978 年，中国共产党召开党的十一届三中全会，以邓小平为主要代表的中国共产党人确立了解放思想、实事求是的思想路线，确认当时中国社会的主要矛盾是"人民日益增长的物质文化需要同落后的社会生产之间的矛盾"，并以巨大的政治勇气和理论勇气作出了改革开放的重大决策，翻开了中国社会主义发展的新篇章。1980 年，中央决定设立深圳、珠海、汕头、厦门 4 个经济特区；1984年，进一步开放从大连到北海的 14 个沿海城市；长三角、珠三角、海南省等经济开放区的设立，使开放呈现出多层次的立体格局。伴随着改革开放和现代化建设的实践推进，我们党对"什么是社会主义，怎样建设社会主义"基本问题的思

---

① 《毛泽东选集》第 4 卷，人民出版社 1991 年版，第 1471 页。
② 习近平：《在纪念毛泽东同志 120 周年诞辰座谈会上的讲话》，载《人民日报》2013 年 12 月 27 日。

考也不断深入。1982年9月，中国共产党第十二次全国代表大会召开，邓小平在开幕词中第一次提出了"建设有中国特色的社会主义"命题，他指出："把马克思主义的普遍真理同我国的具体实际结合起来，走自己的道路，建设有中国特色的社会主义，这就是我们总结长期历史经验得出的基本结论。"①1986年9月，中国共产党十二届六中全会通过的《中共中央关于社会主义精神文明建设指导方针的决议》正式提出："建设有中国特色的社会主义，把我国建设成为高度文明、高度民主的社会主义现代化国家，这就是现阶段我国各族人民的共同理想。"②这是党的文件中首次明确提出中国特色社会主义共同理想。随后，1987年党的十三大系统阐述社会主义初级阶段理论，完整概括了"一个中心、两个基本点"的基本路线，制定了"三步走"实现社会主义现代化的发展战略，为共同理想的实现指明了发展的方向和路径。

1989年，江泽民成为中华人民共和国主席，继续强调共同理想的重要性，并在党的十四届六中全会上提出把"建设中国特色社会主义的共同理想"作为社会主义精神文明建设工作的第一个主要目标；党的十六大报告中，明确提出"中国特色社会主义共同理想"的崭新命题，指出对于正处于社会主义初级阶段的中国而言，建设中国特色社会主义，即建设富强、民主、文明的社会主义现代化国家是我们的共同理想。2002年10月，胡锦涛当选为中共中央总书记，在深度思考"实现什么样的发展、怎样发展"等重大问题的同时，突出强调要加强社会主义精神文明建设，要建设社会主义核心价值体系，并将中国特色社会主义共同理想作为核心价值体系建设的主题。

党的十八大以来，以习近平同志为核心的中国共产党立足新时代，综合研判国内国际具体形势，系统思考"新时代如何坚持和发展中国特色社会主义"的重大问题，提出当前中国社会的主要矛盾已经转化为人民日益增长的美好生活需要和不平衡不充分的发展之间的矛盾，提出了未来一段时期的历史任务就是要实现"两个一百年"奋斗目标，要实现国家富强、民族振兴、人民幸福的民族复兴中国梦。可以说，中国梦就是中国特色社会主义共同理想的最新表达。中国梦的共

---

① 《邓小平文选》第3卷，人民出版社1993年版，第3页。
② 《十二大以来重要文献选编》（下），人民出版社1988年版，第1178页。

同理想要求我们始终坚持走中国特色社会主义道路，努力把我国建设成为富强、民主、文明、和谐、美丽的社会主义现代化国家。对此，习近平强调指出："中国特色社会主义伟大实践，不仅使我们国家快速发展起来，使我国人民生活水平快速提高起来，使中华民族大踏步赶上时代前进潮流、迎来伟大复兴的光明前景，而且使中国人民和中华民族为世界和平与发展作出了重大贡献。事实雄辩地证明，要发展中国、稳定中国，要全面建成小康社会、加快推进社会主义现代化，要实现中华民族伟大复兴，必须坚定不移坚持和发展中国特色社会主义。"①

### (二)内含理论、道路、制度、文化等多维内涵

中国特色社会主义共同理想是党和人民历经长期实践，不断发展深化获得的，以中国的方式勾勒出的社会理想，向我们描绘了经济、政治、文化、日常生活等社会多方面的理想状态。同时，中国特色社会主义共同理想不单是一个目标状态，还包括追求和实现理想目标的过程和方式，是道路、理论体系、制度、文化的综合体。"中国特色社会主义道路是实现社会主义现代化、创造人民美好生活的必由之路，中国特色社会主义理论体系是指导党和人民实现中华民族伟大复兴的正确理论，中国特色社会主义制度是当代中国发展进步的根本制度保障，中国特色社会主义文化是激励全党全国各族人民奋勇前进的强大精神力量。全党要更加自觉地增强道路自信、理论自信、制度自信、文化自信，既不走封闭僵化的老路，也不走改旗易帜的邪路，保持政治定力，坚持实干兴邦，始终坚持和发展中国特色社会主义。"②

#### 1.中国特色社会主义道路

"中国特色社会主义道路，就是在中国共产党领导下，立足基本国情，以经济建设为中心，坚持四项基本原则，坚持改革开放，解放和发展社会生产力，建设社会主义市场经济、社会主义民主政治、社会主义先进文化、社会主义和谐社

---

①　习近平：《全面贯彻落实党的十八大精神　要突出抓好六个方面工作》，《求是》2013年第1期。

②　习近平：《决胜全面建成小康社会　夺取新时代中国特色社会主义伟大胜利——在中国共产党第十九次全国代表大会上的报告》，人民出版社2017年版，第23页。

会、社会主义生态文明，促进人的全面发展，逐步实现全体人民共同富裕，建设富强民主文明和谐的社会主义现代化国家"。① 围绕走什么路的问题，中国特色社会主义道路主要思考"向何处去"以及"如何去"，是对中国特色社会主义共同理想的社会主义发展方向与实现路径的追寻、探索和实践。

中国特色社会主义道路是朝向社会主义和共产主义社会的，其直接目标是建设"富强民主文明和谐美丽的社会主义现代化国家"，最终目标是要实现共产主义。马克思恩格斯认为，人类社会的发展是分阶段、从低级到高级逐渐前进的，原始社会、奴隶社会、封建社会、资本主义社会和共产主义社会依次更迭、不断发展。一切人类社会最终都将走向社会主义和共产主义，这是人类社会发展的总趋势。作为发展方向，中国特色社会主义道路所勾勒和指向的"两个一百年"奋斗目标，即"到中国共产党成立一百周年时，实现全面建成小康社会的目标，到新中国成立一百年时，建成富强、民主、文明、和谐、美丽的社会主义现代化国家，实现中华民族的伟大复兴"是共产主义理想在当代中国的具体化。与共产主义的最终理想相比，中国特色社会主义的共同理想既指向共产主义社会，又比共产主义社会具体可行，反映了绝大多数人民的根本利益和长远利益，是现实社会的人们所能认识、理解和具有近期实现可能性的理想社会。它不仅具备适应中国国情的特色，同时遵循了科学社会主义的基本原则，倡导高尚的共产主义精神，强调个人理想与社会理想的和谐统一，把个人的不懈奋斗与社会的进步发展作为实现理想的共同条件。与西方某些国家彰显个人主义，强调通过个人奋斗获得物质财富、社会地位、幸福生活的理想相比，中国特色社会主义共同理想具有更加开阔的视野，对个人、社会、国家以及世界的整体关注，不仅会使社会进步和国家昌盛成为现实，也将持续促进个人理想的实现和人的自由而全面的发展。正是在此意义上，中国领导人一致强调走这条道路的坚定性，如邓小平指出："中国不搞社会主义不行，不坚持社会主义不行。""中国搞社会主义，是谁也动摇不了的。"②江泽民认为："我们建设有中国特色的社会主义，就是开辟一条前人没有走过的新路。……这条路是正确的。不管有多少艰难险阻，我们都要坚定不移地

---

① 《十八大以来重要文献选编》（上），中央文献出版社 2014 年版，第 9-10 页。
② 《邓小平文选》第 3 卷，人民出版社 1993 年版，第 326、328 页。

走下去。"①习近平则指出中国特色社会主义是实现中华民族伟大复兴的必由之路。

中国特色社会主义道路，不是按照形式逻辑合理推理出来的"理想应然"，而是中国人民根据时代发展和实践要求不断探索得到的"实际必然"，是与中国国情相适应，现实的社会主义道路，具有鲜明的实践特色、民族特色和时代特色。第一，中国特色社会主义道路是中国人民自己走出来的，具有鲜明的实践特色。关于这一点，邓小平在视察南方的谈话中，说得很明白，"我们改革开放的成功，不是靠本本，而是靠实践，靠实事求是"②。从改革开放风气之先的农村家庭联产承包责任制，到市场经济改革的不断深入，从最初的"摸着石头过河"到"鞋子合不合脚自己知道"，中国已经在实践中找到一条适合自己实际的社会主义发展道路。第二，中国特色社会主义道路渗透了中国传统文化的思想和理念，具有显著的民族特色。如被邓小平视为初级阶段理想社会范畴的"小康社会"这个概念，就出自《礼记》中国古代对美好社会的描绘，是中华民族传统文化的重要组成部分，对中国人具有很强的亲和力和凝聚力。1979 年 12 月，邓小平在会见日本前首相大平正芳时，指出："我们要实现的四个现代化，是中国式的四个现代化。我们的四个现代化的概念，不是像你们那样的现代化的概念，而是'小康之家'。"③胡锦涛提出的科学发展观不仅是对马克思主义理论的科学表述，而且是对我国传统文化中"天人合一"、人与自然和谐相处等思想的科学凝练与提升。民族特色使得中国特色社会主义道路契合中华民族的思维习惯和社会心理，使其更易于为广大人民群众所喜闻乐见，也更加愿意主动遵循，从而在中国特色社会主义道路实践中奋发向上，创造出丰富的物质财富，促进社会持续进步和发展。第三，中国特色社会主义道路反映中国社会主义初级阶段基本国情，顺应世界和平与发展的基本主题，呈现出显著的时代特色。作为具体的现实的社会主义，中国特色社会主义是在现实的中国社会背景下建设和发展的。脱胎于半殖民地半封建的中国社会，处于并将长期处于社会主义初级阶段。在这一生产力还

---

① 《江泽民文选》第 1 卷，人民出版社 2006 年版，第 174 页。
② 《邓小平文选》第 3 卷，人民出版社 1993 年版，第 382 页。
③ 《邓小平文选》第 2 卷，人民出版社 1994 年版，第 237 页。

不很发达的社会主义阶段，我们必须充分利用世界"和平与发展为主题"的基本态势，集中力量完成中国特色社会主义的根本任务，解放生产力、发展生产力，以经济建设为中心，在"坚持四项基本原则，坚持改革开放"的基础上，自力更生，艰苦创业，为把我国建设成为富强、民主、文明、和谐、美丽的社会主义现代化国家而奋斗。

中国特色社会主义道路是中国共产党领导的中国现代化之路。办好中国的事情关键在党，中国特色社会主义的根本特征是中国共产党的领导，中国特色社会主义制度最大的优势是中国共产党的领导。中国共产党作为中国工人阶级、中国人民和中华民族的先锋队，是中国特色社会主义事业的坚强领导核心，是全国各族人民的主心骨。中国共产党不仅是"三步走""两个一百年""中国梦"等发展目标和共同理想的确立者，同时是实践的推动者，通过总揽全局、协调各方的领导作用，探索确立社会主义市场经济发展道路，有效应对和化解中国特色社会主义实践中的各种矛盾，实现中国的现代化变革，推进中国在经济发展、政治民主、社会和谐、文化繁荣、生态良好等方面全方位发展，推动中国特色社会主义胜利向前。对此，习近平指出："中国特色社会主义道路，是实现我国社会主义现代化的必由之路，是创造人民美好生活的必由之路"。①

当前，中国特色社会主义道路是由诸多具体道路构成的中国发展的总道路。其中，总道路主要包含四个基本要点，即党的领导、党在社会主义初级阶段的基本路线、现代化建设总体布局和发展目标；具体道路主要包括以社会主义市场经济为核心的中国特色社会主义经济发展道路、以社会主义民主法治为核心的中国特色社会主义政治发展道路、以社会主义先进文化为核心的中国特色社会主义文化发展道路、以社会主义和谐社会为核心的中国特色社会主义社会发展道路，以建设美丽中国为核心的中国特色社会主义生态文明发展道路，以"一国两制"实践推进祖国统一道路等。

2. 中国特色社会主义理论体系

中国特色社会主义理论体系作为马克思主义中国化的最新成果，包括邓小平

---

① 《习近平总书记系列重要讲话读本》，学习出版社、人民出版社 2014 年版，第 11 页。

理论、"三个代表"重要思想、科学发展观以及习近平新时代中国特色社会主义思想。围绕"建设与发展中国特色社会主义"的共同理想，面对不同阶段不同时期的重点难点，中国特色社会主义理论体系系统回答了"什么是社会主义，怎样建设社会主义""建设一个什么样的党，怎样建设党""实现什么样的发展、怎样发展""如何在日益复杂的国际国内环境下坚持和发展中国特色社会主义"等基本理论问题，是一个相互衔接、相互贯通的统一整体，共同构成一个内涵丰富、思想深刻、逻辑严谨的科学理论体系。它既以理论的方式表征着中国的社会理想、实践经验和未来发展方向，同时也在实现和趋向中国特色社会主义共同理想的过程中发展完善。

邓小平理论是以邓小平为主要代表的中国共产党人，在开创中国特色社会主义伟大事业的进程中形成的。邓小平理论从新的时代、新的实际、新的任务出发，围绕"什么是社会主义、怎样建设社会主义"等重大理论和实践问题形成了系统认识和理论提升。"什么是社会主义"的社会主义本质问题是社会主义理论的一个核心问题。邓小平科学总结新中国成立以来社会主义建设的经验教训，根据社会主义发展的内在要求，明确指出："社会主义的本质，是解放生产力，发展生产力，消灭剥削，消除两极分化，最终达到共同富裕。"[1]从生产力和生产关系的结合上，揭示了社会主义发展的基本规律，反映了人民利益和时代要求，从理论上解决了长期困扰我们的姓"社"姓"资"问题，突破了只从公有制、计划经济、按劳分配等原则出发而离开生产力抽象地去认识社会主义的传统观念，正确地创造性地揭示了社会主义的本质，为中国特色社会主义理论体系确立了科学的价值导向。对于"如何建设社会主义"，它确立了以经济建设为中心的指导思想，实现了由以政治革命为中心到以经济建设为中心的转变；提出了社会主义市场经济理论，实现了由高度集中的计划经济向充满活力的社会主义市场经济的转变，强调"计划经济不等于社会主义，资本主义也有计划；市场经济不等于资本主义，社会主义也有市场"[2]；形成了改革开放理论，认为改革是发展的动力；作出了对外开放的决策，实现了由关门搞建设到打开国门开放发展的转变等。邓小平理

---

[1]　《邓小平文选》第 3 卷，人民出版社 1993 年版，第 373 页。
[2]　《邓小平文选》第 3 卷，人民出版社 1993 年版，第 373 页。

论是对中国特色社会主义理论体系的奠基、开创和指导，它揭示了社会主义的本质，提出了"建设中国特色社会主义理论"的概念，系统阐述了我国社会主义初级阶段论和党在社会主义初级阶段的基本路线，制定了"三步走"的发展战略；搭建了中国特色社会主义理论体系的基本框架，涵盖经济、政治、文化、科技、教育、民族、军事、外交、统一战线、党的建设等方面，比较系统地初步回答了中国特色社会主义的发展道路、发展阶段、根本任务、发展动力、外部条件、政治保证、战略步骤、党的领导和依靠力量以及祖国统一等基本问题，是比较完备的科学理论体系。

"三个代表"重要思想是江泽民为主要代表的中国共产党人，在深刻认识和准确把握世情、国情、党情发展变化的基础上，从加强和巩固党的执政地位角度提出的，认为中国共产党要提高领导能力和执政水平，要增强拒腐防变和抵御风险的能力，"必须始终代表中国先进生产力的发展要求，代表中国先进文化的前进方向，代表中国最广大人民的根本利益"。① 其中，"要始终代表中国先进生产力的发展要求"，就是党的理论、路线、纲领、方针、政策和各项工作，必须努力符合生产力发展的规律，体现不断推动社会生产力的解放和发展的要求，尤其要体现推动先进生产力发展的要求，通过发展生产力不断提高人民群众的生活水平。"始终代表中国先进文化的前进方向"，就是党的理论、路线、纲领、方针、政策和各项工作，必须努力体现发展面向现代化、面向世界、面向未来的，民族的科学的大众的社会主义文化的要求，促进全民族思想道德素质和科学文化素质的不断提高，为我国经济发展和社会进步提供精神动力和智力支持。"始终代表中国最广大人民的根本利益"，就是党的理论、路线、纲领、方针、政策和各项工作，必须坚持把人民的根本利益作为出发点和归宿，充分发挥人民群众的积极性、主动性与创造性，在社会不断发展进步的基础上，使人民群众不断获得切实的经济、政治、文化利益。可以看出，"三个代表"重要思想不仅局限于党的建设，而是把发展问题同党的性质、党的执政理念联系起来，明确提出发展是党执政兴国的第一要务，把坚持党的先进性和发挥社会主义制度的优越性落实到发展先进生产力、发展先进文化、实现最广大人民的根本利益上来，推动社会全面进

---

① 《江泽民文选》第 3 卷，人民出版社 2006 年版，第 272 页。

步，促进人的全面发展。"三个代表"重要思想"用一系列紧密联系、相互贯通的新思想、新观点、新论断，进一步回答了什么是社会主义、怎样建设社会主义的问题，创造性地回答了建设什么样的党、怎样建设党的问题"①，是中国特色社会主义理论体系承上启下的极为重要的组成部分。

科学发展观是以胡锦涛为主要代表的中国共产党人，准确把握进入 21 世纪新阶段后的世界大势和我国经济发展到一定阶段时的发展变化，顺应人民过上更好生活的新期待而提出的。科学发展观把发展作为第一要义，将以人为本作为核心，基本要求是全面协调可持续性，根本方法是统筹兼顾，"坚持以人为本，树立全面、协调、可持续的发展观，促进经济社会和人的全面发展"，按照"统筹城乡发展、统筹区域发展、统筹经济社会发展、统筹人与自然和谐发展、统筹国内发展和对外开放"的要求推进各项事业的改革和发展的国家发展战略。科学发展观既注重经济增长、社会进步和环境安全的直接目标，同时也从哲学观念更新和人类文明进步的理性化目标出发，全方位地涵盖了"自然、经济、社会"复杂系统的运行规则和"人口、资源、环境、发展"四位一体的辩证关系。围绕"实现什么样的发展、怎样发展"这个基本问题，深刻回答了什么是发展、为什么发展、怎样发展，发展为了谁、发展依靠谁、发展成果由谁享有等重大问题，对于把握发展规律、创新发展理念、转变发展方式、破解发展难题，认识处理我国在 21 世纪初发展中的阶段性特征和问题具有重要指导意义。科学发展观以及构建社会主义和谐社会、建设社会主义新农村、建设创新型国家、树立社会主义荣辱观、建设社会主义核心价值体系、推动建设和谐世界等思想，深化和丰富了对社会主义建设规律的认识，把我们党对社会主义的认识不断提高到新的科学水平，是中国特色社会主义理论体系的有机组成部分。

习近平新时代中国特色社会主义思想，是探索如何在新时代日益复杂的国际国内环境下坚持和发展中国特色社会主义的最新理论成果。它立足新时代，以全新的视野认识共产党执政规律、社会主义建设规律、人类社会发展规律，是当代中国马克思主义、21 世纪马克思主义，是中华文化和中国精神的时代精华，实

---

① 胡锦涛：《在"三个代表"重要思想理论研讨会上的讲话》，人民出版社 2003 年版，第4-5 页。

现了马克思主义中国化新的飞跃。习近平新时代中国特色社会主义思想围绕新时代坚持和发展什么样的中国特色社会主义、怎样坚持和发展中国特色社会主义，建设什么样的社会主义现代化强国，怎样建设社会主义现代化强国，建设什么样的长期执政的马克思主义政党、怎样建设长期执政的马克思主义政党等重大时代课题，提出了一系列原创性的治国理政新理念、新思想、新战略。党的十九大、十九届六中全会提出的"十个明确""十四个坚持""十三个方面成就"概括了这一思想的主要内容。如认为在日益复杂的国际国内环境下，坚持和发展中国特色社会主义，必须坚持走自己的路，必须坚持以人民为中心，必须加强党的自身建设；把改革开放看作中华民族伟大复兴的关键举措，认为改革开放只有进行时，没有完成时，中国特色社会主义在改革开放中产生，也必将在改革开放中发展壮大；必须坚持新发展理念，统筹推进市场经济改革、政治体制完善和发展、文化意识形态建设、社会治理、生态文明建设和党的建设等，并就全面建成小康社会和现代化强国、全面深化改革、全面依法治国、全面从严治党战略思想进行深入解读等，是马克思主义中国化最新成果。

理解和认识中国特色社会主义理论体系，不仅可以从纵向的阶段性理论成果去把握，同时可以从理论自身的逻辑联系去把握。这些逻辑联系和基本构成主要包括四个层面：一是中国特色社会主义理论的精髓是解放思想、实事求是、与时俱进、求真务实，不是用纯粹的(或唯一的)社会主义方案和办法解决面临的所有问题和矛盾，而是实事求是，具体问题具体分析，具体矛盾具体解决。这虽然使得各阶段理论成果带有中间的、过渡的和兼顾的特点，但却使得它们比较符合当时中国的实际和现实的要求。二是理论主题都是"建设与发展中国特色社会主义"。三是把实现"人的自由而全面发展"作为中国特色社会主义理论体系的发展目标，坚持以人为本，努力提高人的物质生活水平，丰富人的精神生活。实现人的全面发展是中国特色社会主义理论体系的发展目标，它体现了社会主义的本质要求，也反映了中国共产党的根本宗旨。四是中国特色社会主义理论体系具有共同的基本内容，大体上可以概括为时代问题、根本任务、发展阶段、发展动力、经济建设、政治建设、文化建设、社会建设、生态文明建设、民族和宗教问题、国防和军队建设、"一国两制"与祖国和平统一、外交与国际战略、依靠力量、领导核心等方面。

中国特色社会主义理论体系，是马克思主义中国化的时代成果，是指引中华民族实现伟大复兴的正确理论。40多年来，我国改革开放取得伟大成功，关键是我们既坚持马克思主义基本原理，又根据当代中国实践和时代发展不断推进马克思主义中国化，形成和发展了中国特色社会主义理论体系，赋予当代中国马克思主义勃勃生机。中国特色社会主义理论体系能够确保我们的发展遵循"两个一百年"的长远战略及实施路径，像一面旗帜一样指引我们在"百年未有之变局"的世界格局中把握重要战略机遇、化解各种发展风险，在深刻认识中国特色社会主义发展规律的基础上获得又好又快的发展。

3. 中国特色社会主义制度

"中国特色社会主义制度，是当代中国发展进步的根本制度保障，集中体现了中国特色社会主义的特点和优势。我们推进社会主义制度自我完善和发展，在经济、政治、文化、社会等各个领域形成一整套相互衔接、相互联系的制度体系。"①作为包含根本制度、基本制度、重要制度和具体制度的制度体系，中国特色社会主义制度是推进党和国家事业的根本保障，集中体现了中国特色社会主义的特点和优势，是实现中国特色社会主义共同理想的制度保证。

第一，中国特色社会主义制度是社会主义性质的。"中国特色社会主义是社会主义而不是其他什么主义，科学社会主义基本原则不能丢，丢了就不是社会主义。"②按照马克思主义关于社会制度的理论，社会主义并非一个独立的社会形态，只是共产主义社会形态的第一个发展阶段。但就社会主义基本制度产生以来的实践形态看，虽然社会主义仍然只是共产主义的初级阶段，从社会形态上界定仍属于共产主义，因此，社会主义制度是高于资本主义、优于资本主义的一种社会制度。新中国成立以来，中国特色社会主义制度的建立和完善经历了两次历史进程。第一次是在20世纪50年代中期，经过社会主义改造，在中国大地上建立了社会主义制度。在经济制度方面较多的是学习苏联，如纯粹公有制、单一的按劳分配、计划经济等；在政治制度方面更多的是自己的独创，如人民民主专政、

① 《十七大以来重要文献选编》（下），中央文献出版社2013年版，第436页。
② 《十八大以来重要文献选编》（上），中央文献出版社2014年版，第109页。

人民代表大会制度、中国共产党领导的多党合作和政治协商制度、民族区域自治制度等。第二次是在党的十一届三中全会以后，在改革开放和探索中国特色社会主义道路的过程中，自觉地对过去的制度进行自我改革、自我完善，进行调整和转型，逐渐在经济、政治、文化、社会、生态等各个领域形成的一整套相互衔接、相互联系的社会主义制度体系。当前的中国特色社会主义制度体系可能在某些具体层面还需不断完善，但以公有制和人民代表大会制度等为核心的制度设计，与被资本力量所控制和左右的西方"三权分立"制度相比，在事实上反映和维护着社会绝大多数人的利益，符合人类社会发展的趋势和未来，具有明显的特色和优势。对此，邓小平曾指出："我们的党和人民浴血奋斗多年，建立了社会主义制度。尽管这个制度还不完善，又遭受了破坏，但是无论如何，社会主义制度总比弱肉强食、损人利己的资本主义制度好得多。"①

第二，中国特色社会主义制度是包含根本制度、基本制度、重要制度和具体制度在内的涵盖经济、政治、文化、社会等各个领域的相互衔接、相互联系的制度体系。党的十八大报告指出："中国特色社会主义制度，就是人民代表大会制度的根本政治制度，中国共产党领导的多党合作和政治协商制度、民族区域自治制度以及基层群众自治制度等基本政治制度，中国特色社会主义法律体系，公有制为主体、多种所有制经济共同发展的基本经济制度，以及建立在这些制度基础上的经济体制、政治体制、文化体制、社会体制等各项具体制度。"②习近平在谈到中国特色社会主义制度的体系结构时指出："中国特色社会主义制度是一个严密完整的科学制度体系，起四梁八柱作用的是根本制度、基本制度、重要制度，其中具有统领地位的是党的领导制度。党的领导制度是我国的根本领导制度。"③这里，人民代表大会制度是根本政治制度，坚持马克思主义在意识形态领域指导地位是我国意识形态领域的根本制度，党对人民军队的绝对领导是我国根本的军事领导制度；中国特色社会主义的基本制度包括：以公有制为主体、多种所有制经济共同发展，按劳分配为主体、多种分配方式并存，社会主义市场经济体制等

---

① 《邓小平文选》第 2 卷，人民出版社 1994 年版，第 337 页。
② 《十八大以来重要文献选编》（上），中央文献出版社 2014 年版，第 10 页。
③ 习近平：《习近平谈治国理政》第 3 卷，外文出版社 2020 年版，第 125 页。

基本经济制度和中国共产党领导的多党合作和政治协商制度、民族区域自治制度以及基层群众自治制度等基本政治制度；而重要制度是由根本制度、基本制度派生、衍化出来的具有承上启下功能的相关制度，比如，全面从严治党制度、人大的选举制度、统筹城乡的民生保障制度、共建共治共享的社会治理制度等；具体制度是在较为微观的层面规定各项具体工作操作规程的制度，如"党领导各项事业的具体制度""党员、干部联系群众制度""安全生产责任和管理制度""垃圾分类和资源化利用制度"等。根本制度、基本制度、重要制度和具体制度的有机结合，党的领导、人民当家作主、依法治国的彼此联结，形成了特色鲜明、富有效率的中国特色社会主义制度体系。

当然，中国特色社会主义实践在不断推进，中国特色社会主义制度也在不断完善。与根本制度和基本制度的相对稳定相比，中国特色社会主义的具体制度具有灵活性，会随着时间、地点、条件的变化而变化，在我国社会不同历史时期表现出不同的具体状态。只有对社会主义的具体制度进行经常性的变革，才能够有效体现和充分发挥社会主义基本制度的优势和优越性，为实现中国特色社会主义共同理想提供更系统完备、更成熟定型、更行之有效的制度保障。邓小平明确指出："党和国家现行的一些具体制度中，还存在不少的弊端，妨碍甚至严重妨碍社会主义优越性的发挥。"[1]"恐怕再有三十年的时间，我们才会在各方面形成一整套更加成熟、更加定型的制度。在这个制度下的方针、政策，也将更加定型化。"[2]在当前全面深化改革的过程中，"制度自信不是自视清高、自我满足，更不是裹足不前、故步自封，而是要把坚定制度自信和不断改革创新统一起来，在坚持根本政治制度、基本政治制度的基础上，不断推进制度体系完善和发展"[3]。习近平指出："从形成更加成熟更加定型的制度看，我国社会主义实践的前半程已经走过了，前半程我们的主要历史任务是建立社会主义基本制度，并在这个基础上进行改革，现在已经有了很好的基础。后半程，我们的主要历史任务是完善和发展中国特色社会主义制度，为党和国家事业发展、为人民幸福安康、为社会

---

①　《邓小平文选》第 2 卷，人民出版社 1994 年版，第 327 页。
②　《邓小平文选》第 3 卷，人民出版社 1993 年版，第 372 页。
③　《十八大以来重要文献选编》(中)，中央文献出版社 2016 年版，第 62 页。

和谐稳定、为国家长治久安提供一整套更完备、更稳定、更管用的制度体系。"①面对"两个一百年"背景下的艰巨任务和风险挑战，我们一定要以强烈的历史使命感，遵守科学的思想方法和工作方法，最大限度调动一切积极因素，以更大决心冲破思想观念的束缚、突破利益固化的藩篱，以更大的政治勇气和智慧不失时机深化重要领域改革，构建系统完备、科学规范、运行有效的制度体系，使各方面制度更加成熟更加定型，推进中国特色社会主义制度自我完善和发展，为不断推进中国特色社会主义事业提供有力的制度保障。

4. 中国特色社会主义文化

文化是一个国家、一个民族的灵魂，也是人类进步、社会发展的重要推动力。习近平指出："文化是民族生存和发展的重要力量。人类社会每一次跃进，人类文明每一次升华，无不伴随着文化的历史性进步。"②"中国特色社会主义文化，源自中华民族5000多年文明历史所孕育的中华优秀传统文化，熔铸于党领导人民在革命、建设、改革中创造的革命文化和社会主义先进文化，植根于中国特色社会主义伟大实践。发展中国特色社会主义文化，就是以马克思主义为指导，坚守中华文化立场，立足当代中国现实，结合当今时代条件，发展面向现代化、面向世界、面向未来的，民族的科学的大众的社会主义文化，推动社会主义精神文明和物质文明协调发展。"③

第一，以中华优秀传统文化为"根"。中华文化博大精深、源远流长，华夏文明是世界上唯一一个持续时间最长的文明，中华优秀传统文化是中华民族生生不息的精神滋养，是中华民族的文化基因和精神家园，是中华民族最深厚的文化软实力，是中国特色社会主义文化之源。"欲流之远者，必浚其泉源"。没有源，河流必然干涸，必然断流。习近平强调不忘本来才能开辟未来，善于继承才能更好创新。"文以载道，文以化人。当代中国是历史中国的延续和发展，当代中国思想文化也是中国传统思想文化的传承和升华，要认识今天的中国、今天的中国

---

① 《习近平关于全面深化改革论述摘编》，中央文献出版社2014年版，第27页。
② 习近平：《在文艺工作座谈会上的讲话》，《人民日报》2015年10月15日。
③ 《习近平新时代中国特色社会主义思想三十讲》，学习出版社2018年版，第195页。

人，就要深入了解中国的文化血脉，准确把握滋养中国人的文化土壤。"①博大精深的中华优秀传统文化是我们在世界文化激荡中站稳脚跟的根基，是我们最深厚的文化软实力，是中国特色社会主义植根的文化沃土。建设中国特色社会主义文化，必须要坚守中华文化立场，批判"复古复辟"的复古思潮和"全盘西化"的历史虚无主义，厚植历史传统，对中华优秀传统文化进行创造性转化和创新性发展。

第二，以社会主义先进文化为本。社会主义先进文化是新条件下中国共产党和中华民族在文化上的伟大创造，是以马克思主义为指导，以中国改革开放为时代背景，涵盖了社会主义核心价值观及以爱国主义为核心的民族精神和以改革创新为核心的时代精神等内容，表明中国特色社会主义文化是人类社会发展中超越原始社会、奴隶社会、封建社会、资本主义社会文化的先进文化。从发展方向和本质属性上说，中国特色社会主义文化是面向世界、面向未来、民族的、科学的、大众的先进文化，代表着人类文明发展进步的方向。正如习近平指出，"40年来，我们始终坚持发展社会主义先进文化，加强社会主义精神文明建设，培育和践行社会主义核心价值观，传承和弘扬中华优秀传统文化，坚持以科学理论引路指向，以正确舆论凝心聚力，以先进文化塑造灵魂，以优秀作品鼓舞斗志"②。

第三，以文化强国建设为内容。中国特色社会主义文化建设内涵丰富，从意识形态建设到日常行为规范、从社会主义核心价值观到大众文化娱乐、从文化体制改革到域外中国文化传播，文化建设融入渗透在中国特色社会主义实践之中。其中，意识形态话语权建设主要包括要坚持马克思主义在意识形态领域的指导地位，要推进马克思主义中国化时代化大众化，推动新时代中国特色社会主义思想深入人心，不断增进社会主义意识形态的吸引力和凝聚力；社会主义核心价值观建设能够为人们达成社会共识、增进社会凝聚力，用社会最大公约数画出民族同心圆，要将其融入国民教育、精神文明创建、精神文化产品创作生产传播，切实增进人们的情感认同、优化行为习惯；家庭美德、社会公德、职业道德和个人品

---

① 习近平：《在纪念孔子 2565 周年诞辰国际学术研讨会暨国际儒学联合会第五届会员大会开幕会上的讲话》，载《人民日报》2014 年 9 月 25 日。
② 习近平：《在庆祝改革开放四十周年大会上的讲话》，《求是》2018 年第 24 期。

德等方面的思想道德建设关乎日常生活方方面面，以礼仪、规则、制度等规范言行，提升社会文明；文化产业和文化事业等能满足人民对丰富精神生活的美好期待，通过优化文化业态、提高文艺水平、创新文化活动中提升中国文化的表达能力和传播能力，让文化在理论创新、实践创新中发挥引领作用，推动新时代中国特色社会主义伟大事业胜利向前。"我们要继续坚持走中国特色社会主义文化发展道路，推动社会主义文化大发展大繁荣，深化文化体制改革，提高国家文化软实力，加强社会主义核心价值体系建设，丰富人民群众精神文化生活，增强人民精神力量"。①

第四，主张多样的世界文化在交流互鉴中共同发展。文化因交流而多彩，文明因互鉴而丰富。中国特色社会主义文化尊重文化多样性，吸收借鉴不同民族优秀文化成果，在文明互鉴、民心相通中提升国家文化软实力。"自古以来，中华民族就以'天下大同''协和'的宽广胸怀，自信而又大度地开展同域外民族交往和文化交流，曾经谱写了万里驼铃万里波的浩浩丝路长歌，也曾经创造了万国衣冠会长安的盛唐气象。正是这种'天行健，君子以自强不息''地势坤，君子以厚德载物'的变革和开放精神，使中华文明成为人类历史上唯一一个绵延5000多年至今未曾中断的灿烂文明。"②信息时代，中国文化更要增强"走出去"的自觉意识、坚守"走出去"科学理念、提升"走出去"能力，积极开展和而不同、兼收并蓄的文明交流活动，在多样文化的相遇相知中共同向前发展，"只有在多样中相互尊重、彼此借鉴、和谐共存，这个世界才能丰富多彩、欣欣向荣。不同文明凝聚着不同民族的智慧和贡献，没有高低之别，更无优劣之分。文明之间要对话，不要排斥；要交流，不要取代。人类历史就是一幅不同文明相互交流、互鉴、融合的宏伟画卷。我们要尊重各种文明，平等相待，互学互鉴，兼收并蓄，推动人类文明实现创造性发展"。③

作为中国特色社会主义共同理想的有机组成部分，中国特色社会主义道路、中国特色社会主义理论体系、中国特色社会主义制度、中国特色社会主义文化是

---

① 习近平：《全面贯彻落实党的十八大精神要突出抓好六个方面工作》，《求是》2013年第1期。

② 习近平：《在庆祝改革开放四十周年大会上的讲话》，《求是》2018年第24期。

③ 《十八大以来重要文献选编》(中)，中央文献出版社2016年版，第697页。

有机统一的，它们统一于中国特色社会主义的伟大实践之中。在新的历史时期，要坚定不移地坚持中国特色社会主义的共同理想，就必须从中国特色社会主义实践出发，毫不动摇地拓宽中国特色社会主义发展道路，创新发展中国特色社会主义理论体系，完善优化中国特色社会主义制度体系，繁荣创新中国特色社会主义文化，使中国特色社会主义事业兴旺发达、强盛壮大。

### （三）展开于现代化强国建设的战略规划

2020 年底，中国全面建成小康社会，20 世纪制定的第一个百年奋斗目标顺利实现，到 2049 年中华人民共和国成立 100 年时建成社会主义现代化国家的第二个百年奋斗目标提上议事日程。党的十九大报告将从 2020 年到 21 世纪中叶的时间分为两个阶段：第一个阶段是从 2020 年到 2035 年，"在全面建成小康社会的基础上，再奋斗十五年，基本实现社会主义现代化"[①]；第二个阶段是从 2035 年到 21 世纪中叶，"在基本实现现代化的基础上，再奋斗十五年，把我国建成富强民主文明和谐美丽的社会主义现代化强国"[②]。这就是中国特色社会主义共同理想在未来 30 年的战略展开。为一步一步踏实走向百年复兴中国梦，中国共产党十九届五中全会审议通过了《中共中央关于制定国民经济和社会发展第十四个五年规划和 2035 年远景目标的建议》，制定了气势恢宏的未来发展规划，开启了全面建成社会主义现代化强国的新征程。

第一，辩证认识历史方位，以清晰的战略规划开启新阶段。中华人民共和国 70 余年的发展已经奠定了丰富的物质基础，中国已经进入从站起来、富起来走向强起来的新发展阶段。虽然当今世界处于百年未有之大变局，"东升西降"的国际局势日益彰显，但全球化与"逆全球化"、国内市场与世界市场、中美竞争与合作、我国地缘政治与周边和谐稳定等复杂形势让各种风险挑战日益增多，需要我们在辩证认识历史方位，看到发展机遇的同时，保持定力、集中精力办好自己的事情。为此，站在历史交会点的中国，将"十四五"规划与 2035 远景规划一起思考，不是从一个单独的"5 年"，而是将其与 2035 远景规划和 21 世纪中叶的

---

① 《习近平谈治国理政》第 3 卷，外文出版社 2020 年版，第 22 页。
② 《习近平谈治国理政》第 3 卷，外文出版社 2020 年版，第 23 页。

现代化强国建设的战略目标紧密衔接起来，站在一个一个"5年"的接续奋斗历程中思考规划。这样，就能使一个一个五年规划彼此照应、相互关联，使不同五年规划之间具有高度契合性，保持高度连续性，在一张蓝图绘到底中循序渐进地向着社会主义现代化强国的远景目标迈进。这样，远景目标能为近景目标提纲引领和导向，近景目标会在直接推动实践发展的同时为远景目标实现奠定基础，在相辅相成中推进中国特色社会主义不断向着更高更远的目标迈进。

第二，贯彻新发展理念，促进人与社会全面发展。理念是行动的先导。"新发展理念是一个系统的理论体系，回答了关于发展的目的、动力、方式、路径等一系列理论和实践问题，阐明了我们党关于发展的政治立场、价值导向、发展模式、发展道路等重大政治问题。"[1]新发展理念，从根本宗旨来说，就是以人民为中心。为人民谋幸福、为民族谋复兴，是新发展理念的"根"和"魂"。"只有坚持以人民为中心的发展思想，坚持发展为了人民、发展依靠人民、发展成果由人民共享，才会有正确的发展观、现代化观。"[2]新发展理念，从问题导向来看，要根据新发展新阶段的新要求，切实解决好发展不平衡不充分的问题，推动内涵式高质量发展。比如，高科技领域中许多影响我国生存发展的基础领域存在诸多"卡脖子"问题，亟须突破；新发展理念，从忧患意识来看，就是在国内外风险因素增加的情况下坚持底线思维，随时准备应对复杂困难局面，把安全问题放在突出位置，坚持政治安全、人民安全、国家利益至上相统一，在不同阶段为不同安全问题加锁，有效处理应对多样问题；新发展理念，从发展动力、方式、路径来看，就是坚持创新、协调、绿色、开放、共享，其中创新注重的是发展动力，协调强调的是发展不平衡问题，绿色关注的是人与自然和谐问题，开放聚焦的是发展内外联动问题，共享关注的是社会公平正义问题，旨在从发展全局进行一场深刻变革，推动经济社会健康持续发展。

第三，立体系统协调各方，建构发展新格局。2035的远景规划对未来经济社会发展的期待是：经济总量和人均收入再上新台阶，关键核心技术实现重大突

---

① 习近平：《把握新发展阶段，贯彻新发展理念，构建新发展格局》，《求是》2021年第9期。

② 习近平：《把握新发展阶段，贯彻新发展理念，构建新发展格局》，《求是》2021年第9期。

破的同时进入创新型国家前列，基本实现现代化，社会文明程度达到新高度，美丽中国建设目标基本实现，法治建设、生态环境、社会和谐等方面有充分发展，共同富裕初步实现；而"十四五"规划则将经济社会发展的主要目标概括为"六个新"，即"经济发展取得新成效""改革开放迈出新步伐""社会文明程度得到新提高""生态文明建设实现新进步""民生福祉达到新水平""国家治理效能得到新提升"，可以看出，这些目标遵循系统原则，统筹推进经济建设、政治建设、文化建设、社会建设、生态文明建设"五位一体"总体布局，协调推进"四个全面"战略布局，同时又不硬性量化，进行战略性规划指导的同时又富有弹性，在新冠疫情影响和全球经济发展不确定性加大的背景下有利于推动经济社会内涵式高质量发展，加快构建以国内大循环为主体、国内国际双循环相互促进的新发展格局，保障经济行稳致远、社会和谐安定、人民幸福安康，中国特色社会主义事业蓬勃发展。

## 三、理想信念的价值

在中国精神的构成要素之中，理想信念是精神支柱。与马克思主义的灵魂定位、社会主义核心价值观的核心位置、思想道德建设的基础作用相比，理想信念在人的精神世界和社会的精神生活中具有定向引领、促发激励、支柱支撑和境界提升作用，是精神之钙，对整个中国精神具有整合支撑作用。共产主义远大理想和中国特色社会主义共同理想作为社会共同理想信念，是同社会主义发展客观规律、人类进步历史趋势相一致的科学理想，它把党的目标、国家的发展、民族的振兴和个人的幸福紧密联系在一起，有着广泛的社会基础和群众基础，不仅可以为人生和社会发展定向，同时能激发行为动力、凝聚多方力量、支撑人们承受苦难考验、提升精神境界，以强大的推进力、凝聚力和支撑力指引和推动个人和集体、民族和国家坚定前行，繁荣发展。这种支柱作用在磨难挫折时期和重大考验面前显得尤为突出和珍贵，理想信念坚定的人，在苦难面前能坚忍不拔、百折不挠、坚定向前，而缺乏理想信念的人在考验面前就容易心神游移、难以做到始终如一。习近平就此清晰指出："对马克思主义的信仰，对社会主义和共产主义的信念，是共产党人的政治灵魂，是共产党人经受住任何考验的精神支柱。形象地说，理想信念就是共产党人精神上的'钙'，没有理想信念，理想信念不坚定，精神上就会'缺钙'，就会得'软骨病'。"①"'不忘初心，方得始终。'理想信念是我们共产党人的精神支柱。""我们一定要保持理想信念坚定，不论时代如何变化，不论条件如何变化，都风雨如磐不动摇，自觉做共产主义远大理想和中国特色社会主义共同理想的坚定信仰者、忠实实践者，永远为了真理而斗争，永远为了理想而斗争。"②

### (一)理想信念是国家进步发展的指航旗帜

"理想信念是事业和人生的灯塔，决定我们的方向和立场，也决定我们的言论和行动。"③坚定的理想信念，清晰而美好的发展目标，是任何民族、任何国家、任何政党生存发展的指航旗帜，是其攻坚克难的制胜法宝。中华民族之所以能够生生不息5000多年，就是因为"天下大同"的社会理想，"自强不息""厚德载物"的民族精神。渊源于近现代的中国社会主义革命和建设事业，之所以能够取得成功，也正是由于追求民族独立和人民解放，实现社会主义和共产主义的坚定理想和信念。坚定的共产主义远大理想，就如黑夜里的灯塔，指引我们前行的方向，聚焦我们的注意力，在最困难的情况下也能看到未来的希望和曙光，而不会因为方向不明在原地摇摆，随波逐流。实践证明，无论过去、现在和将来，共同的理想和坚定的信念都是我们的真正优势。对此，邓小平指出："为什么我们过去能在非常困难的情况下奋斗出来，战胜千难万险使革命胜利呢？就是因为我们有理想，有马克思主义信念，有共产主义信念。"④理想信念，以批判超越的方式展望未来，在革命、建设和改革的伟大事业中指引前进的目标和方向，使全社会成员拥有共同的信仰和追求，进而引领社会向前发展。对此，中国共产党早期领导人陈独秀曾经说过，主义制度好比行船的方向，行船不定方向，将要走到何处去？这里的"主义"，不单纯指思想学说，同时包括追求民族独立、人民解放、

---

① 习近平：《坚定理想信念　补足精神之钙》，《求是》2021年第21期。
② 习近平：《在纪念刘华清同志100周年诞辰座谈会上的讲话》，载《人民日报》2019年9月29日。
③ 习近平：《习近平在党的十九届一中全会上的讲话》，《求是》2018年第1期。
④ 《邓小平文选》第3卷，人民出版社1993年版，第110页。

社会进步的共产主义理想信念。毛泽东也曾明确指出，主义譬如一面旗帜，旗子立起了，大家才有所指望，才知所趋赴。他还曾以"张果老倒骑驴"的比喻说明理想和道路方向的重要性：倒骑毛驴的张果老永远到不了蓬莱仙境，因为他虽然面朝东方，毛驴却向西而行，道路错了，结果只能是南辕北辙。实现共产主义的远大理想和中国特色社会主义共同理想，不仅指引中国共产党和全国人民推翻了封建帝制，战胜了日本侵略者，建立了新中国和社会主义制度，同时开创了中国特色社会主义伟大事业，带领中国人民从站起来、富起来到强起来的伟大飞跃。

今天，我国已进入改革发展的关键阶段。空前的社会变革以及世界多极化、经济全球化、社会信息化、价值多元化的社会背景既给我国发展进步带来巨大活力，也使我们党和国家面临复杂而严峻的执政考验、改革开放考验、市场经济考验、外部环境考验，也有精神懈怠危险、能力不足危险、脱离群众危险、消极腐败危险等严峻考验。坚定的共产主义理想和中国特色社会主义共同理想则不仅能为我们指引航向，帮助我们坚定信念，准确定位，明辨是非，区分发展目标和发展手段的差异与区别，在利用资本主义的一切能为我所用的优秀成果来建设和发展社会主义时，保持清醒的头脑，坚定抵制各种抛弃社会主义的错误主张，认清国家发展和社会进步的前进方向，既不走封闭僵化的老路，也不走改旗易帜的邪路；同时能为我们提供清晰明确的价值标准，廓清思想迷雾，排除思想干扰，克服各种消极腐败，增强党的意识、宗旨意识、执政意识、大局意识、责任意识，切实做到为党分忧、为国尽责、为民奉献，脚踏实地为建设中国特色社会主义而不懈努力，扎扎实实做好每一项工作，取得"接力赛"中我们这一棒的优异成绩。对此，习近平指出："把践行中国特色社会主义共同理想和坚定共产主义远大理想统一起来，坚决抵制抛弃社会主义的各种错误主张，自觉纠正超越阶段的错误观念和政策措施。只有这样，才能真正做到既不妄自菲薄、也不妄自尊大，扎扎实实夺取中国特色社会主义新胜利"。[1]

### (二)理想信念能激发人民不懈奋斗的精神动力

理想信念是人行为活动的内在动力装置和激发机制，共产主义理想和中国特

---

[1]　习近平：《紧紧围绕坚持和发展中国特色社会主义学习宣传贯彻党的十八大精神》，载《人民日报》2012年11月19日，第2版。

色社会主义共同理想是人们努力奋斗的强大动力，具有重要的激励作用，能够激发出人民巨大的热情和坚强的意志，支撑着人们顽强拼搏。正如恩格斯所说："推动人去从事活动的一切，都要通过人的头脑……外部世界对人的影响表现在人的头脑中……成为'理想的意图'，并且以这种形态变成'理想的力量'。"[1]

第一，理想信念能够激发主体自觉的、积极的行动。人们内心深处究竟相信什么、需要什么、追求什么，都会受到理想信念的引导和影响。作为主体精神世界的核心，理想信念能使人产生一种强烈的实现意识，从人的内部激发其为实现理想而奋斗的动力，进而在行动上表现出积极性、主动性。共产主义理想和中国特色社会主义共同理想作为一种宏大的、科学的社会理想，不仅具有一般理想的直接行为动力作用，促使人们在每一次具体的实践活动中都能最大限度地发挥其主体能力，表现出"有一分热发一分光""尽最大的努力""有百分之一的希望做百分之百的努力"等自觉行动和积极状态，而且会因其科学性和合理性而帮助主体对内评价、整合自己的各种行为动机，进而克制自己不合理的欲望和需求，努力把个人价值和社会价值、个人需要和社会需要统一起来，并以此来规范自己的实践活动，促使主体把所有的时间和精力都集中在有利于中国特色社会主义实现的行动上，以提高中国特色社会主义共同理想实现的可能性。习近平在谈到理想信念价值时，讲过《共产党宣言》首译者陈望道的一个故事。1920 年，陈望道在翻译《共产党宣言》时，他母亲为他准备了一碟红糖蘸粽子吃，母亲三番五次在屋外催他，后来问他红糖够不够，他说"够甜，够甜了"。当母亲进来收拾碗筷时，却发现儿子的嘴上满是墨汁，红糖依然在桌上，原来陈望道是蘸着墨汁吃粽子的。这就是信仰的味道，这就是理想的力量！

第二，理想信念能够激发主体坚强的意志，坚定不移地行动。"一个人有了远大志向，就可以不为小的挫折而灰心，就不会因贪图眼前的安逸而放弃长远的追求，就不会满足于一得之功与一孔之见而停步不前，就不会因贪图小利而放弃远大的理想。他会孜孜不倦、废寝忘食地不懈探索、奋斗，不达目的，誓不罢休。一个人要为社会做出大的贡献，要在事业上有较大成就，他必须目标始终如

---

[1]　《马克思恩格斯选集》第四卷，人民出版社 2012 年版，第 238 页。

一，必须刻苦自励，必须有自制力，必须从名缰利索、追求金钱享受的羁绊中解放出来，'淡泊以明志，宁静以致远'。必须有所不为，有所不为才能有所为，才能在事业上取得重大成就，对社会有较大贡献。所以，树立远大志向、抱负，是创造人生价值的关键一环"。① 共产主义远大理想和中国特色社会主义共同理想是和社会主义发展客观规律、人类进步历史趋势相一致的社会理想，代表了历史的必然性。这种必然性能够使人们理直气壮，无所畏惧，以极大的热情、坚强的意志，超越自身的现实局限，最大限度地释放出生命的能量，在任何困难和挫折面前，都不会悲观、不会半途而废、不会消沉、不会绝望，而是坚信"前途是光明的"，从而充分发掘自身的能力，克服各种困难和挫折，力争实践的成功和理想的实现。人们常说理想信念是人的精神支柱，主要是指理想能够支撑人们在困难的时候不为巨大的困难所压倒，而是克服困难，不断向前，一直坚持到成功的那一刻。相反，如果理想信念不坚定，在诱惑和"暗礁和险滩"面前就会迷失方向，意志消沉，单纯追逐物质的享受，患上软骨病，失去个人的发展，也阻碍中国特色社会主义的进步。对此，胡锦涛指出："现在，有的党员在矛盾面前畏缩不前，在困难面前悲观失望，在诱惑面前不能洁身自好，说到底，还是共产主义理想和中国特色社会主义信念不坚定。"② 在全面建设社会主义现代化国家新征程上，我们要实现中华民族伟大复兴的中国梦，更要确立中国特色社会主义共同理想，始终以积极的人生态度面对一切艰难困苦，把行动落实和聚焦在实现"两个一百年"奋斗目标和中华民族伟大复兴的中国梦上。"革命理想高于天，理想信念之火一经点燃就会产生巨大的精神力量。""红军将士视死如归、向死而生、一往无前、敢于压倒一切困难而不被任何困难所压倒的崇高精神，永远值得我们铭记和发扬。在实现第二个百年奋斗目标的新长征路上，我们要抱定必胜信念，勇于战胜来自国内外的各种重大风险挑战，朝着实现中华民族伟大复兴的目标奋勇前进。"③

---

① 王玉樑：《价值哲学新探》，陕西人民教育出版社 2000 年版，第 339 页。
② 《十六大以来重要文献选编》（中），中央文献出版社 2006 年版，第 621 页。
③ 《习近平在广西考察时强调　解放思想深化改革凝心聚力担当实干　建设新时代中国特色社会主义壮美广西》，载《人民日报》2021 年 4 月 28 日。

### (三)理想信念是民族凝心聚力的思想基础

"大鹏之动,非一羽之轻也;骐骥之速,非一足之力也。"中国特色社会主义要胜利前行,就要依靠凝聚起来的 14 亿多中国人民的力量。共产主义远大理想和中国特色社会主义共同理想是党和中国人民在实践中获得的,具有广泛的社会共识和高度的社会认同,是社会共同文化价值观念的重要体现,是整合社会、凝聚人心、巩固社会和谐的思想基础,能够维护民族、国家和社会的团结和稳定。

第一,理想信念能为人民提供确定的价值标准,约束与调整人们的价值观念和具体行为。共同理想是精神结构的核心,是个体精神世界中居于首位的价值系统,与人的认知、行为、意志等心理状态紧密相连,并且贯穿于人的整个意识领域和精神活动。拥有共同理想的人们同心同德,和睦相处,成为和谐融洽的集体,能最大限度地发挥人们的积极性和创造力。如果一个社会缺乏共同理想,欠缺价值评价和价值选择的标准,就会思想混乱,人心涣散,就会陷入危机,甚至走向灭亡。"苏共丧权、苏联解体,当然有体制僵化、经济缺少活力、决策失误等多方面的原因,但精神信仰的崩溃,在'西化'、资产阶级自由化的冲击下党和人民的思想陷于混乱,则是更为深刻的根源。"[1]共产主义远大理想和中国特色社会主义共同理想作为社会共有的价值共识和心理认同,为我们提供了明确的价值标准,启迪和规范着人们应该做什么,不应该做什么,使人们的行为有章可循,避免随意性、盲目性,减少"越轨"的行为,整合社会思想,促进社会共识。

第二,理想信念是团结和凝聚亿万人民的思想黏合剂。"一个国家,一个民族,要同心同德迈向前进,必须有共同的理想信念作支撑。"[2]共同理想具有巨大的团结凝聚功能,能够把个体力量汇聚成为集体力量,并通过实践环节转化为巨大的物质力量,从而推动人类社会的发展。共产主义理想和中国特色社会主义共同理想作为社会共同的理想和行动纲领,为社会成员指出了明确的、共同的社会发展目标,使社会成员之间产生共同或相近的思想情感、核心价值,能够进行深

---

① 陈奎元:《繁荣发展中国特色的哲学社会科学》,载《人民日报》2004 年 4 月 20 日。

② 《习近平在会见第四届全国文明城市、文明村镇、文明单位和未成年人思想道德建设工作先进代表时强调 人民有信仰民族有希望国家有力量 锲而不舍抓好社会主义精神文明建设》,《人民日报》2015 年 3 月 1 日。

度的精神交流，产生一种"我们在一起"的一体感，是维护社会秩序和凝心聚力的有效手段。美国政治学家迈克尔·罗斯金指出："当理念变得更加实用、更为现实，意识形态就成为一个重要的黏合剂，能够把各种运动、党派、革命团体都聚合起来。为了更好地奋斗，承受牺牲，人们需要意识形态的激励，他们需要某些东西成为信仰的对象。"①意大利马克思主义者安东尼奥·葛兰西则把包含核心价值的意识形态称为"社会水泥"，在保持整个社会集团的意识形态的统一中，意识形态起了团结统一的水泥作用。这个比喻深刻地揭示了理想信念和意识形态的凝聚功能。我们党和人民走过的历程也充分说明了共同理想对人的本质力量的凝聚和提升作用。对此，邓小平多次指出："我们这么大一个国家，怎样才能团结起来、组织起来呢？一靠理想，二靠纪律。组织起来就有力量。没有理想，没有纪律，就会像旧中国那样一盘散沙，那我们的革命怎么能够成功？我们的建设怎么能够成功？"②伴随着改革开放的不断深化，社会利益不断多元化，各种非社会主义思潮、反社会主义思潮和倾向开始出现和传播，中国特色社会主义共同理想作为凝心聚力的思想基础显得更为重要。习近平明确指出："我们要大力培育和践行社会主义核心价值观，用共同理想信念凝聚民族意志，用中国精神激发中国力量，动员全体中华儿女共同创造中华民族新的伟业！"③

（四）理想信念是提升精神境界的核心要素

共产主义远大理想和中国特色社会主义共同理想，是中国精神的核心要素，不仅能赋予人生以永恒的意义，提升个人精神境界，同时能塑造良好社会心态、促进世界的和平发展。

第一，理想信念能赋予人生以永恒的意义，提升个人精神境界。在中国社会转型和现代化建设进程中，伴随着物质生活的丰富和发展，出现了"物化生存、精神懈怠"的社会现象。一些人受到功利主义、实用主义、拜金主义、享乐主义的消极影响，主要依靠"物"来生存，对"物"有一种依赖，丧失了理想信念和精

---

① ［美］迈克尔·罗斯金，林震等译：《政治科学》，华夏出版社2001年版，第105页。
② 《邓小平文选》第3卷，人民出版社1993年版，第111页。
③ 习近平：《在庆祝中华人民共和国成立65周年招待会上的讲话》，载《人民日报》2014年10月1日。

神追求，时常因无穷的欲望难以满足而产生痛苦。事实上，虽然吃、穿、住、行是人类最基本的需要，但一个"精神健全"的人必然要通过理想和目标对自己的存在与生活进行"意义"的设定，并进而在漫长的人生历程中，以这种"意义"给自己的行为提供精神支撑和精神动力，使人生变得充实而幸福。理想和信仰"把人的认知、情感和意志统一起来，这样不仅可以保持个体心理健康，避免精神分裂，而且可以向人提供生活内容本身，使生活具有实实在在的内容，从而使生活充实。"①共产主义远大理想和中国特色社会主义共同理想，作为全社会共同的理想信念，能激励个人在实际生活中自觉地为他人、社会和民族利益而努力奋斗，自觉地奉献而不是索取，超越个体有限性，将自己有限的人生投身于中国特色社会主义的伟大事业，在历史的发展中为社会进步做出自己应有的贡献，在自己有限的人生中体现社会的无限发展，并因此感到幸福，使人生变得更加有意义，人生境界得到不断提升。对此，习近平指出："有了坚定的理想信念，站位就高了，眼界就宽了，心胸就开阔了，就能坚持正确政治方向，在胜利和顺境时不骄傲不急躁，在困难和逆境时不消沉不动摇，经受住各种风险和困难考验，自觉抵御各种腐朽思想的侵蚀，永葆共产党人政治本色。"②

第二，理想信念对培育良好社会心态，促进世界和平发展具有重要价值。在我国改革步入关键期的同时，价值多元、矛盾多发、不确定因素增多等特点突出，容易使人们产生信念迷失、价值冲突、心理失衡等问题。共产主义理想和中国特色社会主义共同理想，作为精神领域中高于心理状态的层面，能够帮助个体选择正确的价值取向、调整自己的负面社会情绪和非理性的思维方式，保持积极向上的心理状态，从而平衡自己的心理和行为，做到与他人、社会、自然地和谐相处，获得生命意义感和生活幸福感等正面心理感受，达到自我和谐，从而进一步促进社会心理和谐。如坚定的共同理想不仅能让人们不畏艰险，勇于探索，勇往直前，在挫折面前不消沉、不急躁、不抱怨，同时能引导人们辩证看待和思考社会现象，避免急功近利、冲动偏激等不良社会心态，培育理性平和的社会心态，增进社会和谐；远大的共产主义理想能够提升人们认识看待世界的视野和格

---

① 刘建军：《马克思主义信仰论》，中国人民大学出版社 1998 年版，第 149 页。
② 《十八大以来重要文献选编》上，中央文献出版社 2014 年版，第 117 页。

局，自觉确立为人民谋幸福、为民族谋复兴、为世界谋大同的共同理想信念，推动建设一个持久和平、普遍安全、共同繁荣、开放包容、清洁美丽的世界，为维护人类共同利益、推动人类文明发展进步提供中国智慧，始终做世界和平的建设者、全球发展的贡献者、国际秩序的维护者。

# 第七章　中国精神之主干

以爱国主义为核心的民族精神和以改革创新为核心的时代精神是中国精神的主干。狭义的中国精神即以爱国主义为核心的民族精神和以改革创新为核心的时代精神，这是中国精神的基本面貌。以爱国主义为核心的民族精神，是中华民族世世代代延续不断的精神支撑；以改革创新为核心的时代精神，是中华民族紧跟时代和世界与时俱进的精神支柱；以革命精神为特质的中国共产党人的精神谱系，是中国精神形塑中主导性精神力量。大力弘扬以爱国主义为核心的民族精神和以改革创新为核心的时代精神，不断赓续拓展以革命精神为特质的中国共产党人的精神谱系，是中国精神生生不息的精神源泉。

## 一、以爱国主义为核心的民族精神

中华民族精神是中华民族在五千多年的历史长河中，在改造客观世界和主观世界的实践活动中，逐步形成并不断充实、完善的特有精神，特别是近代以来在反对外来侵略、争取民族独立解放的斗争中，各民族相互交流和交融，形成的被中华民族大多数人所认同、所接受、所追求的思想品格。中华民族精神不仅深深根植于中华民族的优秀文化之中，同时广泛吸收了人类文明的一切有益成果，既是中华民族五千多年悠久历史文化的积淀，又是中国共产党领导人民在革命、建设和改革的实践中所创造的革命精神的凝聚。它是中华民族自豪并能激发民族自豪感、增添民族凝聚力的精神脊梁，也是中华民族得以不断发展的价值目标和精神动力。

## (一) 以爱国主义为核心的民族精神的提出

中华民族具有一脉相承而又与时俱进的精神传统。经过五千多年漫长的历史演进，这一精神传统博大精深、源远流长，中华民族在生存繁衍过程中形成的精神成果培育造就了中华民族优秀的道德品质、崇高的民族气节、高尚的民族情感以及良好的民族习惯，使中华民族自立自强于世界民族之林。人类社会发展的历史和实践证明，没有坚强精神的民族固然可以在某一历史时期内存在，但生命绝对不会长久，其影响也不可能很大。不少民族因为缺乏和没有形成本民族的坚强精神，缺乏灵魂和精神支柱而在人类历史上昙花一现，最终归于消亡。中华民族正是依靠中华民族精神才得以不断成长壮大，逐步走向繁荣昌盛。

中国共产党历代领导人都非常重视弘扬和培育民族精神。毛泽东曾根据全国人民尤其是中国共产党抗日救亡的伟大实践，对中华民族精神的发展做了一个方向、三种精神的高度概括。一个方向就是鲁迅代表的中华民族新文化的方向。三种精神即：毫不利己、专门利人的白求恩精神；全心全意为人民服务的张思德精神；不怕牺牲、排除万难、坚决反帝反封建的愚公移山精神。毛泽东是民族精神、民族气节的推崇者。他始终强调"人总是要有一点精神的"[1]，他认为中华民族精神是中国共产党推倒三座大山、战胜强大敌人、夺取革命胜利的强大精神动力。他号召全党，要"保持过去战争时期的那么一股劲，那么一股革命热情，那么一种拼命精神"[2]。毛泽东忧国忧民，毕生都在追求民族独立、人民解放和国家富强的伟大事业。他强调："每一个共产党员必须发挥其全部的积极性，英勇坚决地走上民族解放战争的战场，拿枪口瞄准日本侵略者。……为保卫祖国流最后一滴血。"[3]毛泽东热爱和平，反对侵略，捍卫国家主权。他在中华人民共和国即将成立的时候说："我们的民族将从此列入爱好和平自由的世界各民族的大家

---

[1]　《毛泽东邓小平江泽民论弘扬和培育民族精神》，学习出版社 2003 年版，第 81 页。
[2]　《毛泽东邓小平江泽民论弘扬和培育民族精神》，学习出版社 2003 年版，第 94 页。
[3]　《毛泽东选集》第 2 卷，人民出版社 1991 年版，第 521 页。

庭，以勇敢而勤劳的姿态工作着，创造自己的文明和幸福，同时也促进世界的和平和自由。"①正是以毛泽东为代表的中国共产党人高擎爱国主义的大旗，成为民族抗战的中流砥柱，坚持抗战与团结，才使抗日战争取得了最终胜利。

中国社会走向现代化，实现中华民族的伟大复兴，是近代以来中国人民的共同理想和不懈追求。作为中国改革开放和社会主义现代化建设的总设计师，邓小平以其对当代中国和世界的深刻洞察和前瞻思索，阐明了在社会主义基础上实现中华民族伟大复兴的宏伟理想。邓小平是一个伟大的爱国主义者，在他的身上有一种深深的民族情结。他认为："中国人民有自己的民族自尊心和自豪感，以热爱祖国、贡献全部力量建设社会主义祖国为最大光荣，以损害社会主义祖国利益、尊严和荣誉为最大耻辱。"②在改革开放和现代化建设的新时期，他大力倡导"发扬革命和拼命精神，严守纪律和自我牺牲精神，大公无私和先人后己精神，压倒一切敌人、压倒一切困难的精神，坚持革命乐观主义、排除万难去争取胜利的精神"。③

以江泽民、胡锦涛为代表的共产党人在领导全国人民推进社会主义现代化建设的过程中，立足于中国实际，放眼全球，着眼于中华民族的伟大复兴，对中华民族精神作出了一系列的深刻论述。1996 年江泽民在全国科学工作会议上说："爱国主义，是一个国家、一个民族凝聚人民的重要思想基础和不断追求进步的强大精神动力。"1997 年 11 月江泽民在美国哈佛大学讲演中系统概括了中华民族精神的主要方面：一是团结统一的传统，二是独立自主的传统，三是爱好和平的传统，四是自强不息的传统。1998 年江泽民在抗洪抢险总结表彰大会上的讲话中，把中华民族精神提升到更高的理论层面来认识，把有没有高昂的民族精神作为衡量一个国家综合国力强弱的重要尺度，与经济实力、技术实力、国防实力同样重要。党的十六大报告中，江泽民对民族精神的基本内涵进行了高度概括，即"在五千多年的发展中，中华民族形成了以爱国主义为核心的团结统一、爱好和平、勤劳勇敢、自强不息的伟大民族精神"。胡锦涛在《中共中央关于构建社会

---

① 《毛泽东文集》第 5 卷，人民出版社 1996 年版，第 344 页。
② 《邓小平文选》第 3 卷，人民出版社 1993 年版，第 3 页。
③ 《邓小平文选》第 2 卷，人民出版社 1994 年版，第 368 页。

主义和谐社会若干重大问题的决定》中，把马克思主义指导思想，中国特色社会主义共同理想，以爱国主义为核心的民族精神和以改革创新为核心的时代精神，社会主义荣辱观等作为社会主义核心价值体系的基本内容。

党的十八大以来，以习近平同志为核心的党中央以巨大的政治勇气和强烈的责任担当，提出一系列新理念新思想新战略，推动党和国家事业取得了全方位的、开创性的历史性成就，发生了深层次的、根本性的历史性变革。在这一过程中，习近平高度重视以爱国主义为核心的民族精神的弘扬和传承。2016 年 11 月，习近平对广大文艺工作者提出："希望大家坚定文化自信，用文艺振奋民族精神……要善于从中华文化宝库中萃取精华、汲取能量，保持对自身文化生命力、创造力的高度自信……使自己的作品成为激励中国人民和中华民族不断前行的精神力量。"[1]同时，他还强调："我们要高扬爱国主义主旋律，用生动的文学语言和光彩夺目的艺术形象，装点祖国的秀美河山，描绘中华民族的卓越风华，激发每一个中国人的民族自豪感和国家荣誉感。对中华民族的英雄，要心怀崇敬，浓墨重彩记录英雄、塑造英雄，让英雄在文艺作品中得到传扬，引导人民树立正确的历史观、民族观、国家观、文化观，绝不做亵渎祖先、亵渎经典、亵渎英雄的事情。"[2]2019 年习近平在纪念五四运动 100 周年大会上要求新时代的中国青年要继续发扬五四精神，不负伟大时代，他还特别指出："新时代中国青年要热爱伟大祖国……对一个中国人来说，爱国是本分，也是职责，是心之所系、情之所归。对新时代中国青年来说，热爱祖国是立身之本、成才之基。当代中国，爱国主义的本质就是坚持爱国和爱党、爱社会主义高度统一。"[3]

因此，"以爱国主义为核心的民族精神"的提出是中国共产党在长期的革命和建设实践中理论创新的重要成果。这种民族精神是维护中华民族团结和生存的根本精神，既是促进中华民族繁衍生息、不断前进的精神力量，也是激励中华民族团结一致、开拓创新的优良传统；既是社会主义精神文明建设的必然要求，也是坚定文化自信、实现中华民族伟大复兴的必然要求。

---

① 《习近平谈治国理政》第 2 卷，外文出版社 2017 年版，第 349 页。
② 《习近平谈治国理政》第 2 卷，外文出版社 2017 年版，第 351 页。
③ 《习近平谈治国理政》第 3 卷，外文出版社 2020 年版，第 334 页。

## （二）以爱国主义为核心的民族精神的内涵

### 1. 民族精神的核心内涵

中华民族是富有爱国主义光荣传统的伟大民族。爱国主义是民族精神的核心内涵，体现了人民群众对自己祖国的深厚感情，反映了个人对祖国的依存关系，是人们对自己故土家园、民族和文化的归属感、认同感、尊严感与荣誉感的统一。爱国主义一般包括骨肉之爱、乡土之爱、民族之爱、祖国之爱、人类之爱五个层次，它是中华民族生生不息、凝聚一体的精神动力，深深植根于中华民族悠久的历史与文化传统之中。归宗炎黄、凝聚华夏，天下兴亡、匹夫有责，救国救民、爱国爱乡，落土归根、报效桑梓等，构成了爱国主义的传统精神。早在战国时代的《战国策》中就出现了"爱国"一词；东汉荀悦的《汉纪》中就有"爱国如家"的说法。儒家不但追求理想人格，而且孜孜以求国格，将国家的荣誉、尊严摆在至高无上的地位，为了国家可以"杀身成仁"。不少古代杰出的文学家都表现出浓烈的家国精神，即对乡土、国家执着的热爱。南宋伟大的爱国诗人陆游临终前在《示儿》中写道："死去原知万事空，但悲不见九州同。王师北定中原日，家祭无忘告乃翁。"他企盼国家统一的爱国情怀感人至深。尽管传统的爱国主义带有某种历史局限性，但在国荣我荣、国耻我辱、"位卑未敢忘忧国"的意识熏陶之下，涌现了众多民族英雄，创造了无数可歌可泣的爱国主义业绩，并将这种爱国深情升华为崇高的道德责任。屈原、岳飞、辛弃疾、文天祥是如此，郑成功、施琅、林则徐、邓世昌也是如此。还有，汉代苏武被扣异邦19年仍持节牧羊、至死不降；岳飞的《满江红·怀古》表达了伟大的爱国情怀，后人每逢国家、民族危难时刻，往往借用《满江红》来表达自己的爱国情操。可以说，这种绵延千年的爱国情怀构成了近代以来爱国主义的真正源泉。

1840年鸦片战争爆发，西方的坚船利炮打开了清王朝的大门，中国面临着前所未有的挑战、失败和丧权辱国的内忧外患。无数志士仁人义无反顾地投入到救亡图存的民主革命之中。中华儿女秉承"先天下之忧而忧，后天下之乐而乐""万众一心，振兴中华；发愤图强，后来居上"的政治抱负，"位卑未敢忘忧国""苟利国家生死以，岂因祸福避趋之"的报国之志，"富贵不能淫，贫贱不能移，威武不能屈"的浩然正气，"人生自古谁无死，留取丹心照汗青"，"鞠躬尽瘁，死而后已"的献身精神……他们前赴后继、英勇抗争，不屈不挠、可歌可泣。在世界历史的这一页中，在资本主义、帝国主义对外殖民侵略的狂潮之中，许多古老的民族国家成了殖民地，如历史悠久的埃及、印度、西亚诸国、中南美洲各国……但是，中国没有亡，中国没有完全沦为殖民地。这不仅是由于列强的矛盾，一个最重要、最根本的内在根源，就是有近代的中华民族精神作为脊梁。

真正继承和发扬了中华民族爱国主义精神的是中国共产党，中国共产党人在民族危难的时刻，毅然肩负起领导中华民族求生存、求解放、争取民族独立的重任，中国终于从一个半封建半殖民地的社会建成了社会主义共和国。中华人民共和国成立之初，满目疮痍、百废待兴，中国人民在中国共产党的领导下，仅用短短的十多年时间就建立了较为完整的工业体系，就是在共和国较为困难的时代，我们的科学家发挥艰苦奋斗、自力更生的精神，将"两弹"送上了天宇，震惊了世界。中国共产党领导中国人民在长期的奋斗实践中，不断结合时代和社会的发展要求丰富着中华民族精神。在新的历史时期，正是改革开放、经济起飞、国家统一、文化复兴这四股大潮汇聚在一起，中华民族的爱国主义激情更是空前高涨，达到一个新的历史高度。其鲜明的时代特征，就是把民族自信意识与民族忧患意识相结合，形成了"万众一心、振兴中华、发愤图强、综合创新"的现代革新的中华民族精神。

新时代的爱国主义，既承接了中华民族的爱国主义传统，又体现了鲜明的时代特征，内涵更加丰富，包括坚持爱国主义和社会主义相统一、维护祖国统一和民族团结、尊重和传承中华民族历史和文化、坚持立足民族又面向世界。2015年12月30日，习近平在主持中共中央就中华民族爱国主义精神的历史形成和发展进行第29次集体学习时指出："弘扬爱国主义精神，必须坚持爱国主义和社会主义相统一。我国爱国主义始终围绕着实现民族富强、人民幸福而发展，最终汇流于中国特色社会主义。祖国的命运和党的命运、社会主义的命运是密不可分的。只有坚持爱国和爱党、爱社会主义相统一，爱国主义才是鲜活的、真实的，这是当代中国爱国主义精神最重要的体现。"[1]爱国主义与爱党、爱社会主义的统

---

① 习近平：习近平主持中共中央政治局第二十九次集体学习，新华网 2015 年 12 月 30 日。

一是中国历史发展的必然结果，因为中国共产党的历史上矗立着一座座爱国主义的丰碑，而社会主义集中代表、体现和实现国家、民族和人民的根本利益。在新的时代条件下，弘扬爱国主义精神，必须把维护祖国统一和民族团结作为重要着力点和落脚点。同时，必须尊重和传承中华民族历史和文化，增强做中国人的骨气和底气。正如习近平指出："历史是一面镜子，从历史中，我们能更好看清世界、参透生活、认识自己；历史也是一位智者，同历史对话，我们能够更好认识过去、把握当下、面向未来。"①坚持新时代的爱国主义，必须坚持立足民族又面向世界。中国的命运与世界的命运紧密相关。要把弘扬爱国主义精神与扩大对外开放结合起来，既要尊重各国的历史特点、文化传统，尊重各国人民选择的发展道路，从不同文明中寻求智慧、汲取营养，增强中华文明生机活力，又要积极倡导求同存异、交流互鉴，促进不同国度、不同文明相互借鉴、共同进步，共同推动人类文明发展进步。

### 2. 民族精神的基本内容

在十三届全国人大一次会议上，习近平用"中国人民是具有伟大创造精神的人民""中国人民是具有伟大奋斗精神的人民""中国人民是具有伟大团结精神的人民""中国人民是具有伟大梦想精神的人民"等气势磅礴的论述，对中华民族精神进行了新的凝练。②

#### （1）伟大创造精神

自古以来，中国人民就具有伟大的创造精神。在几千年历史长河中，中国人民始终辛勤劳作、发明创造，产生了老子、孔子、庄子、孟子、墨子、孙子、韩非子等闻名于世的伟大思想巨匠，发明了造纸术、火药、印刷术、指南针等深刻影响人类文明进程的伟大科技成果，创作了诗经、楚辞、汉赋、唐诗、宋词、元曲、明清小说等伟大文艺作品，传承了格萨尔王、玛纳斯、江格尔等震撼人心的伟大史诗，建设了万里长城、都江堰、大运河、故宫、布达拉宫等气势恢宏的伟大工程。今天，中国人民的创造精神正在前所未有地迸发出来，天宫、蛟龙、天

---

① 《习近平谈治国理政》第 2 卷，外文出版社 2017 年版，第 351 页。
② 《习近平谈治国理政》第 3 卷，外文出版社 2020 年版，第 139-142 页。

眼、悟空、墨子、大飞机等重大科技成果相继问世，推动中国日新月异向前发展，大踏步走在世界前列。中国创造再次闪耀世界，书写着中华民族实现伟大复兴的信心和决心。

（2）伟大奋斗精神

伟大奋斗精神是中华民族的光荣传统。古往今来，中国人民始终革故鼎新、自强不息，开发和建设了祖国辽阔秀丽的大好河山，开拓了波涛万顷的辽阔海疆，开垦了物产丰富的广袤良田，治理了桀骜不驯的千百条大江大河，战胜了数不清的自然灾害，建设了星罗棋布的城镇乡村，发展了门类齐全的产业，形成了多姿多彩的生活。千百年来，为了维护民族的独立和尊严，无数中华儿女在面对艰难困苦中不屈不挠，在反抗外族入侵的斗争中前赴后继，表现出无数辉映史册的英雄事迹。今天，中国人民拥有的一切，凝聚着中国人的聪明才智，浸透着中国人的辛勤汗水，蕴含着中国人的巨大牺牲。中华民族的奋斗精神不仅是一种刚健有为的性格，而且具有坚定的恒心和毅力；不仅敢于战胜一切困难，而且有着完全的献身精神，闪烁着全部生命的光辉。

（3）伟大团结精神

中国人民是具有伟大团结精神的人民。在几千年历史长河中，中国人民始终团结一心、同舟共济，建立了统一的多民族国家，发展了56个民族多元体、交织交融的融洽民族关系，形成了守望相助的中华民族大家庭。特别是近代以后，在外来侵略寇急祸重的严峻形势下，中国各族人民手挽着手、肩并着肩，英勇奋斗，浴血奋战，打败了一切穷凶极恶的侵略者，捍卫了民族独立和自由，共同书写了中华民族保卫祖国、抵御外侮的壮丽史诗。回望历史，在艰难的抗战时期，全体中华儿女共赴国难、同仇敌忾，用生命和鲜血深刻诠释了伟大团结精神的真谛。2008年，突如其来的汶川大地震，将中华民族紧紧团结在一起，规模空前的生死大营救，历经艰险的千里大驰援，处处涌动的爱心大奉献，汇聚成全民族风雨同舟、生死与共的强大合力，展现了中华民族历经劫难而不屈的坚强意志和"万众一心、众志成城"的民族性格。历史经验表明，国家统一，民族团结，国家才能繁荣昌盛，人民才能安居乐业。今天，中国取得了令世人瞩目的发展成就，是中国各族人民同心同德、同心同向努力的结果。中国人民的伟大团结精神在中华民族发展进步的道路上，形成了勇往直前、无坚不摧的强大力量。

（4）伟大梦想精神

伟大梦想精神是中国人民为追求和实现伟大梦想表现出来的不忘初心、砥砺前行、永不放弃、不懈追求的精神。回首中华民族的漫长历史，中国人民始终心怀梦想，勇于追梦，不仅形成了小康生活的理念，而且秉持天下为公的情怀。盘古开天、女娲补天、伏羲画卦、神农尝草、夸父追日、精卫填海、愚公移山等古代神话深刻反映了中国人民勇于追求和实现梦想的执着精神。近代以来，实现中华民族伟大复兴成为中华民族最伟大的梦想，中国人民百折不挠、坚忍不拔，以同敌人血战到底的气概、在自力更生的基础上光复旧物的决心、自立于世界民族之林的能力，为实现这个伟大梦想进行了 170 多年的持续奋斗。今天，中国人民比历史上任何时候都更接近、更有信心和能力实现中华民族的伟大复兴。中华民族的伟大梦想精神必将让全体中国人民和中华儿女在实现中华民族伟大复兴的历史进程中共享幸福和荣光。

（三）以爱国主义为核心的民族精神的时代价值

党的十八大以来，习近平曾两次集中阐释中国精神，特别强调以爱国主义为核心的民族精神的时代价值。在十二届全国人大一次会议的讲话中，习近平指出："实现中国梦必须弘扬中国精神。这就是以爱国主义为核心的民族精神，以改革创新为核心的时代精神。这种精神是凝心聚力的兴国之魂、强国之魂。"[①]在十三届全国人大一次会议的讲话中，习近平指出："中国人民的特质、禀赋不仅铸就了绵延几千年发展至今的中华文明，而且深刻影响着当代中国发展进步，深刻影响着当代中国人的精神世界。中国人民在长期奋斗中培育、继承、发展起来的伟大民族精神，为中国发展和人类文明进步提供了强大精神动力。"[②]可以说，以爱国主义为核心的民族精神是实现中国梦的有力支撑。中国梦意味着中国人民与中华民族的价值体认和价值追求，意味着全面建成小康社会、最终实现中华民族伟大复兴，意味着每一个人都能在为中国梦的奋斗中同时实现自己的梦想，意

---

① 《习近平谈治国理政》第 1 卷，外文出版社 2018 年版，第 40 页。

② 习近平：《在第十三届全国人民代表大会第一次会议上的讲话》，人民出版社 2018 年版，第 2 页。

味着中华民族团结奋斗的最大公约数，意味着中华民族为人类和平与发展作出更大贡献的真诚意愿。人总是需要一点精神的，一个国家和民族更是这样。没有人的精神的有力支撑，就没有全民族精神力量的充分发挥，一个国家一个民族就不可能屹立于世界民族之林。物质贫乏不是社会主义，精神空虚也不是社会主义。实现中国梦，要求我们不仅在物质上强大起来，也要在精神上强大起来。中华文明源远流长，中国精神生生不息，成为照耀我们民族奋勇前进的不灭灯塔。今天，中国进入社会转型期、改革攻坚期，精神力量的作用也愈加凸显。面对纷繁复杂的观念世界，如何在多元中立主导，在多样中谋共识？面对艰巨繁重的改革发展任务，如何以更大智慧与勇气啃硬骨头、涉险滩？离梦想越近，就越需要不断增强团结一心的精神纽带，越需要持续激发自强不息的精神动力。以爱国主义为核心的民族精神是实现中华民族伟大复兴中国梦的精神力量，其意义在于：

以爱国主义为核心的民族精神可以构成民族文化认同和民族命运共同体的连接纽带，成为中华儿女共同的精神家园。民族精神基于一个民族生存的环境、生活方式和文化传统，这种精神来自民族生活的特殊样态，也塑造着民族的生活状态。中华民族精神，它从生活繁衍于神州大地、山川、海洋等中华民族的历史性活动之中孕育而来，也不断塑造着中华民族的生活方式、思维方式和情感表达方式。这种共同的精神把中华民族凝聚在一起，构成荣辱与共的命运共同体。

以爱国主义为核心的民族精神可以促进形成民族振兴和文明发展的价值目标，为中华儿女确立不断奋斗的理想。作为中国精神永恒底蕴的民族精神，构成了中华民族所有成员价值观的共同基础。今天，在民族精神的引领下，实现中华民族伟大复兴的中国梦，成为每一个中国人最突出的价值追求。

以爱国主义为核心的民族精神能够提供社会发展和文明进步的强大推动力，成为中华儿女不断前进的精神力量。人类活动的最大特点就是有意识的自觉活动，这决定了精神力量对于人类实践的极端重要性。人没有点精神是不行的，民族没有精神就更难立足于世界民族之林。历史唯物主义告诉我们，生产力是最革命的力量，而人的生产力则来自创造性的力量。创造力是有精神支撑的。精神力量的境界越高，其鼓舞力量就越是持久。

以爱国主义为核心的民族精神有利于升华民族整体和全体成员的素养。精神的力量是一种升华的力量。每一个民族的道德都是民族精神的规范性体现。没有民族精神的支撑，道德要求往往成为一种他律的外在性力量；反之，则可成为自律的升华力量。中华民族是一个崇尚道德和有丰富精神世界的民族，伴随着中国特色社会主义事业的成功发展，必然会重构我们的道路自信、理论自信和制度自信，巩固我们的文化自信，使民族精神发扬光大。

## 二、以改革创新为核心的时代精神

时代精神是世界历史发展进程中代表进步趋势、前进方向的精神，是一定时代先进生产方式、社会集团、思想文化的精神结晶。在中国走向世界、走向现代化、走向未来的进程中，改革创新成为时代精神的主旋律。40 多年来，从农村改革的兴起，到深圳等特区的创立，从社会主义市场经济体制的发展，到中国特色社会主义多项事业的开拓，改革创新精神激荡神州，造就了历史的巨变，成就了今天的中国。改革没有完成时，站在新起点上的中国，无论是冲破思想观念障碍，还是打破利益固化藩篱；无论是破解发展难题，还是释放改革红利，都需要继续发扬改革创新精神，逢山开路、遇水搭桥，迈过沟沟坎坎、越过发展陷阱，才能赢得更加光明的前景。

### (一) 以改革创新为核心的时代精神的演进

以改革创新为核心的时代精神作为中国共产党领导中国人民进行改革开放形成的精神品格，主要产生于改革开放和社会主义建设新时期。

1978 年召开的党的十一届三中全会，不但在中国共产党的发展史上具有里程碑的意义，而且对于以改革创新为核心的时代精神的形成亦具有决定性的作用。在 1978 年 12 月召开的党的十一届三中全会前夕，邓小平在《解放思想，实事求是，团结一致向前看》的讲话中指出："一个党，一个国家，一个民族，如果一切从本本出发，思想僵化，迷信盛行，那它就不能前进，它的生机就停止了，就要亡党亡国。""只有解放思想，坚持实事求是，一切从实际出发，理论联系实际，我们的社会主义现代化建设才能顺利进行，我们党的马列主义、毛泽东思想的理论也才能顺利发展。"①以邓小平为代表的中国共产党人，首先在思想领域引导广大党员和人民群众解除束缚，创新性地思考什么是社会主义和怎样建设社会主义这一根本问题，并通过逐步提出和系统阐释社会主义本质论、社会主义初级阶段论、社会主义改革开放论、社会主义市场经济论等创新性理论，使我国社会主义制度在新的时代条件下焕发出新的生机与活力。通过改革开放，我国形成了以公有制为主体、多种所有制经济共同发展的社会主义初级阶段的基本经济制度，确立了以按劳分配为主体、多种分配方式并存，并结合生产要素参与分配的分配制度，我国已经实现了现代化建设"三步走"战略的前两步目标，进入了全面建设小康社会、加快推进社会主义现代化的新的发展阶段。在改革开放进程中，邓小平始终强调："我们一定要宣传、恢复和发扬延安精神，解放初期的精神，以及六十年代初期克服困难的精神。"②由此，在继承传统又与时俱进的基础上，以改革开放为核心的时代精神初步奠基。

党的十三届四中全会以来，以江泽民为代表的中国共产党人继续推进改革创新，既对党的第一代中央领导集体带领之下形成的长征精神、延安精神、大庆精神、"两弹一星"精神等进行了新诠释，又赋予党的第二代中央领导集体带领下形成的实事求是、解放思想、大公无私、艰苦奋斗、开放包容的时代精神以新内涵，还结合具体实践提出新时期要在改革创新的过程中发展五种精神，即"解放思想、实事求是的精神"，"紧跟时代、勇于创新的精神"，"知难而进、一往无前的精神"，"艰苦奋斗、务求实效的精神"，"淡泊名利、无私奉献的精神"，并强调："要通过我们宣传思想战线和其他各条战线的共同努力，日复一日、年复一年地不断用这些不懈奋斗的精神武装全党同志和全国各族人民，使之成为大家的自觉追求，成为抓住机遇、加快发展，实现社会主义现代化、实现中华民族伟大复兴的巨大精神动力。"③江泽民不但提出"创新是一个民族进步的灵魂，是一个国家兴旺发达的不竭动力"④，而且在用"三个代表"重要思想系统回答建设一个什么样的党和怎样建设党时，明确提出中国共产党要始终代表中国先进文化的

①　《邓小平文选》第 2 卷，人民出版社 1994 年版，第 143 页。
②　《邓小平文选》第 2 卷，人民出版社 1994 年版，第 369 页。
③　《江泽民文选》第 3 卷，人民出版社 2006 年版，第 198 页。
④　《江泽民文选》第 2 卷，人民出版社 2006 年版，第 392 页。

前进方向，而以改革创新为核心的时代精神就蕴含在中国的先进文化之中。

党的十六大以后，以胡锦涛为代表的中国共产党人继续推进理论创新与实践创新，提出了贯彻落实科学发展观、构建社会主义核心价值体系等重大战略思想，对原有的发展模式和社会建设模式进行了重大的改革创新，不但积极有效应对国际金融危机的冲击和国内重大自然灾害的考验，而且概括出新时期伟大的神舟飞船的精神、抗震救灾的精神等。2006 年 10 月，党的十六届六中全会明确提出要建设社会主义核心价值体系，在全社会引起了广泛关注。在 2007 年召开的党的十七大上，胡锦涛指出，"社会主义核心价值体系是社会主义意识形态的本质体现……大力推进理论创新，不断赋予当代中国马克思主义鲜明的实践特色、民族特色、时代特色"①；同时，他还旗帜鲜明地指出，要"以改革创新精神全面推进党的建设新的伟大工程"②；中国特色社会主义事业形成了全面、协调、可持续的发展格局，改革创新的内涵、外延得以不断丰富和拓展。

党的十八大以来，以习近平同志为核心的党中央围绕实现中华民族伟大复兴的中国梦这一发展目标，深刻回答了新形势下党和国家事业发展的一系列重大理论和现实问题，提出了许多富有创见的新思想新观点新论断新要求。比如"中国特色社会主义特就特在其道路、理论体系、制度上，特就特在其实现途径、行动指南、根本保障的内在联系上，特就特在这三者统一于中国特色社会主义伟大实践上"③；"中国梦的本质是国家富强、民族振兴、人民幸福"④；"中国梦是和平、发展、合作、共赢的梦……与世界各国人民的美好梦想相通"⑤；"坚持把完善和发展中国特色社会主义制度、推进国家治理体系和治理能力现代化作为全面深化改革的总目标"⑥；"我们要的是实实在在、没有水分的速度，是民生改善、就业比较充分的速度，是劳动生产率同步提高、经济活力增强、结构调整有成效

---

① 胡锦涛：《高举中国特色社会主义伟大旗帜 为夺取全面建设小康社会新胜利而奋斗——在中国共产党第十七次全国代表大会上的报告》，人民出版社 2007 年版，第 34 页。
② 胡锦涛：《高举中国特色社会主义伟大旗帜 为夺取全面建设小康社会新胜利而奋斗——在中国共产党第十七次全国代表大会上的报告》，人民出版社 2007 年版，第 49 页。
③ 《习近平总书记系列重要讲话读本》，学习出版社、人民出版社 2014 年版，第 11 页。
④ 《习近平总书记系列重要讲话读本》，学习出版社、人民出版社 2014 年版，第 28 页。
⑤ 《习近平总书记系列重要讲话读本》，学习出版社、人民出版社 2014 年版，第 35 页。
⑥ 《习近平总书记系列重要讲话读本》，学习出版社、人民出版社 2014 年版，第 42 页。

的速度，是经济发展质量和效益得到提高又不会带来后遗症的速度"①；"一定要看到，农业还是'四化同步'的短腿，农村还是全面建成小康社会的短板。中国要强，农业必须强；中国要美，农村必须美；中国要富，农民必须富"②；"努力建设法治中国，以更好发挥法治在国家治理和社会管理中的作用"③；"制度问题更带有根本性、全局性、稳定性、长期性，保证权力正确行使，必须把权力关进制度的笼子里，坚持用制度管权管事管人"④；"人类社会发展的历史表明，对一个民族、一个国家来说，最持久、最深层的力量是全社会共同认可的核心价值观。核心价值观承载着一个民族、一个国家的精神追求，体现着一个社会评判是非曲直的价值标准"⑤；"我们要从巩固全党全国各族人民团结奋斗的共同思想基础、巩固党的执政地位的战略高度，持续加强社会主义核心价值体系建设，把培育和弘扬社会主义核心价值观作为凝魂聚气、强基固本的基础工程，作为一项根本任务，切实抓紧抓好"⑥；"中华文明绵延数千年，有其独特的价值体系。中华优秀传统文化已经成为中华民族的基因，植根在中国人内心，潜移默化影响着中国人的思想方式和行为方式。今天，提倡和弘扬社会主义核心价值观，必须立足中华优秀传统文化，从中汲取丰富营养，否则就不会有生命力和影响力"⑦；"让老百姓过上好日子是我们一切工作的出发点和落脚点"⑧；"我们要坚持走和平发展道路，但决不能放弃我们正当权益，决不能牺牲国家核心利益。任何外国不要指望我们会拿自己的核心利益做交易，不要指望我们会吞下损害我国主权、安全、发展利益的苦果"⑨；"各级领导干部都要树立和发扬好的作风，既严以修

①　《习近平总书记系列重要讲话读本》，学习出版社、人民出版社 2014 年版，第 59 页。
②　《习近平总书记系列重要讲话读本》，学习出版社、人民出版社 2014 年版，第 68 页。
③　《习近平总书记系列重要讲话读本》，学习出版社、人民出版社 2014 年版，第 80 页。
④　《习近平总书记系列重要讲话读本》，学习出版社、人民出版社 2014 年版，第 85 页。
⑤　《习近平总书记系列重要讲话读本》，学习出版社、人民出版社 2014 年版，第 92-93页。
⑥　《习近平总书记系列重要讲话读本》，学习出版社、人民出版社 2014 年版，第 94 页。
⑦　《习近平总书记系列重要讲话读本》，学习出版社、人民出版社 2014 年版，第 96 页。
⑧　《习近平总书记系列重要讲话读本》，学习出版社、人民出版社 2014 年版，第 109 页。
⑨　《习近平总书记系列重要讲话读本》，学习出版社、人民出版社 2014 年版，第 154 页。

身、严以用权、严以律己，又谋事要实、创业要实、做人要实。"①

在治国理政新的实践中，以习近平同志为核心的党中央，团结带领全党全国各族人民，紧紧围绕实现"两个一百年"奋斗目标和中华民族伟大复兴的中国梦，坚持和发展中国特色社会主义，统筹推进"五位一体"总体布局、协调推进"四个全面"战略布局，迎难而上，开拓进取，取得了改革开放和社会主义现代化建设的历史性成就，解决了许多长期想解决而没有解决的难题，办成了许多过去想办而没有办成的大事，推动中国共产党和国家事业取得了历史性成就、发生了历史性变革，中国特色社会主义进入新时代。党的十九大以来，以习近平同志为核心的党中央，着眼于中华民族伟大复兴的战略全局和世界百年未有之大变局，以习近平新时代中国特色社会主义思想为指导，不忘初心、牢记使命，统揽伟大斗争、伟大工程、伟大事业、伟大梦想，沉着应对国内外风险明显增多的复杂局面，自觉把改革摆在更加突出的位置，紧紧围绕推进中国式现代化进一步全面深化改革。党和国家各项事业取得新的重大进展，中国为世界和平与发展作出新的重大贡献。

### （二）以改革创新为核心的时代精神的内涵

#### 1. 时代精神的核心内涵

改革是社会持续发展的动力，创新是民族不断进步之魂。改革创新构成了时代精神的核心内涵。恩格斯说："我认为，所谓'社会主义社会'不是一种一成不变的东西，而应当和任何其他社会制度一样，把它看成是经常变化和改革的社会。"②改革是社会主义制度自我完善和自我发展的根本途径，它对于完善和发展社会主义制度，探索其富有活力的新道路，促进社会主义制度各方面持久、稳定、协调的发展，不仅具有重要的战略意义，而且构成了我们时代的最强音。改革创新精神，表现了一种求得自身进步、发展的责任感、使命感和永远不甘落后

---

① 《习近平总书记系列重要讲话读本》，学习出版社、人民出版社2014年版，第168-169页。

② 《马克思恩格斯选集》第4卷，人民出版社2012年版，第601页。

的心理状态，也体现了一种解放思想、大胆探索、勇于创造的思想观念，更反映了一种坚忍不拔、自强不息、锐意进取的精神力量。坚持改革创新，既是对中华民族革故鼎新精神的继承和弘扬，也是新的时代赋予中华民族的责任和使命。

历史的发展已经证明，穷则思，思则变，变则通，通则久。秦国因为有了商鞅变法而统一中国，汉朝因为有了文景之治而威震华夏，唐代因为有了贞观之治而名贯古今。历史的教训也一再告诫我们，墨守成规不可能长期维持繁荣状态，只有不断向社会注入新的活力，向社会成员提出理性而富有刺激性的新的奋斗目标，才能保持繁荣并促进社会的持续发展。倘若统治者一旦丧失了开拓创新的动力，丧失了前进的方向，陶醉于眼前的繁荣，沉醉于已有的辉煌，各种危机和矛盾就会酝酿和滋生。18 世纪乾隆皇帝"持盈保泰"的结果，就是集中精力"恪守成宪"，对眼前的问题仅限于小修小补，而用更多的时间去享受盛世的繁华，致使封建盛世就此成为绝唱。回顾历史，中华民族正是在"苟日新，日日新，又日新"的励精图治、求变图强的精神感召下，才能在 5000 多年的历史长河中奋勇搏击、生生不息。

改革开放是当代中国发展进步的活力之源，是党和人民事业大踏步赶上时代的重要法宝。40 多年的改革开放极大改变了中国的面貌，中华民族迎来了从站起来、富起来到强起来的伟大飞跃。改革开放是决定当代中国命运的关键，也是决定实现"两个一百年"奋斗目标、实现中华民族伟大复兴的关键。习近平也多次在中央全面深化改革委员会的会议上强调要将改革进行到底，他说"落实党的十八届三中全会以来中央确定的各项改革任务，前期重点是夯基垒石、立柱架梁，中期重点在全面推进、积厚成势，现在要把着力点放到加强系统集成、协同高效上来，巩固和深化这些年我们在解决体制性障碍、机制性梗阻、政策性创新方面取得的改革成果，推动各方面制度更加成熟更加定型。"[1]

从当前世界各国的发展趋势来看，人类社会已经步入了科技创新不断涌现的重要时期。20 世纪中叶的新科技革命及其发展，推动世界范围内生产方式、生活方式等发生了前所未有的深刻变革。进入 21 世纪后，世界新科技革命发展的势头更加迅猛。信息科技、生物技术、纳米技术等都为人类社会的发展展现了美

---

① 《习近平谈治国理政》第 3 卷，外文出版社 2020 年版，第 179 页。

好的前景。正是在世界新科技革命推动下，知识在经济社会发展中的作用日益重要，国民财富的增长、人类生活的改善与知识的积累都和创新密切相关。世界各国尤其是发达国家都把科技进步和创新作为国家战略，力求在国际竞争中取得主动权。面对激烈的国际竞争和世界科技的发展趋势，我国必须把科技创新置于优先发展的战略地位。因此，从当前世界发展趋势和我国的发展经验来看，通过改革创新的时代精神大力推进科技进步，带动生产力发生质的飞跃，是建设社会主义创新型国家刻不容缓的重大使命。正如习近平指出："党的十八大作出了实施创新驱动发展战略的重大部署，强调科技创新是提高社会生产力和综合国力的战略支撑，必须摆在发展全局的核心位置。这是党中央综合分析国内外大势、立足我国发展全局作出的重大战略抉择。"①习近平还特别强调增强自主创新能力是实施创新驱动发展的根本，他说"从总体上看，我国科技创新基础还不牢，自主创新特别是原创力还不强，关键领域核心技术受制于人的格局没有从根本上改变。只有把核心技术掌握在自己手中，才能真正掌握竞争和发展的主动权，才能从根本上保障国家经济安全、国防安全和其他安全……我们没有别的选择，非走自主创新道路不可"②。

40多年的改革开放进程，我国不仅把增强科技自主创新能力作为国家战略并取得一大批重大突破，而且在经济体制、政治体制、文化体制和社会体制等社会发展的各个方面的改革卓有建树。改革创新已成为时代的最强音，除了科技创新，理论创新、制度创新、文化创新正在全面推进且不断深化。理论创新要求坚持实践是检验真理的唯一标准，自觉地把思想认识从那些不合时宜的观念、做法和体制的束缚中解放出来，从对马克思主义错误的和教条的理解中解放出来，从主观主义和形而上学的桎梏中解放出来，不断有所发现、有所创造、有所前进，不断赋予当代中国马克思主义以鲜明的实践特色、民族特色和时代特色。制度创新要求不断完善适应发展社会主义市场经济、全面建设中国特色社会主义要求的各方面的体制，进一步解放和发展社会生产力，使上层建筑进一步适应经济基础发展的要求，使中国特色社会主义始终充满生机与活力。文化创新要求坚持以马

---

① 《习近平谈治国理政》第 1 卷，外文出版社 2018 年版，第 119 页。

② 《习近平谈治国理政》第 1 卷，外文出版社 2018 年版，第 122 页。

克思主义为指导，坚持中国先进文化的发展方向，坚持贴近实际、贴近生活、贴近群众，立足于改革开放和现代化建设的实践，着眼于世界文化发展的前沿，发扬民族文化的优秀传统，汲取世界各民族文化的长处，在时代的高起点上推动文化内容形式、体制机制、传播手段的创新，激发整个中华民族的文化创造活力，提高国家文化软实力，丰富人们的精神世界，增强人们的精神力量，激励各族人民积极投身于社会主义现代化建设的伟大实践。

2. 时代精神的基本内容

（1）解放思想

解放思想是改革开放的思想前提。早在改革开放初期邓小平就提出："解放思想，开动脑筋，实事求是，团结一致向前看，首先是解放思想。只有思想解放了，我们才能正确地以马列主义、毛泽东思想为指导，解决过去遗留的问题，解决新出现的一系列问题。"①解放思想就是要敢于冲破落后的传统观念的束缚，善于从实际出发的一种积极进取的精神状态。与时俱进则要求准确把握时代特征，始终站在时代前列和实践前沿，始终坚持解放思想和实事求是，在大胆探索中继承和发展。江泽民在党的十五大报告中指出："坚持党的思想路线，解放思想、实事求是、与时俱进，是我们党坚持先进性和增强创造力的决定性因素。与时俱进，就是党的全部理论和工作要体现时代性，把握规律性，富于创造性。"

改革开放40多年的历史，实际上就是一部不断解放思想、与时俱进，推动社会主义制度不断发展和完善的历史。其间，我们党经历了三次思想解放运动。第一次解放思想是以1978年真理标准大讨论和党的十一届三中全会胜利召开为标志，主要是把我们的思想从"两个凡是"的束缚中解放出来，重新确立了实践是检验真理的唯一标准，把工作重心从"以阶级斗争为纲"转移到以经济建设为中心上来，从而拉开了改革开放的序幕。第二次解放思想是以邓小平视察南方的讲话和党的十四大为标志，主要是使我们的思想从市场经济姓"资"还是姓"社"的争论中解放出来，确立了建立社会主义市场经济体制的战略目标，实现了由计划经济向市场经济的历史性转变，使中国走上了社会主义市场经济道路。第三次

---

① 《邓小平文选》第2卷，人民出版社1994年版，第141页。

解放思想则是以党的十七大为标志，确立了科学发展观的重大战略思想，主要是把我们的思想从不符合科学发展的观念中解放出来，把全面建设小康社会，构建社会主义和谐社会作为新的历史时期的主要目标，使中国特色社会主义走上全面、协调、可持续的发展道路。

党的十八大以来，以习近平同志为核心的党中央继续以解放思想、与时俱进的精神，在深入把握中国特色社会主义科学性和真理性的基础上，坚定道路自信、理论自信、制度自信，不断开创中国特色社会主义事业的新局面。党的十九大把习近平新时代中国特色社会主义思想确立为中国共产党长期坚持的指导思想并写入党章，十三届全国人大一次会议把这一重要思想载入宪法，实现了党和国家指导思想的与时俱进。习近平新时代中国特色社会主义思想是新时代中国共产党的思想旗帜，是国家政治生活和社会生活的根本方针，是当代中国马克思主义、21世纪马克思主义，为实现中华民族伟大复兴提供了行动指南，为推动构建人类命运共同体贡献了智慧方案。党的二十大担负起全党的重托和人民的期待，从战略全局深刻阐述了新时代坚持和发展中国特色社会主义的一系列重大理论和实践问题，科学谋划了未来一个时期党和国家事业发展的目标任务和大致方针，在党和国家历史上具有重大而深远的意义。

（2）人民中心

人民群众是社会历史的主体，也是社会历史的创造者。立足于当代中国，在改革开放和社会主义现代化建设进程中，以人民为中心是马克思主义关于人的全面发展理论与中国特色社会主义实践结合的产物，其本质是以最广大人民群众的根本利益为本。以人民为中心既体现了社会主义的本质，也体现了中国共产党全心全意为人民服务的根本宗旨，更体现了党在新的历史时期强调的"权为民所用，情为民所系，利为民所谋"的权力观。以人民为中心成为时代精神的主旋律。

坚持以人民为中心，要求我们党和政府的一切工作以最广大人民群众的根本利益为出发点和落脚点，把尊重人、理解人、关心人贯穿始终，努力为每个人的全面发展创造条件，做到以人为主体、以人为动力、以人为目的；同时也要求每一个社会成员努力做到自尊、自立、自强，充分发挥自己的智慧和力量，在改革开放和建设有中国特色社会主义事业中体现人的本质、实现人的价值。党的十八大以来，党中央坚持以人民为中心的执政理念，把民生工作和社会治理工作作为社会建设的两大任务，高度重视并大力推进，改革发展成果正更多更公平地惠及全体人民。正如习近平指出："我们的人民热爱生活，期盼有更好的教育、更稳定的工作、更满意的收入、更可靠的社会保障、更高水平的医疗卫生服务、更舒适的居住条件、更优美的环境，期盼孩子们能成长得更好、工作得更好、生活得更好。人民对美好生活的向往，就是我们的奋斗目标。"①民生是人民幸福之基、社会和谐之本。民生连着民心、民心凝聚民力，做好保障和改善民生工作，事关群众福祉和社会和谐。2018 年 3 月 20 日，习近平在十三届全国人大一次会议上盛赞伟大的中国人民，他要求"一切国家机关工作人员，无论身居多高的职位，都必须牢记我们的共和国是中华人民共和国，始终要把人民放在心中最高的位置，始终全心全意为人民服务，始终为人民利益和幸福而努力工作"②。

（3）求真务实

一切从实际出发，实事求是，求真务实，是辩证唯物主义和历史唯物主义一以贯之的科学精神。所谓"求真"，就是掌握和认识客观事物的真实情况及其本质；所谓"务实"，就是办实事，说实话，解决实际问题。求真是认识世界，务实是改造世界。求真为了务实，务实必须求真，这是一个相辅相成的两个方面，缺一不可。坚持求真务实，是坚持马克思主义科学世界观和方法论的本质要求。"求真务实"是对马克思主义哲学，特别是对其认识论的精神实质的精辟概括。它体现了马克思主义所要求的理论和实践、知和行的具体的历史的统一。党的思想路线集中而鲜明地反映了马克思主义的这一基本特点和实质。"求真务实"是中国共产党的思想路线的固有特征，是每一个共产党人的政治品格。

在新民主主义革命和社会主义建设时期，以毛泽东为主要代表的中国共产党人，坚持把马克思主义基本原理同中国革命和建设的具体实际相结合，在求真务实的艰辛探索中，形成了新民主主义革命的理论、路线、战略和策略，并领导全国各族人民经过长期艰苦卓绝的斗争，夺取了新民主主义革命的伟大胜利，成立了中华人民共和国；紧接着又经过生产资料私有制的社会主义改造，确立了社会主义基本制度，并在基本是"一穷二白"的基础上开始进行社会主义建设，为中

---

① 《习近平总书记系列重要讲话读本》，学习出版社、人民出版社 2014 年版，第 108 页。
② 《习近平谈治国理政》第 3 卷，外文出版社 2020 年版，第 139 页。

国特色社会主义事业奠定了必要的前提和基础。党的十一届三中全会以来，以邓小平为主要代表的中国共产党人，继续坚持和发扬求真务实的科学精神，从社会主义初级阶段这个最基本的国情出发，把科学社会主义的基本原理与中国具体实际和时代特征相结合，丰富和发展了党的基本理论，形成了"一个中心、两个基本点"的基本路线，开创了中国特色社会主义的崭新道路。党的十三届四中全会以来，以江泽民、胡锦涛为主要代表的中国共产党人，坚持党的求真务实的优良传统不动摇，坚持党的基本理论和基本路线不动摇，坚持走中国特色社会主义道路不动摇，领导全国各族人民，开创了马克思主义的新境界，取得了改革开放和社会主义现代化建设的新胜利。

党的十八大之后，中国特色社会主义进入了新时代。以习近平为主要代表的中国共产党人，顺应时代发展，从理论和实践结合上系统回答了新时代坚持和发展什么样的中国特色社会主义、怎样坚持和发展中国特色社会主义，建设什么样的社会主义现代化强国、怎样建设社会主义现代化强国，建设什么样的马克思主义政党、怎样建设长期执政的马克思主义政党等重大时代课题，创立了习近平新时代中国特色社会主义思想，为决胜全面建成小康社会、夺取新时代中国特色社会主义伟大胜利、实现中华民族伟大复兴的中国梦、实现人民对美好生活的向往提供了行动指南，也为推动构建人类命运共同体、促进人类和平和发展事业贡献了中国智慧和中国方案。同时，围绕实现"两个一百年"奋斗目标和中华民族伟大复兴的中国梦，我国发展面临一系列突出矛盾和挑战，如发展中不平衡、不协调、不可持续问题依然突出，科技创新能力不强，产业结构不合理，发展方式依然粗放，城乡区域发展差距和居民收入分配差距较大，反腐败斗争形势依然严峻等。正确认识和解决我们面临的突出矛盾和问题，迫切要求我们在全党大力弘扬求真务实精神、大兴求真务实之风。在这种形势下，党中央统筹推进"五位一体"总体布局、协调推进"四个全面"战略布局，切实落实"创新、协调、绿色、开放、共享"的新发展理念，着力抓好重大制度创新，改革呈现全面发力、多点突破、蹄疾步稳、纵深推进的局面。总之，求真务实、科学发展的时代精神，必须保证发展的全面性、协调性和可持续性，从而推动中国经济社会又好又快发展。

（4）开拓进取

改革开放是我们党的历史上一次伟大觉醒，孕育了新时期从理论到实践的伟大创造。实践已经充分证明，在改革开放中坚持开拓进取、攻坚克难的精神是党和人民事业大踏步赶上时代的重要法宝，是党和国家保持生机与活力的关键，是当代中国最鲜明的特色，也是当代中国共产党人最鲜明的品格。

改革开放只有进行时没有完成时。习近平强调，"在整个社会主义现代化进程中，我们都要高举改革开放的旗帜，决不能有丝毫动摇"①，"中国改革经过 30 多年，已进入深水区，可以说，容易的、皆大欢喜的改革已经完成了，好吃的肉都吃掉了，剩下的都是难啃的硬骨头"。② 这些难啃的硬骨头有的牵涉复杂的部门利益，有的在思想认识上难以统一，有的要触动一些人的"奶酪"，有的需要多方面配合、多举措并举。整体而言，我国在新的历史时期面临着一系列突出的矛盾和挑战，前进道路上还有不少困难和问题。比如，发展不平衡、不协调、不可持续问题依然突出，科技创新能力不强，产业结构不合理，发展方式依然粗放，城乡区域发展差距和居民收入分配差距依然较大，社会矛盾明显增多，教育、就业、社会保障、医疗、住房、生态环境、食品药品安全、安全生产、社会治安、执法司法等关系群众切身利益的问题较多，部分群众生活困难，形式主义、官僚主义、享乐主义和奢靡之风问题突出，一些领域消极腐败现象易发多发，反腐败斗争形势依然严峻，等等。要破解发展中面临的难题、化解来自各方面的风险挑战，推动经济社会持续健康发展，除了深化改革，别无他途。因此，我们必须始终如一地认识到，矛盾越大，问题越多，越要攻坚克难、勇往直前。我们必须一鼓作气、坚定不移，必须坚定信心、增强勇气，敢于啃硬骨头，敢于涉险滩，敢于向积存多年的顽瘴痼疾开刀，坚决打好全面深化改革的攻坚战。

纵观世界，变革是大势所趋、人心所向，是浩浩荡荡的历史潮流。现在世界各国都在加快推进变革，特别是新一轮科技革命和产业变革正在孕育兴起。在这样的形势下，只有坚持开拓进取、攻坚克难的时代精神，才能为实现中华民族伟大复兴的中国梦保驾护航。任何停顿和倒退都没有出路，倘若思想僵化、故步自封，必将被时代所淘汰。

---

① 《习近平总书记系列重要讲话读本》，学习出版社、人民出版社 2014 年版，第 39 页。
② 《习近平总书记系列重要讲话读本》，学习出版社、人民出版社 2014 年版，第 39 页。

（三）以改革创新为核心的时代精神的时代价值

以改革创新为核心的时代精神，是当代中国人民精神风貌的集中写照，是激发社会创造活力的强大力量。建设和发展中国特色社会主义是一项前无古人的创造性事业，只有坚持以改革创新为核心，在解放思想、人民中心、求真务实、开拓进取的精神引领下，才能使全体人民始终保持昂扬向上的精神状态，进而不断推进中国特色社会主义的伟大事业。

以改革创新为核心的时代精神是马克思主义中国化的强大动力。实践是马克思主义首要的基本的观点，马克思主义"正是描述人们实践活动和实际发展过程的真正的实证科学开始的地方"[1]，其基本内容就是"从对每个时代的个人的现实生活过程和活动的研究中产生"[2]。因此，马克思主义同时代的发展密不可分，并在实践中改革创新，并不断发展和丰富自己的理论。追溯中国革命和建设的历史进程，无论是新民主主义革命时期毛泽东思想的诞生，还是社会主义建设时期邓小平理论的形成，抑或是"三个代表"重要思想的提出和科学发展观的确立，特别是习近平新时代中国特色社会主义思想载入宪法，都昭示了任何具有重大影响和成功的理论、路线、方针、政策，必然能反映时代的脉搏、体现改革创新的时代精神的积极成果。只要我们准确把握改革创新的时代精神，就能将马克思主义的普遍真理同具体的历史时代、历史任务相结合，使社会主义的建设事业持续稳定健康地阔步前进。

以改革创新为核心的时代精神是落实以人民为中心的新发展理念的客观需要。面对全面建成小康社会决胜阶段复杂的国内外形势，面对经济社会发展的新趋势、新机遇和新矛盾、新挑战，党的十八届五中全会坚持以人民为中心的发展思想，鲜明提出了创新、协调、绿色、开放、共享的新发展理念。习近平指出："以人民为中心的发展思想，不是一个抽象的、玄奥的概念，不能只停留在口头上、止步于思想环节，而要体现在经济社会发展各个环节。要坚持人民主体地位，顺应人民群众对美好生活的向往，不断实现好、维护好、发展好最广大人民根本利益，做到发展为了人民、发展依靠人民、发展成果由人民共享。要通过深

---

① 《马克思恩格斯选集》第 1 卷，人民出版社 2012 年版，第 153 页。
② 《马克思恩格斯选集》第 1 卷，人民出版社 2012 年版，第 153 页。

化改革、创新驱动，提高经济发展质量和效益，生产出更多更好的物质精神产品，不断满足人民日益增长的物质文化需要。"①新发展理念立足于当前我国的新发展环境、新发展条件，是符合我国国情、顺应时代潮流、厚植发展优势的重大抉择，具有战略性、纲领性、引领性。其中，创新是引领发展的第一动力，协调是持续健康发展的内在要求，绿色是永续发展的必要条件，开放是国家繁荣发展的必由之路，共享是中国特色社会主义的本质要求。

以改革创新为核心的时代精神是实现中华民族伟大复兴的中国梦的必然要求。实现中华民族的伟大复兴，是一项光荣而艰巨的事业。"宝剑锋从磨砺出，梅花香自苦寒来"。我们的国家，我们的民族，从积贫积弱一步一步走到今天的繁荣发展，靠的就是一代又一代中国人顽强拼搏的奋斗精神。今天，这种顽强拼搏的奋斗精神已经演化成以改革创新为核心的时代精神。面对现实，我国仍然处于并将长期处于社会主义初级阶段的基本国情没有变，我国是世界最大发展中国家的国际地位没有变，在前进道路上还会遇到许多难以预料的问题和困难。因此，唯有居安思危，通过不断改革创新，使中国特色社会主义在解放和发展社会生产力、解放和增强社会活力、促进人的全面发展上比资本主义制度更有效率，更能激发全体人民的积极性、主动性、创造性，更能为社会发展提供有利条件，更能在竞争中赢得比较优势，从而把中国特色社会主义制度的优越性充分体现出来。当前，我国的改革进入了攻坚期和深水区。面对纷繁复杂的观念世界，如何在多元价值中确立社会主义核心价值观的主导地位，在多样化思潮交锋中谋求最大共识；面对思想观念的障碍和利益固化的藩篱，如何以更大智慧与勇气啃硬骨头、涉险滩，完成艰巨繁重的社会转型与改革攻坚任务。这些更加凸显弘扬以改革创新为核心的时代精神的极端重要性。站在新起点上的中国，需要继续发扬改革创新精神，逢山开路、遇水搭桥，迈过沟沟坎坎、越过发展陷阱，才能迎接中华民族更加光明的未来。

## 三、中国共产党人精神谱系

中国共产党人精神是中国精神中主导性的精神力量，它继承和弘扬着民族精

---

① 《习近平谈治国理政》第 2 卷，外文出版社 2018 年版，第 213-214 页。

神，践行着时代精神，是理解中国精神的一条红线。中国共产党在领导中国人民从站起来、富起来到强起来的百年伟大实践中，培育形成了一系列彰显政党性质、符合时代特征、反映民族精神的精神谱系。中国共产党人精神谱系集中体现了中国共产党在不同历史时期的价值理念和实践创新，是中华优秀传统文化与党的政治文化的有机结合，是马克思主义中国化的时代结晶。中国共产党人精神谱系不仅深刻揭示了中国共产党从弱小走向强大、从苦难走向辉煌、从胜利走向胜利的成功秘诀，也阐释了我们党在革命建设和改革发展进程中"依靠谁、为了谁"的深刻内涵。究其根本，中国共产党带领中国人民在革命、建设和改革过程中构筑和赓续的中国共产党人的精神谱系，是无数革命先烈、仁人志士、英雄模范用生命和鲜血铸就的红色资源和红色血脉。它具有马克思主义政党的革命本色、中华优秀传统文化底色，秉持着中国共产党人的初心和使命，体现出党领导人民在革命、建设和改革过程中的精神气概和磅礴伟力，是中国共产党的红色基因和鲜亮特色。2021 年 6 月 25 日，习近平在主持中共中央政治局第三十一次集体学习时强调："回望过往历程，眺望前方征途，我们必须始终赓续红色血脉，用党的奋斗历程和伟大成就鼓舞斗志、指引方向，用党的光荣传统和优良作风坚定信念、凝聚力量，用党的历史经验和实践创造启迪智慧、砥砺品格，继往开来，开拓前进，把革命先烈流血牺牲打下的红色江山守护好、建设好，努力创造不负革命先辈期望、无愧于历史和人民的新业绩。"[1]

## (一) 中国共产党人对民族精神的继承

习近平在党的十九大报告中指出："中国共产党一经成立，就把实现共产主义作为党的最高理想和最终目标，义无反顾肩负起实现中华民族伟大复兴的历史使命，团结带领人民进行了艰苦卓绝的斗争，谱写了气吞山河的壮丽史诗。"[2]在百年来艰苦卓绝的非凡奋斗中，中国共产党带领全体人民在中华民族的近代危亡中矢志救国，在新中国一穷二白的土地上自主立国，在改革开放的风雨中努力富国，在百年未有的时代变局中奋力强国，铸就了一系列饱含爱国情怀、践行报国

---

① 《习近平主持中共中央政治局第三十一次集体学习》，新华网 2021 年 6 月 25 日。
② 《习近平谈治国理政》第 3 卷，外文出版社 2020 年版，第 11 页。

志向、追求强国梦想的伟大精神，体现了中国共产党人对以爱国主义为核心的民族精神的矢志不渝地继承和高扬。

中国共产党的诞生是对挽救国家和民族危亡问题的回应，这是中国共产党人伟大精神诞生的历史起点，由此开启了中华民族精神的新觉醒。近代以来帝国主义的侵略和封建主义的压迫，使中华民族陷入内忧外患、灾难深重的境地。鸦片战争以来，一代又一代中华儿女和仁人志士在探寻民族独立和人民解放道路的过程中，在与帝国主义、封建主义的一次次不懈抗争中萌发了革命精神。毛泽东同志分析中国革命精神产生的原因时说，自从 1840 年英国人侵略中国以来，中国遭受一次又一次侵略战争，"所有这一切侵略战争，加上政治上、经济上、文化上的侵略和压迫，造成了中国人对于帝国主义的仇恨，使中国人想一想，这究竟是怎么一回事，迫使中国人的革命精神发扬起来，从斗争中团结起来"。① 历史已经证明，所有这些抗争都遭到了失败，直到中国人学到了一样新的东西，这就是马克思列宁主义。从中国革命精神的来源看，中华民族几千年形成的伟大民族精神、中国近代以来中华民族不懈抗争的革命精神，以及马克思主义传入中国以后给中国人精神结构带来的深刻变化，是中国革命精神生成的重要原因。其中，起决定性作用的是中国共产党的诞生。新民主主义革命时期，奋力实现民族解放与国家独立是中国共产党人继承中华民族精神，饱含爱国情怀的生动展现。面对中华民族的亡国灭种危机，中国共产党怀抱"天下兴亡匹夫有责"的爱国之情，带领人民筚路蓝缕、救亡图存。嘉兴南湖红船之上，中国共产党以马克思主义作为救国真理，开辟中国革命新路，彰显了中国共产党救国救民的抱负与追求。面对国民党反动派的疯狂围剿，中国共产党人翻雪山过草地，完成二万五千里长征，彰显了中国共产党无畏艰险、一往无前的爱国品格。当日寇铁蹄肆虐中国大地、中华民族生死存亡之际，中国共产党带领全体中华儿女形成抗日民族统一战线，共同抗击日本帝国主义的侵略。14 年艰苦卓绝的浴血抗战彰显了中国共产党同全体人民一道同仇敌忾、共赴国难的爱国境界。在与国民党反动派决战中，中国共产党坚定"中国必须独立，中国必须解放"的信念，带领全体人民彻底推翻帝国主义、封建主义、官僚资本主义三座大山，实现建立一个崭新中国的历史

---

① 《毛泽东选集》第 4 卷，人民出版社 1991 年版，第 1484 页。

伟业。

探索建设社会主义的中国是对国家建设的独立自主的回答，这是中国共产党伟大精神的丰富发展，由此进入了中华民族精神的新阶段。中华人民共和国成立后百废待兴，中国共产党坚持"中国的事情必须由中国人民自己做主张"①，带领人民开始探索建设社会主义中国的新道路。中华人民共和国成立初始，为了捍卫新生的人民政权不受美帝国主义的威胁，中共中央作出抗美援朝、保家卫国的指示。抗美援朝一战拼来了山河无恙、家国安宁，展现了中国共产党人保家卫国的精神风貌。国内政权稳定后，中国共产党在经济、政治、文化、科技等诸多领域高瞻远瞩作出了一系列决策和指示，形成关于社会主义建设的许多独创性理论，推动了中国社会主义建设发展，使我国一穷二白的旧面貌发生翻天覆地的变化。从西部开发、石油开采、钢铁建设到"两弹一星"的成功研发，凝结着无数共产党员与普通群众的兴国之情与报国之志。社会主义革命和建设时期，中国共产党顶住巨大的国际压力与国内困难，独立自主探索社会主义发展道路，成为这一时期爱国情怀的独特表征。

建设富强、民主、文明、和谐、美丽的社会主义现代化强国是改革开放和建设中国特色社会主义的奋斗目标，这是中国共产党人伟大精神的赓续创新，由此谱写着中华民族精神的新篇章。邓小平指出贫穷不是社会主义，要解放和发展社会主义生产力，拉开了改革开放的帷幕。秉承着"对我们的国家要爱，要让我们的国家发达起来"②的高度责任感，中国共产党带领人民摸着石头过河，探索出一条建设中国特色社会主义的崭新道路。中国特色社会主义进入新时代，习近平指出："从全面建成小康社会到基本实现现代化，再到全面建成社会主义现代化强国，是新时代中国特色社会主义发展的战略安排。"③为了实现这一战略，中国共产党团结带领人民统揽伟大斗争、伟大工程、伟大事业、伟大梦想，统筹推进"五位一体"总体布局、协调推进"四个全面"战略布局，不断实现中国特色社会主义事业新发展。一大批科学家艰辛探索、勇于超越，实现了我国在高科技领域

① 《毛泽东选集》第 4 卷，人民出版社 1991 年版，第 1465 页。
② 《邓小平文选》第 3 卷，人民出版社 1993 年版，第 378 页。
③ 《习近平谈治国理政》第 3 卷，外文出版社 2020 年版，第 23 页。

由跑到领跑的转变，彰显了胸怀祖国、服务人民的爱国精神。面对新冠肺炎疫情重大考验时，中国共产党带领人民上下一心、共克时艰，从中展现出为了保卫国家人民生命安全的精神品格。脱贫攻坚中，中国共产党人困难面前豁得出，关键时候顶得上，始终坚持"脱贫路上一个都不能少"，展现出爱国奉献的精神风貌。在新的历史方位，奋力开拓强国新征程是中国共产党人继承中华民族爱国主义传统最鲜明的体现。

今天，中华民族精神既是中华民族 5000 多年悠久历史文化的积淀，也是中国共产党领导人民在革命、建设和改革的实践中所创造的革命精神的凝聚。历史经验也证明，中国革命、建设和改革的每一次胜利，都与中国共产党人的爱国主义精神密切关联。正是这种爱国主义精神，造就了一大批具有民族先进思想和顽强奋斗精神的杰出人物，如陈独秀、李大钊、毛泽东、周恩来、邓小平等，他们为振兴中华上下求索、矢志不移，推动了历史发展和民族进步，深刻地改变着一个时代的面貌。正是这种爱国主义精神，哺育了一大批具有优秀思想品格和无私奉献精神的优秀人物，如雷锋、王进喜、焦裕禄、孔繁森、郑培民……他们张扬着鲜明的时代精神，挺起了坚强的民族脊梁。他们的名字已载入史册，与时代一道熠熠生辉，彪炳千古。历史经验告诉我们，中华民族每一次遭受民族磨难之日，正是爱国主义主旋律高奏之时。中华民族精神的内涵随着时代前进的步伐不断传承与发展，其爱国主义精神却是亘古不变的永恒旋律，永远回荡在伟大中华民族的心中。

## (二) 中国共产党人在不同历史时期的精神成果

2021 年 2 月 20 日，习近平在党史学习教育动员大会上的讲话中指出："在一百年的非凡奋斗历程中，一代又一代中国共产党人顽强拼搏、不懈奋斗，涌现了一大批视死如归的革命烈士、一大批顽强奋斗的英雄人物、一大批忘我奉献的先进模范，形成了井冈山精神、长征精神、遵义会议精神、延安精神、西柏坡精神、红岩精神、抗美援朝精神、'两弹一星'精神、特区精神、抗洪精神、抗震救灾精神、抗疫精神等伟大精神，构筑起了中国共产党人的精神谱系。"[①]由此可

---

① 习近平：《在党史学习教育动员大会上的讲话》，《求是》2021 年第 7 期。

见，中国共产党人精神谱系是指在中国共产党领导下形成的一切精神，既包括伟大建党精神，也包括随着形势的发展不断形成的新精神。中国共产党人精神谱系是中国共产党在不同历史时期铸就的诸多伟大精神所组成的既独具特色又一脉相承的同根同源的精神系统，共同展示出中国共产党的伟大精神。总体而言，中国共产党人精神谱系演进史与中国共产党百年奋斗历程相一致，与中国共产党百年肩负的历史使命相贯通。从时间向度看，中国共产党人精神谱系的构筑和演进可以分为四个历史阶段，分别是新民主主义革命时期、社会主义革命和建设时期、改革开放和社会主义现代化建设新时期、中国特色社会主义新时代。一部中国共产党人精神谱系的发展传承史，就是一部"不忘初心、牢记使命"的革命奋斗史，跨越百年而又血脉赓续，引领中国共产党和中国人民接续书写辉煌。

## 1. 新民主主义革命时期

20世纪20年代，在中华民族危亡、国运衰微之际，无数仁人志士以救亡为己任，上下求索。新民主主义革命时期，中国共产党奏响了争取民族独立和人民解放的最强音，熔铸了摆脱困境、浴火重生的精神元素，形成了众多具有开创性和代表性的精神。在追求共产主义理想信念、探索中国革命道路、实现民族独立和人民解放而进行的艰苦卓绝的斗争中，孕育了包括具有开端意义的伟大建党精神，反映革命道路探索和政权建设的井冈山精神、延安精神、苏区精神、西柏坡精神，彰显中国共产党不畏强暴的长征精神、伟大抗战精神、红岩精神等，为中国共产党人精神谱系打下了鲜明的底色。

伟大建党精神。1921年7月，中共一大在上海胜利召开，宣告中国共产党诞生。中国共产党自成立后，就义无反顾地担负起民族独立、人民解放的历史使命，开始运用马克思主义的武器解决中华民族的危亡问题，2021年7月，在庆祝中国共产党成立100周年大会上的讲话中，习近平指出："一百年前，中国共产党的先驱们创建了中国共产党，形成了坚持真理、坚守理想，践行初心、担当使命，不怕牺牲、英勇斗争，对党忠诚、不忘人民的伟大建党精神。"[①]。这是中国

---

① 习近平：《在庆祝中国共产党成立100周年大会上的讲话》，人民出版社2021年版，第8页。

共产党的精神之源。

井冈山精神。大革命失败后，在艰苦卓绝的革命斗争中，毛泽东坚持"枪杆子里面出政权"的战略，开辟了全国第一个农村革命根据地——井冈山革命根据地。在巩固和发展井冈山革命根据地的斗争中，在同教条主义、盲动主义、冒险主义等各种错误思想斗争的过程中，中国共产党培育形成了"坚定信念、艰苦奋斗、实事求是、敢闯新路、依靠群众、勇于胜利"的井冈山精神，井冈山精神为中国共产党革命精神的形成和发展奠定了坚实的基础。

苏区精神。土地革命战争时期，中国共产党在创建革命根据地和局部执政的革命实践中，培育形成了"坚定信念、求真务实、一心为民、清正廉洁、艰苦奋斗、争创一流、无私奉献"的苏区精神。

长征精神。1934 年 10 月至 1936 年 10 月，中国共产党领导红军进行了举世闻名的战略远征。在长征途中，中国共产党人和红军将士用生命和热血铸就了伟大的长征精神。"伟大长征精神，就是把全国人民和中华民族的根本利益看得高于一切，坚定的革命理想和信念，坚信正义事业必然胜利的精神；就是为了救国救民，不怕任何艰难险阻，不惜付出一切牺牲的精神；就是坚持独立自主、实事求是，一切从实际出发的精神；就是顾全大局、严守纪律、紧密团结的精神；就是紧紧依靠人民群众，同人民群众生死相依、患难与共、艰苦奋斗的精神。"①伟大的长征精神已经深深融入中华民族的血脉和灵魂，成为鼓舞和激励中国人民不断攻坚克难的强大精神动力。

延安精神。1935 年 10 月，红军长征胜利到达陕北，中共中央在延安度过了最艰难的 13 年光辉岁月。13 年中，中国共产党与延安人民同甘共苦、生死与共，取得了一个又一个辉煌的胜利。延安时期，在以毛泽东为核心的党中央的倡导和培育下，创造了"坚持正确的政治方向，解放思想、实事求是的思想路线，全心全意为人民服务的根本宗旨，自力更生、艰苦奋斗的创业精神"的延安精神。

抗战精神。1931 年至 1945 年抗战时期，面对日本侵略者的无情摧残，中国共产党和中国人民不屈不挠，万众一心，彰显了"天下兴亡、匹夫有责的爱国情怀，视死如归、宁死不屈的民族气节，不畏强暴、血战到底的英雄气概，百折不

---

① 习近平：《在纪念红军长征胜利 80 周年大会上的讲话》，新华网 2016 年 10 月 21 日。

挠、坚忍不拔的必胜信念"①，这就是伟大的抗战精神，是我们夺取抗日战争胜利的重要保障。

红岩精神。以时任中共南方局书记周恩来为代表的中国共产党人在长期斗争实践中逐步培育出以"崇高思想境界、坚定理想信念、巨大人格力量和浩然革命正气"为主要内容的红岩精神，体现了革命志士的崇高精神境界。红岩精神是马克思主义理论与中国革命实践相结合的精神成果，是伟大民族精神与革命精神的深厚积淀。

西柏坡精神。1948 年 5 月，在中国革命高潮即将到来之际，毛泽东率领中共中央和中国人民解放军总部机关到达西柏坡，西柏坡成为中国共产党领导全国人民和人民解放军同国民党反动派进行战略决战的指挥中心。在西柏坡，中国共产党领导中国人民取得了新民主主义革命的伟大胜利，实现了党和国家工作重心从农村到城市的转变。西柏坡辉煌的历史铸就了西柏坡精神，即敢于斗争、敢于胜利的彻底革命精神；善于破坏一个旧世界、善于建设一个新世界的科学精神；务必保持戒骄戒躁，务必保持艰苦奋斗的创业精神。

2. 社会主义革命和建设时期

1949 年中华人民共和国的成立，标志着我国进入以巩固新生政权、大干快上建设社会主义为主的历史时期。中国共产党精神也从革命时期向建设时期转变，孕育了自力更生、艰辛探索的精神元素。为了捍卫和保护新生的红色政权，中国共产党开展社会主义革命和建设，投身改天换地伟大实践，构筑了以抗美援朝精神为代表爱国主义精神、革命英雄主义精神、革命乐观主义精神、革命忠诚精神和国际主义精神；以红旗渠精神、大庆精神、北大荒精神、塞罕坝精神等为代表的社会主义自主创业精神；以铁人精神、雷锋精神、焦裕禄精神等为代表的无私奉献精神；以热爱祖国、无私奉献、自力更生、艰苦奋斗、大力协同、勇于登攀为内容的"两弹一星"精神等，绽放出丰富多彩、绚丽夺目的精神成果。

抗美援朝精神。中华人民共和国成立后，中国共产党面临着严峻的形势和考

---

① 习近平：《在纪念中国人民抗日战争暨世界反法西斯战争胜利 75 周年座谈会上的讲话》，新华网 2020 年 9 月 3 日。

验。1950年，美帝国主义将战火烧到了鸭绿江边，中国共产党发扬国际主义精神，作出了"抗美援朝、保家卫国"的战略决策，涌现出了杨根思、邱少云、黄继光等"最可爱的人"，"在波澜壮阔的抗美援朝战争中，英雄的中国人民志愿军始终发扬祖国和人民利益高于一切、为了祖国和民族的尊严而奋不顾身的爱国主义精神，英勇顽强、舍生忘死的革命英雄主义精神，不畏艰难困苦、始终保持高昂士气的革命乐观主义精神，为完成祖国和人民赋予的使命、慷慨奉献自己一切的革命忠诚精神，为了人类和平与正义事业而奋斗的国际主义精神，锻造了伟大抗美援朝精神"①。伟大抗美援朝精神为后人留下了完美的精神典范。

自主创业精神。在社会主义改造和社会主义建设时期，河南林县党员干部为解决土地干旱问题，在太行山悬崖峭壁上开凿出数千里的"人工天河"，铸造形成了"自力更生、艰苦创业、团结协作、无私奉献"的红旗渠精神；宁可少活十年，拼命也要拿下大油田的铁人王进喜团队缔造形成了"爱国、创业、求实、奉献"的大庆精神；在六十多年的开发建设中，黑龙江垦区的广大人民群众用青春和汗水、用鲜血和生命在条件极其艰苦的情况下开拓北大荒，铸造了"艰苦奋斗、勇于开拓、顾全大局、无私奉献"的北大荒精神；塞罕坝人民用五十多年的时间将荒漠变成了绿洲，铸成了"牢记使命、艰苦创业、绿色发展"的塞罕坝精神，成为绿色发展的榜样。

无私奉献精神。中国共产党人在极不平凡的社会主义建设时期为党和国家事业的发展提供了强大的精神支撑。"甘愿为党和人民当一辈子老黄牛"的铁人精神、"全心全意为人民服务，为了人民的事业无私奉献"的雷锋精神、"亲民爱民、艰苦奋斗、迎难而上、无私奉献"的焦裕禄精神都生动诠释了中国共产党人舍生忘死、不畏艰苦、无私奉献的崇高品质。

"两弹一星"精神。20世纪50年代至60年代，为打破核大国的核讹诈与垄断，维护世界和平和国家安全，在条件十分艰苦的情况下，党的第一代中央领导集体高瞻远瞩，审时度势，果断做出研制原子弹、氢弹、人造地球卫星的战略决策。在党中央强有力的领导下，广大科研工作者克服经济落后、工业和科研基础

---

① 习近平：《在纪念中国人民志愿军抗美援朝出国作战70周年大会上的讲话》，新华网2020年10月23日。

薄弱，资金、设备极端缺乏的不利条件，坚持全国"一盘棋"，风餐露宿，顽强拼搏，团结协作，克服各种难以想象的艰难险阻，协同攻关，突破技术难题，以最快速度完成从原子弹到氢弹发展阶段的跨越，使我国拥有了核威慑能力，并成功发射了第一颗人造地球卫星，拉开中华民族探索宇宙奥秘、和平利用太空、让太空造福人类的序幕。"两弹一星"精神就是"热爱祖国、无私奉献、自力更生、艰苦奋斗、大力协同、勇于攀登"的精神。

3. 改革开放和社会主义现代化建设新时期

党的十一届三中全会以来，中国共产党在没有现成方案和经验借鉴的前提下，勇敢面对风险挑战和自然灾害，建设有中国特色的社会主义，拓展了攻坚克难、勇攀高峰的精神元素。中国共产党人发扬和赓续中国共产党革命精神，在翻天覆地重大变化中开拓中国特色社会主义新局面，铸就以小岗精神、特区精神等为代表的改革创新精神；以女排精神、载人航天精神、奥运精神等为代表的时代先锋精神；以抗洪精神、抗震救灾精神、抗击"非典"精神等为代表的众志成城精神；以孔繁森、郭明义等为代表的人民公仆精神等，为中国共产党精神注入新的内容和时代色彩。

改革创新精神。改革开放之初，邓小平号召广大人民群众要敢闯敢试、敢于创新。安徽凤阳小岗村率先探索"分田到户，自负盈亏"的家庭联产承包责任制，拉开对内改革的大幕，铸就了"改革创新、敢闯敢干、敢为天下先"小岗精神。1979 年，广东省、福建省率先探索在对外经济活动中实行特殊政策、灵活措施，迈出对外开放的历史性脚步，铸就了"敢闯、敢冒、敢试、敢为人先"特区精神。

时代先锋精神。女排精神是中国女排夺得"五连冠"之后的经验总结和精神凝练，女排精神代表着一个时代的精神，喊出了为中华崛起而拼搏的时代最强音。"团结协作、顽强拼搏、永不言弃"的新时代女排精神很好地诠释了为国争光、无私奉献、科学求实、遵纪守法、团结协作、顽强拼搏的中华体育精神。载人航天精神是中华民族优秀传统与航天实践的有机结合，几代航天人的接续奋斗，我国航天事业创造了以'两弹一星'、载人航天、月球探测为代表的辉煌成就，走出了一条自力更生、自主创新的发展道路，积淀了深厚博大的"特别能吃苦、特别能战斗、特别能攻关、特别能奉献"的载人航天精神。2008 年，北京成功举办奥运会，体育健儿在奥运会中一次次实现新的突破并取得优异的成绩，铸就了"爱国、进取、务实、创新、开放、和谐"的北京奥运精神，展示了中华民族空前的凝聚力。

众志成城精神。1998 年，在抗击长江、嫩江和松花江相继出现百年不遇的特大洪水过程中，广大军民在抗洪救灾的第一线英勇善战，全国人民积极支援灾区，铸就了"万众一心、众志成城、不怕困难、顽强拼搏，坚韧不拔、敢于胜利"的伟大抗洪精神，体现了党领导人民敢于面对各种自然灾害和抵御重大风险的挑战。2002 年，在抗击非典型性肺炎的过程中，涌现出钟南山、叶欣、邓练贤等一大批先进人物，形成了"万众一心、众志成城、团结互助、和衷共济、迎难而上、敢于胜利"的抗击"非典"精神。2008 年，在汶川大地震中，中国人民以无所畏惧的英雄气概、团结一致的强大力量、可歌可泣的伟大壮举，铸就了"万众一心、众志成城，不畏艰险、百折不挠，以人为本、尊重科学"的伟大抗震救灾精神。

人民公仆精神。改革开放以来，广大党员干部带领人民一起敢闯敢干、无私无畏，积极发挥先锋模范作用，彰显了无私奉献的人民公仆精神。其中，被誉为"九十年代的雷锋""新时期的焦裕禄""领导干部的楷模""民族团结的典范""优秀共产党员"的孔繁森同志一生对党无限忠诚，具有无比坚强的党性观念，用实际行动诠释了"全心全意为人民服务、无私奉献、艰苦奋斗"的孔繁森精神。"当代雷锋""优秀共产党员""改革先锋"、全国道德模范、全国五一劳动奖章获得者郭明义，几十年如一日坚持把走雷锋道路作为自己的人生选择。

4. 中国特色社会主义新时代

党的十八大以来，置身实现中华民族伟大复兴的战略全局和世界百年未有之大变局的时空境遇，中国共产党发展了奋斗实干的精神元素。代表性的精神有反映新时代人民精神风貌的劳模精神、工匠精神，载人深潜精神、新时代北斗精神、探月精神、丝路精神、科学家精神、教育家精神等。这一时期，以习近平同志为核心的党中央高度重视中国共产党人精神谱系的构筑和赓续，习近平不仅对中国共产党红色精神谱系进行集中阐述，而且还根据新时代要求对中国共产党人精神谱系进行新的概括凝练，包括"伟大建党精神""延安精神""伟大抗战精神"

"伟大抗美援朝精神""改革开放精神"等，并在中国共产党人精神谱系中新增加了伟大抗疫精神、脱贫攻坚精神等精神成果，为迈进新征程、奋进新时代鼓起了精气神。

奋斗创新精神。以习近平同志为核心的党中央胸怀中华民族伟大复兴战略全局和世界百年未有之大变局，不断增强斗争意识、丰富斗争经验、提升斗争本领。强国之路昂首阔步，在千帆竞发、百舸争流的关键历史阶段，中国共产党领导人民以更饱满的精神、以昂扬的姿态来应对风险挑战。面对改革进入深水区、经济发展到了提质增效的阵痛期，中国共产党以创新为发展新引擎、以实干为落地硬道理，培育了"执着专注、精益求精、一丝不苟、追求卓越"的工匠精神、"争创一流、艰苦奋斗、勇于创新"的劳模精神。面对顺应科技发展规律、推进科技强国建设，中国共产党领导各战线科技工作者攻克难关，塑造出"严谨求实、团结协作、拼搏奉献、勇攀高峰"的载人深潜精神、"敢打硬仗、接续奋斗，发扬'两弹一星'精神"的新时代北斗精神以及"追逐梦想、勇于探索、协同攻坚、合作共赢"的探月精神。一代又一代科学家心系祖国和人民，不畏艰难，无私奉献，为科学技术进步、人民生活改善、中华民族发展作出重大贡献，铸就了崇高的科学家精神，体现了科学家们"胸怀祖国、服务人民的爱国精神；勇攀高峰、敢为人先的创新精神；追求真理、严谨治学的求实精神；淡泊名利、潜心研究的奉献精神；集智攻关、团结协作的协同精神；甘为人梯、奖掖后学的育人精神。"面对逆全球化浪潮迭起，中国共产党创造性地提出了构建人类命运共同体，以实干作风推进"一带一路"建设，树立了新型全球化的标杆，也形成了包括"互学互鉴、互利共赢"在内的丝路精神。

改革开放精神。党的十八大以来，党中央团结带领全党全国各族人民，全面审视国际国内新的形势，以巨大的政治勇气和智慧，提出全面深化改革总目标是完善和发展中国特色社会主义制度、推进国家治理体系和治理能力现代化，着力增强改革系统性、整体性、协同性，着力抓好重大制度创新，着力提升人民群众获得感、幸福感、安全感，推出1600多项改革方案，啃下了不少硬骨头，闯过了不少急流险滩，改革呈现全面发力、多点突破、蹄疾步稳、纵深推进的局面。习近平在庆祝改革开放40周年大会上的重要讲话中强调："改革开放铸就的伟大改革开放精神，极大丰富了民族精神内涵，成为当代中国人民最鲜明的精神标识!"①

伟大抗疫精神。2020年，在突如其来的新冠疫情面前，以习近平同志为核心的党中央统一指挥、统一部署、统一调度，上下一心，共克时艰。亿万中国人民无论老少，不分地域凝结成一股绳，共同对抗疫情。在抗击新冠肺炎中形成了"生命至上、举国同心、舍生忘死、尊重科学、命运与共"的伟大抗疫精神，向全世界展现了中国特色社会主义制度的优越性。2020年9月8日，习近平在全国抗击新冠肺炎疫情表彰大会上进行总结："在这场同严重疫情的殊死较量中，中国人民和中华民族以敢于斗争、敢于胜利的大无畏气概，铸就了生命至上、举国同心、舍生忘死、尊重科学、命运与共的伟大抗疫精神。生命至上，集中体现了中国人民深厚的仁爱传统和中国共产党人以人民为中心的价值追求。举国同心，集中体现了中国人民万众一心、同甘共苦的团结伟力。舍生忘死，集中体现了中国人民敢于压倒一切困难而不被任何困难所压倒的顽强意志。尊重科学，集中体现了中国人民求真务实、开拓创新的实践品格。命运与共，集中体现了中国人民和衷共济、爱好和平的道义担当。"②

脱贫攻坚精神。党的十八大以来，党中央把脱贫攻坚作为全面建成小康社会的底线任务，组织开展了声势浩大的脱贫攻坚人民战争。在脱贫攻坚战中，党和人民发扬钉钉子精神，攻克了一个又一个贫中之贫、坚中之坚，数百万扶贫干部苦干实干、倾力奉献，将最美的年华无私奉献给了脱贫事业。在"脱贫攻坚的伟大斗争中，锻造形成了'上下同心、尽锐出战、精准务实、开拓创新、攻坚克难、不负人民'的脱贫攻坚精神。脱贫攻坚精神，是中国共产党的性质宗旨、中国人民意志品质、中华民族精神的生动写照，是爱国主义、集体主义、社会主义思想的集中体现，是中国精神、中国价值、中国力量的充分彰显，赓续传承了伟大民族精神和时代精神。"③

---

① 习近平:《在庆祝改革开放40周年大会上的讲话》，新华网2018年12月18日。
② 习近平:《在全国抗击新冠肺炎疫情表彰大会上的讲话》，新华网2020年9月8日。
③ 习近平:《在全国脱贫攻坚总结表彰大会上的讲话》，新华网2021年2月25日。

### （三）中国共产党人精神谱系对中国精神的导引

一部中国共产党百年历史，既是一部党领导人民的英勇奋斗史，也是一部革命精神的传承发展史。中国共产党人精神谱系在亮明具有时代特点和鲜明特色的精神坐标的同时，也揭示了中国共产党不断成长壮大的"红色肌体"下深厚的"遗传基因"。回溯中国共产党百年历史，中国共产党人精神谱系在历史时空的变换中，紧扣不同历史时期的时代主题循序展开。从新民主主义时期到社会主义建设时期，从社会主义建设时期再到改革开放和中国特色社会主义进入新时代，"虽然中国共产党人精神随着历史演进和时代变迁呈现出变动之势，但是其中一以贯之的精髓要义始终渗透于其中，尤其是革命理想高于天的理想信念、祖国高于一切的爱国主义、携手人民劈江山的为民情怀、敢闯新路谱新篇的开拓创新、奋发图强谋复兴的艰苦奋斗和崇德向善扬正气的道德品质等，一脉相承地体现着中国共产党的革命性、先进性和纯洁性，由始及今地渗透于中国共产党精神谱系的血脉之中"①。习近平多次强调指出"把红色资源利用好、把红色精神发扬好、把红色基因传承好"②。中国共产党人是革命者，不能丧失革命精神。在历史中重温精神史诗，在现实中积蓄精神力量，中国共产党人精神谱系在不同的历史时期所表征的"革命精神"重塑和引领民族精神与时代精神，推动中国精神从历史走向未来，在不断地继承、丰富和发展中赓续共产党人的精神血脉，成为为实现中华民族伟大复兴中国梦而砥砺前行的精神动力。

中国共产党人的革命精神是民族精神和时代精神的重塑。民族精神和时代精神共同构成了当今时代的中国精神。民族精神赋予中国精神以民族特征，是中华民族的精神独立性得以保持的重要保证；时代精神赋予中国精神以时代内涵，是中国精神引领时代前行、拥有鲜明时代性和强大生命力的重要根源。民族精神和时代精神的交融汇通，使得中国精神既有鲜明的民族性，又洋溢着强烈的时代性，成为中华民族共有的精神家园、奋力实现复兴的强大精神力量。近代以来，

---

① 王易：《中国共产党精神谱系的百年流变、精髓要义及赓续发展》，《马克思主义研究》2021 年第 5 期。

② 《习近平论中国共产党历史》，中央文献出版社 2021 年版，第 110 页。

从"井冈山精神""长征精神""抗战精神""抗美援朝精神""两弹一星精神""抗震救灾精神"等，一直到"伟大抗疫精神"和"脱贫攻坚精神"，中国共产党人精神谱系既是传统的又是现代的，既立足民族、又面向世界，既有其自身的连续性和稳定性，又随着时间推移和时代变迁而不断与时俱进，既寄托着近代以来中国人民上下求索、历经千辛万苦确立的理想和信念，也承载着每一个中国人的美好愿景。在这一波澜壮阔历史过程中，中国共产党的革命精神伴随时代的发展一次又一次地重塑了中华民族精神与时代精神。比如在庆祝改革开放 40 周年的讲话中，习近平把改革开放所形成的改革开放精神作为当代中国精神的标识，同时他又深刻挖掘中华民族精神的改革开放精神元素，他说："中国人民具有伟大梦想精神，中华民族充满变革和开放精神。几千年前，中华民族的先民们就秉持'周虽旧邦，其命维新'的精神，开启了缔造中华文明的伟大实践。自古以来，中国大地上发生了无数变法变革图强运动，留下了'治世不一道，便国不法古'等豪迈宣言。自古以来，中华民族就以'天下大同'、'协和万邦'的宽广胸怀，自信而又大度地开展同域外民族交往和文化交流，曾经谱写了万里驼铃万里波的浩浩丝路长歌，也曾经创造了万国衣冠会长安的盛唐气象。正是这种'天行健，君子以自强不息'、'地势坤，君子以厚德载物'的变革和开放精神，使中华文明成为人类历史上唯一一个绵延 5000 多年至今未曾中断的灿烂文明。以数千年大历史观之，变革和开放总体上是中国的历史常态。中华民族以改革开放的姿态继续走向未来，有着深远的历史渊源、深厚的文化根基。"①从这个意义来说，民族精神和时代精神实际上是一体的，正是在中华民族精神的丰厚积淀下，当代中国才以时代精神的面貌展现在世界各民族和文化之林，成为世界丰富多样精神因素中最为绚丽的精神花朵。虽然以爱国主义为核心的民族精神和以改革创新为核心的时代精神是从历史性来对中国精神内涵进行概括和提升，但中国共产党人的革命精神在实质上体现为民族精神和时代精神的贯通性和内在统一性。

中国共产党人的革命精神是民族精神和时代精神的引领。1949 年 9 月，中华人民共和国成立前夕，毛泽东发表雄文《唯心历史观的破产》，指出"自从中国人

---

①　习近平：《在庆祝改革开放 40 周年大会上的讲话》，新华网 2018 年 12 月 18 日。

学会了马克思列宁主义以后，中国人在精神上就由被动转入主动"①。在党的十九大报告中，习近平进一步强调，中国共产党在马克思列宁主义同中国工人运动的结合过程中应运而生，"从此，中国人民谋求民族独立、人民解放和国家富强、人民幸福的斗争就有了主心骨，中国人民就从精神上由被动转为主动"②。可以说，马克思主义的指导焕发了中国共产党人精神谱系的时代意蕴，彰显了中国共产党人鲜明的革命特质，包括革命理想高于天的理想信念、祖国高于一切的爱国主义、携手人民劈江山的为民情怀、敢闯新路谱新篇的开拓创新、奋发图强谋复兴的艰苦奋斗和崇德向善扬正气的道德品质。正是这些革命特质引领中国共产党人在延续中华民族精神的同时，带领中国人民投身革命、建设和改革的事业，探索出适应中国实践和时代发展的中国特色社会主义道路。可以说，正是中国共产党人的革命精神在不同的历史时期引领中华民族精神的发扬光大，使中国精神不断进入崭新的发展阶段。

理想信念是中国共产党人革命精神的深层内核。坚定的理想信念是中国共产党人鲜明的标识。百年来，一代又一代中国共产党人为了民族独立和人民解放，不惜流血牺牲、前赴后继。中国共产党人凭借坚定的理想信念，由嘉兴南湖的一艘红船凝聚起点燃中国革命的火种。历经大革命、土地革命战争、抗日战争、解放战争的洗礼，延续到建设时期，直至新时代的今天。坚定的理想信念不仅是中国共产党人精神之"钙"的深刻写照，也是中国共产党引领中国人民从困难走向辉煌的根本所在。

民族先锋是中国共产党人革命精神的价值立场。历史和人民选择了中国共产党，同时也将实现中华民族伟大复兴的梦想交付于中国共产党。中国共产党自成立起，就义无反顾地肩负起为中国人民谋幸福、为中华民族谋复兴的历史使命，把祖国至上作为精神动力深深熔铸于中国共产党人的血脉之中。所以，反映在中国共产党精神谱系上，其最集中的核心就是始终唱响在百年征程上的主旋律——爱国主义。抗战烽火中，"天下兴亡、匹夫有责的爱国情怀"是动员和鼓舞人民群众的精神支柱。抗美援朝战争中，中国人民志愿军充分展现了祖国和人民利益

---

① 《毛泽东选集》第 4 卷，人民出版社 1991 年版，第 1514 页。

② 《习近平谈治国理政》第 3 卷，外文出版社 2020 年版，第 10-11 页。

高于一切的爱国主义精神，打出了国威军威，夯实了新生社会主义中国立足世界舞台的底气。祖国至上不仅表现为对祖国山河寸土不让的革命斗志，还表现为对祖国前途命运的倾心奉献。祖国至上作为鲜明的主线贯穿于中国共产党人精神谱系形成发展始终，构筑起中国共产党人引领中国人民为实现民族独立、国家富强而不懈奋斗的精神世界。

为民情怀是中国共产党人革命精神的鲜亮底色。让人民过上美好生活就是中国共产党最大的奋斗目标，它深嵌在中国共产党人的红色基因中，贯穿于中国共产党人精神谱系的整个图谱。中国共产党从诞生之日起，就把全心全意为人民服务作为根本宗旨，从仅有 12 名代表的南湖红船，到如今 9000 多万党员的时代巨轮，中国共产党从小到大、由弱变强，是人民群众支持的结果。2020 年初，突如其来的新冠肺炎疫情席卷全球，以习近平同志为核心的党中央始终把人民群众的生命安全和身体健康放在第一位，在这场殊死较量中铸就了彰显生命至上光芒的伟大抗疫精神。为人民谋幸福是中国共产党百年来的初心和使命，始终镌刻在中国共产党精神谱系上，引领中国共产党继续朝着实现国家富强、民族振兴、人民幸福的目标前进。

开拓创新是中国共产党人革命精神的鲜明品格。开拓创新作为最深沉的民族禀赋和最独特的文化基因，代表着中华民族精神发展的整体价值取向。开拓创新作为最显著的标志，贯穿于中国共产党人精神谱系发展的各个环节。开拓创新的禀赋使中国共产党人把马克思主义基本原理同中国革命实际相结合，开创第一块农村革命根据地，探索出适合中国国情的革命道路，改革开放是中国的第二次革命，从实行家庭联产承包责任制到兴办经济特区、沿海沿边沿江沿线和内陆中心城市对外开放，再到共建"一带一路"、构建人类命运共同体，中国共产党领导中国人民闯出了一条大踏步赶上时代、引领中国特色社会主义发展的康庄大道。

艰苦斗争是中国共产党人革命精神的突出本色。艰苦奋斗是中华民族的优良传统，无论是"愚公移山""精卫填海"等寓言故事，还是"君子以自强不息""自古英雄多磨难"等古训格言，其中蕴含的艰苦奋斗精神一直都是支撑中华民族生生不息的精神密码和文化基因。中国共产党自成立以来，就领导人民实干兴邦，在战乱频仍、山河破碎中艰苦奋斗，在一穷二白、百废待兴中艰苦奋斗，在风险密布、挑战丛生中艰苦奋斗，才使得今天的我们比历史上任何时期都更接近、更有信心和能力实现中华民族伟大复兴的中国梦。一部中国共产党党史，无疑就是一部中国共产党艰辛探索、自强不息的奋斗史。从根本上说，艰苦奋斗、奋发图强是中国共产党引领中国人民取得举世瞩目的伟大成就的关键因素，也是中国共产党人精神谱系赓续发展的内生动力。

崇高道德品质是中国共产党人革命精神的显著特征。修身自律，保持节操。"三大纪律、八项注意""三严三实""中央八项规定"是中国共产党人修身慎行、怀德自重的集中彰显，始终镶嵌在中国共产党精神谱系上。中国共产党人敢于斗争，敢于以壮士断腕的决心，同自身存在的顽瘴痼疾和积习积弊、安逸享乐和不思进取的消极心态，以及若隐若现的"关系网"和若明若暗的"潜规则"作斗争。道德品质由始至今渗透于中国共产党人精神谱系深层肌体之中。焦裕禄、雷锋、孔繁森、杨善洲……这一连串的名字始终闪烁在中国共产党人精神谱系上。崇高的道德品质是中国共产党人智慧、情感、意志、人格的升华，引领中国人民在特定环境和特定考验面前作出正确的价值选择。

在中国共产党的革命精神中，伟大建党精神作为中国共产党人精神谱系历史源头的引领作用是重中之重。伟大建党精神集中体现了中国共产党的性质宗旨、优良作风和伟大品格，深刻揭示了中国共产党最鲜明的革命特质，充分展示了中国共产党人精神谱系的本质内容和精神实质，是贯通中国共产党人精神谱系的一条红线，是中国共产党不断发展壮大的基因密码。在百年接续奋斗中，中国共产党人弘扬伟大建党精神，团结带领中国人民创造了一系列伟大成就，铸就了一系列彰显民族精神和时代精神的精神成果。2020 年以来，面对错综复杂的国际形势、艰巨繁重的国内改革发展稳定任务以及新冠肺炎疫情严重冲击，习近平在带领全党全国各族人民砥砺前行中多次要求大力弘扬这些精神成果，强调这些精神成果是我们前进道路上战胜各种困难风险、不断夺取胜利的强大力量和宝贵财富。我们要永续传承和发扬这些跨越时空、历久弥新的伟大精神，铸就坚不可摧、巍然挺立的民族之魂。这些精神包括"中国载人深潜精神""劳模精神""伟大抗美援朝精神""特区精神""伟大抗疫精神""伟大抗战精神""延安精神""西迁精神""脱贫攻坚精神""伟大建党精神"。可以说，这些精神成果都是中国共产党人精神谱系的有机组成，在不同的历史时期以其独特的革命特质重塑和引领中国人民从站起来、富起来到强起来的艰难历程。古往今来，沧海桑田，那些使中华民族生生不息、常盛不衰的精神力量，那些让华夏儿女薪火相传、继往开来的精神动力，都熔铸于中国共产党人精神谱系中，与民族血脉和灵魂融为一体。展望明天、放眼未来，中国共产党人精神谱系还将不断丰富、延伸拓展，支撑和引领中国人民攻坚克难、奋斗不息，从胜利走向胜利，见证中华民族的伟大复兴。

# 第八章　中国精神之内核

社会主义核心价值观是中国精神的内核，体现了社会主义核心价值体系的根本性质和基本特征。培育和践行社会主义核心价值观，是推进中国特色社会主义伟大事业、实现中华民族伟大复兴的中国梦的战略任务。在中国精神的内在结构中，社会主义核心价值观是其中的内核，是建设中国特色社会主义、实现中国梦的最强大精神动力，也是当代中国社会发展在价值观方面的最大公约数。要在不断深化和理解社会主义核心价值观内涵的基础上，广泛践行社会主义核心价值观，构筑当代中国精神的坚实内核。

## 一、社会主义核心价值观的内涵

党的十八大报告明确提出：社会主义核心价值体系是兴国之魂，是社会主义先进文化的精髓，决定着中国特色社会主义发展方向。倡导富强、民主、文明、和谐，倡导自由、平等、公正、法治，倡导爱国、敬业、诚信、友善，积极培育和践行社会主义核心价值观。2013 年中共中央办公厅印发了《关于培育和践行社会主义核心价值观的意见》，进一步明确"富强、民主、文明、和谐是国家层面的价值目标，自由、平等、公正、法治是社会层面的价值取向，爱国、敬业、诚信、友善是公民个人层面的价值准则，这 24 个字是社会主义核心价值观的基本内容，为培育和践行社会主义核心价值观提供了基本遵循"①。对社会主义核心

---

① 中共中央办公厅：《关于培育和践行社会主义核心价值观的意见》，载《人民日报》2013 年 12 月 24 日。

价值内容做了明确规定，深入理解社会主义核心价值观的基本内涵，有助于我们理解中国精神中体现的价值立场和其中的精神内核。

（一）富强、民主、文明、和谐的内涵

富强、民主、文明、和谐作为社会主义核心价值观国家层面的价值目标，回答了我们建设什么样的国家的重大问题，是社会主义核心价值观在国家层面的基本体现。

1. 富强

富强作为国家层面的价值追求，就是指经济的富有与国力的强大，也即民富国强，是一个国家经济价值的最好体现。富强不仅意味着在国家层面把发展生产力、增强国家综合实力和提高广大人民的物质生活水平作为奋斗目标，也意味着社会主义国家对社会发展物质价值目标的追求。马克思主义一直强调物质生产力对社会发展的作用，并把社会富裕、生产力增长作为社会主义、共产主义的奋斗目标。恩格斯强调，"通过社会化生产，不仅可能保证一切社会成员有富足的和一天比一天充裕的物质生活，而且还可能保证他们的体力和智力获得充分的自由的发展和运用"①。毛泽东在《论联合政府》中，提出的关于建设新国家的设想也包含对"富强"的价值追求，即"领导解放后的全国人民，将中国建设成为一个独立、自由、民主、统一和富强的新国家"②。

民富国强，不仅是经济的富裕和强大，而且也包括科技、军事、教育等综合实力的强大。因此，为了实现富强的价值目标，我们不仅要大力发展生产力，提高生产效率，解决民生问题，提高广大人民的物质条件和生活水平；要努力发展科学技术，占领科技前沿高地，还要发展国防事业，完善社会保障体系和教育体系，真正做到综合竞争力的强大，才能立于世界之林。党的十九大报告指出，中国特色社会主义进入新时代，我国社会主要矛盾已经转化为人民日益增长的美好生活需要和不平衡不充分的发展之间的矛盾。为克服社会主要矛盾，必须深化改

---

① 《马克思恩格斯选集》第 3 卷，人民出版社 2012 年版，第 670 页。
② 《毛泽东选集》第 3 卷，人民出版社 1991 年版，第 1030 页。

革、创新发展，要认识到"增进民生福祉是发展的根本目的。深入开展脱贫攻坚，保证全体人民在共建共享发展中有更多获得感，不断促进人的全面发展、全体人民共同富裕"。① 在新时代，富强的新内涵就是全体人民的共同富裕。党的二十大报告明确提出，中国式现代化是全体人民共同富裕的现代化。因此，我们还需要加倍努力，为实现共同富裕、为繁荣强盛的中国而奋斗。

### 2. 民主

民主一般意义上讲就是人民当家作主，在国家层面，民主不仅是指由人民管理国家的政治体制，也是人们对国家管理形式和制度的价值表达。列宁曾明确指出，"民主是国家形式，是国家形态的一种"，"民主意味着在形式上承认公民一律平等，承认大家都有决定国家制度和管理国家的平等权利"②。民主不仅是国家管理的形式和制度，也是广大无产阶级和人民群众追求的价值目标。社会主义民主不仅仅要在形式上、程序上实行民主，承认广大人民是国家的主人，还要从实质上使民主真正成为国家管理的政治体制。民主既是目标价值，也是国家治理能力现代化的体现。

首先，社会主义民主体现在广大人民最广泛地参与国家管理和决策上。邓小平曾指出，"要使人民有更多的民主权利，特别是要给基层、企业、乡村中的农民和其他居民以更多的自主权"③。要真正地使广大人民能广泛和有效地行使民主权利，还必须加强社会主义民主制度的建设。实现社会主义民主的制度化、法律化，就是要完善和坚持人民代表大会制度。人民代表大会制度是实行民主选举、民主决策、民主管理和民主监督的有效形式。在法律上确立人民代表大会是最高的国家权力机构，并从法律上保证人民代表大会及其委员会履行职能，充分反映广大人民的意愿，是实施决策的科学化和民主化的制度保障。党的十九届四中全会做出的《中共中央关于坚持和完善中国特色社会主义制度 推进国家治理体系和治理能力现代化若干重大问题的决定》指出，要"支持和保证人大及其常

---

① 《习近平谈治国理政》第 3 卷，外文出版社 2018 年版，第 18-19 页。
② 《列宁选集》第 3 卷，人民出版社 2012 年版，第 201 页。
③ 《邓小平文选》第 3 卷，人民出版社 1993 年版，第 210 页。

委会依法行使职权，健全人大对'一府一委两院'监督制度。密切人大代表同人民群众的联系，健全代表联络机制，更好发挥人大代表作用。健全人大组织制度、选举制度和议事规则，完善论证、评估、评议、听证制度。适当增加基层人大代表数量。加强地方人大及其常委会建设"。① 对完善和坚持人民代表大会制度提出了新要求。

其次，要健全社会主义协商民主制度。坚持和完善中国共产党领导的多党合作和政治协商制度，充分发挥人民政协作为协商民主重要渠道作用，加强同民主党派的政治协商，推进政治协商、民主监督和参政议政制度建设，把政治协商纳入决策程序，增强民主协商实效性。党的十九大报告特别提到，要"发展社会主义协商民主，健全民主制度，丰富民主形式，拓宽民主渠道，保证人民当家作主落实到国家政治生活和社会生活之中"。特别强调在完善人民代表大会制度基础上要发挥社会主义协商民主重要作用，为新时代民主的发展提出了新的要求。党的十九届四中全会做出的《中共中央关于坚持和完善中国特色社会主义制度　推进国家治理体系和治理能力现代化若干重大问题的决定》进一步指出，要"坚持社会主义协商民主的独特优势，统筹推进政党协商、人大协商、政府协商、政协协商、人民团体协商、基层协商以及社会组织协商，构建程序合理、环节完整的协商民主体系，完善协商于决策之前和决策实施之中的落实机制，丰富有事好商量、众人的事情由众人商量的制度化实践"②。

最后，完善基层民主制度。在基层要依法健全民主选举制度，促进社会主义民主制度的完善。在我国城市和农村按居民居住地区设立的居民委员会和村民委员会，不是一级政府，而是我国的基层群众性自治组织。加强基层群众性自治组织的建设，发动群众自己管好自己的公共事务和公益事业，对于完善社会主义民主制度是重要的补充。在村一级组织实行村民直选，在基层单位坚持职工代表大会为基本形式的民主管理制度等，都是社会主义民主制度建设的一部分。《中共中央关于坚持和完善中国特色社会主义制度　推进国家治理体系和治理能力现代化若干重大问题的决定》要求，"健全基层党组织领导的基层群众自治机制，在

---

① 《十九大以来重要文献选编》(中)，中央文献出版社 2021 年版，第 275 页。
② 《十九大以来重要文献选编》(中)，中央文献出版社 2021 年版，第 276 页。

城乡社区治理、基层公共事务和公益事业中广泛实行群众自我管理、自我服务、自我教育、自我监督，拓宽人民群众反映意见和建议的渠道，着力推进基层直接民主制度化、规范化、程序化。全心全意依靠工人阶级，健全以职工代表大会为基本形式的企事业单位民主管理制度，探索企业职工参与管理的有效方式，保障职工群众的知情权、参与权、表达权、监督权，维护职工合法权益"①。总之，民主不仅是形式上的"主权在民"，而是要通过各项法律、制度来确保广大人民群众通过各种途径和渠道来参政议政，使各项方针、政策能充分反映广大人民群众的呼声和需要。

正如党的十九大报告指出，"我国社会主义民主是维护人民根本利益的最广泛、最真实、最管用的民主。发展社会主义民主政治就是要体现人民意志、保障人民权益、激发人民创造活力，用制度体系保证人民当家作主"②。党的二十大报告再次强调，"要健全人民当家作主制度体系，扩大人民有序政治参与"，这都是民主价值观的重要体现。

### 3. 文明

文明是与愚昧、落后相对应的概念，是对人类进步的价值评价。文明不仅是指人类发展的物质成果，也是对人类社会的文化、精神生活的价值判断。从广义来看，文明是指人类改造客观世界所呈现出的物质与精神财富的成果，是人类开化、社会发展、文化进步的标志。关于新时代文明的内涵，就是五个文明协调发展，即物质文明、政治文明、精神文明、社会文明、生态文明的全面提升。

物质文明是人类改造客观世界的生产活动成果的最直接的体现，是文明的最基本的表现形态。社会主义物质文明建设，不仅是一种现实的实践活动，也是人们对物质生产方式的合理性的价值追求。邓小平明确指出，"在社会主义国家，一个真正的马克思主义政党在执政以后，一定要致力于发展生产力，并在这个基础上逐步提高人民的生活水平。这就是建设物质文明"③。社会主义物质文明不

---

① 《十九大以来重要文献选编》（中），中央文献出版社2021年版，第277页。
② 习近平：《谈治国理政》第3卷，外文出版社2020年版，第28页。
③ 《邓小平文选》第3卷，人民出版社1993年版，第28页。

仅要求生产、建设的文明，还要求生活、消费的文明。所以，社会主义物质文明不仅仅是生活的富裕，还要求有文明的生活方式和健康的消费观念，是社会文明的综合体现。

政治文明主要体现在国家行政体制的完善，执政为民。即如党的十九届四中全会的《中共中央关于坚持和完善中国特色社会主义制度 推进国家治理体系和治理能力现代化若干重大问题的决定》所提出的，"以推进国家机构职能优化协同高效为着力点，优化行政决策、行政执行、行政组织、行政监督体制。健全部门协调配合机制，防止政出多门、政策效应相互抵消。深化行政执法体制改革，最大限度减少不必要的行政执法事项。进一步整合行政执法队伍，继续探索实行跨领域跨部门综合执法，推动执法重心下移，提高行政执法能力水平。落实行政执法责任制和责任追究制度。创新行政管理和服务方式，加快推进全国一体化政务服务平台建设，健全强有力的行政执行系统，提高政府执行力和公信力"[1]。

精神文明更是现代社会进步的衡量标准，是一个国家文明程度最直观的体现。社会主义精神文明建设也是社会主义建设的重要方面，所以必须加强社会主义精神文明建设。社会主义精神文明是社会主义的重要特征，是现代化建设的重要目标和重要保证。社会主义社会的优越性不仅表现在物质文明上，而且也表现在精神文明上。社会主义精神文明建设主要包括教育科学文化建设和思想道德建设，它的根本任务就是提高整个中华民族的科学文化素质和思想道德素质，从而促进社会的全面进步和发展。《中共中央关于坚持和完善中国特色社会主义制度 推进国家治理体系和治理能力现代化若干重大问题的决定》要求，"必须坚定文化自信，牢牢把握社会主义先进文化前进方向，围绕举旗帜、聚民心、育新人、兴文化、展形象的使命任务，坚持为人民服务、为社会主义服务，坚持百花齐放、百家争鸣，坚持创造性转化、创新性发展，激发全民族文化创造活力，更好构筑中国精神、中国价值、中国力量"[2]。党的二十大报告提出，"中国式现代化是物质文明和精神文明相协调的现代化"，进一步丰富了精神文明的内涵。

社会文明就是要坚持和完善共建共治共享的社会治理制度，保持社会稳定、

---

① 《十九大以来重要文献选编》(中)，中央文献出版社 2021 年版，第 279 页。
② 《十九大以来重要文献选编》(中)，中央文献出版社 2021 年版，第 283 页。

维护国家安全。《中共中央关于坚持和完善中国特色社会主义制度 推进国家治理体系和治理能力现代化若干重大问题的决定》要求，"必须加强和创新社会治理，完善党委领导、政府负责、民主协商、社会协同、公众参与、法治保障、科技支撑的社会治理体系，建设人人有责、人人尽责、人人享有的社会治理共同体，确保人民安居乐业、社会安定有序，建设更高水平的平安中国"①。

生态文明，是人类文明发展的一个新的阶段，是继工业文明之后的一种新的文明形态，同时也是人类社会文明价值的新拓展。生态文明要求人与自然、人与人、人与社会的和谐共生、良性循环和可持续发展。在中国的经济发展中，我们遇到了经济增长与环境发展的矛盾，因此生态文明建设也成为我们面临的重要课题。习近平在2017年5月26日十八届中央政治局第四十一次集体学习时的讲话中指出，"要坚持和贯彻新发展理念，正确处理经济发展和生态环境保护的关系，像保护眼睛一样保护生态环境，像对待生命一样对待生态环境。"在党的十九大报告中再次强调，"建设生态文明是中华民族永续发展的千年大计。必须树立和践行绿水青山就是金山银山的理念"②。生态文明是人类对自然的价值的重新认识和正确认知的结果，树立符合自然生态原则的价值需求、价值规范和价值目标的意识是人类进步的表现。党的十九届四中全会进一步强调"生态文明建设是关系中华民族永续发展的千年大计。必须践行绿水青山就是金山银山的理念，坚持节约资源和保护环境的基本国策，坚持节约优先、保护优先、自然恢复为主的方针，坚定走生产发展、生活富裕、生态良好的文明发展道路，建设美丽中国"③。党的二十大报告提出，要"站在人与自然和谐共生的高度谋划发展"，"推进美丽中国建设。"生态文明不仅是一种社会形态，更是一个对生态价值的肯定的文化理念。生态文明不仅是生产方式和生活方式的转变，更是自然意识、环境意识的转变，不能仅仅将生态环境当作工具价值来对待，更要认识到自然生态的存在价值和整体价值，建立起尊重自然、保护自然的生态文明理念。

文明既是一种社会形态，也是一种理念和价值，它不仅体现在物质文明、精

① 《十九大以来重要文献选编》(中)，中央文献出版社2021年版，第287页。
② 《习近平谈治国理政》第3卷，外文出版社2020年版，第19页。
③ 《十九大以来重要文献选编》(中)，中央文献出版社2021年版，第289页。

神文明、生态文明中，也体现在社会文明、政治文明、社会发展等各个方面。我们在各项工作中，都应遵循文明的价值标准和生活理念。

4. 和谐

和谐既是指一种友好相处的社会关系的状态，也是人们对美好的和平的社会状态和国家理想的一种价值追求。从国家层面来看，和谐就是对和谐社会的追求和肯定。对社会和谐的追求是中国人的优良传统，追求和谐的政治治理理念和国家社会目标，是中国人努力和奋斗的动力。

人与自然相和谐、相统一的思想是中华传统文化的核心理念，也是中国古典哲学的根本观念之一。道家认为，"天地者，万物之父母也，合则成体，散则成始"①，首先提出了"天人合一"的思想。先秦儒家也主张"天人合一"，认为"诚者，天之道也，诚之者，人之道也。"②"天人合一"有两层意思：一是天与人的一致。宇宙自然是大天地，人则是一个小天地，二者是统一的。二是天人相应，或天人相通。是说人和自然在本质上是相通的，故一切人事均应顺乎自然规律，达到人与自然和谐。在两千多年前，孔子就认识到人类应与自然和谐共处，提倡保护动物，孔子告诫人们，"子钓而不纲，弋不射宿"③。就是说钓鱼要用钓竿，而不要用网绳；射鸟只射飞着的鸟，不要射宿窝的鸟。在儒家看来，人类不可以违逆自然，违逆就是失"和"。崇尚人与自然的和谐，并把这种和谐提升到"天人合一"的高度，是中国传统文化给予我们的智慧。这种智慧对于我们今天克服生态危机、环境恶化，对于构建人与自然的和谐仍具有积极的价值。

社会和谐是中国人的政治理念和追求的社会目标，也是中国人不断向往的理想世界。孔子就曾设想了一个"天下为公"的"大同世界"，即"大道之行也，天下为公。选贤与能，讲信修睦。故人不独亲其亲，不独子其子，使老有所终，壮有所用，幼有所长，鳏寡孤独废疾者，皆有所养；男有分，女有归；货恶其弃于地也，不必藏于己；力恶其不出于身也，不必为己。是故谋闭而不兴，盗窃乱贼而

---

① 《庄子·达生》。
② 《礼记·中庸》。
③ 《论语·述而》。

不作，故外户而不闭，是谓大同"①。在这里，儒家的"大同世界"不仅要求人我和谐、群己和谐，也要求政治和谐、国家和谐。和谐不仅是社会的目标，也是社会治理的手段，即"克明俊德，以亲九族；九族既睦，平章百姓；百姓昭明，协和万邦，黎民于变时雍"②。在民族关系和国家关系的处理上，中国传统文化也是主张民族之间、国与国之间要亲善、和睦、协和，核心就是"和为贵"。中国人追求的"和谐"，就是人与人、人与社会之间相互配合协调、各守其位的和谐社会，也是国与国之间、国家与地区之间、民族之间的和谐与友好。因此，中国人的和谐观念也是对世界和平的贡献，为建构和谐世界提供了价值理想。

关于新时代和谐的内涵，就是习近平一直强调的人与人、人与自然、人与社会的和谐。在党的十九大报告中对"和谐"内涵的要求，不仅是要"建设平安中国，加强和创新社会治理，维护社会和谐稳定，确保国家长治久安、人民安居乐业。"还对和谐提出了更高的要求，就是坚持推动构建人类命运共同体。指出，"中国人民的梦想同各国人民的梦想息息相通，实现中国梦离不开和平的国际环境和稳定的国际秩序。始终做世界和平的建设者、全球发展的贡献者、国际秩序的维护者"③。党的十九届四中全会强调，要"推动党和国家事业发展需要和平国际环境和良好外部条件。必须统筹国内国际两个大局，高举和平、发展、合作、共赢旗帜，坚定不移维护国家主权、安全、发展利益，坚定不移维护世界和平、促进共同发展"④。党的二十大报告提出，"中国式现代化是人与自然和谐共生现代化"，也是对和谐内涵的时代发展和丰富。和谐社会是民主法治、公平正义、诚信友爱、充满活力、安定有序、人与自然和谐相处的社会，是社会发展的一个目标、愿景，也是社会发展过程和价值追求。

## （二）自由、平等、公正、法治的内涵

自由、平等、公正、法治是社会层面的价值取向，回答了我们建设什么样的社会的重大问题，是对社会制度、公共管理、政治体制的价值判断，也是社会发

① 《礼记·礼运》。
② 《尚书·尧典》。
③ 《习近平谈治国理政》第3卷，外文出版社2020年版，第20页。
④ 《十九大以来重要文献选编》（中），中央文献出版社2021年版，第293-294页。

展的价值取向。

### 1. 自由

自由本义是指不受外在约束和强制的一种自主状态，但从社会价值观的角度而言，自由更是一种权利的表达，是体现在经济、政治、法律等社会活动中的自主的权利。作为社会层面的自由，就是要依法保障公民的自由的权利。所以党的十九大报告明确指出，要"加强人权法治保障，保证人民依法享有广泛权利和自由。巩固基层政权，完善基层民主制度，保障人民知情权、参与权、表达权、监督权"[①]。

经济自由是自由权利获得的前提。市场经济的主要特性就是"自由"，在市场经济条件下，从事经济活动的主体要具有自主意识，有自主支配生产产品、销售产品的权利，即要获得自主经营的权利。因此，在社会主义市场经济条件下，"经济自由"就要扩大企业的经营自主权，允许多种经济成分并存，自由竞争，商品生产与交换自由市场调节等。只有实行"经济自由"才能搞活企业，提高生产率，发展经济。同时，为使市场调节更加有序、竞争更加公平，也需要对"经济自由"进行宏观调控，可以通过法律、行政等手段对经济秩序加以规范，当然规范本身并不是目的，而是促进经济更好地"自由"发展。所以《中共中央关于坚持和完善中国特色社会主义制度　推进国家治理体系和治理能力现代化若干重大问题的决定》强调，要"建设高标准市场体系，完善公平竞争制度，全面实施市场准入负面清单制度，改革生产许可制度，健全破产制度。强化竞争政策基础地位，落实公平竞争审查制度，加强和改进反垄断和反不正当竞争执法。健全以公平为原则的产权保护制度，建立知识产权侵权惩罚性赔偿制度，加强企业商业秘密保护。推进要素市场制度建设，实现要素价格市场决定、流动自主有序、配置高效公平"[②]。党的二十大报告提出，要"实施自由贸易试验区提升战略，扩大面向全球的高标准自由贸易区网络"，都是对经济自由的维护和发展。

伴随着市场经济的自由要求，人们必然要求政治上的自由权利。社会主义的

① 《习近平谈治国理政》第3卷，外文出版社2020年版，第29页。
② 《十九大以来重要文献选编》(中)，中央文献出版社2021年版，第282页。

政治自由是全面地体现了广大人民在政治权利上的自由。我国《宪法》规定，公民享有选举权和被选举权，有言论、出版、集会、结社、游行、示威的自由；公民的人身自由和人格尊严不受侵犯，有通信的自由，有宗教信仰的自由；公民有进行科研、文艺创作及其他社会活动的自由；有对国家机关和工作人员的批评、建议、申诉、控告、检举和取缔及赔偿的权利等。邓小平曾说过，我们党和政府若听不到群众的声音，那将是可怕的。因此，通过政治制度确保言论自由、思想自由的权利是十分必要的。只要是没有危害到国家、社会和他人的合法权益的言论和思想都应在法律和制度上予以保护和支持。但是，任何政治自由都不是没有限制的，权利是相对于义务而言，自由也是相对于规范而言的。公民在享受权利和自由时，也不得损害国家、社会、集体的利益和其他公民的合法权利与自由。

不论是经济自由还是政治自由的权利，在一定范围内都需要法律的赋予和保障，同时也需要法律对损害公众利益和社会生活的自由予以限制和惩罚，因此，我们还需要法律的自由。一方面，法律作为自由的尺度确定了自由的范围，而公民享有的是法律规定下的自由；另一方面，法律又是对自由的限制，公民不能滥用自由。具体来说，法律自由就是把人身自由、政治自由、经济自由等内容以法律的形式确定下来，使自由转化为法律的权利，即自由的权利。法律自由不仅体现在立法上，而且还体现在司法的过程中。正如恩格斯所言，"一切自由的首要条件：一切官吏对自己的一切职务活动都应当在普通法庭面前遵照普通法向每一个公民负责"①。这就意味着，在执法的过程中执法者应本着负责的态度，来保证公民的自由权利的行使。总之，为了保障自由的权利，应该是从完善立法入手，对自由的尺度、方法、途径做出具体的法律规定，真正实现法律的自由。

自由是人的基本权利，是人类共同的价值理想和目标，也是马克思主义追求的价值理想。在马克思主义看来，自由的权利只有以制度和国家的形式才能得到真正地体现和保证，因而通过完善各种制度建设，并立足于人的自由权利这一核心价值，才能真正实现人的自由和全面发展。

2. 平等

平等不是平均，从社会价值角度而言，平等是指人们在社会生活各方面享有

---

① 《马克思恩格斯选集》第 3 卷，人民出版社 2012 年版，第 348 页。

基本相等的地位和相同的权利，具体就是指人们在社会经济、政治、法律等方面享有基本同等的地位和权利。平等权利和价值的实现，最重要的是社会制度的安排，包括起点平等、机会平等、过程平等。

权利公平是指制度在设置基本权利时，应使每个人获取最基本的权利，并保证规则的一致。权利公平中的最基本的权利就是生存权的平等，因而社会制度安排首先要求在生存权上予以最基本的保障。确立权利公平，就是确立起点平等，只有做到基本权利的平等，才有机会平等和过程平等，才有结果的公正。在机会平等中，社会制度保证公平竞争，不论高低贵贱都应给予相等的机会。规则公平就是指规则上的平等，不仅要求程序的一致与相同，而且还要求程序的公开与公正，不允许程序上的暗箱操作，对程序不公的规则和行为要予以监督和纠正。只有保证在选拔程序、晋升程序、执行程序、监督程序等各个环节的平等与公开，才能切实保障参与者的利益与权利。

从领域上讲，制度平等还包括经济平等、政治平等和法律平等等要求；从内容上讲，制度的平等是权利平等、机会平等和规则平等。尽管机会平等、规则平等的制度设计并不能带来结果的平等，甚至可能会带来社会的不平等、实质不平等的加剧，但也不能由此否认社会平等的重要作用。党的十九大报告提出，"凡是在我国境内注册的企业，都要一视同仁、平等对待"，"人民平等参与、平等发展权利得到充分保障"，"树立宪法法律至上、法律面前人人平等的法治理念"，"坚持男女平等基本国策，保障妇女儿童合法权益"等，都是对平等内涵的新发展。党的二十大报告提出的，"促进教育公平"、"健全覆盖全民、统筹城乡、公平统一、安全规范、可持续的多层次社会保障体系"、"在独立自主、安全平等、互相尊重、互不干涉内部事务原则基础上加强同各国政党和政治组织交流合作"等，都是新时代对平等内涵的发展和创新。

### 3. 公正

公正是社会阶层和公民的权利与义务在社会分配过程中的合理确认。从社会价值而言，公正是现代社会制度的基本评价尺度，也是马克思主义所追求的基本价值。公正从社会领域上而言，包括经济制度、政治制度、法律制度等的公正安排；就内容而言则主要是解决社会分配问题，包括实质公正和程序公正两个主要方面。

实质公正也称分配的公正，是指制度安排中对社会资源、要素及权益的分配结果的合理与正当。马克思主义的公正观就是追求实质公正的学说，社会主义要实现的公正是实质公正。按照马克思主义的分配理论，社会主义初级阶段的制度公正主要方式应该是"按劳分配"，按劳分配也是长期以来我们在社会经济生活中长期贯彻的分配方式。但由于在计划经济体制下，"按劳分配"原则在贯彻中往往只是依据劳动的数量、质量来分配，对劳动成果的效率、效益是不被重视的，从而导致劳动效率的下降。恩格斯曾明确指出，"决不能把'普遍的公平原则'和那种粗陋的平均主义混淆起来"[①]。随着市场经济的提出和建立，随着生产要素对分配的参与，原有的分配模式也就无法适应市场经济的需要。所以，在市场经济条件下，要调动生产者的积极性和创造性，在调节收入分配方式上，不仅要打破平均主义的分配方式，而且还要讲求劳动效益和效率；不仅要参考劳动的数量、质量和效益，还要注重资本、技术、管理等生产要素在分配领域中的作用。所以，随着市场经济的不断发展，我们党坚持解放思想、实事求是，与时俱进地提出了按劳分配和按生产要素分配相结合的分配方式，是对马克思主义按劳分配理论的重大发展。按劳分配和按生产要素分配实质就是按贡献分配，即强调将劳动的效率、贡献与分配相联系，贡献多的人应该多得。按贡献分配也是马克思主义公正观的内核，马克思主义认为不仅社会有益工作本身，而且工人的劳动成果与质量也是分配的标准和尺度。按贡献分配的提出，主要是对劳动结果的注重，对有效和有益劳动的重视。党的十九届四中全会主张，"健全劳动、资本、土地、知识、技术、管理、数据等生产要素由市场评价贡献、按贡献决定报酬的机制。健全以税收、社会保障、转移支付等为主要手段的再分配调节机制，强化税收调节，完善直接税制度并逐步提高其比重。完善相关制度和政策，合理调节城乡、区域、不同群体间分配关系。重视发挥第三次分配作用，发展慈善等社会公益事业"[②]。这些举措都是对分配公正的有力保障。

程序公正也称形式公正，主要是指社会制度安排中社会资源、要素及权益的

---

① 《马克思恩格斯选集》第 3 卷，人民出版社 2012 年版，第 687 页。
② 《十九大以来重要文献选编》(中)，中央文献出版社 2021 年版，第 281-282 页。

分配规则在制定和适用过程中的正当和公道。如果说实质公正是结果的公正，那么程序公正是指规则和过程的公正，强调的是制度的形式、规则和程序的公正性。程序公正是实现实质公正的必由之路，只有保证规则公正、契约公正，才可能在合理的公平竞争环境中实现实质的公正。市场经济要求的公平竞争是实现分配公正的必备环节，市场经济的最基本规则就是公平竞争，所谓公平竞争是指劳动者平等地参与各种市场竞争，平等地交换商品。实质公正必须是在合理公平的竞争中才能得以实现，所以，程序公正是制度公正的首要问题。公正竞争只是起点和规则的公平，而不是竞争结果的平均，优胜劣汰绝非不公正，它恰恰体现了公正的要求。此外，在实质公正与程序公正的关系上，要保证程序公正的优先性，树立起没有公正的程序就没有公正的结果的理念。

权利与义务的分配不仅仅是物质、经济的分配，还有政治公正、法律公正、文化公正等问题。总之，只有各项制度的公正与和谐，才会有社会主义制度的公正与和谐。党的十九大报告中关于"实现产权有效激励、要素自由流动、价格反应灵活、竞争公平有序、企业优胜劣汰"，"不断促进社会公平正义，形成有效的社会治理、良好的社会秩序"，"促进社会公平正义，在幼有所育、学有所教、劳有所得、病有所医、老有所养、住有所居、弱有所扶上不断取得新进展"，"推进教育公平，培养德智体美全面发展的社会主义建设者和接班人"等，也是对公正内涵的新要求和新发展。党的二十大报告强调，必须"严格公正司未能"，"因为公正司法是维护社会公平正义的最后一道防线"，也是新时代公正内涵的新规范和新主张。

4. 法治

法治是指根据法律治理国家，法治作为现代社会的管理形式和手段，不仅是社会政治文明的标志，也是社会建设和完善的有效途径。在新时代法治的内涵，就是指坚持全面依法治国。正如党的十九大报告所说，"全面依法治国是中国特色社会主义的本质要求和重要保障。必须把党的领导贯彻落实到依法治国全过程和各方面，坚定不移走中国特色社会主义法治道路，完善以宪法为核心的中国特色社会主义法律体系，建设中国特色社会主义法治体系，建设社会主义法治国家，发展中国特色社会主义法治理论，坚持依法治国、依法执政、依法行政共同推进，坚持法治国家、法治政府、法治社会一体建设"①。

社会主义法治首先要科学立法。科学立法，按照马克思主义的观点，就是要从社会物质关系中去寻找制定法律的基本原则。宪法是一个国家的根本大法，在社会主义国家，宪法不仅是执政党的意志体现，更是广大人民意志的体现，因此，社会主义宪法就是要代表最广大人民群众的利益。所以，宪法的制定一定要遵循社会发展规律，最大限度地体现人民群众的利益，这样才能树立宪法的权威地位，并使宪法为大众所理解和接受。同时，普通法的制订和修改，也要依从社会发展的需要来制定，既要符合社会主义市场经济发展的客观要求，也要符合社会发展的长远需求。其次，我们要通过严格执法来确立法律的权威地位，通过公正司法来保障每个公民的守法，做到法律面前人人平等，这样才能真正做到有法必依。执法必严就是要求执法机关和执法人员忠于法律，严格按照法律的规定办案，正确适用法律，以维护法律的严肃性和权威性。最后，社会主义法治要做到违法必究。违法必究是要求一切国家机关、社会组织及其工作人员和全体公民在法律面前一律平等，如果违反法律，必须依法予以制裁。《中共中央关于坚持和完善中国特色社会主义制度　推进国家治理体系和治理能力现代化若干重大问题的决定》强调，"必须坚定不移走中国特色社会主义法治道路，全面推进依法治国，坚持依法治国、依法执政、依法行政共同推进，坚持法治国家、法治政府、法治社会一体建设，加快形成完备的法律规范体系、高效的法治实施体系、严密的法治监督体系、有力的法治保障体系，加快形成完善的党内法规体系，全面推进科学立法、严格执法、公正司法、全民守法，推进法治中国建设"②，二十大提出的，"坚持法治国家、法治政府、法治社会一体建设，全面推进科学立法、严格执法、公正习法、全民守法，全面推进国家各方面工作法治化"，为新时代的法治建设指明了方向。

自由、平等、公正、法治是社会主义的社会价值观，是指导经济制度、政治制度、法律制度等社会建设的价值导向，也是衡量和评价社会建设的标准。

---

① 《习近平谈治国理政》第 3 卷，外文出版社 2020 年版，第 18 页。
② 《十九大以来重要文献选编》(中)，中央文献出版社 2021 年版，第 277 页。

### （三）爱国、敬业、诚信、友善的内涵

爱国、敬业、诚信、友善是公民个人层面的价值准则，回答了我们培育什么样的公民的重大问题，也是每一个公民应该遵守的道德准则。爱国、敬业、诚信、友善是社会主义社会每个公民的行为准则，是社会主义核心价值观在个体层面的要求体现。

#### 1. 爱国

爱国就是爱自己的祖国和国家，爱国既是公民对国家价值的认同，也是对公民最基本的道德要求。在公民个人层面弘扬倡导爱国的价值准则，除了热爱自己的国家之外，还具体表现在爱集体、爱人民等方面。

爱国家，首先就是热爱祖国的大好河山，热爱自己的骨肉同胞，热爱祖国的灿烂文化。公民对哺育自己成长的家乡、民族和祖国的深厚感情，逐渐升华形成的一种维护祖国利益的行为准则和坚强信念，就是爱国的体现。自觉维护自己国家的利益，是每一个公民的义务，也是爱国的重要内容。维护国家利益，不仅是要在促进民族团结和祖国统一中做出自己的努力和贡献，还要增强忧患意识和国防意识，时刻准备为国家的利益奉献自己的一切。爱国还表现在爱自己国家的自然环境、语言文化，传承自己国家的传统，树立起民族的自尊心和自豪感。爱国不仅仅是一种情感，它更多的是体现在日常的生活中，我们努力学习工作，为社会添砖加瓦，就是爱国的具体体现。所以党的十九届四中全会强调要，"巩固和发展最广泛的爱国统一战线。坚持大统战工作格局，坚持一致性和多样性统一，完善照顾同盟者利益政策，做好民族工作和宗教工作，健全党外代表人士队伍建设制度，凝聚港澳同胞、台湾同胞、海外侨胞力量，谋求最大公约数，画出最大同心圆，促进政党关系、民族关系、宗教关系、阶层关系、海内外同胞关系和谐"①。二十大报告也强调，"发展壮大爱国爱港爱澳同胞的爱国精神。"

爱集体也是爱国的重要方面。在马克思主义看来，人是社会关系的产物，人在社会中才能获得存在，也就是说离开了集体，人也就失去了自己的本质。即

---

① 《十九大以来重要文献选编》（中），中央文献出版社 2021 年版，第 276 页。

"只有在共同体中，个人才能获得全面发展其才能的手段，也就是说，只有在共同体中才可能有个人自由"①。集体是个人全面发展的条件和手段，离开集体的条件和基础，个人也会是一事无成。在马克思主义看来，集体应该是"真实的集体"，即代表广大人民利益的集体，公民热爱的是代表自己最广泛利益的真实的集体。马克思主义强调在虚幻的集体下强调集体主义必然导致对个人利益的遏制，因为它不能代表社会成员的根本利益。而在真实的集体中，它的存在是以根本地普遍地代表大多数社会成员的利益为前提的，真实的集体主义是个人与集体的和谐与统一。爱集体，在社会主义大家庭中，具体可以体现为爱社区、爱家乡、爱班集体、爱校、爱公物、爱环境等各个方面，只有善待我们的集体，集体才能提供给我们良好的发展空间和基础。

爱人民，就是要树立为人民服务的理念，为人民大众谋利益。马克思主义唯物史观告诉我们，人民群众是创造历史的真正主人，是推动历史进步的真正动力。个人与人民群众相比，其力量和能力总是有限的，个人必须融入人民群众之中，在服务于人民群众的社会实践中，才能实现自己的人生价值。对共产党人和要求进步的先进分子来说，爱人民就是全心全意为人民服务，做人民的公仆。牢记"权为民所用，情为民所系，利为民所谋"，具体来说，就是要保持与人民群众的血肉联系，关心群众的疾苦，把手中的权力用在切实解决群众在衣、食、住、行等物质生活以及精神生活方面的问题，一心一意为群众办实事办好事。对于普通公民来说，就是尽自己的力量服务他人、服务社会。每个公民不论社会分工如何、能力大小，能够在本职岗位踏踏实实努力工作，都是通过不同形式地为人民服务。在日常生活中，能够时时处处为他人、为群众着想，与人为善、服务他人，就是爱人民的体现。

爱国家、爱集体、爱人民都是爱国的价值观的体现，爱国不仅仅是爱国主义的博大胸怀。对于普通公民来说，也更多地体现在日常生活中，对他人的帮助，对集体的关心，都是爱国情怀的表现。

2. 敬业

敬业，是对公民个人在职业生涯中的价值要求，就是要求公民在职业生涯中

---

① 《马克思恩格斯选集》第 1 卷，人民出版社 2012 年版，第 199 页。

爱岗敬业、奉献社会。党的十九大报告强调"弘扬劳模精神和工匠精神，营造劳动光荣的社会风尚和精益求精的敬业风气"，把敬业的职业道德要求又提升到一个新境界。

树立劳动者的敬业意识，使从业人员热爱并敬重自己的职业和岗位，看到职业中所蕴含的社会价值，才能履行职业操守。各种职业及其从业人员都应忠于职守，爱岗敬业，这是职业道德最一般性的规范，对所有从业人员都具普遍约束性。敬业是对从业者和创业者最基本的职业道德要求，是职业价值观的最直观的体现。

敬业才能爱业、乐业。确立从业人员的乐业意识，使从业人员认识到在职业活动中所体现出的人生价值，并在职业中找到人生的意义和乐趣，就会以极大的热情去工作、去奉献。并树立从业人员的正确的职业观念和态度，养成良好的遵守职业纪律的习惯，培养良好的职业责任感和荣誉感，促进良好的职业作风的形成。一个人如果没有乐业意识，就会认为从事的职业是一份不值得做的事情，往往就会采取敷衍了事的态度。这样的态度，几乎成就不了什么事业，即使偶有成功，也是巧合，也不会觉得有多大的成就感。

服务群众、奉献社会也是从业者的职业道德的要求，更是职业社会价值的展现。无论从事何种职业都是为人民服务，只有在服务群众和奉献社会中，才能满足个人的生活需要和个性发展的需要，才能促进社会的发展和进步，才是职业荣誉感和责任感的最好体现。

### 3. 诚信

诚信就是指在人际交往和社会交往关系中要恪守信义，坦诚相待。在中国古代"信"是与仁、义、礼、智相并列的道德准则，在诚信的伦理传统引导下，诚信已成为中国人日常生活最基本的道德标准和处世准则。

作为个人品质要求的诚信首先体现在人际关系交往中要诚实守信。诚信是为人的基本道德品质和行为准则，中国传统文化也向来主张"言必信，行必果"。信守诺言，言行一致，不仅是要求人们诚实，更是要求人们建立一种信赖关系。如儒家强调的"信"，这不仅是指以诚待人，还包含信任、信用的内涵和要求。如孔子所说，"与朋友交，言而有信"①，就是说朋友之交，要信守诺言、讲究信

---

① 《论语·学而》。

用，这是为人处世的基本准则。为此，孔子十分鄙视不讲信用的小人，认为"人而无信，不知其可也。大车无輗，小车无軏，其何以行之哉。"①"輗""軏"都是指车辕与横木接连的关键部位，这就是说，人言而无信，就像车失去了连接的关键，是无法行走的。诚信就是为人立世和交往的通行证，即"言忠信，行笃敬，虽蛮貊之邦行矣。言不忠信，行不笃敬，虽州里行乎哉"②。也是告诫人们，一个人若是守信用，哪怕到了偏远的地方也能走得通，一个人若是不守信用，就是在本乡本土也是行不通的。诚实守信，就是对一个人品行的基本要求和社会交往的基本准则。在现代社会，随着社会交往的扩大和社会关系的广泛，为人诚实守信，就变得尤其珍贵和必要。因此，恪守传统美德，坚持诚实守信，仍是我们今天要弘扬的价值观和道德观。

其次，诚信也要求在社会交往关系中恪守信用。随着市场经济的发展，社会交往的扩大，个人不断地参与他人、金融机构、企业、行业等发生利益往来和形成债务关系，因此，个人信用和诚信也成为现代社会突出的问题。在现代社会，个人一旦出现失信的行为，不仅会受到道德的谴责，更会受到法律的制裁。比如欠债不还的行为、信用卡透支不支付的行为、拖欠房贷不还的行为、拖欠工人工资的行为等，不仅会使自己的美誉受损，也会让自己的利益最终受到损害。在市场经济条件下，失信的企业会在竞争中失败，被市场所淘汰，个人也会在竞争中被孤立，失去信誉。随着个人信用体系的建立和健全，个人信用问题不仅仅是涉及利益的问题，也会涉及工作、晋级等人生规划问题，必须要引起重视。如我们出现个人信用问题，欠债不还或偷税漏税等，不仅会受到法律的处罚，还会影响到找工作或贷款，甚至会影响我们的事业和发展。因此，在社会活动中，恪守信用、履行合同、诚实守信，是我们必须做到的基本道德要求。

在现代社会，信誉就是最大的资本，宁可失去一些金钱，也不能失去诚信。党的十九大报告提出进一步"推进诚信建设和志愿服务制度化，强化社会责任意识、规则意识、奉献意识"，也是对诚信内涵的新补充。

4. 友善

友善就是对人友好善良。友善不仅包括对自己朋友、亲人之间的友善，也包

---

① 《论语·为政》。
② 《论语·卫灵公》。

括对他人、陌生人之间的友好、善意。党的十九大报告提出"激励人们向上向善、孝老爱亲，忠于祖国、忠于人民"，就是对友善的新主张，不仅要对家人亲人他人友善，还要对人民、对祖国忠诚善待。

友善首先就是善待亲人、善待朋友。善待亲人就是善待自己的配偶、父母、长辈、子女、亲戚等。可以说友善地对待自己的家人和亲人，就是建构和谐家庭关系的融合剂和润滑剂。善待朋友，就是善待自己的人际关系。善待周围的人，不仅可以凝结朋友间牢固的友谊，也会使自己的人生更加丰富多彩和温暖。在亲人、朋友需要我们帮忙的时候，我们伸出援手，尽自己的一份力，不仅是善待朋友，更是善待自己，让自己的人生充满正能量。

友善也要求善待他人，特别是陌生人。在生活和工作中对人友善，善待自己的同事和他人，我们也会获得他人善意的回报。与同事、他人真诚地交往、友好地相处，不仅可以愉悦我们的身心，更会使我们处在一个良好的工作氛围中。在与陌生人相处时，送出一个微笑，也是善意的表达。特别是在别人遭遇到困难时，我们伸出援手，尽可能地予以帮助，也是一种友好的方式。我们每个公民都有义务为构建和谐社会添砖加瓦，从小事做起、从身边做起，也许你温暖的一句话、关键时候伸一把手，需要的时候弯一下腰，就能给别人带来点滴感动。一个微小的友善行为也许就能幸福身边的每一个人，温暖每一个人。友善是爱心的外化，一个充满爱的世界才是美好的世界。因此，只要善待亲人、善待朋友、善待他人、善待社会，整个社会的氛围就会和谐，社会才能在文明的道路上不断前行。

倡导社会主义核心价值观，其目标就是要建设一个富强民主文明和谐美丽的社会主义现代化国家。因此，围绕社会主义核心价值体系的建设，不断弘扬富强、民主、文明、和谐、自由、平等、公正、法治、爱国、敬业、诚信、友善的核心价值观，是我们建设中国特色社会主义的重要任务。

## 二、社会主义核心价值观的特征

社会主义核心价值观作为中国精神的内核，体现了社会主义核心价值体系的根本性质和基本特征，是政治性与科学性、普遍性与时代性、民族性与开放性的统一。

（一）政治性与科学性的统一

社会主义核心价值观作为国家意识形态的集中体现，应当突出其政治性和意识形态性，同时也要体现科学性和规律性，做到政治性与科学性的统一，才能为培育和弘扬社会主义核心价值观奠定坚实的基础。

社会主义核心价值观首先要突出其社会主义的本质属性和意识形态性，这是社会主义核心价值观的主要特征。因为一个社会的核心价值观是一个国家在意识形态方面的集中体现，也是国家政治制度的价值基础和价值目标的基本呈现，所以，社会主义核心价值观理应坚持其政治性，彰显中国特色社会主义的制度理念、社会目标和价值追求，这是社会主义核心价值观的特色和个性所在。社会主义核心价值观作为社会主义意识形态的核心，必须坚持马克思主义的根本立场。社会主义意识形态是以马克思主义为指导的意识形态，集中反映着社会主义社会的经济、政治生活，反映着社会主义制度的本质要求，体现着最广大人民的根本利益。社会主义核心价值观作为社会主义核心价值体系的基本内容，是社会主义意识形态的核心的具体体现，决定着社会主义意识形态的性质和方向。

同时，社会主义核心价值观坚持以科学世界观和方法论为指导加以提炼和体现，反映了社会主义社会的执政规律、建设规律和对人类社会发展规律的深刻认识，因此具有一定的科学性和真理性。经济基础决定上层建筑的基本原理，生产力决定生产关系，生产关系作为经济基础决定上层建筑，因此依据这一原理，我们的奋斗目标就是要建设一个经济富强、政治民主、精神文明、社会和谐的社会主义现代化国家。因此，确立"富强、民主、文明、和谐"的国家层面的价值目标就符合社会主义生产力发展的需要，符合广大人民的利益，体现出其概括和凝练的科学性。在社会主义社会，人民成为国家和社会的主人，因此人民在社会生活中享有经济、政治、文化和社会的自由、公正、平等对待的权利，社会也需要依法而治，因此社会层面的"自由、平等、公正、法治"的价值取向，是社会主义实践的要求，也是马克思主义者一直以来的追求。

总之，社会主义核心价值观立足于中国特色社会主义伟大实践，反映了马克思主义中国化的最新成果，具有社会主义意识形态的特征，同时蕴含着以人为本、人类发展的要求的科学性，体现了社会主义核心价值观的先进性和先导性。

### （二）普遍性与时代性的统一

核心价值观是一个国家和社会价值体系中最本质、最具决定作用的部分，也是最具普遍性和最具广泛性的价值理念，因此，社会主义核心价值观也理应具有普遍性和广泛性的特征。同时，一个社会的核心价值观也是一个国家和社会在实践中不断体现和反思的结果，因而也具有一定的实践性和时代性的特征。社会主义核心价值观是普遍性与时代性的统一。

社会主义核心价值观的普遍性不仅体现在"三个倡导"的社会主义核心价值观的全面性，也体现在它是对人类社会发展普遍规律的认知，以及它对人类优秀文化的汲取和借鉴，反映了全人类的普遍愿望和需要。"三个倡导"的社会主义核心价值观的内容涵盖了国家层面、社会层面和公民层面的价值理念，不仅涵盖了一个国家社会发展的各个层面，具有广泛的包容性和全面性，也反映了最广大人民群众对国家兴旺富强的期盼，对社会发展公平正义的诉求，对公民素质提高的普遍愿望。可以说社会主义核心价值观是凝聚了社会的"最大公约数"的社会共识，其内容的凝练具有全面性和广泛性。同时，社会主义核心价值观的提出也是在广泛继承传统文化的精华、人类文明成果的基础上，提出的人类社会应该提倡的共同价值，所以，社会主义核心价值观具有一定的世界性和包容性，代表了人类社会共同的普遍的需要。习近平在中共中央政治局第十三次集体学习时强调，"培育和弘扬社会主义核心价值观必须立足中华优秀传统文化。牢固的核心价值观，都有其固有的根本"。"要认真汲取中华优秀传统文化的思想精华和道德精髓，大力弘扬以爱国主义为核心的民族精神和以改革创新为核心的时代精神，深入挖掘和阐发中华优秀传统文化讲仁爱、重民本、守诚信、崇正义、尚和合、求大同的时代价值，使中华优秀传统文化成为涵养社会主义核心价值观的重要源泉。要处理好继承和创造性发展的关系，重点做好创造性转化和创新性发展"①。习近平2014年3月27日在巴黎联合国教科文组织总部发表了重要演讲，全面深刻阐述了新时代中国人对文明交流互鉴的看法和立场，强调要推动不同文明相互尊重、和谐共处，让文明交流互鉴成为增进

---

① 《习近平谈治国理政》第1卷，外文出版社2018年版，第163-164页。

各国人民友谊的桥梁、推动人类社会进步的动力、维护世界和平的纽带。可以说，社会主义核心价值观就是我们在与人类文明的交流中，汲取人类文化优秀成果的基础上，为世界和平和人类发展作出的新贡献，诸如"和谐""文明""民主""平等""友善"等价值观，既有中华传统美德的继承，也有对各种社会文明成果的汲取，因此，它不仅有普遍性也有先进性。

同时社会主义核心价值观也是对时代发展和人民大众的现实需求的反映，具有鲜明的时代性。一定社会价值观的产生是与时代的需要和现实的实践分不开的，社会主义核心价值观的形成就是时代精神和社会实践最集中的反映。马克思主义的实践观认为，社会意识源于社会实践，核心价值观作为对社会生活的反映和认识，其内核取决于特定时代的经济基础和上层建筑，因此社会主义核心价值观必须根植于时代发展的土壤，与时俱进，才有生命力和活力。随着时代的发展进步，社会政治经济的进步，社会主义核心价值观的内涵也会不断得到丰富和发展。因此，社会主义核心价值观必然要把握时代脉搏，体现时代的趋势，从而具有鲜明的时代特色。

可以说社会主义核心价值观的形成不是理论的思辨的产物，它是与世界相联系，与时代共呼吸的实践。社会主义核心价值观既是对人类社会实践的普遍规律的总结，也是对社会主义在现时代发展的呼唤，它来自实践并指导实践。

(三) 民族性与开放性的统一

社会主义核心价值观一方面是扎根于中华民族的文化根基中，体现了中华民族的历史血脉和传统价值，另一方面也是以开放、包容的胸怀吸纳人类共同价值，在包容多样中增进思想共识，社会主义核心价值观可以说是民族性与开放性的统一。

一个社会核心价值观的确立，必须要根植于本民族的文化传统之上，社会主义核心价值观也必然具有中华民族的鲜明特征。社会主义核心价值观的形成是与中华民族的传统相承接的，是在植根于中华民族文化的深厚土壤，广泛汲取中华传统文化的精华的基础上凝练的，它时刻闪耀着民族精神的光辉。民族精神是指一个国家和民族在漫长的社会历史发展过程中逐步形成的生活方式、思想意识、价值观念的集中体现，是一个国家和民族赖以生存和发展的精神纽带、文化支撑和思想灵魂。在5000多年的历史发展中，中华民族形成了以爱国主义为核心，团结统一、爱好和平、勤劳勇敢、自强不息的伟大民族精神。2014 年 2 月 24 日，习近平在中共中央政治局第十三次集体学习时的讲话指出，"要认真汲取中华优秀传统文化的思想精华和道德精髓，大力弘扬以爱国主义为核心的民族精神和以改革创新为核心的时代精神，深入挖掘和阐发中华优秀传统文化讲仁爱、重民本、守诚信、崇正义、尚和合、求大同的时代价值，使中华优秀传统文化成为涵养社会主义核心价值观的重要源泉①"。优秀传统文化讲仁爱、重民本、守诚信、崇正义、尚和合、求大同的精神和价值观念既是民族精神的重要内核，也是涵养社会主义核心价值观的重要源泉。因此，社会主义核心价值观将积淀着中华民族最深层的精神追求和行为准则，如"爱国""诚信""友善"等纳入社会主义核心价值观的内容中，既符合民族心理，反映民族特征，又体现了民族品格和民族精神。可以说社会主义核心价值观凝聚了各族人民的根本利益，获得了各族人民的广泛认同，具有鲜明民族特色。

同时，社会主义核心价值观又具有与时俱进的品格和开放包容的品质。社会主义核心价值观的确立不仅要善于吸收人类创造的各种优秀思想文化成果，也要敢于在改革开放中学习借鉴世界各国包括西方资本主义国家思想文化中一切进步的、有益的成分。在全球化的今天，我们不可能孤立地建设社会主义，必须要进入世界历史，因此，世界各国先进的文化价值观也必然会对中国特色社会主义建设产生影响，并构成社会主义核心价值观当代建构的重要资源。在树立社会主义核心价值观的过程中，我们应该充分利用这些资源，既尊重差异、包容多样，积极学习西方文化中合理进步的内容。如西方民众对"自由、公正、平等、法治"的价值诉求，我们不仅要支持还要学习，只有树立文明的价值观，才能抵制错误和腐朽的价值观念。习近平在巴黎联合国教科文组织总部发表的重要演讲中也指出，"文明因交流而多彩，文明因互鉴而丰富。"文明交流互鉴，是推动人类文明进步和世界和平发展的重要动力。"我们应该从不同文明中寻求智慧、汲取营养，为人们提供精神支撑和心灵慰藉，携手解决人类共同面临的各种挑战②"。所以，在世界多元发展的今天，我们要坚持改革开放的路线，以开放的姿态，向先进的

---

① 《习近平谈治国理政》第 1 卷，外文出版社 2018 年版，第 164 页。
② 《习近平谈治国理政》第 1 卷，外文出版社 2018 年版，第 258、262 页。

文明和国家学习，这也是社会主义核心价值观永葆生机活力的源泉。

既坚持民族性，又保持开放性，社会主义核心价值观才能真正引领中国特色社会主义的建设，也才能在全球化的进程中对世界历史起到引领作用。

## 三、社会主义核心价值观的培育和践行

社会主义核心价值观由提倡到培育、践行和弘扬，说明社会主义核心价值观不仅是一种理念，更是行为准则，需要落到实处。培育社会主义核心价值观是一项系统工程，需要从各个方面入手。中共中央办公厅印发的《关于培育和践行社会主义核心价值观的意见》（以下简称《意见》）中指出了培育和践行社会主义核心价值观的具体做法。具体包括党委领导与政府主导的结合、理论指导与公众倡导的融合、制度督导与教育疏导的互补、舆论引导与榜样先导的兼重等，只有多途径齐抓共管，才能在实践中培育和弘扬社会主义核心价值观。

### （一）党委领导与政府主导的结合

中国共产党是领导和推动中国特色社会主义事业的核心力量，各级党委要充分认识培育和践行社会主义核心价值观的重要性，把握方向，制定政策，营造环境，切实负起政治责任和领导责任。同时各级政府也要担负起培育和践行社会主义核心价值观的职责，加大投入和落实。

#### 1. 党委领导

2018 年 8 月习近平在全国宣传思想工作会议上讲话指出，要"坚持党对意识形态工作的领导权，坚持思想工作'两个巩固'的根本任务，坚持用新时代中国特色社会主义思想武装全党、教育人民，坚持培育和践行社会主义核心价值观"①。加强党委领导是践行社会主义核心价值观的最重要的举措。

首先按照各级党委要把社会主义核心价值观的要求体现到经济建设、政治建设、文化建设、社会建设、生态文明建设和党的建设等各项事业中来，推动培育

---

① 《习近平谈治国理政》第 1 卷，外文出版社 2018 年版，第 311 页。

和践行社会主义核心价值观同实际工作融为一体、相互促进，共同发展。习近平在纪念马克思 200 周年诞辰大会上的讲话指出，"把社会主义核心价值观融入社会发展各方面，推动中华优秀传统文化创造性转化、创新性发展，不断提高人民思想觉悟、道德水平、文明素养，不断铸就中华文化新辉煌"。①

其次，要建立健全培育和践行社会主义核心价值观的领导体制。列宁说过，"任何革命运动，如果没有一种稳定的和能够保持继承性的领导者组织，就不能持久。"②各级党组织要建立起稳定的领导机制和连续性的管理制度，保障培育和践行社会主义核心价值观的可持续性和有效性。各级党委要结合本地实际，建立相应的领导机制和稳定工作机制，加强统筹协调，加强组织实施，加强督促落实社会主义核心价值观的践行情况。各地区各部门各单位要制定实施方案，落实工作责任制，明确任务分工，完善工作措施。党的基层组织在推动社会主义核心价值观践行方面，也要建立领导工作机制和监督机制，发挥政治核心作用和战斗堡垒作用，确保各项目标任务落到实处。

最后，党委的领导作用还体现在党员干部的先锋作用上。"要知道，只是自称为'先锋队'，自称为先进部队是不够的，还要做得使其余一切部队都能看到并且不能不承认我们是走在前面。"③党的领导干部首先要做践行社会主义核心价值观的模范，"打铁还需自身硬"，干部要带头做践行社会主义核心价值观的模范，要以身作则、率先垂范，讲党性、重品行、作表率，以人格力量感召群众、引领风尚。党员干部不仅要充分认识到积极培育和践行社会主义核心价值观的重要现实意义和深远历史意义，而且要成为培育和践行社会主义核心价值观的引导力量和先进分子，才能真正引导普通群众培育和践行社会主义核心价值观。

2. 政府主导

党委领导不能取代政府在培育和弘扬社会主义核心价值观的主导作用。强调政府主导也不是削弱党的领导，而是在党委的领导下，由政府部门来落实具体工

---

① 习近平：《论党的宣传思想工作》，中央文献出版社 2020 年版，第 330 页。
② 《列宁选集》第 1 卷，人民出版社 2012 年版，第 404 页。
③ 《列宁选集》第 1 卷，人民出版社 2012 年版，第 367 页。

作和计划，发挥政府的主导地位。社会主义核心价值观的主要内容，即富强、民主、文明、和谐、自由、平等、公正、法治等，实际上都与政府的工作有着密切的关系。

富强、民主、文明、和谐作为国家层面的价值目标，是政府工作的目标和责任。各级政府要担负起为广大人民建设一个富强、民主、文明、和谐的城市的责任。发挥政府主导，就是要把富强、民主、文明、和谐的价值落实到具体的工作中。如政府工作努力实现综合实力更强、经济结构更优、发展质量更高、发展后劲更足、人民生活更富裕的奋斗目标，就是实现"富强"的价值目标。在实现"民主"的价值观中，政府还需要进一步贯彻党的二十大报告的精神，要"扩大人民有序政治参与，保证人民依法实行民主选举、民主协商、民主决策、民主管理、民主监督，发挥人民群众积极性、主动性、创造性，巩固和发展生动活泼、安定团结"政治局面"。在实现"文明"的价值观上，要求政府在各项工作中，要遵循文明的价值标准和理念，开创社会文明发展的新局面，即推动物质文明、政治文明、精神文明、社会文明、生态文明协调发展，把我国建设成为富强民主文明和谐美丽的社会主义现代化强国，实现中华民族伟大复兴。实现"和谐"社会，建设一个充满活力、安定有序、安宁祥和的社会环境，也是政府和广大人民的共同价值追求。因此，在培育和践行富强、民主、文明、和谐的价值目标上，政府的主导作用不可替代。

自由、平等、公正、法治是社会层面的价值取向，是对社会制度、公共管理、政治体制的价值判断，也是社会发展的价值取向。作为各级政府，不仅在培育和践行自由、平等、公正、法治价值观上起主导作用，也是自由、平等、公正、法治建构的主导力量。从社会价值的角度而言，自由作为在经济、政治、法律等社会活动中的自主的权利，这就要求政府在经济建设、政治管理、法治建设上，给予公民更多的自由权，这也是政府工作的价值取向。从社会角度而言，平等权利和公正价值的实现，最重要的是社会制度的安排，包括起点平等、机会平等、过程平等，这些都需要政府的努力和作为。法治作为现代社会的管理形式和手段，不仅是社会政治文明的标志，也是社会建设和完善的有效途径，政府不仅在完善法治方面大有作为，在依法行政上也要有所作为。这就是党的十九届四中全会所提出的，要"健全社会公平正义法治保障制度。坚持法治建设为了人民、依靠人民，加强人权法治保障，保证人民依法享有广泛的权利和自由、承担应尽的义务，引导全体人民做社会主义法治的忠实崇尚者、自觉遵守者、坚定捍卫者。坚持有法必依、执法必严、违法必究，严格规范公正文明执法，规范执法自由裁量权，加大关系群众切身利益的重点领域执法力度。深化司法体制综合配套改革，完善审判制度、检察制度，全面落实司法责任制，完善律师制度，加强对司法活动的监督，确保司法公正高效权威，努力让人民群众在每一个司法案件中感受到公平正义"。①《中共中央关于进一步全面深化改革　推进中国式现代化的决定》指出，要"加强政府立法审查。深化行政执法体制改革，完善基层综合执法体制机制、健全行政执法监督体制机制"，也是对政府落实"法治"理念的要求。

只有在党委的领导下，在政府工作中坚持富强、民主、文明、和谐、自由、平等、公正、法治的价值观，并积极维护和完善社会主义核心价值观的实际形态，才能为公民履行社会主义核心价值观提供保障。

## (二)理论指导与公众倡导的融合

列宁指出，"只有以先进理论为指南的党，才能实现先进战士的作用"②，坚持用科学的先进的理论指导中国特色社会主义实践，是培育和践行社会主义核心价值观的基石。同时，科学和先进的理论只有被公众群众接受和践行才能发挥理论对实践的指导作用，因此，理论掌握群众也是培育和弘扬社会主义核心价值观的重要路径。

### 1. 理论指导

马克思指出，"理论一经掌握群众，也会变成物质力量。理论只要说服人，就能掌握群众；而理论只要彻底，就能说服人。所谓彻底，就是抓住事物的根本。而人的根本就是人本身"。③ 马克思主义理论就是一个科学的、人民的、实

---

① 《十九大以来重要文献选编》(中)，中央文献出版社 2021 年版，第 278 页。
② 《列宁选集》第 1 卷，人民出版社 2012 年版，第 312 页。
③ 《马克思恩格斯选集》第 1 卷，人民出版社 2012 年版，第 9-10 页。

践的、开放的理论，也是彻底的理论，他们所创立的唯物主义思想是人类思想史上的伟大革命，第一次确立了科学的世界观和方法论，第一次为争取人的价值和尊严找到正确道路。马克思主义理论不是教条，而是行动的指南。

马克思主义不仅为我们培育和践行社会主义核心价值观提供了世界观和方法论，而且其对人类美好价值的追求，如平等、民主、自由、全面发展等的论述，对我们深入理解社会主义核心价值观具有重要指导意义。邓小平理论、"三个代表"重要思想、科学发展观、习近平新时代中国特色社会主义思想都是在继承和发展马克思主义的基本理论、基本观点、基本方法基础上，形成的中国特色社会主义理论，是新时代中国社会主义实践的思想指南，也是培育和践行社会主义核心价值观的指导思想。列宁曾告诫党的领袖要"时刻注意到：社会主义自从成为科学以来，就要求人们把它当作科学来对待，就是说，要求人们去研究它"①。邓小平也曾指出，"解放思想，就是要运用马列主义、毛泽东思想的基本原理，研究新情况，解决新问题"。② 党的十九大报告指出，"必须坚持马克思主义，牢固树立共产主义远大理想和中国特色社会主义共同理想，培育和践行社会主义核心价值观，不断增强意识形态领域主导权和话语权，推动中华优秀传统文化创造性转化、创新性发展，继承革命文化，发展社会主义先进文化，不忘本来、吸收外来、面向未来，更好构筑中国精神、中国价值、中国力量，为人民提供精神指引"③二十大报告强调，"我们要坚持马克思主义在意识形态领域指导地位的根本制度"，这些科学论断和重要论述都为培育和践行社会主义核心价值观提供了指导思想。

与时俱进是马克思主义理论品质的具体体现，在马克思主义的指导下，我们党一直以解放思想、改革创新为精神动力，不断进行马克思主义的理论创新和发展，特别是中国特色社会主义理论体系的创新，更是在改革开放的时代背景下对马克思主义的新发展。作为理论创新的伟大成果的中国特色社会主义理论体系，不仅成为我们进一步改革开放的指导思想，也是我们培育和践行社会主义核心价

---

① 《列宁选集》第 1 卷，人民出版社 2012 年版，第 314 页。
② 《邓小平文选》第 2 卷，人民出版社 1994 年版，第 179 页。
③ 《习近平谈治国理政》第 3 卷，外文出版社 2020 年版，第 18 页。

值观的行动指南。坚持习近平新时代中国特色社会主义思想的指导，用先进的理论指导人民群众对社会主义核心价值观的践行，是我们工作的首要任务。

2. 公众倡导

培育和践行社会主义核心价值观的主体是人民大众，"马克思主义向来认为，归根结底地说来，历史是人民群众创造的"①，"人民，只有人民，才是创造世界历史的动力"②。所以，要充分发挥广大人民特别是工人、农民、知识分子的主力军作用，只有全体公民对社会主义核心价值观的认同和倡导，对中国特色社会主义理论的理解和接受，才能真正践行社会主义核心价值观。

首先，提高公众对社会主义核心价值观的认识，是倡导和践行主流价值观的基础。毛泽东指出，"任何有群众的地方，大致都有比较积极的、中间状态的和比较落后的三部分人。故领导者必须善于团结少数积极分子作为领导的骨干，并凭借这批骨干去提高中间分子，争取落后分子"③。针对不同群众的情况，有层次、有区别地进行教育和引导，是在公众中倡导和践行社会主义核心价值观的第一步。对文化基础薄弱的不积极的群众，要进行文化知识的学习和教育，掌握基本的文字书写和表达能力；对有一定文化基础的中间状态的群众，要进行理论学习和教育，帮助掌握社会主义核心价值观的基本内涵；对有理论基础的比较积极的群众，要进行科学理论的学习和教育，深入领会社会主义核心价值观的实质。这样，才能有针对性地提高群众对理论知识的领悟力和理解力，才能为真正掌握社会主义核心价值观打下基础。所以，"我们应当既以理论家的身份，又以宣传员的身份，既以鼓动员的身份，又以组织者的身份'到居民的一切阶级中去'"④，在群众中积极倡导主流价值观。

其次，开展广泛的道德实践活动，提高公众对社会主流价值的实践。马克思指出，"人的思维是否具有客观的真理性，这不是一个理论的问题，而是一个实

---

① 《邓小平文选》第 1 卷，人民出版社 1994 年版，第 217 页。
② 《毛泽东选集》第 3 卷，人民出版社 1991 年版，第 1031 页。
③ 《毛泽东选集》第 3 卷，人民出版社 1991 年版，第 898 页。
④ 《列宁选集》第 1 卷，人民出版社 2012 年版，第 366 页。

践的问题"。① 群众的实践活动，是检验科学理论的标准，也是形成社会主流价值的基础。要求广大群众在社会、职业、家庭生活中，积极参与社会实践，在实践活动中加强自身的修养，培养道德品质，提高践行主流价值的能力。广泛参与文明城市、文明村镇、文明单位、文明家庭等创建活动，开展群众性的文化实践活动，不断提升公民文明素质和社会文明程度。正如党的十九大报告所指出的，"社会主义核心价值观是当代中国精神的集中体现，凝结着全体人民共同的价值追求。要以培养担当民族复兴大任的时代新人为着眼点，强化教育引导、实践养成、制度保障，发挥社会主义核心价值观对国民教育、精神文明创建、精神文化产品创作生产传播的引领作用，把社会主义核心价值观融入社会发展各方面，转化为人们的情感认同和行为习惯"。② 二十大报告强调，"深入开展社会主义核心价值观宣传教育，深化爱国主义、集体主义、社会主义教育，着力培养担当民族复兴大任的时代新人。"

总之，理论只有大众化，才可能发挥指导作用，而大众能接受理论的指导，才有可能在现实中倡导和践行社会主义核心价值观。

### (三)制度督导与教育疏导的互补

"制度是一系列被制定出来的规则、守法程序和行为的道德伦理规范"③，制度的设计和督导是落实培育社会主义核心价值观的重要路径。同时，加强对公众的教育和引导，也是培育和弘扬社会主义核心价值观的基础。

### 1. 制度督导

制度建设和督导是培育社会主义核心价值观的重要保障。《意见》要求，"注重把社会主义核心价值观相关要求上升为具体法律规定，充分发挥法律的规范、引导、保障、促进作用，形成有利于培育和践行社会主义核心价值观的良好法治环境。"④

---

① 《马克思恩格斯选集》第 1 卷，人民出版社 2012 年版，第 134 页。
② 《习近平谈治国理政》第 3 卷，外文出版社 2020 年版，第 33 页。
③ [美]诺思著：《经济史中的结构与变迁》，三联书店 1994 年版，第 225-226 页。
④ 《十八大以来重要文献选编》(上)，中央文献出版社 2014 年版，第 582 页。

　　在市场经济条件下，不仅国家和社会层面的价值取向，而且个人价值标准的监督和弘扬，也是更多地依赖制度和法治的安排。如在民主价值目标的培育中，正如恩格斯所言，"首先无产阶级革命将建立民主的国家制度，从而直接或间接地建立无产阶级的政治统治"。① 人民代表大会制度，政治协商制度，基层民主制度，民主选举、决策、监督制度的设计与落实，才能真正实现民主的国家制度。在践行自由的价值取向上，只有通过制度和法律来落实经济自由、政治自由、迁徙自由等，才会有公众对自由的认知。在落实平等的价值理念上，只有制度保障的经济平等、政治平等、法律平等、规则平等，才有平等的现实达成。在公正的践行中，只有制度的公平正义，才有结果的公平。对法治的信念更是建立在法律的制度建设和执行中。在现代社会，对诉诸个人品行方面的价值要求，也在一定程度上需要制度监管。如敬业的要求，不仅是一项职业道德的要求，也是一项制度规定，各个行业建立的岗位职责管理制度，就是对敬业准则的制度约束。如诚信的品质，也需要诚信制度的建构来加以巩固。无论对企业还是个人的诚信要求，建立征信制度都是一条切实有效的捷径。通过建立征信制度为守信企业和个人树立良好的社会形象，对失信的行为进行惩罚，可以有效地确立诚信的价值。

　　《意见》指出："要把践行社会主义核心价值观作为社会治理的重要内容，融入制度建设和治理工作中，形成科学有效的诉求表达机制、利益协调机制、矛盾调处机制、权益保障机制，最大限度增进社会和谐。创新社会治理，完善激励机制，褒奖善行义举，实现治理效能与道德提升相互促进，形成好人好报、恩将德报的正向效应。完善市民公约、村规民约、学生守则、行业规范，强化规章制度实施力度，在日常治理中鲜明彰显社会主流价值，使正确行为得到鼓励、错误行为受到谴责。"② 就是要通过制度的建设和监督，在各个环节使社会主义核心价值观能真正落到实处。

　　2018 年 5 月中共中央印发了《社会主义核心价值观融入法治建设立法修法规划》。《规划》强调，要以习近平新时代中国特色社会主义思想为指导，坚持全面

---

① 《马克思恩格斯选集》第 1 卷，人民出版社 2012 年版，第 304 页。
② 《十八大以来重要文献选编》(上)，中央文献出版社 2014 年版，第 582 页。

依法治国，坚持社会主义核心价值体系，着力把社会主义核心价值观融入法律法规的立改废释全过程，确保各项立法导向更加鲜明、要求更加明确、措施更加有力。对平等交换、公平竞争、民主政治、生态文明等价值观，都提出了融入制度建设、法治建设的要求。同时提出探索制定公民文明行为促进方面的法律制度，引导和推动全民树立文明观念，推进移风易俗，倡导文明新风。只有将社会主义核心价值观的精神实质和内涵要求贯穿到制度和法治建设中，才能推动全民行动和坚持，培育和践行社会主义核心价值观才能落到实处。党的十九届四中全会的决议提出，要"坚持依法治国和以德治国相结合，完善弘扬社会主义核心价值观的法律政策体系，把社会主义核心价值观要求融入法治建设和社会治理"①，就是用制度培育社会主义核心价值观的重要举措。

## 2. 教育疏导

学校教育、家庭教育等环节对社会主义核心价值观的培育也有重要的作用，特别是发挥学校的主渠道的作用，是大力倡导社会主义核心价值观的有效路径，是对制度督导的有效互补。

在学校教育中大力宣讲社会主义核心价值观是培育和践行社会主义核心价值观的重要一环。《意见》指出，"培育和践行社会主义核心价值观要从小抓起、从学校抓起"。因此，儿童、青少年是培育和践行社会主义核心价值观最重要的主体，是国家繁荣兴盛的希望和未来。因此，为了社会的发展和国家的未来，政府和教育部门应该有计划、有步骤地在学校教育中进行社会主义核心价值观的教育和疏导。《意见》要求"适应青少年身心特点和成长规律，深化未成年人思想道德建设和大学生思想政治教育，构建大中小学有效衔接的德育课程体系和教材体系，创新中小学德育课和高校思想政治理论课教育教学，推动社会主义核心价值观进教材、进课堂、进学生头脑"。② 所以，要有组织地编写针对不同层次和阶段学生的教材和辅导资料，由浅入深地领会社会主义核心价值观的内涵、内容、要求。教材的编写，力求浅显易懂、图文并茂，确立主题，突出重点，让学生在

---

① 《十九大以来重要文献选编》（中），中央文献出版社 2021 年版，第 284 页。
② 《十八大以来重要文献选编》（上），中央文献出版社 2014 年版，第 580 页。

理论联系实践中学习和领悟社会主义核心价值观,并做到对社会主义核心价值观的自觉践行和弘扬。

同时《意见》指出要"完善学校、家庭、社会三结合的教育网络,引导广大家庭和社会各方面主动配合学校教育,以良好的家庭氛围和社会风气巩固学校教育成果,形成家庭、社会与学校携手育人的强大合力"。① 家庭是一个人成长的主要场所和环境,家庭文化氛围如何、家风如何、家庭教育如何直接影响一个人的成长,因此在家庭教育中培育社会主义核心价值观也是一条非常重要的途径。家庭不仅是传承传统价值观的舞台,也应成为倡导主流价值观的阵地。家庭是生活的场所,也是学习的场所,父母可谓孩子的第一任教师,因此父母首先要以身作则,如家庭生活中的民主作风、平等意识、公平相待、诚实守信、与人为善等,都会对孩子有潜移默化的影响。另外,父母还要有意识对子女进行社会主义核心价值观的教育,树立家庭成员的爱国意识、文明观念、和谐理念等。

另外,还要注重发挥社会实践的养成作用,完善实践教育教学体系。"当学校能在这样一个小社会里引导和训练每个儿童成为社会的成员,用服务的精神熏陶他,并授予有效的自我指导的工具时,我们将拥有一个有价值的、可爱的、和谐的大社会的最强大的并且最好的保证。"② 所以说加强实践育人可以说是培养社会主义建设者的最佳途径。《意见》要求以广泛开展道德实践活动,深化学雷锋志愿服务活动,深化群众性精神文明创建活动,重视民族传统节日,开展革命传统教育等方式,进行涵养社会主义核心价值观的实践活动。2015 年 5 月由中央宣传部、中央文明办印发的《培育和践行社会主义核心价值观行动方案》提出了 15 项具体实践行动方案,包括爱国主义教育活动、群众性精神文明创建活动、学雷锋志愿服务活动、诚信建设制度化、节俭养德全民节约行动、公正文明执法司法活动、平安中国建设活动、民族团结进步创建活动、文明旅游活动、全民科学素质行动、扶贫济困活动、爱国卫生运动、文明办网文明上网活动、公众人物"重品行树形象做榜样"活动、"三严三实"专题教育等。这些实践活动,可以先从家庭做起,如传统文化教育活动、文明上网活动、友善他人的扶贫济困活动等,然

① 《十八大以来重要文献选编》(上),中央文献出版社 2014 年版,第 580 页。
② [美]杜威著:《学校与社会》,人民教育出版社 2005 年版,第 138 页。

后辐射街道、社区、乡村，深化群众性精神文明创建活动，形成培育和践行社会主义核心价值观的新气象。

制度监督的"硬约束"与教育疏导的"软约束"相互作用，相互补充，是培育和践行社会主义核心价值观的可行路径。

## （四）舆论引导与榜样先导的兼重

舆论宣传与引导也是培育和践行社会主义核心价值观的有效途径，同时榜样的带头作用的发挥，也是培育和践行社会主义核心价值观的必要路径。

### 1. 舆论引导

在培育和践行社会主义核心价值观中，需要重视大众传播媒介的宣传导向功能。大众传播媒介不仅在宣传培育和践行社会主义核心价值观政策理论方面发挥作用，更应该为践行社会主义核心价值观提供正确的舆论导向。

《意见》指出，"新闻媒体要发挥传播社会主流价值的主渠道作用。坚持团结稳定鼓劲、正面宣传为主，牢牢把握正确舆论导向，把社会主义核心价值观贯穿到日常形势宣传、成就宣传、主题宣传、典型宣传、热点引导和舆论监督中，弘扬主旋律，传播正能量，不断巩固壮大积极健康向上的主流思想舆论。党报党刊、通讯社、电台电视台要拿出重要版面时段、推出专栏专题，出版社要推出专项出版，运用新闻报道、言论评论、访谈节目、专题节目和各类出版物等形式传播社会主义核心价值观。都市类、行业类媒体要增强传播主流价值的社会责任，积极发挥自身优势，适应分众化特点，多联系群众身边事例，多运用大众化语言，在生动活泼的宣传报道中引导人们培育和践行社会主义核心价值观。强化传播媒介管理，不为错误观点提供传播渠道。新闻出版单位和从业人员要强化行业自律，切实增强传播社会主义核心价值观的责任意识和能力，将个人道德修养作为从业资格考评重要内容"。① 党的十九届四中全会要求，要"完善坚持正确导向的舆论引导工作机制。坚持党管媒体原则，坚持团结稳定鼓劲、正面宣传为主，

---

① 《十八大以来重要文献选编》（上），中央文献出版社 2014 年版，第 582-583 页。

唱响主旋律、弘扬正能量"。① 这就要求党报党刊首先要努力进行宣传工作，在舆论宣传教育中，加强主流文化和主流价值的宣传，宣传中国特色社会主义建设的成果，宣传全面深化改革的方针政策，坚定社会主义理想信念。同时，大众传媒对践行社会主义核心价值观的典型事例、模范人物要广泛深入地宣传报道，以引导公众对社会主义核心价值观的认同和践行。通过广播、电视、报纸、刊物、网络等平台，对模范遵守社会主义核心价值观的群体或个体进行宣传报道，可以扩大培育和践行社会主义核心价值观的影响力和渗透力。此外，大众传媒对违反社会主义核心价值观行为的谴责和监督，也是舆论引导工作的一部分。通过媒体开展舆论监督，对违反社会主流价值的群体和个体予以曝光，从而引导社会舆论对之指责，使公众从中受到教育和启迪，也是培育和践行社会主义核心价值观的有力武器。正如《中共中央关于进一步全面深化改革 推进中国式现代化的决定》所提出的，要"构建适应全媒体生产传播工作机制和评价体系，推进主流媒体系统性变革。完善舆论引导机制和舆情应对协同机制。"

在舆论宣传中还要做到贴近基层、贴近群众、贴近生活，用通俗易懂、生动活泼的语言吸引市民，提高舆论引导的感染力和吸引力，注重宣传的有效性。"基本理论的宣传教育要联系实际，不要搞得空空洞洞。"②社会主义核心价值观作为中国特色社会主义理论成果的表达和阐释，还带有学理化、学术化的色彩，对于广大人民群众来说，有些语言和表述还过于深奥、难以理解。因此，要使社会主义核心价值观真正被群众掌握，还必须联系实际，让群众听得懂，弄得清，学得会。为此，我们在宣传和解读社会主义核心价值观的理论成果的时候，还要注意用百姓听得懂的语言来表述，用通俗化、大众化的语言来解读和宣传社会主义核心价值观。

《意见》要求，"建设社会主义核心价值观的网上传播阵地。适应互联网快速发展形势，善于运用网络传播规律，把社会主义核心价值观体现到网络宣传、网络文化、网络服务中，用正面声音和先进文化占领网络阵地。做大做强重点新闻网站，发挥主要商业网站建设性作用，形成良好的网上舆论环境，集聚网上舆论

---

① 《十九大以来重要文献选编》（中），中央文献出版社 2021 年版，第 284 页。
② 《刘少奇选集》下卷，人民出版社 1985 年版，第 88 页。

引导合力。做好重大信息网上发布，回应网民关切，主动有效进行网上引导。推动中华优秀传统文化和当代文化精品网络化传播，创作适于新兴媒体传播、格调健康的网络文化作品。依法加强网络社会管理，加强对网络新技术新应用的管理，推进网络法治建设，规范网上信息传播秩序，整治网络淫秽色情和低俗信息，打击网络谣言和违法犯罪，使网络空间清朗起来"①。党的十九届四中全会也提出，要"建立健全网络综合治理体系，加强和创新互联网内容建设，落实互联网企业信息管理主体责任，全面提高网络治理能力，营造清朗的网络空间。"②当今社会信息爆炸，尤其是网络信息良莠不齐，"当人们被大量信息所包围时，会难以分辨应该关注的焦点。于是注意力而非信息就成了稀有的资源，那些能够从混杂的背景中分辨有价值信息的人就掌握着力量"③。因此，在网络舆论宣传中，还要注意对有价值信息的分辨，引导公众对有价值信息的注意力，才能有效地使舆论引导产生吸引力和有效力。

2. 榜样先导

列宁曾指出，"在政权转到无产阶级手里以后，在剥夺了剥夺权以后，情况就根本改变了，而且，如一些最著名的社会主义者多次指出过的那样，榜样的力量第一次有可能表现自己的广大影响。模范公社应该成为而且一定会成为落后公社的辅导者、教师和促进者"④。在今天培育和践行社会主义核心价值观中，我们要看到榜样的先导作用，发挥其积极的影响力，使之成为社会主流价值观的先行者和促进者。

《意见》指出，"党员、干部要做培育和践行社会主义核心价值观的模范。党员、干部特别是领导干部要在培育和践行社会主义核心价值观方面带好头，以身作则、率先垂范，讲党性、重品行、作表率，为民、务实、清廉，以人格力量感召群众、引领风尚。加强理想信念教育，引导党员、干部着力增强走中国特色社

---

①　《十八大以来重要文献选编》（上），中央文献出版社 2014 年版，第 583 页。
②　《十九大以来重要文献选编》（中），中央文献出版社 2021 年版，第 285 页。
③　［美］约瑟夫·奈著：《软力量——世界政坛成功之道》，东方出版社 2005 年版，第 116 页。
④　《列宁选集》第 3 卷，人民出版社 2012 年版，第 493 页。

会主义道路、为党和人民事业不懈奋斗的自觉性和坚定性，做共产主义远大理想和中国特色社会主义共同理想的坚定信仰者。加强党性教育，引导党员、干部贯彻党的群众路线，弘扬党的优良传统和作风，以优良党风促政风带民风。加强道德建设，引导党员、干部始终保持高洁生活情趣，坚守共产党人精神追求"。①这就要求党员、干部要首先成为践行和弘扬社会主义核心价值观的典范和榜样，为群众带好头。党的二十大报告要求党员干部，"要加强理想信念教育，引导全党牢记党的宗旨，解决好世界观、人生观、价值观这个总开关问题，自觉做共产主义远大理想和中国特色社会主义共同理想的坚定信仰者和忠实实践者。"只有这样才能发挥联系群众的桥梁纽带作用，组织动员广大人民群众坚定不移跟党走。

在践行和弘扬公民个人层面的价值准则方面，要注意挖掘典型、树立榜样，发挥榜样人物的先进先导作用。大力树立爱国敬业的典范，鼓励人们在自己的岗位上为人民服务，也是践行和弘扬社会主义核心价值观的最直接的体现。大力弘扬先进人物身上所呈现的诚信精神，不仅可以起到引领社会风尚的作用，也是打造诚信品行的有效手段。大力传播好人好事、善行善举，不仅是弘扬社会主义核心价值观的需要，更是可以让这个社会多一些温暖和和谐。正如刘少奇同志所说，"先进生产者不只是要保持自己的先进，而且要努力促进别人由落后达到先进。因此，先进生产者必须用一切方法帮助和教会别人，并且不断地争取更加先进"，"每一个普通生产者应当向先进生产者学习，向先进生产者看齐，迅速地把一般的生产水平提高到先进分子的水平"②。一个榜样和模范，就是身边一个个具体生动的事例，不仅可敬可亲也可学，让主流价值观不再那么抽象。树立榜样和先进，对于倡导主流价值，弘扬社会正气，具有重要的社会作用。

党的二十大报告再次强调要广泛践行社会主义核心价值观。指出，"社会主义核心价值观是凝聚人心、汇聚民力的强大力量"，要"把社会主义核心价值观融入法治建设、融入社会发展、融入日常生活。"因此，社会主义核心价值观要真正做到入脑入心入行，必须多方合力、齐抓共管，不断学习、不断实践，才能形成核心价值观凝心聚力的良好局面。

---

# 第九章　中国精神之基础

　　中国精神是一个具有层次性和结构性的内在系统。在这个精神系统中，社会心理、社会思想道德作为一种感性层面、个体层面的社会意识，处于精神结构的基础性层面。社会心理是对社会存在的一种感性的、零星的、不系统的反映，是形成理性认识和社会认知的情感基础。社会思想道德是对个体与社会、集体和他人之间关系的反映，折射出一个国家和民族思想道德的总体状况。中国精神是一个国家和民族体现出的总体精神面貌和状态，它是从整体和宏观层面对一个国家和民族精神成果进行的提炼，反映了一个国家上层建筑和意识形态的要求，特别是体现着社会性质和发展方向的精神内容，处于国家或民族精神结构金字塔的高层。万丈高楼平地起，无论一个国家和民族的精神结构有多高，它们都以社会存在及其对社会存在的反映的社会心理和以个体对社会存在的反映为基础。只有在良好社会心理、社会思想道德的基础上，才能培育出积极健康的精神状态。

## 一、中国精神的基础性内容

　　中国精神既然是当代中国人民客观精神状态的反映，那么也必然受一定的社会意识和社会心理的影响。在当代中国，"社会主义思想道德"和"社会心理"在"中国精神"的结构中处于基础地位。思想道德与社会心理既相互联系、相互支撑，又相互区分。这种基础性作用既表现在为中国精神的产生提供直接精神资源，又直接对中国精神发展的复杂交织性过程产生影响。

（一）中国精神基础的构成

考察中国精神基础之构成必须要理清两个问题：其一，什么是中国精神之基础？其二，这个基础由哪几个部分组成？

从中国精神来源来看，中国精神作为一种社会意识，是社会存在的反映。社会意识源于社会存在，反映社会存在，又对包括社会生活实践的社会存在起能动的反作用。然而对什么是中国精神之基础这个问题的认知，有人存在认识上的误区，认为社会生活实践才是中国精神产生的真正源头，是中国精神之基础。这个误解是基于对"基础"二字字义所致。那么何谓"基础"呢？有一个很形象的比喻："墙高基下，虽得必失"，即墙壁赖房基所支撑，倘若房基不牢，却把围墙砌得高高的，那么房子也必将很快崩溃。在中国的哲学中，基础指的是一系统中对整个系统起到支撑作用的部分要素，是决定一系统发展变化、发挥功能作用的原初性禀赋。中国汉语词典中将"基础"一词定义为"事物发展的根本或起点"。从对"基础"字义的考察我们发现，基础在某种程度上可以作为该系统的内部要素，是该系统产生和发展的基本要素，而不是该系统的决定性外部要素。考察中国精神的产生，我们发现中国精神作为一种社会精神，确实是人们从社会生活实践中自觉提炼出来的。先是有个体中国人的积极精神状态，而后这种精神状态成为社会大多数人的精神。这种社会精神反映客观的社会生活实践，并且由低级的社会意识、个体精神等集约和升华而来。但是这种社会精神往往具有相对的独立性，成为一个独立的系统。在这个过程中，社会生活实践是外在的决定性因素，社会意识的其他组成则是中国精神产生的主要来源。在更广义的范围上，这些社会意识甚至可以作为中国精神的一部分。因此我们将社会意识认为是中国精神之基础。

中国精神基础之构成主要为社会心理和思想道德两个部分。在马克思主义的理论中，社会意识是与社会存在相对应的范畴，"它概括了人们的一切意识要素、观念形态和人类社会的全部精神现象和精神生活过程"[1]。社会心理和社会意识形态是社会意识的两个基本层次，中国精神基础也包括这两个层次。

---

① 王克孝等主编：《辩证法研究》，人民出版社1993年版，第291页。

一是社会心理基础，"社会心理是人们在日常社会实践中自发形成的不定型、不系统的社会意识，包括个人心理、阶级心理、民族心理、时代心理等，具体表现为人们的情绪、意向、风尚、自发倾向、朴素信念等"①。我们个人常常因为发生某件事，情不自禁地感到高兴，产生某种希望和愿望。而当这种高兴以及由高兴而来的希望和愿景在社会中广泛流行起来时，就成为社会心理。但是社会心理却具有更大的普遍性，随时随地在起作用。人们的风俗习惯、地域时节、社会心态虽然看似不起眼，但却贯穿着每个人的知、情、意、行心理活动，是所有人的精神活动和意识领域中的具有基础性的潜在社会意识。但并不是所有的社会心理都可以归之为中国精神的基础，只有那些积极的、向上的国民心态和风俗习惯等才能列入其中。

二是思想道德基础。"社会意识形态是有确定规范的、相对稳定的、系统的社会意识，包括政治、法律、道德、艺术、宗教、哲学、科学等形式。"②社会意识形态并不是自发形成的，也无法自发形成，而是一大批思想家自觉创立的。无论是政治、法律，还是艺术、道德、宗教、哲学、科学各种意识形态，都经过各种思想家们的系统加工而创立。思想、道德就是社会意识形态的精华，是最能够代表社会意识形态、最能够对中国精神产生影响的社会意识形态。思想道德是由概念、判断、推理构成的较严密的体系，它所反映的是事物的本质，有明确的分工和相对稳定的形式，是高层次的社会意识。社会意识形态对社会存在的作用是高层次的，社会意识的各种形式，可以在某个或某些领域起主导作用，甚至可以指导某一时代、某一国家、某一民族的社会生活。中国精神是理论化的、系统化的精神综合，马克思主义在其中扮演着关键的指导角色。因此社会主义思想道德也是中国精神的重要基础。

## （二）中国精神基础的内部关系

中国精神的两大基础之间的关系是怎么样的？简而言之，一是相互区分、特点分明，二是相互联系、互相作用。

① 罗杰之：《马克思主义基本原理及其当代形态》，东方出版社1989年版，第105页。
② 罗杰之：《马克思主义基本原理及其当代形态》，东方出版社1989年版，第105页。

为什么是相互区分、特点分明？如前所述，社会意识从发展过程和水平高低来区分可以分为社会心理和社会意识形态，所以社会心理和思想道德的区分更多是从发展过程和水平高低角度进行的。从发展过程来说，人们先是有对某一事物的感性认识、心理情绪，然后才有对事物的理性认识、有思想体系。从水平上来说，社会心理具有自发性、朴素性、多变性，是人们在生活中自发形成的、交织着感性因素和理性因素的社会意识。社会心理往往是直接感受和体验，处在混沌状态，是低层次的社会意识。因此中国精神的社会心理基础如国民心态、社会风尚等都属于低层次的以感性因素为主、感性与理性交织的社会意识。而中国精神的思想道德基础则截然不同，思想道德是社会意识形态的重要组成部分，是高水平的社会意识，是社会意识的精华。因为"社会意识形态"是间接反映社会存在的稳定的抽象的分工明确的社会意识，是从社会生活之中所升华出的高水平的社会意识。两个基础部分的特点分明，所以边界也是明晰的。

何为相互联系、相互作用？一方面，社会心理虽然是低层次的社会意识，但是对人们的理性认识活动产生着重要影响，被认为是经济基础和社会意识形态之间的中介形式。"社会心理则是一种零星的、不系统的感情、表象和观念的混合物。这种混合物乃是对经济基础的直接的、粗糙的、不成熟的反映。"[1]这种中介形式的最大优势在于能够使人比较清晰地洞见不同阶级或阶层的利益、愿望和要求。而一旦社会心理被加工为社会意识形态，则这些利益、愿望和要求就不再用直接的形式表露出来，而可能采取了隐蔽的，甚至是颠倒的方式。但无论社会意识形态如何加工，其倾向、愿望、要求、态度却总是基于社会心理而存在的。"在社会心理和社会意识形态这两大类型之间，低级的社会心理和感性认识一起，为理性认识提供原料和基础，理性认识形成以后又为社会心理提供指导，使其上升为高级的社会心理，从而推动整个社会意识的前进运动。"[2]另一方面，思想道德这样高层次的社会意识形态很容易引起社会心理的复杂变化。如近代中国社会农民阶级的社会心理就像马克思分析法国小农的那样："他们不能代表自己，一定要别人来代表他们。他们的代表一定要同时是他们的主宰，是高高站在他们上

---

①　俞吾金：《意识形态论》（修订版），人民出版社 2009 年版，第 338 页。

②　孟庆仁：《现代唯物史观大纲》，当代中国出版社 2002 年版，第 64 页。

面的权威，是不受限制的政府权力，这种权力保护他们不受其他阶级侵犯，并从上面赐给他们雨水和阳光。"①但是这种社会心理在马克思主义传入中国并成为整个社会的意识形态之后却发生了翻天覆地的变化，农民起来做了自己的主人，所以说思想道德这样的高级社会意识也对社会心理产生着巨大的作用。中国精神中包含着精髓的理性认识，必然要以社会心理和社会意识形态的相互作用为前提，在两者所造成的社会意识的前进运动中自我完善和自我净化。

（三）中国精神基础的价值

对中国精神而言，思想道德基础和社会心理基础的基础性作用主要体现在以下两方面：一是为中国精神的产生提供直接的社会意识资源，二是在中国精神发展和完善的进程中具有重大影响。

其一，思想道德基础和社会心理基础为中国精神的产生提供直接的社会意识资源。虽然在某种程度上说精神方面的发展和进步也有着其固有路径，但社会精神方面的变动一般依赖物质实践的变动。近代以来，尤其是中国共产党成立以来，中国传统生产方式、政治经济制度有了翻天覆地般巨大的革新，社会精神方面也一扫几千年封建社会的沉疴，人民当家作主的积极自信、敢教日月换新天的勇气与豪迈等呈现出中国人民高昂的精神状态。人们的国民心态、社会风尚、文明习惯愈加演进，爱国主义、集体主义等社会主义的思想道德在全社会扎根并成为日益强大显露或潜在的"直指人心"的影响力。个人的积极心理形成了社会的积极心理，科学进步的社会主义思想道德成为人们的思想指引和基本遵循。这一切都为中国精神的产生提供了丰厚的精神资源。以爱国主义为核心的民族精神和以改革创新为核心的时代精神全都是在这一时期得到滋养并日益形成。正是以社会主义思想道德和社会心理为基础，"中国精神"旗帜的构筑有了更坚实的支撑。原来朴素自发的爱国、自强、团结等观念升华成为自觉的民族精神，攻坚克难、改革创新等观念也都升华成为自觉的时代精神。中国人民的精神由被动转为主动。

其二，思想道德基础和社会心理基础在中国精神的发展和完善进程中有着巨

---

① 《马克思恩格斯选集》第一卷，人民出版社 2012 年版，第 763 页。

大的影响。新时代以来，脱贫攻坚精神和伟大抗疫精神是中国人民在完成新时代的新任务、迎接新挑战的实践中对中国精神的弘扬和发展。在全面建成小康社会的脱贫进程中，中国共产党人"上下同心、尽锐出战、精准务实、开拓创新、攻坚克难、不负人民"，带领全国人民脱贫奔小康。面对突发的新冠肺炎疫情，中国共产党带领全国人民"生命至上、举国同心、舍生忘死、尊重科学、命运与共"，与病毒展开殊死搏斗，中国精神在新时代的伟大实践中被增添了新的内涵。而在这新的内涵的背后，有积极有为、不怕困难的国民心态，有和谐奉献、团结一心的社会风尚，有集体主义、爱国主义的道德精神原则，尤其是有马克思主义的思想指导。正是有了马克思主义思想的内核，中国精神的社会主义方向才更加坚定不移，中国精神战胜艰难险阻的精神力量更加充沛。因此，中国精神的每一个完善和发展都离不开思想道德基础和社会心理基础的作用。这种作用是基础性的，或者堂堂正正，或者潜移默化，使中国精神不断发展壮大。

## 二、中国精神的思想道德基础

作为高级社会意识的思想道德包含了思想体系和道德规范体系的内容，是最精华、最稳定、最有影响的社会意识形态。社会主义思想道德是中华人民共和国成立以来一直在中国占据主导地位的社会意识，是促进中国精神发轫的主要基础之一。"中国共产党领导人民在革命、建设和改革历史进程中，坚持马克思主义对人类美好社会的理想，继承发扬中华传统美德，创造形成了引领中国社会发展进步的社会主义道德体系。"①以"为人民服务"为核心、以"马克思主义思想体系"和"社会公德、职业道德、家庭美德、个人品德"为主要内容、以"集体主义"为基本原则、以"爱祖国、爱人民、爱劳动、爱科学、爱社会主义"为基本要求的社会主义思想道德对中国精神产生着基础性的作用。扎根于社会主义思想道德之中，"中国精神"才能牢牢地坚持着社会主义方向，才能激发一代代中国人民锐意进取、改革拼搏的精气神，才能稳固地为最广大人民的奋起提供最蓬勃和持久的精神力量。

---

① 《新时代公民道德建设实施纲要》，人民出版社 2019 年版，第 1 页。

## （一）社会主义思想道德的内涵

### 1. 社会主义思想道德的内涵

思想指的是对存在的理性思维结果，道德是人们共同生活的准则或行为规范。"思想道德"一词包含了比思想体系、道德规范的更广范畴，是思想体系指导的道德体系。社会主义思想道德特指中国特色社会主义社会的思想道德体系。

思想道德作为一个专门概念最早出现于 1986 年，在中共中央的文件中，文件名为《中共中央关于社会主义精神文明建设指导方针的决议》（以下简称《决议》）。《决议》指出："社会主义精神文明建设的根本任务，是适应社会主义现代化建设的需要，培育有理想、有道德、有文化、有纪律的社会主义公民，提高整个中华民族的思想道德素质和科学文化素质。""精神文明建设，包括思想道德建设和教育科学文化建设两个方面，渗透在整个物质文明建设之中，体现在经济、政治、文化、社会生活的各个方面。"①《决议》把思想道德作为与科学文化相对应的概念提出，并作为社会主义精神文明建设的重要组成部分，明确界定了思想道德这一概念所属领域。到了 1996 年，中央出台的《中共中央关于加强社会主义精神文明建设若干重要问题的决议》则进一步科学地界定了思想道德的性质和内涵："社会主义思想道德集中体现着精神文明建设的性质和方向，对社会政治经济的发展具有巨大的能动作用。在改革开放和现代化建设的整个过程中，思想道德建设的基本任务是：坚持爱国主义、集体主义、社会主义教育，加强社会公德、职业道德、家庭美德建设，引导人们树立建设有中国特色社会主义的共同理想和正确的世界观、人生观、价值观。"2001 年颁布实施的《公民道德建设实施纲要》和 2019 年颁布实施的《新时代公民道德建设实施纲要》进一步明确了社会思想道德的基本内容。

### 2. 社会主义思想道德的结构与边界

社会主义的思想意识体系和社会主义的道德体系在社会主义思想道德范畴中

---

① 中共中央文献研究室：《社会主义精神文明建设文献选编》，中央文献出版社 1996 年版，第 244 页。

不是无序排列、任意组合的，而是结构明确、分工明晰的。简而言之，社会主义思想道德是以思想为指导、以具体的道德原则和规范为内容。没有思想的道德是没有灵魂的，道德不可能凭空而来，一定是基于人类固有的思想原则的，必须受思想体系所影响和制约。如果社会主义思想道德是一个三层的三角形的结构，那么以马克思列宁主义、毛泽东思想和中国特色社会主义理论体系为核心的社会主义思想体系就居于最上层，在社会主义思想道德中主要体现为对人们理想信念、价值观念和道德观念的思想引领，对世界观、人生观、价值观的塑造和对人们一切从实际出发等方法论的养成等。中共中央颁布的《新时代公民道德建设实施纲要》的总体要求首先就是要以马克思主义中国化的最新成果——习近平新时代中国特色社会主义思想为指导。社会主义思想道德的主体内容是社会主义的道德体系。该道德体系占据着这个三层三角形的剩下两层。社会主义道德体系既全面又深刻，有最本质的马克思主义道德观，有最核心的为人民服务理念，也有多领域多层次的道德规范等，包括社会公德、职业道德、家庭美德、个人品德四个层次的道德规范是社会主义道德体系的主要内容。完整而有效的社会主义思想道德结构使社会主义思想道德不仅底蕴厚重而且影响深远，成为厚培中国精神产生和发展的道德沃土。

因为在阶级社会中，社会意识主要体现为统治阶级的意识。"阶级的社会中之社会意识，实则为特殊阶级之意识。"①因此不同的阶级社会其社会意识往往不同。奴隶社会的思想道德、封建社会的思想道德、资本主义社会的思想道德和社会主义社会的思想道德有着本质的区别。在中国这一社会主义社会，以工人阶级为领导的最广大人民群众是社会的统治阶级，思想道德自然要反映最广大人民之思想、反映最广大人民之道德，是为社会主义思想道德。因此社会主义思想道德从本质上来说是当代社会主义中国社会意识之精华。

社会主义思想道德与资本主义思想道德相对应，两者虽然有很多人类社会所共同具有的特征，但却又有着本质区别。一是其经济基础的区别。社会主义思想道德以社会主义公有制为经济基础，而资本主义思想道德以资本主义私有制为经济基础。经济基础的差异是根本性的，根植于社会主义公有制基础上的社会主义

---

① 《李达文集》第 1 卷，人民出版社 1980 年版，第 292 页。

思想道德才能是"最广大人民的道德"。而资本主义思想道德则本质上是为作为统治阶级的资本家服务。二是核心要义有本质区别。社会主义思想道德以"为人民服务"为核心，解决的是道德规范也必然要为人民的全面发展服务的问题；而资本主义思想道德则以"为资本服务"为核心，强调的是客观环境中的适者生存，其思想道德更多的是为资本家之类的"强者"服务。三是其基本原则有本质区别。社会主义思想道德以集体主义为原则，更关心普罗大众的生活琐事和公共事务；而资本主义思想道德以个人主义为原则，更关注个人与社会的边界，更重视对个人的道德约束。不可否认的是，资本主义思想道德也是人类文明的思想结晶，社会主义思想道德并不是和资本主义思想道德截然分开、井水不犯河水。社会主义思想道德应当吸收既往人类道德文明成果中的一切合理成分，也包括吸收资本主义社会的合理道德成果。

## (二) 社会主义思想道德的基本内容

1. 社会主义思想道德的灵魂："坚持马克思主义道德观、社会主义道德观，倡导共产主义道德"①

道德观指的是人们对道德的一般看法和根本观点，马克思主义道德观是从马克思主义视角出发对道德的最一般的认知、价值判断等。判断一面旗帜是不是社会主义的，首先要看是否接受马克思主义的指导，而接受马克思主义的指导必须坚持马克思主义道德观。犹如壮丽日出的马克思主义理论揭示着人类自身、人类社会发展的规律，其道德观是科学的。社会主义思想道德作为社会主义社会的高级社会意识，必须要反映马克思主义道德观。马克思主义道德观的核心观点是强调没有绝对的永恒的道德，只有不同社会和不同阶级的道德。"社会直到现在是在阶级对立中运动的，所以道德始终是阶级的道德；它或者为统治阶级的统治和利益辩护，或者当被压迫阶级变得足够强大时，代表被压迫者对这个统治的反抗和他们的未来利益。"②我们而今所讲的"社会主义社会"是人们从资本主义社会向

---

① 《新时代公民道德建设实施纲要》，人民出版社 2019 年版，第 4 页。
② 《马克思恩格斯选集》第 3 卷，人民出版社 2012 年版，第 471 页。

共产主义社会的过渡阶段，我们还处在社会主义初级阶段。这是我们考虑道德问题时最大的现实。社会主义道德观是与这一阶段相适应的道德观念。社会主义思想道德是适应社会主义社会的，是为着最广大人民的思想体系和道德规范，因此我们要加强思想道德建设，始终践行着社会主义社会道德。

倡导共产主义道德是对马克思主义道德观的坚持一以贯之的自然结果。列宁曾经深刻指出："在共产主义者看来，全部道德就在于这种团结一致的纪律和反对剥削者的自觉的群众斗争。我们不相信有永恒的道德，并且要揭穿一切关于道德的骗人的鬼话。道德是为人类社会上升到更高的水平，为人类社会摆脱对劳动的剥削服务的。"①共产主义道德究竟是什么样子？在共产主义社会未到来之前谁也无法给一个清晰准确的定义，但是共产主义是为了"人自由而全面地发展"的。在未来的共产主义社会，人们已经得到了解放，不再受限于资本逻辑的剥削。"道德是为摧毁剥削者的旧社会、把全体劳动者团结到创立共产主义者新社会的无产阶级周围服务的。"②共产主义道德必然要求人们着眼于阶级的解放和整个人类的解放，要求广大人民团结起来建设社会主义社会，从而向共产主义社会进军。因此我们可以将社会主义道德和共产主义道德的实质理解为真正的人的世界和人的关系的体现："它们始终如一地关注人的发展与完善、关注人际关系的协调与和谐。"③而当共产主义道德的全部细节还没有得到充分展现时，其倡导的很多原则已经贯彻在我们当今的社会主义思想道德之中了。《新时代公民道德建设实施纲要》中提出的"倡导共产主义道德"，并不是要生硬地将共产主义社会的道德强加在社会主义社会的所有成员身上，而是要求社会成员在践行社会主义道德之时不忘共产主义道德的更高要求。以党员为先锋促进人们对共产主义道德的认知和践行，为将来共产主义社会的道德实践打下坚实基础。

2. 社会主义思想道德的核心：为人民服务

为人民服务是社会主义道德建设的核心，也是社会主义精神文明建设的客观

---

① 《列宁选集》第 4 卷，人民出版社 2012 年版，第 292 页。

② 《列宁选集》第 4 卷，人民出版社 1995 年版，第 290 页。

③ 王小锡：《社会主义道德和共产主义道德的基本特征及其当代启示》，《伦理学研究》2009 年第 2 期。

要求。为人民服务首先要解决的是"为什么人"的问题，这是最根本的原则问题。在共产党夺取政权以前，"为人民服务"还只是中国共产党人所代表的一部分最先进、最有远见并富有献身精神人士的自觉价值观。在共产党取得政权以后，特别在改革开放、建设社会主义市场经济的条件下，为人民服务有了新的特点。

首先是服务者与服务对象合二为一。社会主义的标志是人民成为国家的主人，意味着国家社会的事业也是人民自己的事业。这一前提下，全体人民既是自食其力的劳动者、服务者，又是一切社会服务的对象即享有者，两种身份走向高度的统一。"为人民服务"从根本上具有人民群众"自我服务"的性质，即全体人民通过分工和相互服务而实现自己共同的利益。其次是为人民服务已经成为社会主义的一项制度。社会主义制度建设的内在目的和要求使为人民服务落实到社会各个领域的基本制度、体制、管理的程序和规范中去，成为它们本身的动力源、有效机制和客观效果，并且成为衡量一切工作得失成败的标准。这就意味着为人民服务作为国家社会的主导原则，必然要普遍地贯彻于社会的经济、政治和文化制度的方方面面，进一步成为各项事业的共同性质和目标，成为规范社会实践的一项重要制度。

作为社会主义道德建设核心的为人民服务，主要内容包括：第一，强调对他人和社会的奉献精神。毛泽东提出过为人民服务要全心全意、完全彻底、大公无私、毫不利己专门利人的高标准要求。习近平也行高为范点出了为人民服务的精髓："我将无我，不负人民。"在社会主义市场经济条件下，为人民服务就是要求人们在处理个人利益与他人利益、社会利益的关系时，首先要满足他人和社会需要，以实现他人和社会利益为基本行为准则。第二，强调在维护集体利益的前提下，尊重和保护个人的正当利益。为人民服务不是不要个人利益，我们倡导的是要正确处理个人利益与国家利益、集体利益的关系，不能抛开国家利益和集体利益，专门为自己的利益打算，要反对一切向钱看和损人利己。第三，强调为人民服务具有多层次的要求。对于共产党员和领导干部来说，要求他们全心全意为人民服务，大公无私，先公后私，富有自我牺牲精神。对于广大普通群众来说，只要他们忠于职守，爱岗敬业，不损人利己，不损公肥私，通过诚实劳动和合法经营取得报酬，就是为人民服务。由此可见，为人民服务这一社会主义道德的核心，既伟大又平凡，既崇高又普通，它具有极大的包容性和感召力、凝聚力。只要我们区别主体的不同情况，提出恰如其分的要求，就能把共产党员和广大劳动者团结在为人民服务的旗帜下，正确处理国家、集体和个人利益的关系，充分发挥主动性、积极性和创造性，形成为人民服务的良好道德风尚和社会风气，促进改革开放和社会主义现代化建设的顺利发展。

### 3. 社会主义思想道德之思想内涵

"我思故我在。"这是英国哲学家笛卡尔的著名命题。尽管该命题有唯心主义的主观色彩，但却体现出了思想之于人的重要意义。在马克思主义的唯物论视野下，思想是客观存在人的意识中的反映经过思维活动而产生的结果，是指导人们进行活动的理论、原则等。个人的思想经过社会的集合成为社会意识层面的思想。现行《中华人民共和国宪法》中写道："中国各族人民将继续在中国共产党领导下，在马克思列宁主义、毛泽东思想、邓小平理论、'三个代表'重要思想、科学发展观、习近平新时代中国特色社会主义思想指引下……实现中华民族伟大复兴。"①社会主义思想道德之思想部分主要是指如上的马克思主义思想体系。以马克思列宁主义思想为源、以马克思列宁主义中国化思想为流，马克思主义思想体系内涵丰富博大、结构分明，是当今中国的主流思想体系。

"马克思的思想理论源于那个时代又超越了那个时代，既是那个时代精神的精华又是整个人类精神的精华。"②正如习近平在纪念马克思200周年诞辰大会上的讲话中所指出的那样，马克思主义是观察时代、超越时代、引领时代的伟大思想理论，在当今的世界、当今的中国历久弥新，越来越展现出伟大的真理光辉。马克思主义是科学的、人民的、实践的、发展的、开放的。以马克思命名，并由恩格斯、列宁等人发展的马克思主义一传入中国，就与中国实践紧密结合，在中国的革命、建设和改革的实践中丰富和发展。毛泽东思想、邓小平理论、"三个代表"重要思想、科学发展观、习近平新时代中国特色社会主义思想就是马克思主义中国化的思想成果。这一思想体系写进了《中国共产党章程》和宪法，是中

---

① 《中华人民共和国宪法》，人民出版社2018年版，第4页。
② 习近平：《在纪念马克思200周年诞辰大会上的讲话》，人民出版社2018年版，第7页。

国共产党和全国人民进行社会主义现代化建设的科学思想指南。社会主义思想建设主要是学习贯彻马克思主义思想体系尤其是最新的习近平新时代中国特色社会主义思想，在公民中树立共产主义远大理想和中国特色社会主义共同理想，开展爱国主义教育，向公民传输民主法治观念、遵纪守法意识等。

### 4. 社会主义思想道德之道德内涵

我们从以下两方面来探讨社会主义道德中的道德内涵：其一，社会主义社会最一般的道德体系涵盖了社会公德、职业道德、家庭美德和个人品德四个方面。党的十九大报告指出："深入实施公民道德建设工程，推进社会公德、职业道德、家庭美德、个人品德建设，激励人们向上向善、孝老爱亲，忠于祖国、忠于人民。"[1]《新时代公民道德建设实施纲要》在中国共产党既有道德建设的经验之上、同时作为对党的十九大报告的回应，要求"要把社会公德、职业道德、家庭美德、个人品德建设作为着力点"[2]。"四德"建设是社会主义思想道德建设的重要抓手，"四德"是社会主义思想道德中道德部分的主要内容。社会主义道德规范并不是空洞的虚无的，而是具体的。社会公德、职业道德、家庭美德、个人品德是社会主义道德在不同领域、不同情境对公民的道德规范，是对公民最具体最贴切的道德要求，可以将其视为社会主义道德规范的四个层次。

社会公德是社会主义道德对人们在公共空间交往、生活的道德行为规范，调节着人与人、人与集体、人与社会、人与自然的关系，是维护社会稳定和社会秩序的重要道德框架。与法律法规等公共空间的行为规范不同，社会公德更强调人们内心的公德认知，以自律、舆论等为主要的规范手段。"推动践行以文明礼貌、助人为乐、爱护公物、保护环境、遵纪守法为主要内容的社会公德，鼓励人们在社会上做一个好公民。"[3]文明礼貌强调人和人之间相处时对彼此的尊重，而不是纵横肆意、无所顾忌。助人为乐强调团结友爱的互助精神，希望社会成员都有社会主义人道主义的素养，能够有同情、正义、奉献的品质。爱护公物是强调公共

---

① 《习近平谈治国理政》第3卷，外文出版社2020年版，第34页。
② 《新时代公民道德建设实施纲要》，人民出版社2019年版，第6页。
③ 《新时代公民道德建设实施纲要》，人民出版社2019年版，第6页。

权属的物资的安全，杜绝损公肥私和损公不利己的行为。保护环境是对人与社会、与自然相处的道德要求，希望社会成员做到与自然和谐共生而不是我进自然退、我有自然无。社会公德具有统一性，即社会所有成员无论处于何种情况都应当一律平等地遵守社会公德。加强社会公德建设是公民道德行为践履的重要部分，也是形成良好社会风尚的重要举措。

职业道德是社会主义道德对社会主义劳动者参加职业劳动的道德行为规范，是所有劳动活动中应该遵循的行为准则，调整着劳动者与服务对象之间、职业与劳动者之间、职业与职业之间的关系。与社会公德的统一性不同，职业道德具有多样性，不同的职业具有不同的职业道德。但是这些多样的职业道德浓缩成一句话，那就是"推动践行以爱岗敬业、诚实守信、办事公道、热情服务、奉献社会为主要内容的职业道德，鼓励人们在工作中做一个好建设者。"①爱岗敬业强调劳动者应当"干一行爱一行"，对所在的岗位、所在的职业要具有深刻的认同感和强烈的自豪感，要踏实认真地完成工作。诚实守信强调劳动者在工作中不能刻意欺瞒，要将诚信作为立身之本、立业之本。办事公道强调劳动者工作中要心系公共利益和服务对象的利益，不能以公谋私。热情服务强调劳动者工作的劳动热情和服务态度。奉献社会强调劳动者在工作中也应该关心社会，努力做好工作的同时为社会作贡献。

家庭美德是社会主义道德对公民与家人相处、过家庭生活的行为规范，是每个公民在家庭生活空间中应该遵循的行为准则，调节着夫妻、长幼、邻里之间的关系。"推动践行以尊老爱幼、男女平等、夫妻和睦、勤俭持家、邻里互助为主要内容的家庭美德，鼓励人们在家庭里做一个好成员。"②尊老爱幼强调处理好家庭不同世代的家人关系，既要尊重老人，也要爱护幼儿。男女平等强调处理好家庭之间不同性别的家人们的关系，不能因为性别产生歧视。夫妻和睦强调有婚姻关系的夫妻应当履行婚姻义务，努力维持夫妻双方的和谐关系。勤俭持家强调家庭生活的道德，以勤俭为荣，以奢靡为耻。邻里互助强调处理好家庭和邻里之间的关系，遇到困难互相帮助。以上的道德要求是社会主义道德在家庭层面的具体

---

① 《新时代公民道德建设实施纲要》，人民出版社 2019 年，第 6 页。
② 《新时代公民道德建设实施纲要》，人民出版社 2019 年，第 6 页。

导向，是每一个人在家庭生活中都必须遵循的道德标准。

个人品德是社会主义道德最直接对公民个人的行为规范。社会主义思想道德中对个人品德的要求是"推动践行以爱国奉献、明礼遵规、勤劳善良、宽厚正直、自强自律为主要内容的个人品德，鼓励人们在日常生活中养成好品行"①。爱国奉献强调对国家和社会的认同和付出，明礼遵规强调对社会规则的理解和遵守。勤劳善良、宽厚正直和自强自律是强调修身的道德标准，是个人在面对复杂社会关系时所应当秉持的道德原则。以劳动创造幸福，对人世间饱含温暖和同情，严于律己、宽以待人。个人品德贯穿着社会主义道德的其他层次，是公民道德建设的基础。

其二，在特殊的网络空间中还存在着特殊的网络空间道德建设。社会公德、职业道德、家庭美德和个人品德是社会主义社会最一般的道德规范，人们在网络空间中也应当遵守和践行。但是网络空间有其特殊性，网络空间道德是对社会公德、职业道德、家庭美德和个人品德的补充。《新时代公民道德建设实施纲要》中用了相当多的篇幅从"加强网络内容建设""培养文明自律网络行为""丰富网上道德实践""营造良好网络道德环境"对如何抓好网络道德建设提出了要求。"要建立和完善网络行为规范，明确网络是非观念，培育符合互联网发展规律、体现社会主义精神文明建设要求的网络伦理、网络道德。"②网络伦理和网络道德尚在培育和建设之中，但我们可以从倡导的网络道德行为中探索社会主义国家网络道德的大致脉络。

网络空间道德倡导文明自律的网络行为。"网上行为主体的文明自律是网络空间道德建设的基础。"③对互联网的企业和经营者，网络空间道德倡导文明办网，推动互联网企业自觉履行主体责任、主动承担社会责任，坚决打击网上有害信息传播行为，依法规范管理传播渠道。对互联网的网民，网络空间道德倡导文明上网；要求广泛参与争做中国好网民活动，自觉提高网络素养，遵德守法、文明互动、理性表达，能够正确地分辨网络谣言，不信谣、不传谣；要求拒绝网络

① 《新时代公民道德建设实施纲要》，人民出版社 2019 年，第 6 页。
② 《新时代公民道德建设实施纲要》，人民出版社 2019 年，第 10 页。
③ 《新时代公民道德建设实施纲要》，人民出版社 2019 年，第 10 页。

暴力；要求自觉远离不良网站，防止网络沉迷，自觉维护良好网络秩序。

网络空间道德倡导新的互联网公益活动。人们在现实社会中的良好道德行为也应当在互联网中延续。网络空间道德倡导人们利用互联网随时、随地、随手做公益，推动形成关爱他人、奉献社会的良好风尚。鼓励网民和网企拓展"互联网+公益""互联网+慈善"模式，广泛开展形式多样的网络公益、网络慈善活动，激发全社会热心公益、参与慈善的热情。网络空间道德要求政府和立法司法系统加强网络公益规范化运行和管理，完善相关法规制度，促进网络公益健康有序发展。

### (三)社会主义思想道德的基本原则

社会主义思想道德的基本原则是集体主义。但是对于什么是集体主义，存在各种不同的理解。

#### 1. 集体主义中的"集体"

从唯物辩证法的视角来看，社会主义集体主义中的"集体"有两个层次的内容：它既表现为作为国家、民族、社会等普遍的集体，也表现为当前社会主义市场经济条件下各种不同的、局部的集体。我们也可以说，这里的集体，既有一般意义上的集体，又有个别意义上的集体。正是由于这种特点，我们有时在一般意义上使用"集体"这一概念，有时在个别意义上使用这一概念。但是，在社会主义社会中，在马克思主义的指导下，在社会主义的政治、经济、文化和道德的要求下，各种具体的、特殊的、个别的集体都要受到社会主义集体的制约和引导。从集体主义中的"集体"应当体现的利益和意志来看，集体主义中的"集体"应当体现全体成员的利益和意志，是能真正代表全体成员利益的集体。从"真实的集体"与"虚幻的集体"两个相对概念而言，集体主义中的"集体"应当是"真实的集体"。因为判断一个集体是不是"真实的集体"，最可靠的方法是要看这个集体是否真正像它所宣称的那样为最大多数人谋利益，而不是仅为少数人谋利益。

#### 2. 社会主义集体主义的主要内容

社会主义集体主义的总原则就是集体利益高于个人利益，或者说集体利益优先于个人利益，这是社会主义集体主义原则的内核。我们说集体利益高于个人利益，是指一切其他的道德原则和道德规范以及与此相关的各种道德准则，都应当而且必须以这一原则为导向，并使其在各个方面和各个环节都能符合这一原则，按照这一原则的要求行事。因为社会主义社会是一个真正能够体现全体人民利益的社会，国家利益、人民利益、集体利益必然是重于、高于个人利益。与此相适应，整体利益大于个体利益、全局利益大于局部利益、个体利益服从整体利益、局部利益服从全局利益、当前利益服从长远利益，都是集体主义的应有之义。在实际生活中，个人利益和集体利益难免会发生矛盾。集体主义强调，在个人利益和集体利益发生矛盾，尤其是发生激烈冲突的时候，必须坚持集体利益高于个人利益的原则，即个人应当以大局为重，使个人利益服从集体利益，在必要时，为集体利益作出牺牲。这里需要特别强调的是，只有在不牺牲个人利益就不能保全集体利益的情况下，集体主义才要求个人为集体利益献身。集体主义之所以要求个人利益服从集体利益，归根结底，既是为了维护集体的共同利益，也是为了维护个人的根本利益。

社会主义集体主义强调集体利益和个人利益的辩证统一。在社会主义社会中，国家利益、社会利益体现着个人根本的、长远的利益，是集体所有成员共同利益的统一。同时，每个人的正当利益，又都是集体利益不可分割的组成部分。集体的兴衰与个人利益得失息息相关。在现实生活中，集体利益和个人利益是相辅相成的。集体利益的发展，本身就包含着集体中每个人利益的增加。而集体中每个人利益的增加，同样有利于集体利益的扩大。因此，我们强调集体利益和个人利益的关系是辩证统一、相互依存和相互制约的。首先，个人要积极关心、维护国家和集体的利益。当个人利益与国家、集体利益发生矛盾时，要把国家、集体利益放在首位，必要时还要具有从大局和长远利益出发牺牲个人利益的精神。所谓的必要时牺牲个人利益，是以尊重公民个人的自觉自愿为基础的，而不是国家、集体对个人的强迫。其次，对于国家和集体而言，要高度重视个人利益的正当性和合理性，尽力保障个人的正当利益，使公民合法权益不受侵害。再次，集体和个人都要从各自的角度重视集体利益与个人利益的统一与协调，在协调中使双方的利益得到保护和发展。

集体主义重视和保障个人的正当利益。集体主义的一个重要方面，就是要促进和保障个人正当利益的实现，使个人的才能、价值得到充分的发挥。这不但与集体主义不相矛盾，而且正是集体主义思想的应有之义。只有在集体中，个人才能获得全面发展，只有在集体中，才可能有个人自由。贯彻集体主义原则，不但不会抹杀个人利益和个人权利，相反，社会主义的集体主义，本身就包含着对个人利益的肯定。一些人出于误解，错误地把集体利益高于个人利益同"自由""公正""人权""人道"等对立起来，并且以倡导个人"自由、民主和权利"的旗帜来反对集体主义，这些错误观点都应当予以更正。

在社会主义市场经济条件下，根据我国经济生活和思想道德情况的实际，对集体主义原则在具体的道德要求上划分为三个不同的层次。第一个层次是无私奉献、一心为公的精神，这是社会主义集体主义的最高层次，它要求中国共产党党员和先进分子努力做到；第二个层次是先公后私、先人后己，并且不断地追求更高的道德境界，它针对具有较高社会主义道德觉悟的人们所提出的道德目标。第三个层次是公私兼顾、不损公肥私，它要求人民群众做到，这是对公民提出的最低的道德要求。社会主义集体主义提倡奉献精神，同时，为了使这种行为能够在社会上长盛不衰，维护社会公正，集体对作出牺牲和奉献的个人将给予必要的补偿。尽管那些无私奉献、甘于自我牺牲的人，他们自己可以不计个人利益，但对他们的自我牺牲进行补偿，可以对广大群众起到社会价值的导向作用。

## 3. 社会主义集体主义的实现

社会主义集体主义实现可以通过以下几方面完成：第一，在集体中培养对社会主义集体主义的共识，确立大局意识。大局意识是要求在我们面临各种困难和问题时，能够抓住维护国家和人民的利益这条主线，处理好"大局"与"小局"的关系。大局与小局体现在很多方面，如中央和地方的关系、整体利益与局部利益的关系等。处理好这层关系，我们应引导广大党员和群众以大局观念为重，自觉维护国家利益，反对为局部利益损害整体利益、为眼前利益忽视长远利益的做法。第二，榜样引导。一方面，榜样一般都是在集体中培养和成长起来的，没有集体的情感和氛围，没有社会大环境的培养，榜样无法树立起来。从另一个方面说，榜样的高尚品格和闪光思想也是集体智慧的结晶，是榜样人物与人们的情感思想交融一致形成的。比如雷锋，他就是在社会主义大环境下、在党和人民的培养下成长起来的光辉典范。第三，行为训练。社会主义集体主义应该是知行的统一，缺乏任一方面都是不行的，因此有必要进行集体行为训练。训练方式可以是规范训练法、奖惩调节法等。规范训练法即在训练对象说明集体主义具体规范的情况下，将训练对象设置在一定的情景中对其行为给予肯定或否定的意见，并不断强化以达到效果。奖惩调节法就是根据行为者对社会主义集体主义原则和内容实施的情况及时进行总结，对遵循社会主义集体主义的人和事进行表扬、奖励，对违背者提出批评，以此来引导人们形成并践行社会主义集体主义观念。

（四）社会主义思想道德的基本要求

"爱祖国、爱人民、爱劳动、爱科学、爱社会主义"是社会主义思想道德对公民的基本要求。中华人民共和国成立以来，我们对于社会主义思想道德的认知和践行经历了一个逐步提炼开化的过程，"五爱"在这个过程中不断得到提炼和确信。

1949年9月中国人民政治协商会议第一届全体会议通过的《中国人民政治协商会议共同纲领》将"爱祖国、爱人民、爱劳动、爱科学、爱护公共财物"规定为中华人民共和国全体国民的公德要求，这"五爱"所提出的公德要求是中华人民共和国社会主义思想道德建设史上第一次对社会主义道德规范作出的概括。1982年12月，第五届全国人民代表大会第五次会议通过了中华人民共和国第四部宪法。在这部新宪法中将"五爱"调整为"爱祖国、爱人民、爱劳动、爱科学、爱社会主义"，这是中华人民共和国第一次将社会主义道德规范明确写进宪法。1996年10月，党的十四届六中全会通过了《中共中央关于加强社会主义精神文明建设若干重要问题的决议》，该决议明确规定："社会主义道德建设要以为人民服务为核心，以集体主义为原则，以爱祖国、爱人民、爱劳动、爱科学、爱社会主义为基本要求，开展社会公德、职业道德、家庭美德教育，在全社会形成团结互助、平等友爱、共同前进的人际关系。"该决议第一次比较清晰地勾画出了社会主义道德体系的整体结构，对社会主义道德建设作出了总体规定。2001年的《公民道德建设实施纲要》，把公民基本道德规范进一步概括为"爱国守法、明礼诚信、团结友善、勤俭自强、敬业奉献"。2019年的《新时代公民道德建设实施纲要》基本上继承了新中国成立以来对社会主义思想道德的认知成果，继续强调"以爱祖国、爱人民、爱劳动、爱科学、爱社会主义为基本要求"①。

在中华人民共和国道德认知和实践的历程中得到反复凝练和检验的"五爱"简单鲜明地体现了社会主义思想道德的重点情感培育和价值导向，与社会主义荣辱观具有高度的一致性。

"爱祖国"，就是要求公民"以热爱祖国为荣、以危害祖国为耻"——要坚持祖国的利益高于一切，树立热爱祖国的高尚情操，心系祖国的前途和命运，以热爱祖国、报效祖国为最大的光荣，自觉抵制和反对损害社会主义祖国荣誉、尊严和利益的思想和行为。"爱祖国"就是要遵守祖国的法律，"以遵纪守法为荣、以违法乱纪为耻"，就是要增强法律意识，自觉遵纪守法，正确行使法律赋予的权利，自觉履行法律赋予的义务，抵制和反对视法律为儿戏、蔑视甚至践踏法律、知法犯法等思想和行为。

"爱人民"就是要"以服务人民为荣、以背离人民为耻"——就是要树立为人民服务的人生目标，心系人民，关爱他人，热心公益，利用一切机会和尽自己的最大努力为社会多作贡献，反对违背人民利益的思想和行为。"爱人民"还要"以团结互助为荣、以损人利己为耻"，就是要大力倡导有利于民族团结、社会和谐、人民幸福的思想和精神，就是要在生活中互相关心、互相爱护、互相帮助，做到一方有难、八方支援，反对一切以自我为中心、损害他人、危害社会的思想和行为。"爱人民"还要"以诚实守信为荣、以见利忘义为耻"，就是要将诚实守信作为自己的行为准则，作为立世之本、成事之基，踏踏实实做人、老老实实做事，在学校生活、家庭生活、社会生活中重守承诺、言必信、行必果，反对唯利是图、弄虚作假、尔虞我诈、背信弃义的思想和行为。

"爱劳动"就是"以辛勤劳动为荣、以好逸恶劳为耻"，就是要尊重劳动，尊重创造，用自己辛勤的劳动为社会创造财富、为自己打造未来，继承和发扬中华民族勤勉敬业的精神品质，自强不息，抵制和反对贪图安逸、厌恶劳动、不劳而获的思想和行为。"爱劳动"还要"以艰苦奋斗为荣、以骄奢淫逸为耻"，就是要认识社会主义现代化建设的长期性、艰巨性，弘扬求真务实、自强不息的精神，

---

① 《新时代公民道德建设实施纲要》，人民出版社 2019 年，第 4 页。

始终保持艰苦朴素、清正廉洁的思想和作风，反对不思进取、贪图享乐、奢侈浪费的思想和行为。

"爱科学"就是要"以崇尚科学为荣、以愚昧无知为耻"，就是要热爱科学，大力弘扬科学精神，努力学习科学文化知识，树立科学思想，努力培养科学思维方式，摒弃愚昧，抵制封建，自觉反对各种违反科学的思想和行为，用科学的力量促进社会的发展和人类的进步。

"爱社会主义"就是要自觉增强对社会主义的认同和坚信，进一步确立道路自信、理论自信、制度自信、文化自信，自觉做社会主义的建设者和接班人，为社会主义现代化建设添砖加瓦。对社会主义必须有着深刻的意识形态认同，将社会主义作为解放人类脱离资本逻辑的唯一道路，深刻理解社会主义乃至共产主义的光辉未来。

## 三、中国精神的社会心理基础

社会意识从感性到理性、从简单到复杂、从直接到间接可以简单分为社会心理和社会意识形态两种形态。其中，"社会心理表现为感情、风俗、习惯、成见、自发的信仰和信念等，是对社会存在比较直接的反映，是不深刻的、尚未完全分化的、处于混沌状态的社会意识"①。社会心理直接影响到人们的精神面貌，对中国精神的形成、发展及培育具有重要的作用。具体而言，当代中国的国民心态、社会风尚、文明习惯共同构成了中国精神的社会心理基础。

### （一）国民心态

国民心态，就是指国民在日常生活中所普遍呈现的认识倾向、心理倾向、情感倾向，是国民对现实社会的一种心理反应。国民心态既与社会发展状况存在着直接的关系，又受着社会历史文化的影响，它直接影响国民的言语和行动、影响社会的价值取向和行为方式，进而影响国家经济社会发展大局，影响国际社会对该国国家形象、国民形象的认知和判断。因此，国民心态是国家文化软实力的重

---

① 肖前：《历史唯物主义原理》（修订本），人民出版社 1991 年版，第 269 页。

要组成部分。健康的国民心态，是促进个人、社会、国家发展进步的重要心理基础。

改革开放40多年来，国民心态随着社会转型的步伐也经历着相应的变化。具体表现在：

第一，从国民心态发展的方向来看，它已经从社会转型初期的无序到有序并逐渐成熟。20世纪70年代末期，当中国的脚步最初跨进改革开放大门之时，国民心态的目标是模糊的，行为没有方向感。在当时，主流与支流、积极与消极、光明与丑陋交织在一起，让国民感到茫然与困惑。但是，40多年改革开放的实践，使越来越多的中国人的心态重新回归到了"有序"的状态：中国特色的社会主义发展道路极大地提升了中国的综合国力，老百姓从中看到了社会主义的美好前景、体会到了社会主义制度的优越性，国民心态从之前的游离又回到了建设社会主义的轨道上来，实现了"心往一处想、劲往一处使"的主流国民心态。特别是中国特色社会主义进入新时代以来，中共中央进一步深化改革所作出的种种举措，得到了国民的拥护。

第二，从国民心态发展的表现方式来说，从泛政治化到包容多样。由于特殊的历史原因，我们曾经习惯于把很多问题政治化，比如说过分重视体育运动中金牌的政治意义，而忽视其他方面的功能；把人们追求美好生活的行为看成是"小资产阶级情调"等。但随着改革开放的进一步深入，社会的发展、国民素质的提高，让大家越来越看到"纯政治"国民心态的简单与落后，而能以更加宽阔的心态对待所发生的事物。比如，2012年伦敦奥运会刘翔因伤退赛，中国民众除了惋惜以外，更多的是给予尊重、理解和关心。而在2024巴黎奥运会上，我们发现普通民众越来越多地不以成败论英雄，而是更多地体会体育运动的文化精神内涵。

第三，对道德回归的呼唤。中国是一个文明古国、礼仪之邦，对道德的需求应该是中国民众的普遍心态。但不可否认的是，中国改革开放之初、刚刚开始以经济建设为中心之时，国民对物质的追求、对金钱的崇拜曾经一度让一些国民的心态发生扭曲，且这种心态在一定的范围内蔓延着，道德一度有滑落之势，如"毒牛奶事件""苏丹红事件"等，出现了"老人摔倒扶不扶"等讨论。这些事情的发生极大地损害了中国文明古国的形象。随着社会的不断发展，越来越多的中国人认识到了这种"无道德心态"的可怕恶果，开始从"道德失落"的状态中清醒过来，清楚地认识到：社会主义的市场经济更需要与市场经济相适应的道德的支持。

中华民族的伟大复兴需要与之相适应的健康的国民心态。中华人民共和国成立 70 多年特别是改革开放 40 多年国民心态变化发展的特点显示：良好国民心态的培养塑造需要引导和培育。党的十八大报告指出："加强和改进思想政治工作，注重人文关怀和心理疏导，培育自尊自信、理性平和、积极向上的社会心态。"①《新时代爱国主义教育实施纲要》也指出要"涵养积极进取开放包容理性平和的国民心态。"②党和政府对国民心态的期盼为培养塑造健康成熟的国民心态指明了方向。

### 1. 培养自尊自信的国民心态

自尊是一种表现个体对自我的肯定和尊重的心理体验，表明个体对自我的悦纳。表现在一个国家的国民心态上，则体现为对国家和民族以及人民的一种肯定和悦纳。自信是一种表现个体对自己所从事的事情的一种信任和有信心的心理体验，表明个体对自己发展的积极肯定。表现在国民心态上，体现为对国家前途和未来发展的信心和信念。自尊自信的国民心态既反映了一个国家国民对自己国家与民族过去的积极看法和评价，同时也反映了一个国家国民对自己国家和民族未来发展的信心。

与自尊自信的国民心态相对立的两种心态是自傲和自卑。自傲反映在国民心态上表现为不尊重其他国家的民族文化、盲目抬高本民族文化、贬低其他国家的文化，在国民心态上则表现为一种民族主义倾向。自卑的个体常常怀疑自己，对自己发展问题格外敏感，一遇到风吹草动，甚至外界批评，就改变自己的方向。因而一个自卑的人是没有理想和信念的人，同样，一个自卑的民族是没有足够的精神品质的民族。自卑反映在国民心态上表现为对自己本民族历史和文化妄自菲薄、过分关注民族文化的消极面，甚至自暴自弃的心理状态，在国民心态上则表

① 《十八大以来重要文献选编》上，中央文献出版社 2014 年版，第 25 页。
② 《新时代爱国主义教育实施纲要》，《人民日报》2019 年 11 月 13 日。

现为一种民族虚无主义倾向。无论是民族主义还是民族虚无主义倾向，都不利于健康国民心态的培养。自尊的国民心态对自己本国民族文化采取了肯定和接纳的态度，奠定了与其他外来文化交往的基础。

2. 培养理性平和的国民心态

理性是与客观、科学相联系在一起的，理性的心态即以客观、冷静、理智、科学的心态来对待外界与社会。与理性心态相对立的是非理性心态。美国心理学家埃利斯曾经对理性信念与非理性信念进行过对比，他认为理性的信念是弹性和变通的、符合逻辑的、与事实一致的和能够协助人们达到健康的目标或是目的的信念。而非理性信念则是顽固而不可变通的、不合逻辑的、与事实不一致的和阻碍了人们达到健康的目标或目的的信念；理性信念是希望的、不可怕的、高忍耐力的和接纳的信念，而非理性信念是强迫的、可怕的、不可忍耐的、责怪或自贬的信念。理性的心态反映在国民心态上，就是客观、冷静、理智、科学地对待外界与世界，遇到事情后能够经过自己系统全面分析以后做出反应，而不是盲目、轻信，凭主观热情和意气用事，理性的心态强调了智慧的力量、科学的力量。平和的心态是与急躁、焦虑、抑郁等心态相对应的。平和代表着心理健康的状态和水平，而急躁、焦虑、抑郁等都含有不良的情绪，是一种不健康的心态。从个体来看，只有平心静气，以平和的心态，才能处理好自己的情绪问题，不至于为情绪所困扰。对于国家的国民心态来说，平和是一种稳定、健康的情绪状态。只有以稳定平和的态度，才能很好地处理一个国家内部的发展问题，以良好的心境来面对外来的挑战。相反，为种种情绪所困扰，受过多的情绪影响，会出现囿于某种情绪，出现褊狭和片面现象，对整个社会发展造成一定的局限。

3. 培养积极向上的国民心态

积极向上是健康国民心态的本质要求，一个国家和民族只有具备积极向上、奋发有为的态度和精神风貌，才能屹立于世界民族之林。中华民族素来有积极向上的民族文化心理。遇到困难不畏缩，面对风险不退避，绝不自怨自艾，或者怨天尤人，而是以充分的主动性和自信心谋划克服困难、实现目的。"天行健，君子以自强不息"。愚公移山、精卫填海等古老故事均表明了中华民族积极向上的昂扬精神和斗志。现代心理学研究表明，个体需求发展存在着一定的层次性，每个人都有一种不断满足低层次需要，追求高层次需要的倾向。如果个体停止向高层次需要追求，就会变本加厉地追求低层次需要，这样个体就有可能陷入心理发展的危机。因此，个体必须保持积极向上追求的心态，才能维系心理健康。同样，对于一个国家和民族的国民心态来说，积极向上的国民心态维系着国家和民族的健康发展，是国家和民族向前发展的精神动力。只有不断保持积极向上的民族心态，国家和民族才能够得到发展。

（二）社会风尚

社会风尚表现着社会的核心价值取向和文明程度，对形塑中国精神具有十分重要的意义。什么是社会风尚呢？社会风尚是一个社会意识形态的反映，是社会意识的重要组成部分，它包括社会成员在物质和精神两方面的追求，是对在一定时期和范围内人们自觉或不自觉地遵循的价值取向和行为习惯的映射，隐藏在普遍流行的社会行为之中。中国的良好社会风尚具有悠久的社会主义传统。邓小平曾经指出过社会风尚的重要意义："精神文明，就是社会风尚，人民的理想、道德，精神面貌，包括讲礼貌在内，这些都很重要。"①他认为，良好的社会风尚是精神文明的重要内容。他还回忆了"文化大革命"之前社会主义社会的社会风尚："你们如果是五十年代、六十年代初来，可以看到中国的社会风尚是非常好的。在艰难的时候，人们都很守纪律，照顾大局，把个人利益放在集体利益当中，放在国家利益、社会利益当中，自觉地同国家一道来渡过困难。一九五九年开始的三年困难时期就是这样度过的。"②中国特色社会主义社会的社会风尚具有十分广泛的内容。既有道德风尚，也有生活风尚。中国共产党要求"形成男女平等、尊老爱幼、互爱互助、见义勇为的社会风尚。"③这里更多指的是道德风尚。"现在，出门佩戴口罩、垃圾分类投放、保持社交距离、推广分餐公筷、看病网上预约等，正在悄然成为良好社会风尚。"④这里的社会风尚是指的生活风尚。"要自觉

① 《邓小平思想年编：1975—1997》，中央文献出版社 2011 年版，第 384 页。
② 《邓小平文选》第 2 卷，人民出版社 1994 年版，第 233 页。
③ 《中国共产党第十七次全国代表大会文件汇编》，人民出版社 2007 年版，第 34 页。
④ 沈童睿：《推广健康文明做法还要形成合力》，《人民日报》2020 年 6 月 15 日。

弘扬和践行社会主义核心价值观，加强道德修养，追求健康情趣，慎重对待朋友交往，时刻检点自己生活的方方面面，引导全县形成健康向上的社会风尚。"①这里的社会风尚则是一个综合了道德风尚和生活风尚的综合概念。

其一，中国特色社会主义社会有良好的道德风尚。道德风尚与社会主义思想道德不同，道德风尚是社会中人们普遍认可、争相追求的道德行为的直接的基础的反映，社会主义思想道德则是成体系的、更深刻的思想道德总和。道德风尚所追求的道德必然是社会主义思想道德的组成部分，而道德风尚却是社会心理的组成部分，因为其反映的是人们对某些道德行为的社会心理。那么中国特色社会主义社会有什么样的良好道德风尚呢？党的十八大报告明确提出，"培育知荣辱、讲正气、作奉献、促和谐的良好风尚"②。知荣辱、讲正气、作奉献、促和谐正是我们新时代的良好道德风尚。

所谓知荣辱，是指以社会主义荣辱观引领社会道德风尚，形成广泛的社会荣誉和社会耻感，让人们有正确的道德行为可趋赴，有错误的道德行为可鄙弃。"风尚"直接蕴含着社会大众普遍地对某种行为或对象的观感，因此社会主义荣辱观天然地与社会风尚具有紧密相关性。以社会主义荣辱观引领社会道德风尚，就是要让"热爱祖国""服务人民""崇尚科学""辛勤劳动""团结互助""诚实守信""遵纪守法""艰苦奋斗"成为众所周知、争相趋附的道德行为，就是要让"危害祖国""背离人民""愚昧无知""好逸恶劳""损人利己""见利忘义""违法乱纪""骄奢淫逸"成为人们普遍鄙弃、唯恐沾惹的恶行。多年过去，社会主义荣辱观已经成为道德风尚的重要内容，大多数的社会成员能够知荣辱，自觉地践行社会主义思想道德所要求的良好道德行为。

所谓讲正气，是指社会成员们要善养浩然之气、自觉抵制歪风邪气，其本质是始终坚持正义的原则。讲正气在中国古代就有传统，所谓"我善养吾浩然之气"，就是指要始终坦荡、坚持正义，因而无愧于心、无愧于人。讲正气也是中国共产党的优良传统之一。江泽民曾经尤其强调党员干部要讲正气："不讲正气，胸中没有共产党人的浩然正气，就抵御不了酒绿灯红的诱惑和糖衣炮弹的袭击，

---

① 习近平：《做焦裕禄式的县委书记》，中央文献出版社 2015 年版，第 12 页。
② 《十八大以来重要文献选编》（上），中央文献出版社 2014 年版，第 25 页。

就可能成为腐败活动的俘虏。"①这里的正气是中国共产党的政治文化传承："讲党性、讲原则、公正无私、刚直不阿、言行一致、扶正祛邪"②。中国共产党还曾经开展过"讲学习、讲政治、讲正气"的党风党性教育实践活动。在新时代，将"讲正气"上升为社会道德风尚，既顺应了人们对"正义""公平"的道德价值呼唤，也体现了中国共产党优良党内政治文化的重要影响。形成"讲正气"的良好道德风尚，就是要在社会上形成一种正气充盈的道德环境，使社会成员能够自觉向优秀共产党员学习，抵制歪风邪气，自觉坚持做符合社会正义的事情。社会主义法律是社会主义中国人民的意志，是公平正义的现实贯彻。在当今中国，讲正气最基本的就是要自觉遵守社会法律法规。新时代以来，尊法守法学法用法的氛围已经蔚然成风，讲正气的道德风尚正在不断地形成。

所谓作奉献，是指为人民为社会服务而不要求回报的一种志愿行为。作奉献的道德风尚，是要形成一种甘于奉献、乐于奉献、奉献最好、奉献最美的道德潮流和氛围。与资本主义社会大多数的利己逻辑不同，中国特色社会主义社会更强调在利己之上利他，更强调为集体和社会作贡献。形成"作奉献"的优良道德风尚，必须要坚持学习雷锋精神。雷锋是作奉献的道德模范，每年都会有学雷锋的活动，学雷锋作贡献已经成为一种传承。我们今天学习雷锋，不是要求大家都模仿雷锋的样子做人和做事，而是要弘扬雷锋精神，像他那样"对同志像春天般的温暖、对工作像夏天般的火热"，积极向上向善，持之以恒地立足岗位、奉献社会，为我们社会的发展提供正能量，以实际行动书写新时代的雷锋故事。要像雷锋同志那样，用爱心去温暖需要帮助的人，做到助人为乐；在爱岗敬业中服务社会，提升人生境界。通过全国各地各行各业结合自身实际所开展的学雷锋活动，让大家切实感受了雷锋同志对党和国家的感恩、热爱和奉献精神，体验了雷锋干一行、爱一行、专一行的敬业精神，体会了雷锋对他人和社会春天般温暖的情怀。人人都学雷锋，人人都作奉献，社会主义大家庭的道德风尚将会更加美好。

所谓促和谐，是指在善于解决矛盾的基础上维护社会各种关系的和平稳定，"促和谐"为道德行为的较高境界。每一个社会都会有矛盾的存在，阶级矛盾、

---

① 《江泽民文选》第 2 卷，人民出版社 2006 年版，第 172 页。
② 《胡锦涛文选》第 1 卷，人民出版社 2016 年版，第 258 页。

地区矛盾、职业矛盾，甚至个人矛盾等都普遍存在。没有矛盾的社会是不存在的，但是追求和谐却是人类社会的共同价值。"社会和谐是中国特色社会主义的本质属性，所以必须团结一切可以团结的力量，最大限度增加和谐因素，增强社会创造活力，确保人民安居乐业、社会安定有序、国家长治久安。"①形成"促和谐"的道德风尚，就是社会主义社会本质要求每个社会成员在不断地解决矛盾中促进社会关系的和谐稳定，将社会关系和谐作为评价个人最高的道德标准之一，在全社会形成一种和谐大于矛盾的良好风尚。与他人没有矛盾之时不制造矛盾，做到"与人为善"。

其二，中国特色社会主义社会具有良好的生活风尚。生活风尚主要体现为人们在某种生活方式、生活观念的流行中对该种生活方式或观念的普遍积极追求。生活风尚的范围极其广泛，它涉及人们的衣、食、住、行、劳动工作、休息娱乐、社会交往、待人接物等物质生活和精神生活的价值观、道德观、审美观，以及与这些方式相关的方面。笼统地说，生活风尚就是要反映在一定的历史时期与社会条件下各个社会群体所普遍流行的生活模式。在新时代，中国特色社会主义社会的生活风尚是怎么样的呢？健康、文明、生态和勤俭节约的生活风尚使现代中国人民的精神面貌焕然一新。

健康的生活风尚是指人们在生活中的行为以对自己和家庭身心更健康为主要追求的一种社会风尚。1989年世界卫生组织对健康的定义：健康不仅是没有疾病，而且包括躯体健康、心理健康、社会适应良好和道德健康。党的十九大报告中曾经提到要"倡导健康文明生活方式"②。改革开放之初，人们的物质需求还未能得到充分满足，人们的生活方式较为单一，劳动、出行、娱乐、饮食等都没有太多的选择。持续的深化改革开放激发了物质生产的活力，随着人们物质生活不再贫乏，美好生活需要不断得到满足，人们更加重视健康的生活方式。健康俨然成为一种社会风尚。从饮食安全引起社会焦虑的初级健康概念萌发到原生态饮食、运动健康、养生保健，尤其是新冠疫情以来，人们对健康生活的需求日益强

---

① 《十八大以来重要文献选编》（上），中央文献出版社2014年版，第79页。

② 习近平：《决胜全面建成小康社会　夺取新时代中国特色社会主义伟大胜利——在中国共产党第十九次全国代表大会上的报告》，人民出版社2017年版，第48页。

烈，以健康为导向的生活方式成为人们的首选。饮食要选生态自然的食材，每天运动一小时成为全民习惯，瘦身美丽等不再成为人们竞相追逐的行为，运动健身、科学养生、科学保健成为全民热潮。新冠疫情暴发后，人们拒绝食用野生动物，出行戴口罩，自动保持社交安全距离。在政府层面，对人民健康的重视也始终有增无减。党和政府采取一切措施和手段促使健康在全社会蔚然成风。"我们党从成立起就把保障人民健康同争取民族独立、人民解放的事业紧紧联系在一起。"①中国特色社会主义新时代，习近平庄严宣告："没有全民健康，就没有全面小康。"②党的十九届五中全会提出要在 2035 年基本实现社会主义现代化的目标之一就是建成"体育强国""健康中国"。

环保的生活风尚是指人们的生活观念和生活方式普遍流行着追求绿色环保的一种社会风尚。"我们要倡导绿色、低碳、循环、可持续的生产生活方式"。③绿色的生活方式历来是人们生活的首选。改革开放以来，随着人们生活水平的不断提高和环保意识的萌芽，在日常生活中贯彻绿色低碳的理念成为越来越普遍的社会潮流。人们越来越注意与自然之间的相处，更倾向于贴近自然、与自然和谐相处。在农业生产上表现为对农药等化学物质的抗拒，在饮食上更倾向于原生态有机食品，在出行方式上更多地选择绿色低能耗的出行方式，消费习惯更倾向于节约型消费，资源保护和回收得到更多的重视。"蚂蚁森林""共享单车""共享汽车"等企业统筹全民参与的环保项目进一步唤醒了全民的绿色意识。政府层面也一直引导着生态环保的社会风尚。习近平始终强调："要加强生态文明宣传教育，增强全民节约意识、环保意识、生态意识，营造爱护生态环境的良好风气。"④生态文明的宣传教育早已在全国大规模铺开，在各大中小学学校和社区村庄等都得到了贯彻。可以说，"形成绿色发展方式和生活方式"⑤的任务已经完成。在新的历史节点上，中国共产党第十九届五中全会更提出了到 2035 年"广泛形成绿色生

① 《习近平谈治国理政》第 2 卷，外文出版社 2017 年版，第 370 页。
② 《习近平谈治国理政》第 2 卷，外文出版社 2017 年版，第 370 页。
③ 《习近平主席在出席世界经济论坛 2017 年年会和访问联合国日内瓦总部时的演讲》，人民出版社 2017 年版，第 29 页。
④ 《习近平谈治国理政》第 1 卷，外文出版社 2018 年版，第 210 页。
⑤ 习近平：《决胜全面建成小康社会　夺取新时代中国特色社会主义伟大胜利——在中国共产党第十九次全国代表大会上的报告》，人民出版社 2017 年版，第 24 页。

产生活方式，碳排放达峰后稳中有降，生态环境根本好转，美丽中国建设目标基本实现"①的目标，是要将绿色生活方式推向更多更广泛的人群。中共中央关于制定国民经济和社会发展第十四个五年规划和二〇三五年远景目标的建议中提出要继续"开展绿色生活创建活动"②。在未来，生态环保的生活风尚将不断地得到强化。

勤俭的生活风尚是指在社会上普遍存在的日常生活以勤俭节约为荣的一种社会风潮。勤俭不仅是道德要求，在当今中国更是成为一种生活的风尚。"'历览前贤国与家，成由勤俭破由奢。'这个古训值得永远记取。"③"勤"和"俭"都是中国共产党的优良传统，也都是中国社会一直存在的良好风气。邓小平也曾经重点强调过："勤俭不仅在经济上积累资金建设了自己的国家，而且在政治思想上对群众的影响也是好的。"④在生产力不够发达的年代，人们仍然坚信通过劳动能够获得财富，并且十分珍惜现存的资源。但随着我国经济的发展和人们生活水平的提高，物质财富在社会开始涌流，浪费的现象时有发生，人们对劳动的价值判断也发生了一些变化，仍有期待一夜暴富的情况。新时代以来，勤俭的生活风尚重又兴起。习近平所说的"幸福是靠奋斗出来的""撸起袖子加油干"等名句成为全民热词。"劳动最光荣""劳动最崇高"等观念愈发深入人心。作为国家主席、党的总书记，习近平还曾经对制止餐饮浪费的现象作出重要指示："餐饮浪费现象，触目惊心、令人痛心！""在全社会营造浪费可耻、节约为荣的氛围"⑤。经过倡导，社会各界坚决制止餐饮浪费现象，节约的意识更加深入人心。反对浪费、倡导节约也成为社会的普遍共识。2019年，各大城市纷纷出台相关的垃圾回收条例，对勤俭生活风尚的形成也具有重要引导意义。

礼貌的生活风尚是指在日常的生活中人们普遍追求文明礼貌的社会风潮，是对礼仪的普遍追求，蕴含着人们平等观念和尊重意识。人们日常生活中常说文明

---

① 《中共十九届五中全会在京举行》，《人民日报》2020年10月30日。
② 《中共中央关于制定国民经济和社会发展第十四个五年规划和二〇三五年远景目标的建议》，《人民日报》2020年11月4日。
③ 《胡锦涛文选》第1卷，人民出版社2016年版，第88页。
④ 《邓小平文集（一九四九——一九七四年）》下卷，人民出版社2014年版，第391页。
⑤ 吴秋余等：《行动起来，杜绝"舌尖上的浪费"》，《人民日报》2020年8月12日。

风尚在很大程度上就是指的礼貌风尚。礼仪文明是文明风尚重要的具体体现。礼仪也是维系社会正常生活而要求人们共同遵守的最起码的道德规范，它是人们在长期共同生活和相互交往中逐渐形成，并且以风俗、习惯和传统等方式固定下来的一种形式。中国人自古就将礼仪作为治国安邦定家立身的重要法宝。新时代以来，《新时代公民道德建设实施纲要》更是将礼仪作为道德实践的重要载体。要求"研究制定继承中华优秀传统、适应现代文明要求的社会礼仪、服装服饰、文明用语规范，引导人们重礼节、讲礼貌"①。对一个人来说，礼仪是一个人的思想道德水平、文化修养、交际能力的外在表现，对一个社会来说，礼仪是一个国家社会文明程度、道德风尚和生活习惯的反映。重视、开展礼仪教育已成为人们日常生活中的一个重要内容。

诚信的生活风尚是指人们在日常生活中普遍追求诚信的社会风潮，是对诚信道德观念的持守与贯彻，是人们日学日用诚信的普遍心理。古有商鞅"徙木立信"、吕不韦"一字千金"，今有信义兄弟"接力还薪"，中国人从古至今都将诚信视为立身之本。重信守诺是中华民族的传统美德，诚信理念、诚信文化、契约精神也是与社会主义市场经济相适应的重要精神方面。新时代以来，诚信成为社会主义核心价值观的重要内容。诚信的生活风尚是人们在日常生活中都追求践诺守诺、将诚信视作生活的重要原则。学术和科研追求诚信，买卖商业追求诚信，讲诚实守信用是金法则。"人与人交往在于言而有信，国与国相处讲究诚信为本。"②党和国家从制度体系的层面为诚信的生活风尚立法建制，对诚信生活风尚的进一步发展起着重要引导作用。"构建覆盖全社会的征信体系，健全守信联合激励和失信联合惩戒机制，开展诚信缺失突出问题专项治理，提高全社会诚信水平。"③

## （三）文明习惯

与人们普遍追求的社会生活风尚类似，文明习惯是指人们在日常生活中形成

---

① 《新时代公民道德建设实施纲要》，人民出版社2019年版，第4页。
② 《习近平谈治国理政》第1卷，外文出版社2018年版，第292页。
③ 《新时代公民道德建设实施纲要》，人民出版社2019年，第4页。

的符合主流价值观的行为习惯。如果说社会生活风尚是侧重在观念的普遍和一致，文明习惯就直接是人们行为习惯的积累和养成。什么是文明的行为？如《北京市文明行为促进条例》就这样定义："本条例所称文明行为，是指以社会主义核心价值观为引领，恪守社会主义道德，维护公序良俗，尊重他人合法权利和自由，体现社会进步的行为。"①简而言之，文明习惯包括了人们很多的日常生活细节，体现社会生活风尚。社会的发展就是处在不断摒弃陈规陋俗、倡导文明习惯的过程。

一是文明礼貌的行为习惯。曾几何时，中国人在国际上的形象被广为诟病，就是因为部分中国游客在国际旅游时展现出生活中不注重文明礼貌之处。文明礼貌实际上就是在处理个人与他人关系方面要求平等相待、尊重他人、行为文明、礼貌待人，在公共生活中处理个人与他人关系方面的公德要求亦是如此。日常生活中个人与他人的关系多指个人与领导、与同事、与外界人群的人际关系，这就要求在待人接物方面必须要讲求文明礼貌，平等待人。体现在处理私人关系方面的公德要求，包括尊老爱幼、互相尊重，诚实守信等。日常生活中的私人关系多指亲友、师生、同学、朋友、邻里等有密切交往的人际关系。在公共场所，与陌生人发生交往时，也应该文明礼貌，亲切待人，友好相处。而今，大多数的人们已经养成了文明用语的习惯。"您好""请""谢谢""对不起""再见"充斥着社交场合，成为中国语言文明的基本形式。公共场合尊重他人、不大声喧哗成为大多数人们的自觉行动。

二是文明卫生的行为习惯。所谓卫生的行为习惯，实际上与健康风尚直接相关，更着重于日常行为对健康风尚的行为贯彻和对公共卫生秩序的遵守。如自觉维护公共场所干净、整洁；爱护和合理使用环境卫生设施；保持公共厕所卫生，文明如厕；参与垃圾减量，减少垃圾生成，不随地便溺、吐痰、乱扔果皮、纸屑、烟蒂、饮料罐、口香糖等废弃物；不在道路、居民区和其他公共区域焚烧、抛撒丧葬祭奠物品；在非禁止吸烟场所吸烟时合理避开他人；在公共场所咳嗽、打喷嚏时遮掩口鼻，患有流行性感冒等传染性呼吸道疾病时佩戴口罩；患有传染病时，配合相关检验、隔离治疗等措施，如实提供有关情况；不非法食用、买卖

---

① 《北京市文明行为促进条例》，《北京日报》2020年5月12日。

野生动物及其制品；饲养宠物应当遵守市容环境卫生管理等有关规定，采取必要安全措施，不干扰他人正常生活；文明祭扫，减少使用香烛纸钱等。

三是文明上网的行为习惯。随着现代互联网的迅速发展，网络空间成为人们生产生活的第二空间，网络的信息内容无时无刻不在影响着人们的生活。在互联网野蛮生长的年代，人们被网络谣言、网络暴力、网络低俗信息等侵害。网络非但没有成为人们的精神家园，反而成为人们的伤心之地。网络空间也需要秩序，每个公民都应当自觉维护网络秩序，形成文明上网的行为习惯。如文明互动，理性表达；尊重他人权利，拒绝网络暴力；抵制网络谣言和不良信息，不造谣、不信谣、不传谣；不传播低级媚俗信息，不购买明知是侵犯他人知识产权的商品等。

改革开放 40 多年来，中国取得了经济快速发展奇迹和社会长期稳定奇迹。但一个国家的真正强盛不仅仅是经济的腾飞，更应体现在文化的繁荣和精神的振兴。中国历史上的汉唐盛世，除了其发达的经济以外，还有一个重要原因是它拥有当时世界上先进的文化和高昂的民族精神。中国精神的奋起和超越，既是物质文明发展到一定程度的精神要求，更是走向现代文明的精神标准。而世界对中国的认识往往是具体的，也许就是一个运动员的体育精神、一个身居海外的中国留学生的爱国行动、一个普通人的言行举止，见微知著地体现着中国经济发展后的文化价值观，以此判断一个民族的精神取舍和国家的文明程度。我们每个人都是中华民族文化的载体，是中华文化传承的主体，正是无数中国人的言行塑造了中国的整体形象。社会主义思想道德、国民心态和社会风尚在无声无息地影响着无数中国人的生产生活，基础性地影响着中国人的精神世界。从个体来讲，我们要立德慎行、砥砺精神，与社会主义先进文化建设融为一体，在中华民族伟大复兴和中国特色社会主义实践中形成我们更为丰富的精神风貌、涵养更加伟大的中国精神。

# 第十章　中国精神之载体

中国精神作为一种抽象的观念存在，它总要通过各式各样的具体的形式呈现出来。中华民族在几千年历史发展中，发扬伟大创造精神、伟大奋斗精神、伟大团结精神、伟大梦想精神，"开发和建设了祖国辽阔秀丽大好河山，开拓了波涛万顷的辽阔海疆，开垦了物产丰富的广袤粮田，治理了桀骜不驯的千百条大江大河，战胜了数不清的自然灾害，建设了星罗棋布的城镇乡村，发展了门类齐全的产业，形成了多姿多彩的生活"，"产生了老子、孔子、庄子、孟子、墨子、孙子、韩非子等闻名于世的伟大思想巨匠，发明了造纸术、火药、印刷术、指南针等深刻影响人类文明的伟大科技成果，创作了诗经、楚辞、汉赋、唐诗、宋词、元曲、明清小说等伟大文艺作品，传承了格萨尔王、玛纳斯、江格尔等震撼人心的伟大史诗，建设了万里长城、都江堰、大运河、故宫、布达拉宫等气势恢宏的伟大工程"。"发展了 56 个民族多元一体、交织交融的融洽民族关系，形成守望相助的中华民族大家庭，特别是近代以后，在外来侵略寇急祸重的严峻形势下，我国各族人民手挽着手、肩并着肩，英勇奋斗，浴血奋战，打败了一切穷凶极恶的侵略者，捍卫了民族独立和自由，共同书写了中华民族保卫祖国、抵御外侮的壮丽史诗。""形成了小康社会的理念，而且秉持天下为公的情怀，盘古开天、女娲补天、伏羲画卦、神农尝草、夸父追日、精卫填海、愚公移山等我国古代神话深刻反映了中国人民勇于追求和实现梦想的执着精神。""实现中华民族伟大复兴成为中华民族最伟大梦想。"①中华民族在改造客观世界的过程，创造出无与伦比

---

① 习近平：《在第十三次全国人民代表大会第一次会议上的讲话》，人民出版社 2018 年版，第 3-5 页。

的精神成果，在中华民族改天换地的实践过程中留下光辉灿烂的足迹，这些历史和现实的印记镌刻着中华精神的丰富成果，它们成为我们理解和体会中国精神的重要载体。让我们在这些历史与现实、物质与精神、英雄与人民交融的历史印记中来体会中国精神的物质载体、文化载体、精神载体、人物载体吧。

## 一、中国精神的物质载体

中国精神是中国人在改造客观世界的实践活动中形成的，且被中华儿女所接受、认同、追求的思想品格、价值取向和道德规范。作为中华民族能够立足于世界民族之林的精神所系，中国精神的产生和发展不仅具有悠久的优秀文化传统，还有着特殊的物质环境和现实条件。承载中国精神的物质载体，一是中华民族所处的客观社会物质条件和环境，即自然条件；二是中华儿女用以改造自然、社会及人自身的生产生活所取得的劳动创造，即人造物；三是中国人民表达其思维模式、伦理道德、价值观念、精神品质等具有特定意义的媒介，即主要象征。

### （一）承载中国精神的自然条件

"全部人类历史的第一个前提是有生命的个人的存在。……任何历史记载都应当从这些自然基础以及它们在历史进程中由于人们的活动而发生的变更出发。"①一个民族的自然基础是该民族精神孕育发展的基础和前提，奠定了民族精神发展的基调和方向。中国精神的代代承续，不仅有着独特的历史条件、文化传统，还得益于独特的自然条件。这不仅决定了中华民族最早的生产方式和生活模式，还深刻地形塑了中华民族的民族意识、民族心理和民族性格，为中国精神的滋养和发展提供了深厚的土壤。

### 1. 气候条件

黑格尔把地理环境视为"助成民族精神产生的那种自然的联系"②，认为"自

---

① 《马克思恩格斯选集》第 1 卷，人民出版社 1995 年版，第 67 页。
② ［德］黑格尔，王造时译：《历史哲学》，上海书店出版社 1999 年版，第 85 页。

然类型和生长在这块土地上的人民的类型和性格有着密切的联系"①。越是远古，人类对地理环境的依赖性就越大，地理环境对一个民族的意识或精神发展就几乎具有决定性作用。中华民族繁衍生息在亚洲大陆的东部，大部分国土自古以来处于中纬度，不仅拥有广袤腹地，还具有得天独厚的气候条件。在我国漫长的历史发展中，气候状况总体稳定，温度适宜、日照充足、雨水同期，十分利于农业生产。早在殷商时期，中华民族就以农立国，正是依靠适宜的气候发展农业生产，中华民族的农耕文明才得以造就和演进，中华优秀传统文化才得以形成和延续。

在生产力较为原始的自然经济条件下，适宜的气候直接影响着各个历史朝代的繁荣兴衰，汉代的文景之治、唐代的贞观之治、开元盛世，清代的康乾盛世等，都与良好的气候条件直接相关。适宜的气候能够为人们的生产生活提供日常所需，自给自足的静态方式使中国人民和自然世界维系了较为和谐的关系，更塑造了中华民族爱好和平的民族秉性。"'和'之于中国传统的农业文明而言，首先是表达'天时地利人和'的协作关系"②，中国最早的天、地、人关系就体现于此。从农业生产推及人与人的关系，才有了孟子的"天时不如地利，地利不如人和"③、荀子的"农夫朴力而寡能，则上不失天时，下不失地利，中得人和而百事不废"④。从人伦社会再推及人与自然、人与人、人与社会，"和"成为中国古人所推崇的自然观、价值观。作为中国古代所追求的最高哲学理念，"和"是古人心中自然界和社会秩序的理想状态，也是中国人最基本的思维方式和生活习惯。中国人"知足常乐""勤劳务实""和谐宽容"的精神特点，不具有向外扩张、对外侵略的传统，这些都与以农业文明为主体的生活状态极其吻合，一直延续至今。

2. 地形地貌

我国近代启蒙思想家梁启超，承袭了黑格尔不同地形造就不同民族性格的观点，在《新民说·论国家思想》中指出，"中国、印度、埃及、巴比伦，皆在数千

---

① [德]黑格尔，王造时译：《历史哲学》，上海书店出版社1999年版，第85页。
② 彭兆荣：《天时、物候与和土：中式农耕文明之圭臬——农业人类学研究系列》，《西北民族研究》2019年第1期。
③ 《黄侃手批白文十三经》卷十三，上海古籍出版社1983年版，第20页。
④ 《荀子》，中国书店1992年版，第128页。

年以前庞然成一大国，文明灿烂，改平原之地势使然也"①。在他看来，中国的平原地势是能够造就中华民族优秀灿烂文明的前提。除平原外，我国还是一个多山多水的国家，生成了占陆地面积三分之二的山地、高原、丘陵，涵养出了水量丰沛的长江、黄河等七大水系。

"中国文明的起源于早期发展不但是多元的，还是有主体的，这个主体就在黄河与长江流域。"②大江大河滋养了中华文明，中国古代文明就是在长江流域、黄河流域等适合农业发展的地区产生的，这使得中国因地制宜地成为一个以农耕文明为生存基础的国家，也从深层次上塑造了中国人的精气神、中华民族的精神特点。其中，作为华夏文明源头的黄河，气势磅礴、兼容并蓄，"黄河之水天上来""九曲黄河万里沙"，培育出了中华民族恢宏的气度胸怀、拼搏创新的意志精神；作为我国第一长河的长江，源远流长、奔腾不息，"无边落木萧萧下，不尽长江滚滚来""长江万里东注，晓风吹卷惊涛"，凝聚起了中华民族持久的创新进取、包容开放的精神内涵。两河流域自古便是农耕文明与游牧文明、中原文化与草原文化的交融交汇之地，"万姓同根，万宗同源"，促成了中华民族"大一统"的主流意识，彰显了中华民族"尚和合""求大同"的独特精神标识，成为凝结中华民族共同体的精神纽带，跨越时空地在中华儿女心中形成了牢不可破的家国观念。

## （二）承载中国精神的人造物

中国精神是看不见、摸不着的，如何使中国精神可触、可感、可察？用以承载中国精神的物质形态就不可或缺。生活在共同地域，拥有共同经济生活、社会历史文化和心理特征的中国人民，在特有的物质生活中留下了造物痕迹，并经过特定历史背景和社会制度的承继，创造和发展了满足自身需要的物质形态，即人造物。作为人类文明的精神承载物，人造物是人通过劳动使周围的自然成为"被劳动所人化的自然界"③。探究中国历史上的人造物，分析其所承载的思想观念、

---

① 梁启超：《饮冰室合集》（专集之四），中华书局1989年版，第21页。

② 《世纪大讲堂》（第1辑），辽宁人民出版社2002年版，第317-318页。

③ 《马克思恩格斯全集》第42卷，人民出版社1972年版，第97页。

价值导向、道德要求等，能够帮助我们更好地了解中国精神。

## 1. 人与天调

"人与天调，然后天地之美生"①。在中华民族漫长的历史发展进程中，"天人合一"的造物精神一直存在并延续至今。远古时代，原始祭祀与生产实践都是以族群的生存和繁衍作为根本目的，因此，中国古人围绕"天"来进行造物。在《考工记》中有记载："天有时，地有气，材有美，工有巧，合此四者，然后可以为良"，这是我国古代造物活动的重要价值判断，这里可以看出，古人将造物活动与自然界紧密联系到一起。《国语·郑语》说："故先王以土与金、木、水、火杂，以成万物。"中国古代造物，以最原始的自然材料为基础，并通过对万事万物的观察，来揭示自然世界、人类社会的发展规律。正如《周易·系辞》写道："古者包牺氏之王天下也，仰则观象于天，俯则观法于地，观鸟兽之文，与地之宜，近取诸身，远取诸物，于是始作八卦，以通神明之德，以类万物之情。"

中国传统造物观认为，造物是沟通人与自然的媒介。古人认为人与自然是相通的，人取物于自然，应尊重自然规律，与万物达到和谐的状态。追求天、地、人的整体和谐是中国传统文化思想的基础，也成为中国人的致思方式。立足当下，师法自然、天人合一的造物精神对于我们建设社会主义现代化、构建人与自然生命共同体来说，仍具有重要的启发意义。我们必须把人与自然置于生命共同体的视域下，寻求人与自然、人与人、人与社会的发展之路。要通过推动形成人与自然和谐发展的现代化建设新格局，到 21 世纪中叶把中国建成富强民主文明和谐美丽的社会主义现代化强国，并为全球生态治理体系贡献中国智慧、中国方案。

## 2. 器以载道

中国古代有"以礼定制，尊礼用器"的传统，"器以载道"的观念是以礼制文明为主线的，体现了封建统治阶级的造物意志与价值判断。礼器是王权身份地位

---

① ［唐］房玄龄注，［明］刘绩补注，刘晓艺校点：《管子》，上海古籍出版社 2015 年版，第 300 页。

的象征，如《公羊传·桓公二年》有云："礼祭天子九鼎，诸侯七、大夫五、元士三也。"彩陶、青铜器、瓷器、雕塑等造物艺术亦是如此。仅以色彩为例，皇室贵族的建筑多为红墙黄瓦，百姓住宅则是青砖黑瓦；皇室服饰多为红黄色调，百姓则是青蓝布衣。从古代人造物来看，无论是服务于宫廷的青铜利器、官窑瓷器，还是用于宣传宗教的佛像佛龛，这些符号化的精神系统，无不体现着古代中国长幼有序、上下有节、内外有别的等级秩序，渗透着治国安邦的礼制精神。

就人造物而言，"在劳动者方面曾以动的形式表现出的东西，现在在产品方面作为静的属性，以存在的形式表现出来"①。这里所谓的"动"，是指人们在社会实践中改造自然的创造力量，曾存在人们所处历史时代的火热现实中；而现在则通过"静"的属性，将经过历史沉淀的积淀着中华民族祖先的观念的、道德的、伦理的、规范的、价值的内涵体现出来，并作为一种精神力量形塑着人们的性格、心态、状态。所谓"器以载道"，就是指通过物质形态承载一定的原理、规律及精神，这种观念潜移默化地中国造物精神的发展。虽然很多传统人造物随着人们生产生活方式的变迁退出了历史舞台，但渗透其中的审美判断、精神追求、文化形态依然存在。近年来，从北京奥运会到G20杭州峰会，从上海进博会再到武汉军运会，从中华人民共和国成立70周年系列庆祝活动再到中国共产党成立100周年庆祝活动，在这些宏大的国家文化叙事中，通过物质形态所承载的中国文化、中国元素、中国符号、中国表达引起了国内外广泛关注与好评，所彰显的中国精神、中国智慧、中国力量都使得中国在国际舞台上获得越来越多的认同和尊重。

### （三）承载中国精神的主要象征

所谓象征，"是指某种表达意义的媒介物（包括有形物、无形物、行为、意识、语言、数字、关系、结构等）代表具有类似性质或观念上有关联的其他事物。也就是说，象征就是用具体的媒介物表现某种特殊的意义"②。作为人们观念、

---

① 《马克思恩格斯全集》第32卷，人民出版社1972年版，第205页。
② 何星亮：《中国传统文化的象征体系》，《中南民族大学学报》2003年第6期，第25页。

信仰、制度的表达形式，象征是一个民族的文化标志，是一个民族区别于其他民族的图像徽帜。中华民族的象征是通过特定媒介物如长城等有形物和节日等无形物来表现出其特定的意义，它们承载着中华民族的思维模式、伦理道德、价值观念、精神品质等。"国家是看不见的；在它被看见之前必须对之人格化，在它能被爱戴之前必须对之象征化，在它能被认知之前必须对之形象化。"①了解承载着中华民族共同的情感体验和历史记忆的主要象征，能够帮助我们进一步了解中国精神，铸牢强烈的中华民族共同体意识。

1. 神话传说

原始人的自然观和宇宙观，是通过神话与传说的方式来表现的，由于人们对其自身所处的自然缺乏科学认识，因此对自然现象产生了神秘和敬畏的心理，诉之于神话与传说，以寄托他们对自然的精神和心理的祈求。在原始先民的观念中，天是宇宙的最高主宰，是人们精神价值的来源。中国人对于宇宙自然的认识，集中表现为"天人合一""天人同构"，如"盘古开天""后羿射日""女娲补天"等远古神话正是这种意识的反映。伏羲、女娲、炎帝、黄帝还有夏禹等，是中华儿女耳熟能详的民族创世英雄。这些神话英雄，大多有作为历史人物的实在依据，但更重要的是人文方面的意义：他们使一个民族有了可以引以为自豪的共同的文化始祖、共同的精神母题。"远古时期的神话反映了处于童贞状态的人类对世界作出的质朴而又虚幻的描绘，是人性与自然最初的交情，它孕育了后世的宗教、艺术、哲学的伟大胚胎，成为现代人类文明的一个灿烂辉煌的起点。"②从一定意义上说，神话传说是中国精神富有生命力的始基，以最质朴的形式奠定了中华民族一脉相承的文化基因。

2. 龙凤图腾

图腾是人类社会早期产生的与自然崇拜、族祖崇拜、宗教信仰、社会制度等

---

① ［美］大卫·科泽，王海洲译：《仪式、政治与权力》，江苏人民出版社 2015 年版，第 7 页。

② 任俊华，刘晓华：《环境伦理的文化阐释》，湖南师范大学出版社 2004 年版，第 1 页。

交织在一起的复杂文化现象，其核心是认为某种动物、植物或无生物和自己的氏族有血缘关系，从而将其尊奉为本氏族的标志、象征和保护神。在我国，最早使用图腾理论来分析"龙""凤"的学者是闻一多，他在《神话与诗·龙凤》中说，"就最早的意义说，龙与凤代表着我们古代民族中最基本的两个单元——夏民族和殷民族。因为在'鲧死……化为黄龙。是用出禹'和'天命玄鸟（即凤），降而生商'两个神话中，人们依稀看出龙是原始夏人的图腾，凤是原始殷人的图腾，因之把龙凤当作我们民族发祥和文化肇端的象征，可说是再恰当没有了"。中国人民所崇奉的"龙""凤"皆为祥瑞神兽，来往于天地之间，是生命勃兴的标志。"龙"，作为开天辟地的创生物，代表着生生不息、风调雨顺的生命意义，象征中华民族团结勇敢、一往无前的精神；"凤"则具有祥瑞之意，"凤鸟之文，戴圣婴仁，右智左贤"，这里也指道明德彰、聪慧贤良。"龙飞凤舞""龙凤呈祥""龙凤合一"，均代表中国人对生机活力、吉祥如意、和睦协调的美好期待。中国人民历来喜爱、敬畏、崇拜龙和凤，龙和凤的形象已经渗透到中国社会的方方面面，成为一种文化的凝聚和积淀。"海内外华人都会认同中华文化中龙与凤的文化标志。这些形象很容易唤起海内外华人共同的民族感情。"①

此外，中华民族的象征物还包括石榴、长城、博物馆、纪念馆等有形物，以及纪念日、节日等无形物，通过某种特定的象征来实现具象化和人格化的表达。习近平指出：要"铸牢中华民族共同体意识，加强各民族交往交流交融，促进各民族像石榴籽一样紧紧抱在一起，共同团结奋斗、共同繁荣发展"②。这样形象生动的表述，以"石榴"为象征物，能够使人们更好地理解和认同"共同体"+"意识"二字。习近平在嘉峪关察看关城并听取长城保护情况介绍时强调，长城凝聚了中华民族自强不息的奋斗精神和众志成城、坚忍不拔的爱国情怀，已经成为中华民族的代表性符号和中华文明的重要象征。作为我国历史上规模浩大的军事防御工程，长城早已成为具有中华民族共同体意识的地标性建筑，成为基于世界语境的中国符号。中华民族博物馆、中国人民抗日战争纪念馆、中国共产党历史展览馆，"九一八"纪念日、南京大屠杀死难者国家公祭日、重庆大轰炸纪念日，

---

① 《增强中华民族的文化凝聚力》，人民日报海外版，1999 年 5 月 3 日。

② 《习近平谈治国理政》第 3 卷，外文出版社 2020 年版，第 31 页。

能够承载历史记忆，是我们调动民族精神资源、凝聚中国梦共识的重要载体。

## 二、中国精神的文化载体

中国精神作为中华民族所创造的源远流长、生生不息的中华文明的集中表达，是中国人民在历史长河中所凝结的理想信念、价值观念和生活方式的文化浓缩。习近平指出："中华文化源远流长，积淀着中华民族最深层的精神追求，代表着中华民族独特的精神标识，为中华民族生生不息、发展壮大提供了丰厚滋养。"[①]中华文化，作为中华儿女思想观念、意识形态和审美情趣的直接载体，彰显了中华民族的生命力、创造力和凝聚力，作用于人们的心灵、思想和行动，是我们挖掘中国精神本质、探究中国精神特色的重要载体。

### （一）中国优秀文化

中华民族之所以能够生生不息、永葆生机，中国精神之所以能够代代相传、充满活力，关键在于随着历史的不断演进，我们创造和发展了内涵丰富、饱含智慧的优秀文化。

#### 1. 挖掘中华传统文化的时代价值

"中华传统文化源远流长、博大精深，中华民族形成和发展过程中产生的各种思想文化，记载了中华民族在长期奋斗中开展的精神活动、进行的理性思维、创造的文化成果，反映了中华民族的精神追求，其中最核心的内容已经成为中华民族最基本的文化基因。"[②]正是这些根植于中国人内心的最基本的文化基因，在代代传承中不断升华、更新，形塑着中国人的精神状态、砥砺着中华民族不断前进。早在春秋战国时期，我们就出现了以老子、孔子、孟子、庄子、墨子等为代表的诸子学说，广泛探讨关于自然、社会、人生的真理，并形成了百家争鸣的局

---

① 习近平：《把培育和弘扬社会主义核心价值观 作为凝魂聚气强基固本的基础工程》，《人民日报》2014年2月26日。

② 习近平：《牢记历史经验历史教训历史警示 为国家治理能力现代化提供有益借鉴》，《人民日报》2014年10月14日。

面，为中华民族的绵延发展提供了深厚的思想资源和强大的精神动力。传统文化中，我们形成了"先天下之忧而忧，后天下之乐而乐"的政治抱负，"位卑未敢忘忧国""苟利国家生死以，岂因祸福避趋之"的报国情怀，"富贵不能淫，贫贱不能移，威武不能屈"的浩然正气，"人生自古谁无死，留取丹心照汗青""鞠躬尽瘁，死而后已"的献身精神等优秀传统文化和民族精神①。立足新时代，我们要"深入挖掘和阐发中华优秀传统文化讲仁爱、重民本、守诚信、崇正义、尚和合、求大同的时代价值，使中华优秀传统文化成为涵养社会主义核心价值观的重要源泉。"②

### 2. 探究中华优秀文化的精神特质

"文化的基本精神就是文化发展过程中精微的内在动力，也即是指导民族文化不断前进的基本思想。"③任何一种民族文化都有其自然发生、发展的全过程，形成了各具特色的文化体系，具有相对稳定的精神气质和思想旨趣，成为民族文化形态相区别的关键特征。李宗桂认为中国文化精神有：天人合一、人文精神、经世致用和"中和"特征；张岂之将中国文化基本精神概括为：人文化成、刚柔并济、究天人之际、厚德载物、和而不同、经世致用和生生不息。张岱年指出："所谓中国文化的基本精神，实质上就是中华民族的民族精神"④，他认为中国文化的基本精神在于"刚健有为；和与中；崇德利用；天人协调"⑤。中华优秀传统文化凝聚着中华民族生生不息的精神追求和历久弥新的精神财富，"对中国人民和中华民族的优秀文化和光荣历史，要加大正面宣传力度，通过学校教育、理论研究、历史研究、影视作品、文学作品等多种方式，加强爱国主义、集体主义、社会主义教育，引导我国人民树立和坚持正确的历史观、民族观、国家观、文化

---

① 习近平：《在中央党校建校 80 周年庆祝大会暨 2013 年春季学期开学典礼上的讲话》，《人民日报》2013 年 3 月 3 日。

② 习近平：《把培育和弘扬社会主义核心价值观 作为凝魂聚气强基固本的基础工程》，《人民日报》2014 年 2 月 26 日。

③ 张岱年：《张岱年全集》第 5 卷，河北人民出版社 1996 年版，第 418 页。

④ 张岱年等主编：《中国文化概论》，北京师范大学出版社 1994 年版，第 376 页。

⑤ 张岱年：《论中国文化的基本精神》，《中国文化研究集刊》第 1 辑，复旦大学出版社 1984 年版，第 43 页。

观，增强做中国人的骨气和底气"①。

## （二）中国优秀艺术

艺术是人类文明的精华，艺术通过某种形式将人的精神状态予以反映，中国优秀艺术是中国精神的集中典型表现。毛泽东曾说过："一切种类的文学艺术的源泉究竟是从何而来的呢？作为观念形态的文艺作品，都是一定的社会生活在人类头脑中的反映的产物。……生活中本来存在着文学艺术原料的矿藏，这是自然形态的东西，是粗糙的东西，但也是最生动、最丰富、最基本的东西……"②"动物只是按照它所属的那个种的尺度和需要来建造，而人懂得按照任何一个种的尺度来进行生产，并且懂得处处都把内在固有的尺度运用于对象；因此，人也按照美的规律来构造"③。由此可见，艺术是从生产劳动中孕育出来的，作为人们生活观念与生命意志的升华，它以审美创造的方式显现，并随生产力的发展及社会文化生活的演进，其门类开始呈多样化的发展趋势。正是各式各样的艺术门类，在反映客观现实的基础上，体现了人们的思维方式，承载了人们的情感意念，寄托了人们的思想精神，能够成为我们了解中国精神的又一重要载体。"使世人知道中国文化，在三大支柱中，实有道德、艺术的两大擎天之柱"④。足见艺术的重要性。

### 1. 中国绘画

中国绘画蕴含着浓厚的人文精神，通过外形表现人们的精神、气质、状态和审美，中国画是最典型的代表。中国画也称水墨画，讲究的是"气韵生动"，"就中国艺术方面——这中国文化史上最中心最有世界贡献的一方面——研寻其意境的特构，以窥探中国心灵的幽情壮采，也是民族文化的自省工作"⑤。中国民间绘画中的二十四孝图和关公形象，形象生动地表达了人们对忠孝节义的直接体

---

① 《习近平谈治国理政》第 1 卷，外文出版社 2018 年版，第 162 页。
② 《毛泽东论文艺》，人民文学出版社 1966 年版，第 16 页。
③ 《马克思恩格斯选集》第 1 卷，人民出版社 1995 年版，第 46-47 页。
④ 徐复观：《中国艺术精神》，台湾学生书局 1984 年版，第 2 页。
⑤ 宗白华：《美学与意境》，人民出版社 1987 年版，第 209 页。

认，中国文人画中的梅兰竹菊则表达了对于高尚人格的赞美。梅花象征坚贞清高，兰花代表纯洁恬静，竹子表达刚劲不屈的气节，菊花显示高傲脱俗的性格。中国绘画之所以能够成为一门艺术，原因在于传统文化赋予绘画以人格精神的外在映照物地位，深受儒家思想的影响，重道德、重人格，是中国绘画的恒久主题。

### 2. 中国书法

中国书法承载了天地自然、宗教信仰、民族心理等内容，将自然精神和人文精神融为一体，其所表达的核心思想和价值观念是"天人合一"。"中华艺术精神的深层文化内涵，总是在追求、执着于自然宇宙与人生、自然与人工的合一、亲和境界。"[①]"中国美学要求美与善的统一，而所谓的最高境界，儒道两家虽各有不同的说法，但归结到最后，都以'天人合一'为最高境界，不同处只在于如何达到此种境界，以及此种境界的意义和价值的理解。"[②]可以说，中国古代书法审美的标准首先是"自然"，"故得之者，先本于自然，次资于功用。而善学者，乃学之于造化，异类而求之，固不取乎似本而各挺之自然。"[③]作为中华民族精神风貌的感性符号，中国书法集思想、感情、精神融于笔底而体现于作品之中，体现了对天地之美的赞颂，对自然之道的崇奉，对人格精神的折射。

### 3. 中国舞蹈

中国艺术精神"最核心最深层的是生生不息运动不已的生命活力"[④]。中国舞蹈在舞蹈动作上具有明显的表征意义，中国舞蹈的动态形成是以"气"为内在动因，追求"意气先行"，"气"的阴阳散聚体现了人与自然之"和"，形神的和谐统一也体现了人体自身生存与发展的"和"。在中国舞蹈中，"和"主要是通过动作的连贯、流畅，动中有静、虚实结合、刚柔并济来体现。例如，中国舞蹈的身体

---

① 朱立元，王振复：《天人合一——中华艺术精神的内涵》，载《反思：传统与价值》，上海文艺出版社 1991 年版，第 242 页。

② 李泽厚，刘纲纪：《中国美学史》第 1 卷，中国社会科学出版社 1984 年版，第 33 页。

③ 张怀瓘：《书断》，载《历代书法论文选》，上海书画出版社 1979 年版，第 164 页。

④ 易中天：《中国艺术精神的美学构成》，厦门大学学报（哲社版）1998 年第 1 期。

动作"圆"，将"合"文化投射到舞蹈当中，以画圆的方式来展现身体轨迹，实现整个过程的和谐流畅。中国舞蹈，通过形态及神态来传情达意，表征中国人的生存状态、伦理观念、文化习惯、精神传统、人文关怀，蕴含的是对生命的礼赞和对美好追求的取向。

### （三）中国优秀民俗文化

所谓民俗，即是"民间风俗，指一个国家或民族中广大民众所创造、享用和传承的生活文化"①。民俗文物，反映民间风俗、习惯等民俗现象的遗迹和遗物，其范围很广，包括衣食住行、生产、信仰、节日活动等各方面，涉及全部的社会生活和相应的社会关系，又反映上层建筑的各种制度和意识形态。民俗文化是流传在特定的民众群体中的生活文化，不同于其他形式，民俗文化虽然没有成文的规定，却有着固定的模式，将先辈们关于生活的理解、期待等通过民间故事、歌谣、传说和谚语等口头形式传承下来，通过特定情境或场合的特定仪式让民众言传身教、耳濡目染，从而获得民众的理解、接受、认同和践行。作为一种约定俗成的集体生活方式，民俗文化深深扎根在特定地域或群体范围内的民众心中，体现在民众普通而平常的生活里，并随着社会生活的变迁而不断丰富，在潜移默化中形塑着民众的行为、提振着民众的精神，也因此成为中国精神的日常生活载体。

"中国民俗文物暨民间物质文化的第一层级分类目录，有：一、生产工具，二、生活器具，三、民居建筑，四、服饰穿戴，五、仪仗用具，六、游艺道具。"②其中，生产工具不仅具有推动生产力发展的巨大功能，还具有一定的文化意义；生活器具，不仅满足人们的生存和生活需要，同时也美化和丰富着人们的生活；民居建筑，不仅成为民众社会生活的重要场所，同时还集中体现了一个民族的精神品格和审美情绪；服饰穿戴，集中反映了民族的风土人情；仪仗用具，反映人们的观念、信仰、历史、民俗等要素。"民俗文物的价值在于能充分体现文物中隐含的民俗概念和生活智慧，以及和先人血脉相连的感情。其价值是精

---

① 钟敬文：《民俗学概论》，上海文艺出版社1998年版，第1页。
② 徐艺乙：《中国民俗文化概论》，上海文化出版社2007年版，第165页。

神、心理和社群伦理紧密结合的，民俗文物的社会功能和文化象征意义，重于艺术和历史价值。"①作为一种没有教科书的非文本的文化，比较集中地在民俗文化的各个方面得到体现，同时，又被积淀和固化在民俗文物之中。在中国传统的民俗文化中，民间文学、民间戏曲、民间音乐、民间舞蹈、民间美术等艺术形式，各以其自己的独特展示，通过过年的装饰、乡间的社戏、婚娶的鼓乐、田头的赛歌、老人的摆古等的活动，传承着民众的社会文化。人们的信念信仰、风俗习惯、道德观念、行为标准、价值标准，衣食住行、婚丧嫁娶的思维模式、生活模式、行为模式，都是在一定的人文环境中受到文化教化的结果，同时也改变着其所处的人文环境。

### 1. 敬畏生命

在中国民间，从孩子的出生到老人的死亡，无不体现着人们对生命的敬畏之情。一个孩子从出生的第一天、第一百天到一周岁，再到日后成长的每个重要节点，人们都会举行各种各样的仪式和活动来庆祝，如"过满月""抓周""成人礼""升学宴"等，亲朋好友会借此机会来表达对下一代的关爱和祝福。一位年迈老人离世，亲人们会举行各种仪式来"送一送"，如沐浴更衣等，充满着亲情离别的哀伤，也寄托着人们对失去亲人的无限相思。清明节，人们会通过扫墓祭祖的方式，表达在世亲人对哲者的缅怀哀思，传承了中华文明的祭祀文化，抒发了人们尊祖敬宗、继志述事的人文情怀。中元节，人们会按例祀祖，用新米等祭供，向祖先报告秋成，以示对先人的尊重及敬爱。

### 2. 向往生活

先辈们对于生活的理解、期待和向往通过口头形式或特定的仪式流传下来，被自觉或不自觉地反复演示，得到集体的遵从沉淀，成为一种约定俗成的集体生活方式，深深扎根在民众心中，并随着历史的不断进步和社会的不断变迁日益丰富发展，成为一种活的文化，蕴含着人们对生活的独特理解和精神追求，作为一

---

① 江韶莹：《台湾民俗文物分类架构与登录作业系统研究》，台湾地区政府文化处 1999年版，第 121 页。

种精神力量在无形中潜移默化地塑造着民众的行为。中国传统节日民俗，日常礼仪民俗，都表达了人们向往健康长寿、爱人平安、生活美满、社会安定的良好愿望。传统节日中，春节期间的各种说法和习俗，最深刻地影响着人们的言行，如贴门神、贴福字，除夕守岁，年初一不扫地，正月里不剃头等，都体现了人们对新一年的期许。仪式礼仪中，用于婚嫁喜庆的喜花、喜饼、喜帐，陪嫁的绣衣、被面、包袱等，都表达了人们对新生活的期待。中国历来被誉为"礼仪之邦"，在日常交际中十分重视情感互动，礼尚往来，对感情的表达也往往通过礼物的形式来实现。盖房买房，乔迁新居，生老病死，婚丧嫁娶，读书升迁，打井造桥等，都在规范"影响"人们的言行走向。

### 3. 期待美好

我们崇祀祖先，不光是尊崇具有血缘关系的先人，还崇奉各行各业的祖先。"三百六十行，行行有业祖。"中医业祖有扁鹊，木工业祖是鲁班，造酒业祖是杜康，关公等。人们居家供奉门神是希望门庭平安，生病拜医神是希望早日康复，经商敬财神是希望财源滚滚，赶考祭文神是希望高考中榜，等等。人们认为，"六"和"八"是吉祥的数字，有"顺"和"发"的意思，所以愿意选择带"六"的日子出行以报平安，选择带"八"的日子开业以求好兆头。源远流长的梁祝传说，坚贞不渝的爱情诉求，展现了我们民俗婚恋的精神境界，一种婚姻关系的精神生活。为了寄托这种美好愿望，人们在浙江宁波建成了梁山伯庙，"若要夫妻同到老，梁山伯庙到一到"。怀着对美好爱情的向往，梁山伯庙中的香火不断，当地及周边地区的人们都把梁山伯庙看成一个婚姻的希望之地。

## 三、中国精神的精神载体

中国精神，不仅是一种现实的生活状态，而且也通过哲学、文学、科学技术等方式表现出来。它们不仅是一面镜像，观察到中国精神的种种面相，同时也作为一种公共文化，参与中国人精神世界的建构过程中，通过各种价值观、文化观念和意识形态的传播，塑造人们的精神生活和行为模式。

## （一）中国哲学

哲学是一个民族文化的核心。中国哲学在中国文化中，具有主导地位，更集中地表达了中华民族的主流价值取向，更理性地体现了中国人民的致思方式和精神状态。"任何真正的哲学都是自己时代精神的精华，因此必然会出现这样的时代：那时哲学不仅在内部通过自己的内容，而且在外部通过自己的表现，同自己时代的现实世界相接触并相互作用。"①通过了解中国哲学，我们可以更好地了解中国精神。无论是冯友兰的"内圣外王"说，牟宗三的"生命哲学"说，还是张岱年的"六大特点"说，抑或是李泽厚的"实用理性"说②，都是对中国哲学的高度概括。中国哲学精神可概括为以下方面：

### 1. 辩证统一

"中国比较早地发展了辩证逻辑，也比较早地发展了辩证法的自然观。这种自然观是以气一元论为基础的，认为气分为阴阳，阴阳的对立就是道，即自然发展的规律。"③中国古代辩证法思想是以阴阳为基本范畴的，以阴阳为核心，在先秦时期形成了三个辩证法学说系统，以老子为代表的道家"贵柔"辩证法；以孙子为代表的兵家"尚刚"辩证法；以儒家为代表的"执中"辩证法。明末清初的哲学家王夫之，认为历史发展趋势是由内在规律所支配的，他所提出的"知行转化""理势合一"等，在具有辩证法色彩的同时也蕴含着强烈的唯物主义思想。中国古代哲学的辩证法思想，同时也是相伴于唯物主义传统而生的，而正是辩证唯物主义的优良传统，我们能够实事求是地正视和对待历史，对中华民族的命运具有重大的现实意义。

### 2. 以人为本

中国哲学充满着人文主义的传统，早在《管子·霸言》中说道："夫霸王之所

---

① 《马克思恩格斯全集》第 1 卷，人民出版社 1995 年版，第 220 页。
② 吴根友：《论中国哲学精神》，《江西社会科学》2008 年第 2 期。
③ 冯契：《中国古代哲学的逻辑发展》（上册），上海人民出版社 1983 年版，第 46 页。

始也，以人为本"。老子在《道德经·二十五章》中指出："故道大，天大，地大，人亦大。域中有四大，而人居其一焉"，足见我国古代对人的价值的重视。晏婴最早提出"以民为本"思想，《晏子春秋》卷四《内问篇》有记载："卑而不失尊，曲而不失正者，以民为本也"。中国古代的以人为本思想，既体现在重视民众对于国家社稷的作用，如"邦畿千里，维民所止"，"民为贵，社稷次之，君为轻"，"民亦劳止，汔可小康。惠此中国，以绥四方"；又体现在重视百姓意见，如"国将兴，听于民；将亡，听于神"，"圣人无常心，以百姓心为心"。传统的民本哲学思想，在中国共产党领导的人民群众实现解放和进行社会主义建设的事业中，被加以吸收和改造，将人民群众视为历史的创造者，坚持走群众路线，坚持满足人民对美好生活的向往，并将此作为中国共产党的初心和使命。

### 3. 实事求是

中国哲学重视实践，关照现实问题，重视实际问题的解决。"实事求是"是典型的中国传统哲学命题，《汉书·河间献王传》称刘德"修学好古，实事求是"，用以指其严谨的态度来辨别古籍的真伪；唐代学者颜师古将其注释为"务得事实，每求真是也"。毛泽东对"实事求是"这个传统命题做了新的诠释，他指出："'实事'就是客观存在着的一切事物，'是'就是客观事物的内部联系，即规律性，'求'就是我们去研究。"[1]实事求是作为我国哲学认识论的集中体现，同时也是中国共产党发展马克思主义的重要方法论。百年来，正是因为始终坚持解放思想、实事求是，中国共产党带领中国人民创造了伟大奇迹。实事求是与群众路线是密不可分的，人民群众是历史的创造者，认识世界、改造世界的武器掌握在人民的手中，只要充分地调动人民的积极性和创造性，一切为了群众，一切依靠群众，想群众所想，急群众所急，中国特色的社会主义建设就会无往不胜[2]。

### (二) 中国文学

中国文学有着悠久的历史，经历了数千年的发展岁月，回荡着中华民族和中

---

① 《毛泽东选集》第 3 卷，人民出版社 1991 年版，第 801 页。
② 习近平：《在中央党校春季学期第二批入学学员开学典礼上的讲话》，《人民日报》2013 年 3 月 18 日，第 1 版。

国人民的精气神，成为中华民族生生不息的力量源泉和伟大精神支柱，也体现了几千年来中国人的精神家园。

## 1. 以爱国主义为恒久主题

中国文学与历史发展同步，每当中华民族危亡之际，爱国主义的主题就会在文学上得到反映。当我们反复吟诵那些脍炙人口、饱含民族品格的古代诗歌时，浸润其中的民族忧患意识、慷慨激昂的爱国热情，都令人深受感染、引发共鸣。北宋著名诗人苏轼就时常在他的作品中表达从军杀敌，保卫边疆之志，"老夫聊发少年狂，左牵黄，右擎苍。"诗人陆游也曾在他的晚年旷世著作中表达强烈的爱国之情，"死去原知万事空，但悲不见九州同。王师北定中原日，家祭无忘告乃翁。"爱国名将文天祥，在他的"人生自古谁无死，留取丹心照汗青"诗句中呈现着一颗滚烫的爱国之心。近代以来，中国沦为半殖民地半封建社会，无数仁人志士开始探索救亡图存的道路，针对国家局势纷纷发出爱国感慨。如面对鸦片战争惨败张维屏的"鲰生惟痛愤，洒涕向江流"，梁启超的"读时则摄魂忘魄，读竟或怒发冲冠，或热泪湿纸"。抗美援朝战争中，面对人民战士，魏巍发出慨叹："我们以我们的祖国有这样的英雄而骄傲，我们以生在这个英雄的国度而自豪"。诗人舒婷也曾写下："祖国啊，我亲爱的祖国！我是你河边上破旧的老水车，数百年来纺着疲惫的歌；我是你额上熏黑的矿灯，照你在历史的隧洞里蜗行摸索；我是干瘪的稻穗；是失修的路基，是淤滩上的驳船，把纤绳深深勒进你的肩膀？"这些都体现了中华民族的优秀传统文化和民族精神，我们都应该继承和发扬。

## 2. 以人民命运为关注焦点

中国文学一直聚焦于人民的历史命运，与人民同呼吸、为时代发声，一直是文学的核心。中国最早的诗歌总集《诗经》就是典型代表。诗云："坎坎伐檀兮，置之河之干兮，河水清且涟猗。不稼不穑，胡取禾三百廛兮？不狩不猎，胡瞻尔庭有县貆兮？"这段诗歌反映了人民大众的劳苦，控诉了奴隶主的压迫与剥削。屈原的《离骚》中也包含了他对人民的赤诚之心，"长太息以掩涕兮，哀民生之多艰"。20 世纪五六十年代的作家李準、陈忠实，其所撰写的长篇小说《黄河东流去》《白鹿原》等，深刻地揭示了中国农民顽强的生命力；路遥的《平凡的世界》、张承志的《心灵史》等，这些歌颂人民的文学作品，都聚焦中国人民的历史命运。可以说，中国文学为中华民族全体成员的活动提供了特定的历史场景，为中华儿女历史命运的发展提供了特定的书写载体，鲜活地构筑了我们共同的精神家园。

3. 以高尚气节为表达主旨

司马迁在《史记报任少卿书》中写道："盖西伯拘而演《周易》；仲尼厄而作《春秋》；屈原放逐，乃赋《离骚》；左丘失明，厥有《国语》；孙子膑脚，《兵法》修列；不韦迁蜀，世传《吕览》；韩非囚秦，《说难》《孤愤》；《诗》三百篇，大抵圣贤发愤之所为作也"。这说明，纵观中国文学作品，中华儿女的高尚气节无不体现得淋漓尽致。"渭城朝雨浥轻尘，客舍青青柳色新"，"潇潇暮雨洒江天，一番洗清愁"，孕育了人们正义勇敢的精神品质；"风萧萧兮易水寒，壮士一去兮不复还"，"举世皆浊我独清，众人皆醉我独醒"，体现了中华儿女崇尚气节的精神信念；"水能载舟，水能覆舟"，"江河之水，非一源之水也"，警示了明君贤臣的处世之道；"海纳百川，有容乃大；壁立千仞，无欲则刚"，"千古兴亡多少事？悠悠，不尽长江滚滚流"，表明了中国人自强不息、自信乐观的人生态度。

(三) 中国科学技术

中国历来重视科技，在这种思想文化氛围下，培养了一代又一代科学家，使得中国古代科技水平长期居于世界领先地位。中华民族拥有十分丰富的科学技术遗产，不仅在器物层面形成了独树一帜的科学技术体系，还在精神层面形成了久经流传的强大动力。

1. 追求真理

"科学精神以追求真理作为它的发生学和逻辑的起点，这是一个历史的事实"[1]。科学是在追求真理的过程中产生的，也推动着科学不断地发展。郦道元在为《水经》作注的过程中，十分重视对河流的实地考察，以求精准，"脉其枝流之吐纳，诊其沿路之所缠，访恢搜渠，缉而缀之"。中国古代科学技术的发展同样彰显着

---

① 李醒民：《什么是科学精神》，《中国科学报》2014 年 12 月 26 日。

开拓创新的进取精神。如李时珍在编写《本草纲目》时，并不迷信前人所言，而是本着严谨求实、追求真理的态度从实践出发，"复者芟之，阙者缉之，讹者绳之。"

2. 经世致用

经世致用是中华民族的集体性格特征以及普遍心理文化结构，中国人"不厌弃认识，也不自我菲薄，'以德报怨'，一切都放在实用理性的天平上加以衡量和处理……这种理性具有极端重视现实实用的特点"[1]。人类依靠自然界生存，需要从自然界摄取所需的生产生活资料，以求得自身的生存与发展。科技便是人类与自然界连接的桥梁，是人的能力的延伸。中国古代科学技术以解决实际问题见长，取得的科技成就与当时所处社会的生产生活密切相关，是以解决问题为导向的。例如著名的《九章算术》实际上是与生产需要直接有关，正如李约瑟所说："《九章算术》是数学知识的光辉集成，它支配着计算人员一千多年的实践。但是，从它的社会根源来看，它与官僚政府组织有密切的关系，并且专门致力于统治官员所要解决的问题"[2]。

3. 开拓创新

"科学远远不是许多已知的事实、定律和理论的总汇，而是许多新事实、新定律和新理论的继续不断地发现。它所批评的，以及常常摧毁的东西，同它所建造的东西一样多。"[3]我国古代科技传统中，就具备可贵的开拓创新精神。邓小平在领导中国现代化事业的建设过程中，曾指出："干革命，搞建设，都要有一批勇于思考、勇于探索、勇于创新的闯将。"[4]新中国成立以来，无论是钱学森、李四光、袁隆平、钟南山等科学家们甘于奉献、勇于创新的精神，不仅在中华民族发展史上留下浓墨重彩的一笔，更给人们带来了奋发向上的精神动力。

---

① 李泽厚：《中国思想史论》，安徽文艺出版社 1999 年版，第 35 页。
② 王渝生：《中国传统数学的发展及其特色》，《大自然探索》1988 年第 1 期。
③ 贝尔纳：《历史上的科学》，科学出版社 1983 年版，第 15 页。
④ 《邓小平文选》第 2 卷，人民出版社 1994 年版，第 143 页。

## 四、中国精神的人物载体

作为精神存在物的载体，人类的精神发展几乎同人的发展相一致。"历史不外是各个时代的依次交替。每一代都利用以前各代遗留下来的材料、资金和生产力；由于这个缘故，每一代一方面在完全改变了的活动来变更旧的环境。"①在中华民族长久的文化递嬗中，许多的政治制度、思想器物早已随历史发展一去不返，但唯有精神能够生生相继，深植人们心中。中国精神深深地积淀在一个中华民族的心理结构中，既体现在中华优秀传统文化的主导价值观念，又表现为中华民族的集体思想信念，还外化为中国人的行为方式。研究被中华儿女所广泛接受和普遍认可的信念、态度、价值观，研究中国精神的人格化载体——中国人，将有利于我们深刻洞悉中国精神的历史发展与未来走向。

### (一) 中国人的精神发展

中华民族发展至今，经历了一个漫长的历史过程，中国人的精神也随着社会的变化而不断丰富发展。中华民族精神与中国社会发展是具有历史互动性的，而且也是有规律可循的，中国人的精神发展同理，既内涵于中国社会发展之中，依附于物质发展，同时又与中国社会发展保持一致性、反作用于社会实践的进步、具有相对独立性。中国人的精神发展，受绵延几千年至今的中华文明影响，受特定时代生产力发展与生产关系等方面的历史发展规律制约，是由中国人民特质禀赋所铸就的、具有鲜明时代色彩的精神体系，体现着时代的需要、人民的需求。

### 1. 由被动转入主动

"自从中国人学会了马克思列宁主义以后，中国人在精神上就由被动转入主动"②。近代以来，中国人民为了改变自己的悲惨命运，追求民族独立、人民解放，以爱国主义为核心，以中国精神为指引和支撑，前赴后继、英勇拼搏。面对

---

① 《马克思恩格斯选集》第 1 卷，人民出版社 1995 年版，第 88 页。
② 《毛泽东选集》第 4 卷，人民出版社 1991 年版，第 1516 页。

日益严重的生存危机，中国人开始觉醒，中国精神越来越成为实现民族独立、国家富强的强大精神支撑。太平天国运动、洋务运动、戊戌变法运动、辛亥革命虽均以失败而告终，但足见独立、变革等精神已渗透到中国人的精神之中。五四新文化运动，推动了中国人在思想意识层面深入去学习西方，使爱国、进步、民主、科学的观念深入人心。"马克思主义传入中国后，科学社会主义的主张受到中国人民热烈欢迎，并最终扎根中国大地、开花结果，绝不是偶然的，而是同我国传承了几千年的优秀历史文化和广大人民日用而不觉的价值观念融通的。"①中国共产党的成立又使得中国人的精神得到了进一步发展，中国共产党领导的工人运动体现了敢于斗争的革命精神，而后形成的井冈山精神、苏区精神、长征精神、延安精神等，都作为宝贵的精神资源成为中国人精神家园的重要组成部分；抗日战争时期，中国共产党领导中国人民为民族解放与独立而勇敢斗争的牺牲精神、百折不挠的自强精神、坚持正义的爱好和平精神，推动了中国人精神的进一步发展，正如习近平所指出，"中国人民在抗日战争的壮阔进程中孕育出伟大抗战精神，向世界展示了天下兴亡、匹夫有责的爱国情怀，视死如归、宁死不屈的民族气节，不畏强暴、血战到底的英雄气概，百折不挠、坚忍不拔的必胜信念"②。

中华人民共和国成立后，在自力更生、艰苦奋斗的精神鼓舞下，中国人民团结一致、众志成城、渡过难关，形成了雷锋精神、大庆精神、大寨精神等；抗美援朝战争的胜利，更是让中国人的革命英雄主义、奉献主义、国际主义精神淋漓尽致地得以体现；社会主义过渡时期体现出的艰苦创业、勤劳奋斗、团结勇敢、独立自主等，都融入了民族精神之中，成为当代中国人精神成果不可分割的一部分。改革开放以来，随着人们物质生活水平的提高，人们的精神生活水平也同步得到提高。改革开放后，我国开始走具有中国特色的社会主义发展道路，社会经济运行方式发生重要转变，经济全球化、价值多元化，使得机遇与挑战并存，中国精神面临重塑的历史选择。改革开放解放了人们思想上的束缚，在理论与实践领域丰富和发展了中国精神的内涵与时代价值，一往无前的进取精神和波澜壮阔

---

① 《习近平谈治国理政》第 3 卷，外文出版社 2020 年版，第 120 页。
② 《习近平重要讲话单行本》(2020 年合订本)，人民出版社 2021 年版，第 89 页。

的创新精神为中国精神注入了新的时代元素。江泽民总结了中华民族的伟大民族精神，提出了"64字创业精神"，以及"解放思想、实事求是""紧跟时代、勇于创新""知难而进、一往无前""艰苦奋斗、务求实效""淡泊名利、无私奉献"的精神，更提出了"三个代表"重要思想，极大地推动了中国精神的丰富发展。胡锦涛重视"民族精神"的增强、"精神支柱"的巩固、"共同理想信念"的形成，提出了抗击非典的"24字"精神，形成了"坚持以人为本，全面、协调、可持续"的科学发展观，并倡导物质文明、政治文明、精神文明共同发展。

## 2. 更加成熟自信

党的十八大以来，习近平明确提出和阐释了"中国精神"这一概念，这是"在当前我们国家面临改革发展稳定任务的情况下，在实行改革开放、走中国特色社会主义道路的进程中，同弘扬社会主义核心价值观、继承和发扬中华优秀传统文化相联系"[1]具有当代语境的概念。他还将其与实现中华民族伟大复兴的中国梦联系起来，把我们党对中国精神的认识推进到了一个新的历史阶段。党的十九大报告指出："深化中国特色社会主义和中国梦宣传教育，弘扬民族精神和时代精神"[2]；要更好构建中国精神，为人民提供精神指引。党的二十大报告明确指出"丰富人民精神世界"是中国式现代化的本质要求之一。可见，在中国特色社会主义进入新时代之时，不仅要弘扬中国精神，更要建构、培育中国精神，以发挥其精神动力之用。近年来，习近平号召全社会学习弘扬"劳模精神""工匠精神""塞罕坝精神""志愿服务精神""伟大梦想精神""伟大抗疫精神""伟大建党精神"等精神，涵盖国家生活的方方面面，这些都极大地丰富了中国精神的内涵，使中国精神得到渐进式发展。习近平指出，"在这场同严重疫情的殊死较量中，中国人民和中华民族以敢于斗争、敢于胜利的大无畏气概，铸就了生命至上、举国同心、舍生忘死、尊重科学、命运与共的伟大抗疫精神"[3]。"脱贫攻坚伟大斗争，锻造形成了'上下同心、尽锐出战、精准务实、开拓创新、攻坚克难、不负人

①　张瑜：《中国精神的内涵、本质及其培育研究》，《文化软实力研究》2017年第11期。

②　习近平：《决胜全面建成小康社会　夺取新时代中国特色社会主义伟大胜利——在中国共产党第十九次全国代表大会上的报告》，《人民日报》2017年10月28日。

③　《习近平重要讲话单行本》（2020年合订本），人民出版社2021年版，第105页。

民'的脱贫攻坚精神。"①"一百年前，中国共产党的先驱们创建了中国共产党，形成了坚持真理、坚守理想，践行初心、担当使命，不怕牺牲、英勇斗争，对党忠诚、不负人民的伟大建党精神，这是中国共产党的精神之源。"②这些论述都丰富和发展了中国人的精神世界。当前，中华民族伟大复兴中国梦的宏伟蓝图已经绘就，实现中国梦必须弘扬中国精神。中华儿女汇聚起了以改革创新为核心的时代精神，勠力同心、众志成城，在中国梦的指引下，为实现第二个百年奋斗目标顽强拼搏。

### （二）中国人的性格

英国哲学家罗素曾言，"中国至高无上的伦理品质中的一些东西，现代世界极为需要"，"若能够被全世界采纳，地球上肯定比现在有更多的欢乐祥和"③。关于中国人的性格，在 20 世纪初关于国民性问题的讨论中，受到启蒙思想家们的关注。梁启超在《新民说》中指出中国"偏于私德，而公德殆阙如"；陈独秀认为"东洋民族以家族为本位"；李大钊在《东西文明根本之异点》一文中指出中国人的特性为"自然的""安息的""消极的""依赖的""苟安的""因袭的""保守的""直觉的"④；辜鸿铭在《中国人的精神》一书中将中国人与美国人、英国人、德国人、法国人进行了对比，认为只有中国人具备了博大、纯朴、深沉、灵敏这四种优秀的精神特质⑤。

### 1. 以和为贵

中国人的性格中，最具显著性特征的是"和合性"。《尚书》《诗经》《国语》等上古时期的文献典籍中也含有大量的"和"字及其相关思想观念。《诗经》中有"叔

①　《习近平重要讲话单行本》（2020 年合订本），人民出版社 2021 年版，第 19 页。
②　习近平：《在庆祝中国共产党成立 100 周年大会上的讲话》，人民出版社 2021 年版，第 8 页。
③　《习近平关于社会主义文化建设论述摘编》，中央文献出版社 2017 年版，第 140 页。
④　《李大钊文集》（上册），人民出版社 1999 年版，第 557-560 页。
⑤　吴景明，刘中树：《"良民宗教"的建构与推行——兼论中国古典诗歌的言志抒情性》，载《求索》2010 年第 12 期。

兮伯兮，倡予和女"，《国语》中有"和实生物，同则不继"，《周易》中有"保合太和，乃利贞"。中华民族历来就爱好和平，自古就秉持着"天人合一""以和为贵"等价值观念。孟子曰："天时不如地利，地利不如人和"，荀子曰："万物其和以生，各得其养以成"，老子认为："万物负阴而抱阳，充气以为和"。"和"的思想对于中国人来说，既是一种价值观念，一种致思方式，同时也是一种行为规范，内涵天道观、人道观、人生观。钱穆先生说过："农耕文化之最内感曰'天人感应''物我一体'，曰'顺'曰'和'，其自勉曰'安分'而'守己'。故此种文化之特性常见为'和平的'。"[①]陈独秀将此种性格特质称为"安息"，他认为"西洋民族以战争为本位，东洋民族以安息为本位"。"安息为东洋诸民族一贯之精神。"[②]李大钊说过："东西文明有根本不同之点，即东洋文明主静，西洋文明主动是也。"[③]孙中山曾说："中国更有一种极好的道德，是爱和平。现在世界上的国家和民族，只有中国是讲和平"[④]。中国人在处理人与人的关系问题上，主张仁爱、和谐，反对以力服人，强调以德服人。

## 2. 刚健自强

在中国的传统文化中，强调积极有为、自强不息的精神。《周易·系辞上传》中写道："富有之谓大业，日新之谓盛德，生生之谓易。"认为世界就是一个生生不息的发展过程，因此，人们能做的就是根据世界的永恒运动和发展变化，不断进取、刚健自强。"天行健，君子以自强不息；地势坤，君子以厚德载物"，要把个人的人生发展同宇宙天地的创造历程融为一体，并在这一过程中实现自己的人生价值。中国人崇尚君子人格，推崇"三军可夺帅也，匹夫不可夺志也"，"富贵不能淫，贫贱不能移，威武不能屈"的大丈夫精神，"强调人人都有内在的价值与不随波逐流的独立意志"[⑤]。无数仁人志士舍生忘死、发愤图强，既不屈服于恶劣的生存环境，又不惧怕于外来侵略者的凌辱压迫。鲁迅认为，农耕经济

---

① 钱穆：《中国文化史导论》，商务印书馆 1994 年版，第 2-3 页。
② 《陈独秀文章选编》（上），三联书店 1984 年版，第 97 页。
③ 《李大钊全集》第 2 卷，人民出版社 2013 年版，第 308 页。
④ 孙中山：《三民主义》，九州出版社 2011 年版，第 55 页。
⑤ 郭齐勇：《中国文化精神的特质》，三联书店 2018 年版，第 85 页。

与中华民族的务实传统有关，一分耕耘一分收获，为了摆脱穷苦，人们必须勤勉踏实地劳动，才能免于饥馑①。可以说，"刚健自强"深刻地规定和影响着中国人的思想和行为特征。

3. 崇德重义

中国人特别重视在道德文明方面的修养，可以说，儒、释、道、宋明理学四大思想资源与传统的最根本之处就在于做人，强调的是人的德行修养。孔子提倡"智仁勇"为三达德，孟子提倡"仁义礼智"四端，以董仲舒为代表的先人将中国传统道德主要概括为"仁义礼智信"五个德目，被称为五常。"父子有亲，君臣有义，夫妇有别，长幼有序，朋友有信"，极大地影响着中国传统人际关系的基本格局。"五伦的观念是几千年来支配了我们中国人的道德生活的最优力量的传统观念之一。它是我们礼教的核心，它是维系中华民族的群体的纲纪。"②谈及中国传统道德精神时，孙中山曾指出："讲到中国固有的道德，中国人至今不能忘记的，首是忠孝，次是仁爱，其次是信义，其次是和平。"③进入新时代，我们将全面推进社会公德、职业道德、家庭美德、个人品德建设，坚持马克思主义道德观、社会主义道德观，倡导共产主义道德，以为人民服务为核心，以集体主义为原则，以爱祖国、爱人民、爱劳动、爱科学、爱社会主义为基本要求，不断提升公民道德素质，以培养和造就担当民族复兴大任的时代新人为目标。

(三) 中国人的精神结构

精神结构层面的精神生活是"社会变革最深层次的要素，涉及心理态度和文化价值的重新评估"④。只有了解了中国人的精神结构，才能更好地了解中国精神。"物质生活的生产方式制约着整个社会生活、政治生活和精神生活的过程。"⑤研究中国人的精神结构，既能够引领中国人精神生活的丰富发展，满足人

---

① 鲁迅：《中国小说史略》，百花文艺出版社 2002 年版，第 235 页。
② 贺麟：《文化与人生》，商务印书馆 2002 年版，第 51 页。
③ 孙中山：《三民主义》，九州出版社 2011 年版，第 53 页。
④ 吴文藻：《吴文藻人类学社会学文集》，民族出版社 1990 年版，第 196 页。
⑤ 《马克思恩格斯选集》第 2 卷，人民出版社 1995 年版，第 32 页。

民对美好生活的向往，又能够更加了解中国人的精神、中国精神的构成。

关于人的精神结构，基于不同角度、不同层面，学者们对其研究有不同的成果。有学者从精神的层次划分，指出精神应分为信仰的层次、道德的层次、审美的层次①；有学者从精神的内容划分，指出应分为心理、文化、心灵等内容②；有学者从精神的要素划分，认为应由知识生活、心理和情感生活、道德生活和信仰生活等要素构成，是一个追求现实生活与终极生活、心灵世界和意义世界的统一体③。由上，我们可以看到，人的精神结构是立体的、多维的，有主干与枝干之异，还有些内容要素的不同层次、产生了不同的作用，构成了一个枝干俱全、层次分明、功能齐备的完整有机结构。这里从构成精神的内容来做划分，认为中国人的精神结构，最基础的应为社会心态，中间层次应是价值取向，最高层次应是精神境界。

### 1. 社会心态

精神最基本的形式是心理，精神发展首先表现为心理发展。学者们大多认为，中国人社会心态变迁是自鸦片战争开始的，造成了中国传统人格和社会心态的坍塌。1949年，"中国人民从此站起来了"，中国人的心态也发生了巨大转变，开始从消极保守走向积极进取。改革开放以来，当代中国人的精神健康问题也受到社会各界的广泛关注。由于经济体制变革和社会转型，人们的社会心态受到冲击，在一定程度上失衡。但随着我国经济的不断增长、在国际舞台的地位逐渐提升，人们自信心大幅提升。党的十九大报告强调，要"加强社会心理服务体系建设，培育自尊自信、理性平和、积极向上的社会心态"。党的二十大报告强调，"重视心理健康和精神卫生。"这是未来中国人社会心态的发展方向，也是全体人民要努力奋斗的目标。

社会心态作为社会发展变化的"晴雨表"，作为时代脉搏的"听诊器"，是社会现实的生动投射。准确把握和有效引导社会心态，对科学认识我国正在经历的

---

① 夏兴有：《论人的精神生活》，《中国特色社会主义》2009 年第 5 期。
② 童世俊：《意识形态新论》，上海人民出版社 2006 年版，第 132-140 页。
③ 侯勇、孙其昂：《论精神生活的现代遭遇与超越之路》，《南京师大学报（社会科学版）》2010 年第 7 期。

社会变迁过程有着重要的现实意义。总体来看，我国社会心态以正向为主，呈现出积极健康的良好态势，人民对当前我国的政治经济形势持乐观态度，对社会建设的新发展具有更高期待，对美好生活需要的满足感不断增强。当前我国社会心态发展的主流态势是：实现中华民族伟大复兴进程下的自尊自信，疫情逐渐恢复正常后的务实理性，全媒体时代背景下的积极向上以及百年未有之大变局形势下的和平开放。相信面对中华民族伟大复兴的光明前景，中国人民将越来越自信从容地阔步走在实现中国梦的康庄大路上。

## 2. 价值取向

中国人代代相传的核心价值观，是凝聚全民族力量去创造物质文明和精神文明的载体，同时也是中国人区别于其他国人的本质基因。中国古代思想家为中国人构建了一个独特的精神世界，虽目的在于统治者维护其封建秩序，但实际上"三纲五常""四维八德"的核心价值观也有利于老百姓满足自身精神需求。鸦片战争以来，中国人经历"三千年未有之大变局"[1]。这种变局，在深层次还体现为中国几千年封建社会所形成的儒家核心价值观受到强烈冲击，植根在中国人内心的价值取向在"打到孔家店"的口号声中几近崩塌。从鸦片战争到1919年五四运动，传统文化及其核心价值观与西方外来文化相互冲突，中国人陷入严重的精神困惑及价值迷茫时期。而当马克思主义传播到中国后，中国人民开始寻找马克思主义中国化的发展道路、开始重构自己的价值体系。改革开放以来，中国人在物质世界上实现小康的同时，在精神世界上也逐渐找回了自信，开始注重物质世界与精神世界的协调发展。党的十七大完整概括了社会主义核心价值体系的基本内容，包括马克思主义指导思想、中国特色社会主义共同理想、以爱国主义为核心的民族精神和以改革创新为核心的时代精神、社会主义荣辱观。党的十七届六中全会强调社会主义核心价值体系是"兴国之魂"，党的十八大提出了社会主义核心价值观的具体内容。

社会主义核心价值观，从国家层面的"富强、民主、文明、和谐"，在价值层面指明了"我们要建设什么样的国家"这一重大问题；从社会层面的"自由、平

---

[1]　转引自梁启超：《李鸿章传》，湘潭大学出版社2011年版，第48页。

等、公正、法治"，在价值层面指明了"我们要生活在什么样的社会"这一重大问题；从个人层面的"爱国、敬业、诚信、友善"，在价值层面指明了"我们要成为什么样的公民"这一重大问题，可以说，给当代中国人提供了鲜明准确的价值取向、价值目标和价值准则，为中国人精神世界的构建提供了根本价值遵循。"社会主义核心价值观是当代中国精神的集中体现，凝结着全体人民共同的价值追求"[1]。党的二十大报告强调"社会主义核心价值观是凝聚人心、汇聚民力的强大力量。"[2]作为当代中国人的最大"价值共识"，社会主义核心价值观已成为当代中国人价值追求的"主心骨"。要凝聚起当代中国人的精气神，就要积极培育和践行社会主义核心价值观，使其融入百姓日常生活中去，达到"日用而不觉"的境界。

3. 精神境界

理想信念作为一种特殊的精神，决定着人们的价值取向和行为选择，居于人的精神结构的核心和统领地位。从古至今的先贤志士、文人学者等，都十分重视"意境""境界""高尚人格"的追求。有学者认为人要成大事、大学问应经历三种境界："昨夜西风凋碧树，独上高楼，望尽天涯路。"此第一境也。"衣带渐宽终不悔，为伊消得人憔悴。"此第二境也。"众里寻他千百度，蓦然回首，那人却在，灯火阑珊处。"此第三境也[3]。有学者认为，如果按照人的自我发展历程及实现人生价值和精神自由的高地程度，应将人的境界分为欲求境界、求知境界、道德境界和审美境界[4]。有学者把人的精神境界分为四个层次，即"欲求的境界""求知的境界""道德的境界""审美的境界"[5]。对于个人的发展来说，提升精神境界的核心之要，在于坚定理想信念。

习近平对党员干部提出了坚定理想信念的要求，他指出："形象地说，理想

①　习近平：《决胜全面建成小康社会　夺取新时代中国特色社会主义伟大胜利——在中国共产党第十九次全国代表大会上的报告》，人民出版社 2017 年版，第 42 页。

②　习近平：《高举中国特色社会主义伟大旗帜　为全面建设社会主义现代化国家而团结奋斗——在中国共产党第二十次全国代表大会上的报告》，人民出版社 2022 年版，第 50 页。

③　参见王国维：《人间词话》，上海古籍出版社 1998 年版。

④　张世英：《人生的四种境界》，《光明日报》2009 年 12 月 31 日。

⑤　《张世英文集》第 6 卷，北京大学出版社 2016 年版，第 87 页。

信念就是共产党人精神上的'钙'，没有理想信念，理想信念不坚定，精神上就会'缺钙'，就会得'软骨病'。现实生活中，一些党员、干部出这样那样的问题，说到底是信仰迷茫、精神迷失。"①他还对青少年的理想信念做了深刻阐述，指出："广大青年一定要坚定理想信念。'功崇惟志，业广惟勤。'理想指引人生方向，信念决定事业成败。没有理想信念，就会导致精神上'缺钙'。中国梦是全国各族人民的共同理想，也是青年一代应该牢固树立的远大理想。中国特色社会主义是我们党带领人民历经千辛万苦找到的实现中国梦的正确道路，也是广大青年应该牢固树立的人生信念。"②习近平还对广大教师提出了期待："培养社会主义建设者和接班人，迫切需要我们的教师既精通专业知识、做好'经师'，又涵盖德行、成为'人师'，努力做精于'传道授业解惑'的'经师'和'人师'的统一者。教育是一门'仁而爱人'的事业，有爱才有责任。广大教师要严爱相济、润己泽人，以人格魅力呵护学生心灵，以学术造诣开启学生智慧，把自己的温暖和情感倾注到每一个学生身上，让每一个学生都健康成长，让每一个孩子都有人生出彩的机会。"③由此可见，理想信念不仅对于个人提升精神境界来说，具有重大意义，对于中国特色社会主义事业来说，也具有指引方向、凝心聚力的精神动力。

---

① 《十八大以来重要文献选编》（上），中央文献出版社 2014 年版，第 81 页。
② 《十八大以来重要文献选编》（上），中央文献出版社 2014 年版，第 278 页。
③ 《习近平在中国人民大学考察时强调　坚持党的领导传承红色基因扎根中国大地　走出一条建设中国特色世界一流大学新路》，《人民日报》2022 年 4 月 26 日 01 版。

# 后　　记

本书是我承担的教育部哲学社会科学重大课题攻关项目"习近平总书记关于宣传思想工作重要论述研究"（项目编号：19JZD002）阶段性成果，入选 2022 年度国家出版基金项目。

本书以中华民族延绵五千多年文明史所积淀的民族精神和以中国共产党领导中国人民在革命、建设和改革过程中形成的时代精神为纵坐标，以世界上一些主要国家、民族的国家精神、民族精神的比较参照为横坐标，探寻中国精神的历史方位，揭示中国精神的核心和实质，分析当代中国精神的合理内核，探讨中国精神的承载载体和实现形式。在写作过程中我们着重注意以下几方面内容：一是明确中国精神的基本内涵。把"以爱国主义为核心的民族精神，以改革创新为核心的时代精神"作为中国精神的核心内涵，把中华民族五千多年文明历史所孕育的中华优秀传统文化中的精神成果，党领导人民在革命、建设、改革中创造的革命文化和社会主义先进文化中的精神力量，中国共产党人的精神追求，以及中国特色社会主义伟大实践精神支撑等作为中国精神的拓展性内涵，对中国精神的内涵进行全面系统分析。二是构筑中国精神的内在结构。从结构上，对中国精神的基本内涵、历史演变、比较特征、内在结构、内在构成、外在表现等进行梳理和安排；从层次上，将中国精神的灵魂、支柱、主干、内核和基础等进行层次性划分，构筑中国精神内在结构关系。三是突出中国精神的性质方向。以为中华民族伟大复兴提供更加主动精神力量为主线，以中国共产党人精神谱系作为连接和贯穿民族精神和时代精神的引领性精神因素，彰显中国精神的中国特色和时代方位。四是扩展中国精神的表现形式。通过中国精神的特殊载体分析，从物质、文化、精神和人物等方面，打开中国精神的认识窗口。五是尝试讲好中国精神的故事。由于本书被列为国家新闻出版署外译项目，在写作过程中我们除了考虑国内读者的阅读需求以外，也兼顾国外读者的阅读需求。同时，在写作过程中，我们也尽可能以客观知识呈现方式进行叙述，致力于把蕴含在中国精神之中的"道"讲清楚。

本书由我提出写作思路，在大家讨论的基础上形成写作提纲，各章的具体分工如下：

第一章，佘双好（武汉大学马克思主义学院教授、博士生导师）

第二章，田贵华（武汉大学马克思主义学院副研究员，博士）

第三章，佘斯勇（湖北科技学院马克思主义学院教授，博士）

第四章，张乾元（武汉大学马克思主义学院教授、博士生导师）、程凌（武汉大学马克思主义学院副教授）

第五章，吴学兵（闽南师范大学马克思主义学院教授，博士）

第六章，潘莉（合肥工业大学马克思主义学院教授、博士生导师）

第七章，杨姿芳（武汉大学马克思主义学院讲师，博士）

第八章，倪素香（武汉大学马克思主义学院教授、博士生导师）

第九章，金筱萍（武汉大学马克思主义学院教授，博士）

第十章，张瑜（中国社会科学院大学马克思主义学院讲师，博士）

在各位作者写作基础上，我进行了修改和完善，并定稿。田贵华、金筱萍作为副主编协助我组织了编写工作。

2021年，武汉大学当代研究中心被确定为中央党史和文献研究院海外当代中国研究中心基地，研究基地的一项重要任务是面向海外宣介当代中国，本书作为基地成果，也是我们面向海外介绍当代中国的尝试。

本书在写作、出版过程中，得到武汉大学马克思主义学院、马克思主义理论与中国实践协同创新中心各位领导、专家学者的大力支持，武汉大学出版社各位领导，特别是王雅红副总编以及詹蜜编辑等为本书出版提供了指导和帮助。本书也参考和借鉴了大量研究成果。这里一并表示衷心感谢！

　　由于我们水平有限，加之时间仓促，本书肯定有许多不成熟甚至错误之处，敬请广大读者批评指正。

**佘双好**